OLHARES

EDIÇÃO
Imprensa da Universidade de Coimbra
Email: imprensa@uc.pt
URL: http://www.uc.pt/imprensa_uc
Vendas online: http://livrariadaimprensa.uc.pt

DESENHO GRÁFICO
António Barros

INFOGRAFIA
Mickael Silva

IMAGEM DA CAPA
Desenho de A. Olaio

PRINT BY
CreateSpace

ISBN
978-989-26-0882-2

ISBN DIGITAL
978-989-26-0883-9

DOI
http://dx.doi.org/10.14195/978-989-26-0883-9

DEPÓSITO LEGAL
387383/15

© JANEIRO 2015, IMPRENSA DA UNIVERSIDADE DE COIMBRA

FOMOS CONDENADOS À CIDADE

UMA DÉCADA DE ESTUDOS SOBRE
PATRIMÓNIO URBANÍSTICO

WALTER
ROSSA

SUMÁRIO

Apresentação 7

1ª Parte: Planeamento e Património Urbanístico 13
Fomos condenados à cidade:
tópicos de reflexão sobre um conceito em transição.
(outubro de 2007) 15
Valorização do património urbanístico português.
(outubro de 2005) 25
Apontamentos sobre história e salvaguarda em desenvolvimento.
(junho de 2006) 35
Planear a salvaguarda em desenvolvimento:
contributos para o debate.
(janeiro de 2006) 45
História(s) do património urbanístico
(dezembro de 2012) 59
(alguns) Lugares da morfologia urbana
na urbanística contemporânea.
(junho de 2013) 81
Património urbanístico: (re)fazer cidade parcela a parcela.
(janeiro de 2013) 97

2ª Parte: Urbanismo Português da 1ª Modernidade 133
A relevância da cartografia para
a construção da história de urbes como Aveiro
(setembro de 2006) 135
Capitalidades *à Portuguesa*: território de origem
(dezembro de 2008) 147

As *cidades novas* do universo urbanístico português:
invariância e evolução.
(dezembro de 2010) 167

cidades da razão: Vila Real de Santo António e arredores
(outubro de 2009) 191

3ª Parte: Coimbra 219

Coimbra como território:
notas para uma crónica da sua formação urbanística
(maio de 2003) 221

Urbanismo e poder na fundação de Portugal:
a reforma de Coimbra com a instalação de Afonso Henriques
(maio de 2011) 233

a Sofia: 1º episódio da reinstalação moderna
da Universidade Portuguesa
(agosto de 2006) 253

Fundamentação e explicação da proposta apresentada ao
Concurso Público de Ideias para a Reabilitação da Rua da Sofia
(julho de 2003) 267

4ª Parte: Lisboa 285

Lisboa Quinhentista, o terreiro e o paço:
prenúncios de uma afirmação da *capitalidade*
(junho de 2002) 287

O elo em falta: Juvarra, o sonho e a realidade de
um urbanismo das capitais na Lisboa Setecentista
(novembro de 2011) 313

Da fábrica urbanística do Bairro das Águas Livres
(julho de 2009) 337

Dissertação sobre *reforma* e *renovação* na
cultura do território do pombalismo
(novembro de 2005) 363

No 1º Plano
(junho de 2008) 389

APRESENTAÇÃO

Reúnem-se aqui uma seleção de 20 textos da minha produção científica nos últimos anos, seis deles apresentados em público, mas por publicar. A primeira vez que organizei uma edição semelhante[1] compilei um conjunto de trabalhos feitos até ao meu doutoramento (2001). Agora faço-o com o que desde então produzi até à minha agregação (2013), impondo a restrição de não incluir nenhum dos trabalhos sobre o património de influência portuguesa no Oriente. Os propósitos resumem-se a organizar, normalizar e tornar acessíveis os conteúdos de forma digna, muito em especial a estudantes e colegas. Não é um serviço, mas um dever.

Pese embora tratar-se de uma coletânea e de, assim, cada texto ter as suas autonomia, data e contexto, a escolha e arrumação foi feita por forma a que o todo tivesse um significado em si, se não um discurso uma ideia que procurei enunciar no título e subtítulo. Nessa década alargada procurei que a minha investigação, até então essencialmente focada em temas de história do urbanismo português, evoluísse para onde desde o início apontava, ou seja, seguindo duas linhas paralelas e colaborantes: a) aprofundar o conhecimento sobre os fenómenos urbanísticos segundo uma perspetiva cada vez mais dirigida às suas estruturas e processos; b) desenvolver e ensaiar formas de aplicação do conhecimento teórico-histórico sobre as cidades nas ações de projeto e planeamento urbanístico, bem como na sua gestão estratégica e tática.

---

[1] Walter ROSSA (1989-2001), *A urbe e o traço: uma década de estudos sobre o urbanismo português*. Coimbra: Almedina. 2002.

Foi assim que ao longo destes anos e com o concurso crucial e autoral do grupo de colegas (incluindo estudantes) com quem tenho trabalhado, foram surgindo ou sendo desenvolvidos conceitos-ação como *cultura do território, património urbanístico, planeamento da salvaguarda, desenho da história, reverse design* e *hiperdesenho*, que aqui me eximo de explicar porque é esse um dos papéis que, espero, é cumprido por alguns dos textos. A sua clareza e operacionalidade não são ainda objetivos atingidos, mas processos em curso, para os quais a divulgação mais ampla e integrada que aqui é proporcionada, por certo gerará impulsos determinantes.

Essa só aparente inflexão da história para a teoria, ocorreu também em função de algumas diversificadas e profícuas experiências de *praxis* de planeamento, as quais não só permitiram conhecer as realidades processuais, como desenvolver experiências e realizar algumas descobertas, ou melhor, encontros. Uma das principais lições foi, precisamente, a de que pela especificidade dinâmica do fenómeno urbano neste âmbito (inter)disciplinar a história é teoria, ou melhor, assim fundidas são a urbanística. É mais um assunto latente em todo o volume e expresso em alguns dos seus textos.

Outra lição recebida ao longo destes anos foi no sentido da relativização do conceito *cidade portuguesa*. Não farei aqui a sua discussão[2], mas a realidade factual sobre a qual fui trabalhando com maior profundidade e outras perspetivas, pulverizou-o enquanto verdade física e valorizou-o enquanto plataforma de encontro e debate de duas gerações de colegas. Nisso foram determinantes experiências muito diversas das quais, além de contactos internacionais e a orientação de algumas teses de doutoramento, destaco o projeto *Património de Origem Portuguesa no Mundo: arquitetura e urbanismo*[3] e a sua evolução para o sítio em linha *www.HPIP.org*. Determinante foi ainda tudo quanto diz respeito à

---

[2] Walter ROSSA (2012), *Desconstrução da cidade portuguesa: urbanização e conceito*. Coimbra: relatório da unidade curricular apresentado à Universidade de Coimbra para a obtenção do grau de agregado em Arquitetura. 2013. Trata-se de um trabalho que, numa versão revista e aumentada, publicarei em breve.

[3] Tinha como objetivo e teve como resultado a publicação José MATTOSO (dir.) (2010), *Património de Origem Portuguesa no Mundo: arquitetura e urbanismo*. Lisboa: Fundação Calouste Gulbenkian. 3 vol.s, 2010, na qual coordenei e sou co-autor do volume *Ásia e Oceania*.

ação de montagem e desenvolvimento do programa de doutoramento interdisciplinar *Patrimónios de Influência Portuguesa*[4].

Tenho vindo a consolidar a ideia de que a urbanística portuguesa é, na sua essência, mais uma síntese de exportação da urbanística europeia apurada na Idade Média, do que uma expressão endógena ou autonomizável. Tal como todas as outras tem expressões próprias condensadas na arquitetura que lhe dá existência, mas estruturalmente não é uma criação ou expressão castiça. Coube-lhe, tal como à sua congénere espanhola, o papel de instrumento da primeira fase da colonização do mundo pelo Ocidente, o que já por si é extraordinariamente relevante e não necessita de ser exaltado com uma originalidade e especificidade forçadas. A urbanística portuguesa necessita sim de ser divulgada e confrontada, não só para a valorizar e desenvolver o seu conhecimento, mas também para o tornar útil às comunidades com as quais ainda interage.

À medida que vou avançando na investigação, mais claro e demonstrado vai ficando como as intervenções nos tecidos urbanos existentes que falham, são as que se têm pautado por ações de *forma* e *imagem* que não levam em conta a *estrutura* como elemento genético e gerador crucial, o garante da sustentabilidade urbanística. A médio e longo prazo isso torna essas intervenções voláteis e predadoras do que é fundamental e durável. Não me refiro apenas à estrutura urbanística, de que com maior detalhe e propriedade me ocupo, mas também a outras, como a socioeconómica e a cultural, sobre as quais ultimamente muito tenho aprendido e procurado integrar na minha reflexão.

Essa gama de interesses surge de forma mais direta na *1ª parte: Planeamento e Património Urbanístico*. Com quase 1/3 do livro, é formada por sete textos muito desiguais e crescentes na profundidade e extensão, mas que no conjunto exibem, por vezes repetindo-se (pedagogicamente), a construção do naipe de conceitos e articulações que proponho para ensaiar formas de ler as cidades e, em especial o seu urbanismo. Cinco desses textos são publicados pela primeira vez, até porque três deles

---

[4] Formalmente não mais que um curso de 3º ciclo do Centro de Estudos Sociais e do Instituto de Investigação Interdisciplinar da Universidade de Coimbra.

foram apresentados recentemente. A *2ª parte* trata já não de aspetos da *cidade portuguesa*, mas do *urbanismo português* da Idade Moderna. São trabalhos onde se revisita a história do urbanismo português desse período, mas surgem levantadas novas problemáticas ao serviço da potencial operacionalização desse saber.

Cada uma das duas últimas partes, *Coimbra* com quatro textos breves e *Lisboa* com cinco textos de extensão e profundidade desiguais, contêm os resultados mais relevantes do investimento que fiz no estudo da evolução urbanística daquelas cidades. Muito diferentes entre si e casos excepcionais entre as demais, têm-se revelado excelentes fontes e laboratórios para o desenvolvimento do conhecimento sobre a urbanística portuguesa. O que não dispensa o seu confronto com outras realidades urbanas, designadamente fora do atual território português, o qual também ali é feito.

Veja-se, por exemplo, como em Coimbra encontramos dados fundamentais para a cultura do território que assiste à fundação da nacionalidade portuguesa, mas também nesse caso único que foi a instalação urbana e urbanística da única universidade do Império quase até ao fim. Veja-se em Lisboa o que foi a formação quinhentista, quase orgânica, de uma imagem de capitalidade que depois se procurou mudar através de um plano geral que só seria possível após a catástrofe de 1755, não por ausência de conhecimento, mas porque era necessário que se processasse uma profunda e estrutural mudança na sociedade.

Esses exemplos servem aqui apenas para tornar explícito o meu desejo de que este conjunto de trabalhos proporcione diversos níveis de leitura, ou seja, que a sua organização oriente sem perturbar. Paradoxalmente, porém, confesso que o que se me afigura como mais interessante são as intensas articulações entre textos das diversas partes e a possibilidade que assim me foram surgindo de os tornar operativos no planeamento e gestão de intervenções que, de forma sustentada, coloquem as cidades ao serviço das pessoas na *nova modernidade* cuja construção temos em curso.

Pese embora o esforço de normalização gráfica, entendi não dever introduzir alterações estruturais nas diversas formas usadas de texto para texto em tudo o que diz respeito ao tom, aparato bibliográfico, citações, referências, etc. Na maior parte dos casos tal dependeu da encomenda e do contexto para o qual foram produzidos (o que vai esclarecido numa nota para cada título), parecendo-me indevida qualquer alteração a esse nível. Não prescindi, contudo, da tradução para Português dos textos originalmente publicados noutras línguas. No que diz respeito à necessidade de atualizações decidi-me também por uma grande moderação. Para todos os textos é dada com precisão a data da sua conclusão, o que deve ser tido em linha de conta na sua leitura. Apesar disso, num caso ou noutro foi introduzida alguma informação nova, o que ficou assinalado.

O desejo de disponibilizar um livro com baixos custos impôs condições que inviabilizaram a inclusão do desejável número de imagens, sendo também que alguns textos, pela sua natureza, não as contêm. Se nos casos ainda por publicar não é aqui possível passar, como nas conferências originais, um elevado número de imagens com cor e até com animação, a verdade é que nos já publicados também só num ou outro caso já tinha sido possível fazer melhor. Procurou-se, contudo, melhorar em variedade e propriedade, sendo óbvio que em muitos casos há imagens de um texto que servem de ilustração a outros. Caso verdadeiramente limite é o do último texto, originalmente publicado com um disco contendo uma exaustiva coleção de imagens, o que inviabilizou a seleção de um pequeno conjunto, que mais não seria do que banal em escolha e expressão.

Por fim quero deixar aqui alguns agradecimentos, bem menos do que os que de facto se justificam. Em primeiro lugar à Imprensa da Universidade de Coimbra, nas pessoas dos seus dirigentes, pela oportunidade dada. Grato estou também ao António Olaio que, com o maior entusiasmo, não só aceitou interpretar em desenho o primeiro dos textos quando foi publicado pela primeira vez, como se prontificou a autorizar a utilização desse mesmo material para esta edição, desta feita para dar expressão à capa. Grato ainda aos colegas com quem descobri, desenvolvi e discuti o que de mais sólido e relevante aqui vai e que por isso também é deles, muito em especial os "externos" Carlos Coelho e Francisco Barata pela leitura atenta da versão inicialmente apresentada para publicação, correções e conselhos disso resultantes. Mas também os "internos" Adelino Gonçalves e a Antonieta Reis Leite, que tiveram a paciência de numa primeira etapa rever parte dos textos a partir das suas versões originais, reduzindo-lhes consideravelmente os erros e imprecisões. Em ocasiões e situações muito diversas foi decisivo o apoio e conselho avisado da Luísa Trindade.

Apesar de quem acabo de enunciar é com maior ênfase que, por fim, agradeço aos meus alunos de todos estes anos, dos mais diversos níveis e escolas. Como, sem falsa modéstia, lhes digo com frequência, exerço o meu compromisso de docente como um exercício de aprendizagem. É a todos quantos assim fico em dívida que dedico esta publicação.

Coimbra, setembro de 2014.

1ª Parte:
Planeamento e Património Urbanístico

FOMOS CONDENADOS À CIDADE: TÓPICOS DE REFLEXÃO SOBRE UM CONCEITO EM TRANSIÇÃO[5]

civilidade

Na primeira edição de *The Idea of a Town...* de Joseph Rykwert (1963) na revista holandesa *Forum*, o seu editor, Aldo van Eych, sugeriu que esse texto poderia vir a servir para lembrar aos arquitetos algo que parecia andarem esquecidos: que "the city was not just a rational solution to the problems of production, marketing, circulation and hygiene — or an automatic response to the pressure of certain physical and market forces — but that it also had to enshrine the hopes and fears of its citizens." No que me diz respeito foi profético, talvez apenas porque o procurava, e continuo a procurar, sem até então o saber formular.

Na realidade tantas quanto imperfeitas são as definições de cidade. Cada um, em função do seu posicionamento social, profissional e ético, vê na cidade esse seu mesmo universo e é segundo essa moldura que a descreve. Por vezes tenta-se a síntese numa frase assertiva, aparentemente definitiva e necessariamente redutora. Outra via tem sido a da proposta

---

[5] Originalmente publicado em *Planeamento urbano: avaliação do impacte na saúde*. Coimbra. 2007: 15-22, obra coletiva do projeto *Planeamento Urbano Saudável. Desenvolvimento e aplicação de um modelo ao caso da Amadora*, desenvolvido no Centro de Estudos Geográficos da Faculdade de Letras da Universidade de Coimbra, sob coordenação de Ana Paula Santana e financiado pela Fundação para a Ciência e Tecnologia.
Para essa edição pedi ao pintor António Olaio, colega no Departamento de Arquitetura da Universidade de Coimbra, que fizesse uma interpretação gráfica do texto. O resultado, magnífico, foi um conjunto de desenhos que então o acompanharam, sendo que, com a devida vénia, recorri a um deles como tema de composição da capa desta coletânea.

global, por conseguinte utópica, também ela falha de totalidade. Ninguém escapa a essa limitação, ninguém consegue ter uma visão pan-civilizacional dessa resultante operativa, mas também metafísica, da vida colectiva da humanidade. Há, porém, formas de aproximação ao conceito de cidade, sempre insuficientes, parciais, subjetivas e, necessariamente, ocidentais.

Importa desde logo posicionarmo-nos perante a correspondência entre os termos cidade e urbe e, bem assim, dos respectivos derivados, isso até pela forma livre como a eles recorreremos ao longo deste texto. Tal como hoje, na origem latina *civitate* e *urbe* eram sinónimos, mas remetiam e remetem para domínios de utilização diversa. Cidade atinge um âmbito mais lato, de referencial mais ético e político, enquanto urbe tem uma utilização restrita e eminentemente técnica ou disciplinar. Curiosa ou paradoxalmente, cidade balanceia-nos para uma dimensão maior e também física, enquanto urbe nos ressoa mais sobre densidade e pessoas. Será esta leitura meramente pessoal e subjetiva?

Esses termos apenas têm sentido nas culturas com raiz no lado latino do Mediterrâneo. Do lado árabe e berber (para não ir mais longe) tudo difere. Mais importantes são as variantes germânicas e/ou anglo-saxónicas, pois é em interação com elas que se compõe e desenvolve a civilização do Ocidente. Se o radical latino *civitate* ali penetrou consistentemente, já *urbe* ficou resumido à utilização quase meramente técnica de alguns dos seus derivados. Em contrapartida utilizam-se termos com base em *town* e no latino *burgus*. Com origens linguísticas e etimológicas radicalmente diferentes, ambos remetem para domínios semânticos, de forma, limites e escala também diversos. Não podendo aqui desenvolver estas pistas etimológicas (seria, de facto, mais uma boa forma de nos aproximarmos do conceito de cidade) ficam aqui estes apontamentos, os quais reforçam a maior universalidade do radical *cidade* e de todos os termos dele derivados (cidadão, cidadania, civismo, cívico, civil, cível, etc.).

Mas não podemos contornar o facto de o conceito de cidade ser parte considerável do de civilização. Não é possível entender, não existe civilização sem cidade, sendo tão difícil definir esta quanto aquela. É banal, mas certeiro, ser o homem um animal social. A vida em comunidade é determinante para que possa desenvolver as suas potencialidades e, assim, a sua missão de vanguarda nos processos globais e consistentes de evolução. Para tal se desenvolvem lideranças, hierarquias baseadas em equilíbrios de forças, organizando-se sistemas de poder, sempre tentados a perpetuar a sua existência por intervenções no espaço. A cidade é o habitat natural do homem e é na relação que com ele estabelece que se baseia qualquer civilização.

Na mesma linha e de uma forma simples podemos dizer que selvagem é antónimo de civilizado, ou seja, que a partir do momento em que o homem se articula em comunidade gerando cidade e civilidade deixa de ser selvagem. Na realidade se a cidade fortalece o homem enquanto membro de uma comunidade, fragiliza-o no que diga respeito a uma existência isolada. Torna-o sensível e dependente. Também para os outros animais temos a distinção entre selvagem e doméstico, ou seja, os que têm um comportamento que lhe permite compartilhar o nosso habitat, no fundo integrar a nossa civilização.

abrigo

E aqui entra a questão do abrigo e, assim, da Arquitetura na sua significação mais nobre e lata, a qual também inclui o Urbanismo. A par com o desenvolvimento da sua existência em comunidade, a partir do que a natureza lhe permitiu e ofereceu, em locais selecionados, até sugestivos do território, o homem foi desenvolvendo abrigos cada vez mais fixos, duráveis e complexos, tornando a sua existência mais deles dependente. Do abrigo para pernoitar evoluiu até ao abrigo privado e público para as funções sociais, do trabalho à religião passando pelo lazer. São aquilo a que chamamos equipamentos.

Em paralelo foi melhorando e tornando cada vez mais complexas as formas de relacionamento entre todas essas componentes, construindo vias e redes, as quais gradualmente se foram impondo como a infraestrutura, a base geométrica de todo o sistema. A evolução da sociabilidade e decorrente civilidade humana são indissociáveis da própria transformação do espaço físico, incluindo-se neste não apenas o do abrigo, mas também o público e de interação social, bem como o das atividades económicas. A relevância e complexidade deste suporte físico da atividade humana — o urbanismo das cidades — levam-nos frequentemente a esquecer o seu programa matricial, a sua finalidade como abrigo de comunidades humanas. Cumulativamente esquece-se o suporte dos suportes, o território.

Mas nunca se olvida a relação entre a *res-pública* e a *res-privada*. O domínio público tende a estar em permanente tensão com o do poder privado e de grupos de interesse, nem sempre convergindo para uma mesma ideia de cidade. Do domínio absoluto de cada homem sobre o espaço que lhe está individualmente atribuído, tende-se para a relativização desse direito sempre que estejam em causa benefícios públicos, o que nem sempre significa o mesmo no que diz respeito ao equilíbrio entre o Poder e os direitos e liberdades fundamentais. Até pelo desenvolvimento dos meios tecnológicos, cada vez mais temos a capacidade de invadir a esfera, o território privado de cada um. Vigilância e segurança confundem-se com profundos equívocos de permeio.

Equívocos e relativização também aqui nos ocorrem entre os domínio do natural e do artificial. Desde cedo as paisagens natural e construída sofreram alterações também impostas pelo homem, transformando-se, respectivamente, em rurais e urbanas. Natural é hoje em dia um conceito muito relativo e que já em pouco deve ao de original. Mais do que na autenticidade, a natureza de algo joga-se na lógica e coerência dos processos da respectiva evolução. Natural é o que estabelece equilíbrios e continuidades, artificial o que perturba e catalisa rupturas. Não são domínios estanques, nem sequer inconsequentes entre si. Quantas rupturas absolutamente artificiais deram lugar a novos sistemas naturais?

Por entre muitas outras aproximações, é assim que o meio urbano, que as cidades, podem ou não apresentar-se como habitats naturais do homem. Para tal têm de fornecer-lhe condições para a satisfação das mais diversas necessidades básicas: proteção, segurança, subsistência, lazer, prazer, identidade... A sua negação significa a exclusão e o regresso de algumas características selvagens. Sendo determinante o abrigo — a Arquitetura — só por si não chega. Pode até ser um factor de exclusão se entendido como *a* necessidade básica. A cidade da Arquitetura pode não ser a dos homens. À medida que evolui e se torna cada vez mais sensível, o homem vai-se tornando cada vez mais exigente, colocando os seus objectivos sempre além do que já obteve e domina. Também isso o diferencia dos demais seres vivos.

tempo(s), limite(s) e utopia(s)

A cidade foi-se tornando cada vez mais complexa e considerada sempre aquém do desejo. Surgiram as utopias que, contudo, se revelaram sempre redutoras e ainda mais aquém das próprias cidades. Utopias escritas e descritas, cidades consideradas ideais ou até celestiais para sistemas políticos e sociais necessariamente estáticos que assim promoveriam a igualdade, mas que por isso mesmo são necessariamente opostos à permanente mutação da urbe, à singularidade do anónimo e quotidiano contributo individual para a evolução. A utopia tem os pecados originais da racionalidade e da negação do tempo. A cidade pode almejar ser democrática, mas nunca será igualitária, poderá ser ordenada, mas nunca simétrica. No fundo, para o homem a cidade existente será sempre melhor e mais completa do que a de uma qualquer utopia ou do que a utopia em si. Tal como com o ar e a água, sem tempo não pode haver vida.

Sem assim querer estabelecer a minha própria definição de cidade, talvez seja por tudo isso que sempre intuí que as condições necessárias à verificação da existência de urbanidade são, interagindo, a complexidade, a densidade e a mutação, tanto em domínios físicos e materiais, quanto em relações sociais e âmbitos espirituais. Cada item urbano gera em cada um de nós uma percepção, uma leitura diversa da cidade que é. Uma comunidade humana pouco densa, onde as atividades económicas e a rede de trocas sociais e comerciais se resumem a uma lista breve, jamais se poderá considerar plenamente urbana. Porém, mercê de uma radical transformação na mobilidade de pessoas, bens e informação, se continuarmos a ter como único referente o espaço físico e o tempo de ação, essa situação de uma urbanidade diluída tende cada vez mais a desaparecer. A diversidade, tal como a intensidade, podem encontrar-se em permanente mutação nas relações interpoladas por uma organização em rede, que não tem necessariamente de ser imaterial. E com isso consuma-se em definitivo o fim do limite.

O fim dos limites da urbe e dos demais itens correlacionados, até há relativamente pouco tempo considerados como fundamentais para a cidade (como a *forma-urbis*, por exemplo), constitui uma mudança fundamental do paradigma de cidade. Claro que os antecedentes são distantes e o percurso longo. Desde as cidades-estado com limites e termos claros espalhadas por um território de soberania descontínua, até às conurbações atuais, a humanidade passou, por exemplo, pelo domínio total do urbano sobre o rural, pelo contraste entre a *medina* e o arrabalde (o burgo e o *faubourg*, a cidade e o subúrbio, etc.) no qual durante séculos se fundamentou a divisão entre quem era ou não cidadão. Além desses havia, claro, limites sociais estabelecidos segundo o género, a raça, o credo, etc.

O limite era, claro, comummente determinado pela cerca defensiva e acentuado pelas portas, os quais depois de ultrapassados e até integrados no edificado, em muitos casos se viram redefinidos como via urbana de circunvalação (*boulevard*, *ring*, etc.) e, assim, de relação não apenas entre os pontos que une, mas também entre as suas margens. Já na idade da indústria surgiram outras formas de delimitação urbana, como as vias de comunicação de grande porte, designadamente o caminho de ferro. Pela segregação dos pontos que servem, tal como auxiliaram à determinação do surgimento de zonas de expansão urbana, os próprios serviços de transportes públicos acabaram por estabelecer novos limites, virtuais e geometricamente disformes, ao contínuo urbano.

A relevância do estudo da forma urbana — *forma-urbis* no jargão disciplinar —, que já continha formas diversificadas, cedeu lugar à observação e interpretação das múltiplas formas com que a cidade se vai espalhando pelo território e, simultaneamente, consolidando as mais primitivas. A cidade raramente exclui, quase sempre integra, nem que recorra à sobreposição por camadas para o fazer. A morfologia é hoje lida como um dos registos naturais e mais fiáveis da história da civilidade humana. Para mim é mesmo *o* mais infalível. Claro que tudo seria diverso se ainda não dispuséssemos da visão e registo externo sobre a terra (em voo e de satélite) de que usufruímos há escassas décadas e com a qual não só invadimos a privacidade de cada um, mas os próprios registos físicos de cidade.

Paradoxalmente, à medida que cada vez mais dispomos de meios e informação, que objectivamente no todo não conseguimos dominar, tendemos a compensar isso considerando que, apesar de tudo, detemos um conhecimento geral. É uma estratégia de identificação. Assim a reflexão sobre os fenómenos urbanos vai evoluindo para leituras e sínteses que tendem para o global. Cada vez mais surgem propostas de leitura e intervenção com registos genéricos, por vezes assumidamente formuladas como indiferentes, não permeáveis às especificidades do sítio. Ora não existe uma cidade genérica, nem como entidade, nem como conceito uno na mente de cada um. Claro que a tentativa para uma globalidade das abordagens é apenas mais uma vertente da utopia da globalização. No que diz respeito à cidade não é mais que uma visão míope claramente assumida no próprio epíteto redutor de *aldeia global*, como que um gesto desesperado de abarcar um todo cada vez mais rico e complexo. De facto, porque não *cidade global*?

Nessa linha claro que *cidade genérica* não é o mesmo que *cidade global*. A primeira tende para uma estandardização das cidades (ou apenas da sua leitura!?), enquanto a segunda no limite profetiza a conglomeração, a aglutinação, a conurbação de todos os núcleos de habitat humano. Mas algo conecta uma com a outra, uma espécie de código utópico que até alguma cinematografia tem vindo a glosar. Também na moda está a ideia das *cidades globais*, aqui como pontos nodais e de vanguarda da civilidade do planeta, como Nova Iorque, Londres ou Tóquio. Porém neste facto nada há de novo, pois à escala do desenvolvimento humano sempre as houve (Roma, Lisboa, Paris, cada uma em tempo próprio).

Basta a diferença de idades entre os locais do mundo numa mesma idade, para tornar claro o quão longe sempre se estará de uma globalização e tipificação da urbanidade. Há, claro, a via da *cidade virtual*, sendo nessa que no fundo se basciam as mais credíveis e esperançosas profecias sobre a *cidade* ou *aldeia global*. Pelo menos aí — no ciberespaço — a inexistência de um espaço efetivo, pois trata-se de um espaço-outro, permite que idade e tempo sejam comuns e simultâneos, gerando uma ideia diversa de identidade. Com efeito o que ali é virtual, simulado, irreal é o espaço. Mas haverá cidade sem espaço? Numa espécie de paráfrase conceptual, tal como com a cidade da utopia — onde, como atrás se referiu, não há tempo — na cidade virtual não há espaço. No fim de contas e como ali não há, pois, cidade, apenas uma *cidade-outra* que nem é ideal, nem se pode constituir num ideal de cidade.

bem estar, individualidade e ideal de cidade

Apesar de todas as transformações em curso e da mudança ou até substituição de alguns paradigmas (o que é intrínseco, da natureza da civilização), continuo a acreditar que as cidades resultantes de um relacionamento interpolado, ou seja, em rede, não virão substituir as do tipo preexistente. Os principais avanços da humanidade nunca alienaram conquistas anteriores, apenas as relativizaram. No fundo continuo a acreditar que o homem terá sempre uma existência física e que a ela terá de corresponder um espaço de vivência do quotidiano e não só.

Claro que há cada vez mais quotidianos com desenvolvimento em diversos tabuleiros urbanos, mas a capacidade de cada um para tal tem limitações, entre as quais a do bem-estar próprio e as da família, por mais que este conceito (ou paradigma?) também esteja em revisão. Cada um de nós tem necessidade de um mínimo de rotinas, de se identificar com alguns dos espaços do seu quotidiano. Por exemplo, precisa de repousar em ambientes que não o questionem e não requisitem a sua vigília. Só assim se estabelece a integração, a sensação de enraizamento e de segurança.

Como resultante/objectivo final, o desenvolvimento humano e civilizacional tende sempre para o bem-estar, o conforto, a segurança, etc. Pelo menos para um grupo alargado, nenhuma reforma ou revolução estruturante bem sucedida deixou de ter em mira tais objectivos, nenhuma corrente filosófica se afastou disso como fim último. Como sabemos a composição e dimensão dessas comunidades evoluíram consideravelmente ao longo da história, estando tudo dependente do enfoque de quem promove e produz a transformação.

O bem-estar depende de uma considerável e complexa conjugação de inúmeros factores, sendo determinantes as especificidades sensoriais de cada indivíduo. O imparável crescendo de complexidade da civilização jamais levará à exclusão de qualquer um deles, mas tão só à sua hierarquização e composição segundo a natureza do ator. Cada um desses fatores faz parte do património do homem enquanto grupo e comunidade, mas também como indivíduo e ente que demanda a identidade no próprio seio dos processos de transformação. Tendo como suporte de vida a cidade, compete a cada um de nós nela encontrar e desenvolver ao extremo formas de promoção desse bem estar, assim demandando o seu próprio ideal de cidade, mas não uma colectiva cidade ideal... felizmente.

VALORIZAÇÃO DO PATRIMÓNIO URBANÍSTICO PORTUGUÊS[6]

No convite para a elaboração deste texto lê-se: "a *P&C* [Pedra & Cal, revista] tem procurado demonstrar que o património arquitectónico do País é muito mais do que *igrejas e castelos*." Nesse "mais" tem cabido muito, designadamente a arquitetura que além da monumental faz cidade, os edifícios que consubstanciam a identidade espacial e paisagística dos núcleos urbanos. Assim tem acontecido com a temática da *reabilitação urbana*, sendo esta entendida segundo as vertentes económicas, sociais e culturais mais correntes e atuais, mas também tendo em atenção que *reabilitação urbana* não é o mesmo que *reabilitação urbanística* e que se esta pode ser menos interessante do ponto de vista económico e até social, a verdade é que é nesse domínio — o da fisionomia urbana (urbanismo) e a sua história — que a perspectiva cultural do património tem lugar e eixos para ação.

---

[6] Texto publicado pela primeira vez na revista *Pedra & Cal*. Lisboa: Gecorpa. nº28, 2005: 4-6.

Fig. 1: Cachoeira, Bahia, Brasil, 2005.

Urbanismo e sociedade interagem de forma incessante e dinâmica, mas a sociedade e a economia evoluem segundo processos e ritmos completamente diversos dos que ocorrem no edificado. Com maior lentidão, o suporte físico — o urbanismo — integra e sintetiza as transformações decorrentes do processo histórico, mantendo-as no ativo que oferece à comunidade. Num cenário de grandes mutações socioeconómicas, o património urbanístico fica sujeito a permanentes ameaças, mas também a ações criativas de desenvolvimento. É um património histórico pela acumulação e experiência, vivo e atual porque necessariamente contemporâneo. Pode suportar ciclos de pujança/depressão, alterações funcionais e/ou socioeconómicas, modernizações infraestruturais, etc., tudo isso num processo de desenvolvimento pensado segundo uma lógica de salvaguarda. Não aguenta é o vandalismo economicista, novo rico, a obra arbitrária descontextualizada e sem conceito sociocultural como sinónimo de progresso.

Vem isto a propósito do convite para uma visão global e necessariamente breve sobre o património urbanístico de matriz portuguesa no mundo, aquilo que um projeto promovido pela Comissão dos Descobrimentos entre 1997 e 2001 designou por *universo urbanístico português 1415-1822*. E porquê? Porque o que nele basicamente nos surpreende é que na sua espantosa diversidade de contextos sociais, económicos e geográficos, seja quase imediata a percepção de algo de comum, quer na forma de ocupar o território, quer no ambiente que caracteriza cada um dos seus espaços públicos. Todos tão óbvia e materialmente diversos, todos tão imediatamente familiares.

Fig. 2: Diamantina, Minas Gerais, Brasil, 2005.

Durante décadas procuraram-se e avançaram-se explicações para a coincidência de tais experiências de identidade sensorial, mas cedo se verificava que qualquer uma delas serviria para justificar paralelos ou semelhanças com outras culturas urbanísticas. No final de contas os traçados e morfologia urbanos são extraordinariamente diversificados, mesmo aqueles onde a matriz fundacional foi determinada por um desenho prévio. Igual sucede com os materiais e as cores dos edifícios, as texturas e os detalhes decorativos, etc.

O que separa a arquitetura do urbanismo é apenas uma questão de âmbito e escala, não o método, sendo este a essência da arquitetura, quer na ação projetual quer na reflexão crítica e analítica. O urbanismo não é mais do que a arquitetura da cidade, pois o processo de composição urbana é igual ao da arquitetura, sendo isso muito evidente precisamente no *universo urbanístico português*. Há uma grande diferença no tempo, nas dinâmicas de concretização, mas a verdade é que também há uma arquitetura de tempo urbano, sem idade. É precisamente a tal arquitetura que, sem referencial ou ambição monumental, faz cidade.

Fig. 3: Mindelo, São Vicente, Cabo Verde, 2005.

Na maior parte dos casos no *universo urbanístico português* eram as mesmas pessoas quem determinavam as características do traçado urbano e da sua morfologia, mas também as da arquitetura dos edifícios que os consubstanciaram. Frequentemente eram esses mesmos personagens quem, residindo e trabalhando, construindo, administrando e advogando, acabavam por contribuir para a urbanidade dessa nova realidade urbanística. Faziam-no repetindo processos e soluções com especial solicitude, pois sabiam da sua eficácia. A criatividade estava mais na sageza exercida na interpretação do lugar, do que na invenção e composição de novas formas arquitectónicas.

Esses personagens tinham origens e estatutos variados, de juristas a militares, de clérigos a nobres, mas tinham intuída uma lógica e uma dinâmica de organização espacial que podemos considerar sintetizada pela engenharia militar portuguesa, em especial ao longo do século XVIII. É essa a idade áurea da urbanização, do reconhecimento, formação e urbanização do atual território brasileiro. Tão resplandecente que todos se julgavam uma elite que houve quem propusesse que governasse o reino. Não era caso para menos.

Fig. 4: Serro, Minas Gerais, Brasil, 2005.

Para trás, além de uma marcante e não descontinuada experiência de reordenamento do suporte territorial da nova realidade nacional durante a Baixa Idade Média, estavam dois séculos de aprendizagem em regime de tentativa-erro na ocupação e ordenamento de novos territórios, com velhos ocupantes muito diversificados e em contextos geopolíticos e civilizacionais bem diferentes: no Magreb, nas ilhas do Atlântico, na América do Sul, no Hisdustão, no Ceilão e até no Extremo Oriente. Nos últimos destes casos, mas em especial na Índia, dinâmicas sociais mais recentes produziram transformações radicais. Ali as matrizes da arquitetura e do urbanismo portugueses foram apenas um contributo de percurso para a cultura do território autóctone. No Brasil não. No Brasil são a matriz, o material seminal do sistema urbano e territorial.

A lógica global do Império acabou por levar a que todos os seus agentes agissem com base em protocolos de matriz militar, notoriamente nas ações de ordenamento e urbanização do(s) território(s): disciplina, ordem, rotina, seriação... Para quê mudar quando o que se fazia já dera provas? Para além do mais essa lógica de regras não tinha propriamente modelos, o que deixava ao urbanizador (*povoador* seria mais correto) uma larga margem criativa.

Esse espaço para a criatividade conjugava-se com uma proverbial falta de rigor na execução. Mesmo nos casos geometricamente mais estruturados e/ou arquitetonicamente cuidados, a transgressão, por vezes o improviso, surgem assumidos com uma criatividade de cariz popular que encanta, mas nem sempre abona em favor das razões e brio então arrogada pelos engenheiros militares. Foi nessa transgressão plástica sobre um rigor metodológico e geométrico, que a apropriação e identificação das comunidades mestiças se produziu embrionariamente. Como já atrás poderia ter ficado dito, nada resiste às mudanças constantemente impostas pelo quotidiano da cidade, mas se a matriz for clara e forte permite integrar sem autofagia a mais ampla das diversidades. São inúmeros os casos onde bem depois da independência durante longos períodos se continuou a urbanizar e construir segundo os mesmo princípios.

Fig. 5: Quartel de Artilharia, Pangim, Goa, Índia, 2005.

Tudo isto para enquadrar a forma como entendo o *urbanismo português* estruturado antes da Idade das Revoluções, ainda que durante muitas décadas e em diversas paragens tenha prevalecido nas formas de *fazer cidade*. Trata-se da resultante de um processo contínuo de experimentação-erro-experimentação em que a matriz caracterizadora, comum, consiste na simplicidade e vigor da sua composição geométrica, na coordenação rígida mas criativa do seu sistema de dimensões e proporções, na sujeição do todo estrutural a esses princípios e na liberdade do detalhe, da textura, da cor, da forma urbana e dos usos concedida por um sistema de regras/princípios que não conformam ou emanam de modelos.

Como numa formulação mais precisa já tive oportunidade de o publicar, caracteriza-se também "pela ocorrência de um padrão morfológico e cadastral regular; pelo traçado e dimensionamento global em função do espaço público; pelo mono-direccionamento da malha e correspondente hierarquização de ruas e travessas; pelo recurso a sistemas proporcionais algébrico-geométricos abrangentes, os quais se baseiam no quadrado e progridem para rectângulos de proporção $\sqrt{2}$,

√3, duplos, etc.; pela integração estrita da arquitectura nesse sistema de relações regulares e proporcionais e consequente florescimento de uma arquitectura de programa."

Fig. 6: Administração das Comunidades das Ilhas, Pangim, Goa, Índia, 2005.

Tudo vai sendo cada vez mais difícil de verificar e desenvolver em Portugal, quiçá o país do *universo urbanístico português* mais sujeito a dinâmicas de mudança descaracterizadoras. Mesmo nas ações ditas de reabilitação, reposição ou restauro, a ignorância dos princípios e o desconhecimento sumário da cultura e processos de trabalho dos colegas de outros tempos, têm conduzido a um processo inconsciente (porque ignorante), mas responsável (porque feito em nome de bons princípios) de continuada obliteração do que é matricial no património urbanístico e correspondente cultura espacial portuguesas. Talvez por um menor desenvolvimento de muitas das recônditas regiões do antigo Império, mas por certo por uma maior consciência e identidade colectivas, o mesmo não sucede com igual extensão à escala do *universo urbanístico português*. Quando a reabilitação urbana não é urbanística, não passa de um negócio especulativo, ilegítimo e, fatalmente, com resultados de má qualidade.

Por tudo, mas também por experiência própria, entendo que o estudo e salvaguarda do *património urbanístico português* apenas é possível sem imperialismos, mas à escala do antigo Império. Só quando foi possível conhecer e conjugar todos os dados, é que passámos a adquirir um conhecimento mais próximo da realidade histórica e cultural que o urbanismo português conforma. E não foi apenas por uma questão de dimensão, número de casos, extensão, continuidade cronológica (entre Manuel I (r.1495-1521) e o Marquês de Pombal (1750-1777) escassas ou nulas foram as realizações urbanísticas expressivas no atual território nacional), mas também porque o estado e ritmo de destruição em Portugal não tem paralelo noutras paragens.

Fig. 7: Praça ("Largo de Theberge"), Icó, Ceará, Brasil, c. 1930.

1ª PARTE: PLANEAMENTO E PATRIMÓNIO URBANÍSTICO

APONTAMENTOS SOBRE HISTÓRIA E SALVAGUARDA EM DESENVOLVIMENTO[7]

Este ensaio parte da hipótese da relevância do *conceito* nas intervenções em tecidos urbanos consolidados[8], a qual teve logo na banca de ensaios duas experiências relativamente recentes que coordenei sobre a cidade Coimbra, uma com aplicação efetiva — o *Levantamento e Constituição do Sistema de Informação do Processo para a Reabilitação Urbana e Social da Baixa de Coimbra,* entre julho de 2003 e dezembro de 2005[9] —, outra no âmbito de um concurso de ideias com cariz assumidamente ficcional — o *Concurso Público de Ideias para a Reabilitação da Rua da Sofia*[10], *em julho de 2003.*

---

[7] Texto escrito para o livro de apresentação dos resultados do *2º Seminário Internacional de Projeto: Requalificação Urbana e Cultura da Cidade* realizado em agosto de 2005 pela Faculdade de Arquitetura da Universidade Federal da Bahia. Deveria corresponder à conferência que ali fiz, na qual coloquei a tónica na questão do *conceito* para as intervenções em tecidos urbanos consolidados, tendo como base duas experiências que protagonizei para a cidade de Coimbra. Optei, contudo, por uma aproximação diferente, até porque entre ambos os momentos (agosto 2005 e junho de 2006) se registaram desenvolvimentos na linha de pesquisa que, por ocasião do primeiro, apenas se encontrava esboçada. O livro continua por publicar.

[8] Em "Conceitos em 4 ações sobre património edificado em Portugal", conferência inaugural ao *1º Fórum Brasileiro do Património Cultural,* realizado em Belo Horizonte pela Universidade Federal de Minas Gerais em dezembro de 2004, apresentei pela primeira vez esta linha de pensamento.

[9] Projeto desenvolvido no Instituto de Investigação Interdisciplinar da Universidade de Coimbra, no âmbito de um protocolo celebrado com o respetivo município. As tarefas foram assumidas por quatro equipas (arquitetura, sociologia, patologias do edificado e sistema de informação) coordenadas, respetivamente, pelo autor, por Carlos Fortuna, Raimundo Mendes da Silva e João Coutinho. Ver "Sistema de apoio à decisão no âmbito do Processo de Recuperação e Renovação Urbana e Social da Baixa de Coimbra." *Rua Larga.* Coimbra: Reitoria da Universidade de Coimbra. nº12, 2006: 39-51.

[10] Promovido por Coimbra Capital Nacional da Cultura 2003 e publicado em *ECDJ*. Coimbra: Departamento de Arquitetura da Faculdade de Ciências e Tecnologia da Universidade de Coimbra. nº8, 2004: 32-43. A respetiva *memória* é também publicada nesta coletânea.

Para esta edição, mais do que recorrer a uma reflexão direta sobre esses casos, pareceu-me mais interessante enunciar essas questões sem o recurso aos casos concretos, registando o raciocínio entretanto desenvolvido e em curso sobre o assunto. Não é, porém, ainda uma apresentação de um projeto ou linha de investigação com estrutura e argumentação de cariz científico, pois ficarei pelo enunciado ainda um pouco nebulado de algumas questões, prometendo uma versão mais consistente, elaborada e fundamentada num médio prazo. O contexto é necessariamente o português e por isso nem sempre facilmente comparável com outros, em especial de outros continentes e escalas.

Importa mais referir que as ideias que aqui se alinham tiveram um outro contexto de ensaio no planeamento, desenvolvimento e participação dos alunos da disciplina *Património Urbanístico: Salvaguarda em Transformação* do Curso de Mestrado em Engenharia Civil e Arquitetura de Reabilitação do Espaço Construído da Faculdade de Ciências e Tecnologia da Universidade de Coimbra, que no ano letivo 2005/2006 teve a sua primeira edição e na qual contei com a estimável assistência de Adelino Gonçalves, que estava a desenvolver a sua dissertação de doutoramento especificamente sobre esta temática.

Por último é fundamental registar também que este texto é essencialmente devedor do projeto de investigação *História e Análise Formal na definição do conceito de intervenção em contexto urbano histórico*[11] no qual a questão do conceito é assumidamente uma das pedras de toque. Projeto que pressupõe que as formas urbanas são o principal registo da memória e identidade urbanas, carecendo porém de processos de descodificação dessa grande densidade e diversidade de conhecimento. Rejeita ainda a adopção da expressão e ideia *centro histórico*, pois reconhece a todo o tecido urbano consolidado civilidade e historicidade,

---

[11] Projeto financiado e realizado no Instituto de Investigação Interdisciplinar da Universidade de Coimbra. Equipa coordenada por mim e constituída pelos então doutorandos Luísa Trindade e Adelino Gonçalves, pela mestranda Sandra Pinto e pelas alunas do Seminário de Prova Final de Licenciatura Joana Fonseca e Helena Sá Marques. O projeto serviu de suporte e cobriu o âmbito alargado dessas cinco provas académicas então em preparação, a primeira das quais na Faculdade de Letras e as demais no Departamento de Arquitetura da Faculdade de Ciências e Tecnologia da Universidade de Coimbra.

e entende como metodologicamente crucial recusar-lhe a imposição de descontinuidades formais e/ou administrativas, no fundo limitações externas aos fenómenos em si[12].

Reconhecendo as diferenças de escala e de dinâmica do processo histórico, essa linha de pensamento também não fecha portas à historicidade e potencialidades da(s) periferia(s). Não esquece que estas sempre existiram e que sempre foram essenciais para a vitalidade urbana, designadamente para responder às solicitações de quaisquer funções que, pelas razões mais diversas, o centro não logrou comportar. A diferença de então para a contemporaneidade estabelece-se fundamentalmente no facto de hoje tenderem a consubstanciar-se como superiores em escala e dinâmica em relação à cidade consolidada. Mais uma vez respondem a solicitações a que o centro não pode dar resposta. A inversão de dimensões acarreta, por certo, uma inversão de relevância, designadamente no âmbito das preocupações de regulação e ordenamento, mas não pode impor o que nunca existiu: barreiras, segregação, tentativas de asfixia das relações de complementaridade e interpenetração entre ambos os campos.

No próprio título, aquele projeto tem ainda implícita a proposta de apaziguamento em relação à diversidade terminológica a que o jargão profissional recorre para designar ações que, na maior parte dos casos e segundo a perspectiva do todo urbano, na sua essência são uma só coisa. As demarcações entre *reabilitação*, *revitalização*, *reurbanização*, etc. são bandas tão largas que, para quem lança olhares sobre o todo urbano, em pouco se distinguem. Por outro lado, do domínio do património arquitectónico alastrou para o urbanístico o conceito de *salvaguarda*, frequentemente associado ao da *preservação*, sem se acautelarem as diferenças entre as especificidades de ambos os domínios. Na realidade quando se fala de

---

[12] Esta questão foi por mim inicialmente colocada em "História do Urbanismo e Identidade: a arte inconsciente da comunidade". *História*. Lisboa: História, Publicações e conteúdos multimédia. n°27, 2000: 40-47 [também publicado em Walter ROSSA (1989-2001), *A urbe e o traço: uma década de estudos sobre o urbanismo português*. Coimbra: Almedina: 2002]. Ver ainda Walter ROSSA (2003), "Do projecto para o plano: contributo para a integração Património/Urbanismo." *ECDJ*. Coimbra: Departamento de Arquitetura da Faculdade de Ciências e Tecnologia da Universidade de Coimbra. n°9, 2005: 9-16.

preservação e/ou de salvaguarda alguém pensa em urbanismo? O que é isso de património urbanístico? Não é a *arquitetura da cidade*[13]?

A(s) doutrina(s) de preservação e/ou salvaguarda para o património arquitectónico, ainda muito baseadas em escolas de pensamento sobre outras expressões patrimoniais[14], não pode(m) ser diretamente estendida(s) ao património urbanístico. Enquanto suporte físico da cidade, o urbanismo tem de ser permeável à contemporaneidade, à mutação permanente, à vida. Pode-se conservar um edifício (com ou sem patine, no limite uma ruína) num estado próximo da sua verdade original, musealizá-lo, condicionar a sua utilização a esse objectivo, etc. Não se pode fazer isso a uma cidade, ao seu espaço público, ao seu casco urbano. É contra a essência do bem. Apenas enquanto objecto — urbanismo — a cidade, a urbs, a polis (como queiramos) não tem vida, não resulta!

Podemos também desenvolver o raciocínio pelo lado oposto, admitir como correta e até desejável a introdução no corpo de um edifício ou em anexo(s) de objetos com leituras marcadamente contemporâneas, contrastantes. Mas na cidade o *novo no velho* só resulta em pleno quando o primeiro reconhece e integra as lógica formais e funcionais do segundo. A *cidade genérica* (para apenas referir uma das designações e leituras desse tipo mediático)[15] na qual qualquer objecto arquitectónico não só sobrevive como se impõe apesar das rupturas, só existe em abstracto e, mais uma vez, ao serviço de ideais arquitectónicos. O somatório de imagens de várias cidades não produz mais que uma não-cidade. Não há cidade sem especificidade, ainda que possam existir *layers* de generalidade (em crescimento galopante na atualidade), ou seja, *links* de citação

---

[13] Recorro, óbvia e abusivamente, a Aldo ROSSI (1966), *A arquitectura da cidade*. Lisboa: Edições Cosmos. 1977. Escrito num contexto marcante e bem identificado, a sua proposta central mantém-se, contudo, bastante atual.

[14] Note-se, como exemplo mais expressivo, a doutrina desenvolvida por Cesare Brandi com base na sua ação como primeiro diretor (1939) do Istituto Centrale per il Restauro de Roma. Ver Cesare BRANDI (1963), *Teoria do restauro*. Amadora: Orion. 2006.

[15] Esta famosa e sugestiva designação surge na não menos mediática obra de Rem KOOLHAAS e Bruce MAU (1995), *S, M, L, XL: small, medium, large, extra-large*. Rotterdam: 010 Publishers 1995 e tem como antecedente específico a outra obra de Rem KOOLHAAS (1978), *Delirious New York : a retroactive manifesto for Manhattan*. Rotterdam: 010 Publishers. 1994.

formal entre múltiplas cidades. O que aqui nos move é a especificidade urbana conferida por uma conjugação própria de generalidades.

Também não há cidade sem centralidades, o mesmo sucedendo com a periferia, pois o próprio termo impõe a referência a um centro que de forma geral é o todo urbano consolidado. São também frequentes os equívocos em relação ao consolidado, o que por regra acontece pela dificuldade de adaptação às novas escalas impostas pelo incremento da mobilidade, crescente especialização e complexidade dos organismos urbanos. Por exemplo, um bairro industrial com atividade consistente articulado com um núcleo urbano será, potencialmente, um trecho urbano consolidado. A questão levanta-se quando por razões diversas (ambientais, valorização do solo, restrições à expansão das unidades, deslocalização) a função industrial entra em decadência. O urbano degrada-se então em periférico.

Um caso como o referido (cuja leitura proposta não será de aceitação universal) remete-nos ainda para uma outra questão: a relevância que a polifuncionalidade urbana e periférica tem para o centro. A sobrevivência dos centros e, bem assim, da urbanidade de um qualquer núcleo, depende em larga medida da relação de interdependência que estes estabelecem com as demais áreas urbanas, consolidadas ou não. Uma das principais chaves para o sucesso das políticas urbanas está na inteligência das possibilidades e métodos para a revitalização das articulações entre todas as partes da cidade.

Nos últimos tempos tem-se discutido bastante sobre o sentido que as ações daí decorrentes devem assumir[16]. Do *top-down* e *bottom-up* de escala territorial-nacional, para o *in-out* e vice-versa de escala local, encontramos atitudes que variam entre a utopia de qualquer revolução e a morosidade complacente e a permanente barganha característica

---

[16] Cumpre aqui esclarecer que parte do que aqui se coloca surge bem sintetizado e, por certo, bem mais articulado no relatório de Nuno PORTAS, Álvaro DOMINGUES e João CABRAL (2002), *Políticas Urbanas. Tendências, estratégias e oportunidades*. Lisboa: Fundação Calouste Gulbenkian. 2003, que aqui uso de forma abusivamente livre. Já depois da redação deste texto surgiu a sua versão revista que, contudo, é ainda mais relevante para esta discussão: Nuno PORTAS, Álvaro DOMINGUES e João CABRAL (2011), *Políticas Urbanas II: Transformações, regulação e projetos*. Lisboa: Fundação Calouste Gulbenkian. 2011.

de todas as reformas. Fala-se também na urbanização das periferias já existentes, sem que a isso se faça corresponder a reurbanização dos centros. Mas urbanizar e reurbanizar como? Encarando a periferia como um ensanche já edificado, tal como os centros? Continuando a operar-se esventramentos? Para os centros acredita-se, contudo, que a reforma do espaço público numa cosmética equivalente às campanhas de recuperação de fachadas (cromática ou não) é suficiente ou, pelo menos, saudável, quando na realidade não são mais que paliativos ilusórios e desresponsabilizadores. E assim se vão isolando os centros, tratando-os como um fardo de velhice respeitável, mas sempre um fardo.

São demasiados os exemplos de atuação patrimonial sobre tecido urbano consolidado que nos dão prova do insucesso de ações essencialmente pautadas por uma lógica preservacionista. Ou se assistiu à deslocalização (programada, induzida ou consequente) de residentes (*gentrificação*) e à consequente descaracterização social e funcional, ou decorrido pouco tempo se assistiu a uma degradação ou regressão rápida e acentuada das benfeitorias, ou se adoptaram estratégias invasivas de resolução de problemas infraestruturais e/ou de equipamentos, etc. Insucessos paradoxais, pois por qualquer uma destas formas ou pela sua conjugação (o que é mais frequente) temos como resultado uma transformação considerável e contranatura da cidade e, em especial, do seu urbanismo, em troca da manutenção ou recuperação artificial de uma imagem sem idade e de nebulosa memória de alguns dos seus componentes. Por regra corresponderam a pesados investimentos públicos, de que são exemplos algumas das ações do Programa Pólis e quase todas as das SRUs[17].

Como atuar? Acredito e quero testá-lo que se, caso a caso, o aprofundado conhecimento da natureza e processo histórico-material do objecto se constituírem como base da definição de um conceito de intervenção, poderemos encontrar o trilho para uma intervenção integrada e sustentada a médio prazo. Intervenção que mais do que de salvaguarda, preserva-

---

[17] Sociedades de Reabilitação Urbana, criadas e reguladas pelo Decreto-Lei n.º 104/2004 de 07 de maio.

ção, reabilitação, revitalização, etc. se estabeleça como plataforma para o desenvolvimento dos polos de identidade urbanística no âmbito lato do todo urbano. Um conceito estabelecido como matéria e proposta para um primeiro momento de reflexão e decisão, prévio à formulação de quaisquer outras propostas, designadamente se desenhadas. Também aqui as metodologias da Arquitetura não encontram receptividade, aplicação.

Segundo uma perspectiva histórica, o processo prático do projeto de investigação e desenvolvimento inicialmente referenciado é relativamente claro: plasmar em desenho o conhecimento histórico de forma a que este se consubstancie num instrumento diretamente operativo para quem planeie ações de salvaguarda e/ou reabilitação à escala urbana[18]. Por seu turno a visão do lado da intervenção, ou melhor, da proposta, do plano e do projeto vai no sentido de valorizar abordagens de conjunto e complexidade paralelas às do fenómeno urbano e não meramente urbanístico ou até arquitectónico. Por conseguinte, prévias ao próprio desenvolvimento do desenho e da proposta.

Se a História é vulgarmente chamada a esses processos, raramente se tem logrado encontrar fórmulas em que o seu papel tenha ido muito além de um relatório introdutório ou anexo. Tudo isso quando é inerente às ideias de salvaguarda, reabilitação, revitalização, etc., a memória, não tanto quanto fetiche romântico ou saudosista, mas sim como matriz para o entendimento das dinâmicas de desenvolvimento instaladas. Não se trata apenas de uma história da evolução, mas de uma história para a compreensão e prospecção dos processos da evolução. Contrariamente ao que se tem feito senso comum, a História não implica paragem, mas

---

[18] Na fase em questão, na vertente da História o projeto referenciado na nota 11 concentra-se essencialmente nas matrizes fundacionais dos núcleos urbanos da rede urbana portuguesa, como se sabe essencialmente medieval. Pretendemos candidatar-nos posteriormente ao apoio para uma segunda fase, na qual daremos especial atenção ao desenvolvimento dessas cidades, designadamente com a Regeneração e, assim, as ações percursoras da modernidade. No que diz respeito à historiografia do urbanismo, ambos os períodos são ainda desertos de conhecimento sistematizado e sintetizado. Para tudo isto tem sido preciosa a produção dos alunos do 5º Ano da Licenciatura em Arquitetura do Departamento de Arquitetura da Faculdade de Ciências e Tecnologia da Universidade de Coimbra, pois a isso se têm dedicado nos trabalhos da componente prática da disciplina de História da Arquitetura Portuguesa (que lecionei até 2007). O instrumento e a principal estratégia para o desenvolvimento desses trabalhos é o desenho sobre levantamentos atuais vectoriais e georeferenciados.

dinâmica. Nada há de mais dinâmico, inspirador e prospectivo que a história de um qualquer processo. A utopia vanguardista essa sim é de uma data, uma proposta de paragem num momento ideal do tempo.

Nessa perspectiva a História revela-se essencial para tudo quanto diga respeito à programação de intervenções sobre o tecido urbano e o espaço público. Não apenas para informar a imagem e a forma, mas também para o método de trabalho e intervenção, para as funções e conteúdos, para o discurso argumentativo e justificativo, em suma, para tudo quanto diga respeito ao programa e processo de implementação da ação. A História é também a ferramenta privilegiada para a consubstanciação de uma visão operativa global, à escala urbana, quer na perspectiva espacial, quer sob o enfoque comunitário.

Não sendo este o lugar para ir mais longe, impõe-se-me ainda fazer notar como face a tudo isto a História se impõe como ferramenta central para uma proto-cientificidade, o estabelecimento de um processo racional, dedutivo, redutor da causalidade no que respeita a este tipo de interpretações e ações sobre a cidade, sejam elas cirúrgicas ou sistémicas. É assim essencial para a definição de um *conceito* de intervenção. Esse *conceito* tem de partir de uma visão estratégica da cidade e deverá estabelecer-se ao nível da proposta e do planeamento e como cliente exigente do projeto (a arquitetura e o desenho urbano). Por exemplo, deverá impor-lhes a descodificação e a expressão das regras de composição urbanística e arquitectónica instaladas, independentemente de se manter intocado o direito à assunção da contemporaneidade.

Essa última questão reporta-nos a um aspecto crucial, uma espécie de bandeira das nossas propostas: a *salvaguarda em desenvolvimento*. Não se trata apenas de uma declaração de princípio que tem por objectivo negar o engessamento historicista de núcleos urbanos, nem sequer uma fórmula requentada para aquilo que, lançando mão de chavões próximos, poderíamos designar por *salvaguarda sustentada*. Tudo isso entronca na ideia de que, como já atrás referi, o património urbanístico tem algo de fardo, coisa cuja preservação é relevante, mas que carece de especiais cuidados e assistência por não ter potencial, vitalidade e recursos próprios. No limite dever-se-á considerar possível o sacrifício de pequenas pérolas urbanísticas em favor de outras de maior expressão, significado e qualidade, que confiram ao conjunto uma nova vitalidade sem que isso ponha em causa, mas até consolide a lógica de desenvolvimento específica do local.

É nesse contexto que acredito operativamente no princípio de que toda a expressão e extensão material da urbe é, em bruto, um bem patrimonial, trabalhando-se com a dicotomia consolidado/não consolidado e não com a tradicional e redutora dualidade histórica/contemporânea. É que, na realidade e epistemologicamente, toda a cidade presente é contemporânea. Reconhecem-se-lhe, contudo, centros de identidade. Daí a importância que para o conforto urbano tem hoje a salvaguarda e valorização dessas verdadeiras matrizes da natureza comunitária e também que isso seja feito de forma integrada, ao serviço do todo.

Pese embora a consciência da importância que o conhecimento sobre os processos históricos tem para a formulação de propostas conducentes a ações de salvaguarda sob a forma de planos, a verdade é que a sua integração tem sido regularmente produzida com métodos subjetivos, se não mesmo intuitivos. De forma necessariamente redutora, pode dizer-se que a principal razão para tal radica no facto de a linguagem e a abordagem com as quais se tem disponibilizado esse conhecimento serem essencialmente histórico-literárias e, muitas vezes, meramente descritivas, o que não se compagina com as linguagens e métodos do projeto (entendido este em sentido lato/macro e não meramente de desenho).

Se esse é o *handicap* da História, o da Arquitetura surge pela via de uma excessiva subalternização do conhecimento histórico e da racionalidade face a factores de ordem estética e artística, por conseguinte também com muito de subjetivo e intuitivo. Nas primeiras (r)evoluções sobre essa característica dos instrumentos de planeamento urbano e territorial, cedo se introduziram problemáticas provindas, designadamente, da Economia, do Direito e da Sociologia. Mais recentemente e já ao nível mais restrito da salvaguarda e/ou reabilitação, surgiram, entre outras, preocupações relacionadas com a qualidade, integridade e valia cultural dos sistemas construtivos e das possibilidades de manutenção em função da própria natureza do objeto, etc.

Assim se fez o caminho para uma mais plena integração do conhecimento global sobre o organismo que é a cidade, por forma a melhor poder programar o seu futuro. Mas programar é também prever e a complexidade dos organismos urbanos faz com que haja matrizes de evolução, que não só constituem o cerne da identidade do objecto, como são obstáculos à mudança quando esta lhes é contrária. Há, por assim dizer, uma matriz de equilíbrio, de bem estar pela identidade comunitária, algo de um registo que tem vindo a ser designado como *ecologia urbana*. Porém, para um conhecimento pleno desses domínios, capaz de prever a evolução natural de cada organismo urbano, continua por consolidar um discurso que, de forma inteligível, articule o saber histórico com os métodos de planeamento.

Poder-se-á então ambicionar à criação de uma matriz de desenvolvimento que fundamente a atuação em núcleos de identidade segundo conceitos que não reneguem o seu passado, mas o valorizem como alicerce natural do futuro: a *salvaguarda em desenvolvimento*. Deverá ser essa a base para a formulação de uma filosofia específica para cada caso. Aliás, não será impunemente que se tem vindo a promover a realização de planos estratégicos. Mas antes, e muito mais do que uma estratégia, importa apurar o *conceito*, a formulação do programa, a encomenda.

PLANEAR A SALVAGUARDA EM DESENVOLVIMENTO: CONTRIBUTOS PARA O DEBATE[19]

[Mercê de uma ou outra experiência, de uma atividade de investigação em equipa com alguns anos e perante a crescente (re)concentração das atenções de vários sectores da sociedade sobre os centros urbanos, pareceu-me adequado introduzir neste debate a questão do *Planeamento da Salvaguarda*[20]. Claro que, por si só, a expressão não chega, mas neste contexto é por demais evidente: refere-se aos tão propalados quanto frustres *planos de pormenor de salvaguarda*. Não é a primeira vez que o faço[21] e por certo não será a última. Uma outra ressalva importante é reconhecer que este texto retoma questões já lançadas de forma bem mais estruturada no texto de Ana Cláudia Pinho *O papel da reabilitação no*

---

[19] Texto escrito para integrar um conjunto de reflexões disponibilizadas em linha antes da realização, pela Ordem dos Arquitetos em março de 2006, do encontro *A cidade para o cidadão, o planeamento de pormenor em questão*. Esses textos deixaram de estar em linha, pelo que na prática não são consultáveis. Trata-se de um texto datado, que lida diretamente com legislação e procedimentos então em uso, mas que em minha opinião se mantém atual. Apenas num ou outro caso foi necessário fazer cortes ou introduzir esclarecimentos, o que surge denunciado nas notas.

[20] É fundamental creditar aqui o contributo crucial que Adelino Gonçalves (na ocasião a realizar o seu doutoramento sob minha orientação) deu para a elaboração deste texto. Ver, da mesma época, Adelino GONÇALVES (2006), "Questões de pormenor no planeamento da salvaguarda." *Revista Cedoua*. Coimbra: CEDOUA/Faculdade de Direito da Universidade de Coimbra. nº17, 2006: 35-50, bem como o resultado posterior desse processo, Adelino GONÇALVES (2011), *Património urban(ístic)o e planeamento da salvaguarda*. Coimbra: dissertação de doutoramento apresentada à Faculdade de Ciências e Tecnologia da Universidade de Coimbra. 2011.

[21] Walter ROSSA (2003), "Do projeto para o plano: contributo para a integração Património-Urbanismo." *ECDJ (Dossier dedicado ao Plano de Pormenor de Salvaguarda do Núcleo Pombalino de Vila Real de Santo António)*. Coimbra: Departamento de Arquitectura da Faculdade de Ciências e Tecnologia da Universidade de Coimbra. nº9, 2005: 9-16.

planeamento e nas politicas urbanas. A visão do Conselho da Europa[22]. Não sendo o cerne do meu tema, são absolutamente essenciais para o seu desenvolvimento.]

A necessidade e complexidade crescentes do planeamento e implementação de ações dirigidas à salvaguarda, valorização e gestão de conjuntos edificados com valia cultural de escala e complexidade urbanas, são uma realidade com reconhecimento internacional desde a década de 1960. Desde então sucederam-se estudos, experiências, convénios e recomendações nesse sentido, sendo para nós particularmente importantes e próximas as do Conselho da Europa[23]. Paralelamente, a integração dos objectivos da salvaguarda e valorização do património cultural natural e edificado com as políticas de ambiente e ordenamento do território, é também um dos aspectos que se encontra internacionalmente consagrado e, por vezes, em prática. Por enquanto é a única perspectiva operativa para que a problemática do património cultural edificado não seja isolada no domínio de políticas culturais, e/ou entendida como mero e exclusivo instrumento das indústrias do turismo.

Portugal ainda não se decidiu a enveredar por esse caminho. Algo em círculos têm-se multiplicado iniciativas sobre a problemática dos ditos *centros históricos,* tendo-se criado para o efeito associações como a dos *municípios com centro histórico,* designação que em si encerra um patológico pleonasmo. Este interesse operativo desenvolveu-se algo em

---

[22] Como se refere na nota 19, também este texto deixou de estar disponível em linha. Contudo, o trabalho de fundo que entretanto aquela autora finalizou acaba por conter o pensamento que apresentou: Ana Cláudia da Costa PINHO (2008), *Conceitos e políticas europeias de reabilitação urbana. Análise da experiência portuguesa dos Gabinetes Técnicos Locais.* Lisboa: dissertação de doutoramento apresentada à faculdade de Arquitetura da Universidade Técnica de Lisboa. 2 vol.s, 2008.

[23] Como marcos dessa evolução são habitualmente referenciados: a *Lei Malraux* para França de 1962; a criação do ICOMOS em 1962; a *Recomendação para a Protecção Nacional do Património Cultural e Natural* de 1972 produzida em Paris pela *Convenção do Património Mundial*; a *Recomendação para a Salvaguarda e Papel Contemporâneo de Áreas Históricas* (vulgo Recomendação de Nairobi) de 1976, subscrita pelos países da UNESCO; a revisão em 1978 pelo ICOMOS em Moscovo da *Carta de Veneza* de 1964; promulgação da *Carta das Cidades Históricas e Áreas Urbanas* em 1986 em Washington; a *Declaração de Amsterdão* de 1975 e a consequente *Convenção de Granada* de 1995. Aliás a *Declaração de Amesterdão* corresponde à *Carta Europeia do Património Arquitectónico,* sobre a qual é detalhadamente esclarecedora a leitura da parte que a ele diz respeito do texto de Ana Cláudia Pinho referido na nota 22.

simultâneo (mas não em conjunção) com a maturação e afirmação da História do Urbanismo, disciplina que, entre diversos objetos, estuda os processos culturais que catalisam e se plasmam na permanente evolução e relação do território e dos núcleos urbanos. Mas tudo isso é algo anterior ao recente despertar autárquico-imobiliário sobre esses espaços.

Aquele conhecimento impõe-se como um dos pilares essenciais para o florescimento de políticas de salvaguarda no seio de incontornáveis contextos de desenvolvimento, e não consigo descortinar as razões para um tão evidente quanto ilógico divórcio. A *história local*, sendo imprescindível, não é suficiente para a leitura de cada fenómeno urbanístico e, por extensão, urbano. Há contextos mais vastos que nos permitem identificar processos de formação e desenvolvimento segundo séries cronológicas, tipológicas, programáticas, ideológicas, geográficas, etc., essenciais à inteligência de cada um desses objetos e às dinâmicas de identidades colectivas que deles emanam.

A especificidade de cada caso apresenta-se como um óbice ao estabelecimento de uma metodologia de abordagem e intervenção, a qual, por experiência e definição, de forma alguma pode ser configurada com base numa extensão das já apuradas para imóveis ou pequenos conjuntos edificados, pois os valores em causa são bastante diversos e de âmbitos disciplinares bem mais latos. Quase invariavelmente a identificação desses conjuntos deixa de parte a respectiva contextualização urbanística da qual depende a sua cabal inteligência. Por vezes, quando se desprezam construções pela sua superficial ou epidérmica menos-valia arquitectónica, ignora-se a riqueza colectiva da sua morfologia e cadastro, elementos essenciais de uma qualquer expressão cultural no domínio do urbanismo.

Conhecemos inúmeras experiências de insucesso na salvaguarda de núcleos urbanos e sentimos alguma dificuldade em nos lembrarmos de mais de meia dúzia cujos objectivos desejáveis ou essenciais tenham sido atingidos. A verdade é que só há relativamente pouco tempo este tipo de preocupação, de óbvia sustentação e origem na área político-administrativa vulgarmente designada como *da cultura*, se começou a alojar nas comunidades dos agentes que dispõem de mais conhecimentos, técnica, meios e/ou poder para, com sucesso, lhe declarar importância e dedicar atenção. Finalmente assiste-se a uma mudança nas escalas de percepção e de atuação.

Pela minha parte — que mais me tenho dedicado ao estudo da relevância contemporânea do urbanismo, do ordenamento do território e da arquitetura que os consubstancia, do que aos edifícios com autónomo valor patrimonial (que já dispõe de muitas consciências e instrumentos protetores) — já há muito que, na linha de um pensamento internacionalmente estabilizado[24], considero a problemática do *património urbanístico* como uma questão de ambiente e qualidade de vida, ou seja, uma componente estratégica indispensável para o sucesso de qualquer desígnio global de desenvolvimento sustentado. Porém resisto a integrar-me na corrente daqueles que consideram que *o* essencial é apenas a requalificação do espaço público. É que também há autenticidade e outros valores *no edificado* e *no social* que fica por trás das fachadas e tenho dúvidas se a pedonalização, a *restaurização* ou a arborização sistemáticas dos ditos *centros históricos* é uma panaceia que invariavelmente lhes garante ou confere autenticidade, qualidade e dignidade. Não se trata de projetar operações de cosmética, mas sim de (re)planear uma porção de cidade a par e em função do todo urbano. Trata-se do tecido com maior riqueza genética, aquele que contém a matriz identitária da própria urbe.

É comum encontrarmos em instrumentos de ordenamento e gestão do território como os Planos Diretores Municipais condenações dessas áreas sob a forma da designação *centros históricos*, indicando-se que, como tal, deverão ser objecto de plano específico. Nas peças desenhadas fica uma mancha, um buraco. Nas peças escritas registaram-se umas disposições genéricas, mais à laia de declaração de intenções ou então para prover o impossível engessamento da realidade. Claro que há casos com um dos tais planos de pormenor de salvaguarda que, regra geral e na prática, apenas assumem uma via regulamentar, vulgarmente muito restritiva, desinserida de uma estratégia à escala urbana e, assim, dependente de injeções de capital sem garantias de retorno e/ou sustentabilidade. Apostam mais na iniciativa caso a caso, edifício a edifício, que numa dinamização

---

[24] Ver o texto de Ana Cláudia Pinho referenciado na nota 22.

global catapultada por um modelo de desenvolvimento, pela dotação de equipamentos, pela resolução de problemas globais de fundo.

Considero errado e prejudicial a separação e designações tradicionais de *cidade histórica* verso *cidade moderna*. São categorias sem uma sustentação teórico-prática precisa e que lançam grande ambiguidade sobre realidades que, num só aparente paradoxo, assim ficam a descoberto. Por exemplo: será construtivo e realista postular que uma se tem de defender da outra? O que ganha uma comunidade ao constituir em gueto o núcleo urbano que, como que em exclusividade, se identifica como *histórico*? Como se delimitam com justiça e propriedade? O que ganhamos nós em interromper milenares equilíbrios civilizacionais de processos de uma autêntica *ecologia urbana*? Escolhamos: a cidade ou é toda histórica ou toda contemporânea, embora me pareça mais acertada a última hipótese, pois na realidade não está ela ali hoje?

De uma forma muito redutora, mas eventualmente esclarecedora, pode-se afirmar que, enquanto a ação tipo para a valorização e salvaguarda de um imóvel ou de um pequeno conjunto edificado passa por um instrumento a que chamamos *projeto*, no caso de conjuntos edificados de escala urbana se torna imprescindível um *plano*. Se no processo de decisão do primeiro tipo de ação há um número concreto/limitado de intervenientes, no da segunda esse universo é extraordinariamente alargado, pelo que o número de imponderáveis é, na prática, infinito. E a par e depois de qualquer processo de decisão (necessariamente política, pelo menos no final) há sempre o problema da adesão dos cidadãos que para isso deverão ter tido papel em todo o processo e não apenas o de consumidores finais. Por tudo isso e o que daí se pode inferir o *plano*.

Pela própria definição, nenhuma disciplina e/ou especialidade tem competências suficientes para os estudos de caracterização deste tipo de objetos e formulação dos respectivos planos. Um plano é algo que integra, por um processo de síntese, um conjunto de objectivos e estratégias de implementação disciplinarmente alargados, pelo menos até ao limite da complexidade do objecto em causa. Deverá ainda integrar mecanismos próprios e bastante flexíveis de auto-avaliação e aferimento durante a sua execução. Assim se impõe uma estrita simbiose entre essa síntese que é uma proposta de *plano* e a sua implementação. Como todos sabemos chama-se a isto *gestão* e no concreto o seu exercício decorre essencialmente através da formulação e execução de *projetos*, ou sejam, ações concretas de transformação. E assim nos deparamos com outra questão crucial, que é a da diferença de tempos e das respectivas marcações, ou sejam, os diversos ritmos das ações.

Este extraordinariamente simples, sintético e até elementar exercício de palavras e conceitos tem como objectivo tornar, uma vez mais, evidente aquilo que considero ser o pecado original de muitas ações de resultados absolutamente frustes: a implementação de *projetos* urbanos de salvaguarda que, apesar de bem intencionados e formulados, não decorrem de uma estratégia global, ou seja, de um *plano*. É o mesmo que travar uma batalha que não se encontra inserida em guerra alguma. E o dinheiro de que Portugal dispôs nos últimos anos, através de *programas* que contemplavam *projetos* que não decorriam de *planos*, proporcionou muitas dessas situações, algumas delas desastrosas, ainda que num ou outro caso reversíveis.

Importa ainda aqui deixar uma breve nota contextualizadora de um conceito cada vez mais referido, o *desenho*. É ele um dos instrumentos mais visíveis e operativos de qualquer *plano*, pois é nele que se integram as mais diversas componentes. Qualquer cidade teve sempre desenhos (ideias, *desígnios*) vertidos no que de forma mais apropriada chamamos *forma*. Importa saber até se foi determinante ou consequência e quais as potencialidades de o continuar a ser. Aliás, é ainda o desenho o instrumento primordial da ligação/continuidade entre o existente, o *plano* e as ações (os *projetos*) que deles emanam.

Nesse sentido é importante promover a reflexão sobre os conteúdos que informam esse desenho do *plano* e do *projeto*. É que o que na essência distingue os dossiers de caracterização que fundamentam os *planos de pormenor de salvaguarda* dos demais, consiste (ou deveria consistir): 1) na caracterização mais ou menos detalhada do edificado na linha do seu estado de conservação, potencialidade (tipo, estrutura, espaço) e capacidade de transformação; 2) na caracterização do tecido socioeconómico; 3) na sistematização da evolução histórica e sua relação com a valia patrimonial. A meu ver há uma muito deficiente transformação desses indicadores em desenho operativo, em especial em tudo o que diga respeito ao último. Mas é possível melhorar substancialmente essa situação, o que temos vindo a ensaiar no âmbito de um projeto de investigação integrada história-morfologia-projeto[25]. No fundo o que procuramos é uma forma, um protocolo operativo, de tornar esse desenho mais culto.

A dificuldade na fixação e correspondência de escalas, tempos, objectivos e ritmos no domínio que tenho vindo a apresentar, é bem patente nos próprios documentos doutrinários e instrumentos operativos emanados do Estado e, em particular, das instituições com responsabilidades atribuídas na área do património cultural. Na realidade não se pode esperar (considero mesmo pernicioso) que seja esse sistema de proteção a zelar pela salvaguarda dos centros de identidade urbana e urbanística das cidades do nosso território. Os procedimentos são extraordinariamente lentos face ao ritmo normal de transformação de qualquer cidade e o enfoque demasiado estático e elitista. No fundo tais instituições não têm vocação para o efeito. Mas então quais são as que têm?

A chamada *Lei de Bases do Património*[26] (ainda nova porque, como a antecedente, por regulamentar[27]) é extraordinariamente vaga, senão equívoca e insípida, no que diz respeito ao Urbanismo. No seu artigo 2º (o que define o "Conceito e âmbito do património cultural") não lhe é feita qualquer referência direta. A verdade é que esta lei foi tendencialmente concebida, ainda, numa perspectiva de valorização de objetos arquitectónicos isolados e da necessidade da preservação dos seus contextos[28]. Tem sido essa, até com incontornáveis sucessos, a política do Estado Português.

---

[25] *História e análise formal na definição do conceito de intervenção em contexto urbano histórico*, projeto financiado e realizado entre outubro de 2005 e outubro de 2008 no Instituto de Investigação Interdisciplinar da Universidade de Coimbra.

[26] *Bases da política e do regime de protecção e valorização do património cultural*, Lei nº 107/01 de 08 de setembro. É surpreendente fazer notar como tudo quanto aqui se comentou à data da redação original deste texto (2006), aquando da preparação desta coletânea (2014) se mantém atual.

[27] No âmbito dos planos de pormenor de salvaguarda e em alguns outros aspetos acabou por ser regulamentada apenas em 2009, através do Decreto-Lei nº 309/2009 de 23 de outubro. Contudo, no âmbito dos planos em questão, a experiência ao longo do tempo entretanto decorrido tem revelado a sua mais absoluta ineficácia e inoperabilidade.

[28] Idem, ponto 6, art.º 2º.

Claro que, numa das raras referências ao património urbanístico, essa lei consagra as "categorias de conjunto e sítio, nos termos em que tais categorias se encontram definidas no direito internacional"[29], mas que orientações dá uma formulação deste tipo a quem intervém e está no terreno? E, já agora, o que pensar do vazio que nos fica da única referência a centros históricos, terminologia que, como já referi, contesto? Consta no artigo que define regras para toldos e tabuletas "nos centros históricos e outros conjuntos urbanos legalmente reconhecidos".[30] Pergunto: com base em quê e por quem? No difuso, controverso, reacionário e, amiúde, incoerente *direito internacional*?

Por exemplo, se atentarmos no que um dos mais recentes documentos internacionais proclama acerca das *cidades históricas e as povoações* (título dedicado a esta matéria pela *Carta de Cracóvia*[31]) por entre considerações e recomendações por si só louváveis, encontramos frases reveladoras do seu real contexto ideológico-cultural (conservacionismo e restauro) como estas: "O projecto de restauro de uma povoação ou de uma cidade histórica deve antecipar a gestão da mudança [...] O projecto de restauro para as áreas históricas contempla os edifícios da estrutura urbana na sua dupla função: a) os elementos que definem o espaço da cidade dentro da sua forma urbana; b) os valores espaciais internos que são uma parte essencial do edifício."

Por essa via a intenção de preservação do património urbano e urbanístico fica irremediavelmente em causa. Ninguém quer viver numa cidade restaurada em parque temático de si mesma. Talvez passar férias, alojar ou alimentar turistas e assim perverter o processo, pois ficam por *restaurar* as funções e o meio de vida *histórico* da cidade. Não vale a pena resistir platónica e caricaturalmente à inexorável mudança da urbe, pois é esse o garante da sua existência e identidade. Devemos, isso sim, integrarmo-nos e integrar rumo e qualidade nessa permanente dinâmica de mudança, a *ecologia urbana* já acima referida.

---

[29] Idem, ponto 1, art.º 15º.

[30] Idem, ponto 2, art.º 41º.

[31] *Carta de Cracóvia 2000: princípios para a conservação e restauro do património construído*, ponto 8. (Usa-se aqui a versão em Português publicada em *Estudos/Património*. Lisboa: IPPAR. 2002.)

Admitamos, contudo, que possam existir casos excepcionais onde a lógica da conservação e restauro possa ou deva ser seguida. Casos excepcionais como aqueles para os quais seria coerente reclamar reconhecimentos como o de Património Mundial pela UNESCO. O problema é que agora muitos procuram essa via como panaceia de todos os males, para não falarmos de uma nem sempre assumida necessidade de elevação da autoestima. Mesmo assim o que poderia ser o pretexto ideal para a elaboração e implementação de planos de salvaguarda e/ou gestão urbana exemplares, é muitas vezes vulgarmente considerado como o cumprimento burocrático de uma das exigências para a candidatura. Também aqui fica a descoberto a ausência de uma política concertada e integrada com relação aos centros urbanos e às suas valências patrimoniais, bem como a falta de preparação técnica para suprir essa falha.

Regressando à *Lei de Bases do Património*, atentemos agora no único excerto onde o legislador se aproximou das questões que aqui nos ocupam. Trata-se do artigo 53º, o qual tem por título (promissor) "Planos" e cujo mais direto objectivo é estabelecer a obrigatoriedade da elaboração de um "plano de pormenor de salvaguarda para a área a proteger" a partir da classificação de um *monumento, conjunto* ou *sítio*. De acordo com o respectivo ponto 3 "o conteúdo dos planos de pormenor de salvaguarda será definido na legislação de desenvolvimento", acrescentando uma breve listagem de conteúdos específicos obrigatórios, mas que pouco acrescentam ao *Regime Jurídico dos Instrumentos de Gestão Territorial* para o qual remete. Como não ficaram estabelecidos prazos e penalidades a eficácia dessas disposições é praticamente nula[32].

Mas o principal problema é o da indefinição de conceitos e o da ausência de reconhecimento do Urbanismo como um fenómeno cultural per si, por vezes e se necessário, com autonomia da própria Arquitetura.

---

[32] À data da redação do texto era de facto essa a situação, mas entretanto a figura de Plano de Pormenor de Salvaguarda acabou por ser criada. Ver nota 27. É, contudo, uma questão que não pode ser desligada da criação simultânea da figura de Plano de Pormenor de Reabilitação Urbana, criada através do Decreto-Lei nº 307/2009 de 23 de outubro, entretanto esvaziada pela Lei nº 32/2012 de 14 de agosto, que veio permitir a utilização dos recursos para a reabilitação urbana em processos avulso, ou seja, sem qualquer inserção em contextos de plano ou gestão urbanística.

Em resumo, a *Lei de Bases do Património* Portuguesa e a respetiva legislação de desenvolvimento não integra qualquer doutrina ou retórica sobre o Urbanismo como valência cultural autónoma, e não me parece que a aprovação e publicação de legislação específica de desenvolvimento sobre uma tal base possa trazer-nos um regime adequado e dinamizador. Significativamente encontramos uma melhor resposta e enquadramento jurídico no articulado do *Regime Jurídico dos Instrumentos de Gestão Territorial*, emanado, não da área político-administrativa da *cultura*, mas da *do ambiente e do ordenamento do território*[33].

Esta constatação é animadora. Como já há muito se encontra estabelecido, é neste tabuleiro do ambiente e do ordenamento do território que se devem inserir e movimentar as peças, dispositivos e estratégias da defesa do património cultural edificado e, em especial, do *património urbanístico*. É nesse sentido que apontam as sucessivas recomendações do Conselho da Europa do qual Portugal faz parte. Para além da relevância dos óbvios benefícios materiais, impõe-se-nos fundamentalmente a coerência política, ideológica, pragmática e operativa dessa atitude.

Pesem embora os ainda grandes obstáculos na implementação, o corpo legislativo desta área tem vindo a consagrar os princípios de participação popular e de retroatividade (este até forçando alguns dos pilares do Direito), que são outro factor da máxima importância para a salvaguarda e valorização do património edificado. Sem a adesão das populações, a ameaça da reversibilidade e a possibilidade de revogar direitos mesmo os há muito adquiridos, jamais será possível fiscalizar, prevenir e atuar, enfim, planear e gerir, projetar e executar, enfim... desenvolver.

A situação atual não é apenas propícia, mas de urgência. São diversos os factores que convergem para que em Portugal se realize o que nos países mais desenvolvidos da Europa se fez durante as décadas de 1970 e 1980: a reabilitação e revitalização dos centros urbanos, de que

---

[33] À data da redação deste texto era o *Regime Jurídico dos Instrumentos de Gestão Territorial*, Lei nº 380/99 de 22 de setembro, entretanto atualizado pelo Decreto Lei nº 316/2007 de 19 de setembro, mas que em pouco mudou o que aqui se discute. O mais importante foi, de facto, a criação da figura do Plano de Pormenor de Reabilitação Urbana já referida na nota 32, no qual surge pela primeira vez a referência explícita a *património urbanístico*.

a Campanha Europeia para o Renascimento das Cidades lançada em 1982 foi a pedra de fecho. A orientação de, em sede de revisão dos Planos Diretores Municipais, se reduzirem consideravelmente as áreas urbanas/ urbanizáveis, contém o propósito de densificar periferias e consolidar as densidades dos centros. As políticas e os financiamentos da Comunidade Europeia estão a ser direcionados para aí. O discurso político das forças em luta pelo poder aos mais diversos níveis é, no essencial, unânime na necessidade de investimento na requalificação e revitalização urbanas. Também os diversos processos em curso com vista a candidaturas junto da UNESCO já atrás referidos são um outro indicador.

Porém não deixa de ser curioso verificar como algumas dessas políticas têm origem nas mesmas sedes de onde têm partido iniciativa de deslocalização para a periferia de funções, serviços e equipamentos urbanos importantes. E nisso têm os privados desempenhado um papel importante, o qual nos deverá colocar em alerta face à inevitabilidade das parcerias público privado no âmbito da tão propalada necessidade de desenvolver a *governância*. Se alguns investimentos de grande dimensão feitos por importantes grupos imobiliários nos últimos tempos, revelam o desenvolvimento de estratégias de concentração neste tipo de área e com produtos que raramente são os de maior interesse para o todo urbano (como o são os condomínios fechados), a verdade é que são esses mesmos grupos quem tem promovido a instalação de grandes superfícies comerciais na periferia. É como (e isto é de um descarado exagero) se tivessem uma estratégia concertada para drenar o centro das suas funções tradicionais para ali poderem instalar, em condições muito vantajosas, guetos residenciais de luxo.

De facto o grande desafio é concertar todas as intenções que estão por trás desses e de outros indicadores, por forma a que o processo de retoma dos centros pela urbe produza os resultados desejáveis e não repita erros já verificados naqueles que se nos adiantaram. Como exemplos extremos, é necessário que se não desenvolvam ações cujo propósito central seja a solução de problemas de qualidade e conforto habitacional em zonas com um tecido social problemático, tal como também não se devem desenvolver operações em que o único fito seja a musealização para as indústrias do turismo e da restauração. É que, contrariamente ao que julgamos ser recorrente, acontece com alguma frequência estas áreas terem uma densidade populacional elevada e com uma composição etária equilibrada[34]. Então e as acessibilidades, o estacionamento, a recolha de lixo, os transportes públicos? É necessário integrar todas as problemáticas por forma a poder sintetizar num conceito claro de intervenção — uma estratégia — as soluções.

Não é para aí que aponta o mais importante instrumento posto à disposição dos municípios: as Sociedades de Reabilitação Urbana (SRUs), possibilidade criada e regulada pelo Decreto-Lei n.º 104/2004 de 07 de maio. Basta a leitura do seu preâmbulo, em especial no que concerne aos conceitos, para nos apercebermos de como se trata-se de uma lei absurda e perigosa, com a qual tudo pode acontecer com um escasso escrutínio público. Note-se como mero e único exemplo, como se intitula de estratégico o documento que orienta a reabilitação de uma das várias unidades operativas da área de intervenção de uma dessas sociedades, vulgarmente constituídas por um só quarteirão. Que estratégia de cidade pode a isso estar subjacente? Se para este tipo de ações foi admitida a criação de regimes de exceção para matérias determinantes como a expropriação, porque não é possível adoptá-las para todas as situações, em especial as que decorrem em processos mais escrutinados? É que são insustentáveis por mais tempo, sob pena de tudo por em causa, as romarias de pareceres, entidades, ratificações, registos e publicações em Diário da República, que têm de ser feitas com cada plano. As SRUs são essencialmente úteis para demonstrar a existência do problema e o quão longe estamos ainda de uma solução integrada e consciente. Mostram também o risco que corremos por empenharmos a resolução do problema em troca de uma falsa sustentabilidade.

É necessário um pacto, não um pacote de legislação fragmentada para os centros urbanos portugueses. Na essência e em jeito de resumo,

---

[34] Foi isso o que, por exemplo, encontrámos na Baixa de Coimbra no âmbito dos levantamentos solicitados pela Câmara Municipal de Coimbra para a o processo para a *Reabilitação Urbana e Social da Baixa de Coimbra*.

o que aqui venho propor é que se discutam meios e formas que nos conduzam a encarar as iniciativas de salvaguarda dos centros urbanos degradados, como operações decorrentes de ações de um âmbito mais vasto, guiadas por métodos e princípios de planeamento que sejam contaminados pelos que, por regra, lhe são externos e por forma a que simultaneamente contaminem as ações sobre o resto do território. É absolutamente necessário que essas intervenções se passem a pautar por conceitos específicos, previamente verificados e discutidos, e não por meras operações de cosmética ou forte injeção de capital, ambas tão perversas quanto propiciadoras de uma especulação abusiva destruidora do espaço e das comunidades. É necessário discutir e estabelecer regras para planear a salvaguarda à escala do todo urbano, segundo a única perspectiva possível para a cidade, a do desenvolvimento. Salvaguardar e desenvolver o todo e não apenas o edificado.

HISTÓRIA(S) DO PATRIMÓNIO URBANÍSTICO[35]

A cidade é o mais complexo artefacto de produção e uso coletivo. Como tal é uma das mais partilhadas temáticas de estudo disciplinar e, necessariamente, interdisciplinar. Além da sua historiografia específica, que pelo menos no início muito deve à dita *história local*, é compreensível que também a História da Arte desde cedo tenha integrado a cidade no seu elenco de temas. Fê-lo por diversas formas, desde a abordagem indireta proporcionada pelas representações, ao estudo dos planos e da forma urbana em si, passando pelas manifestações artísticas no espaço urbano, etc.

Mas no seu âmago estrutural a cidade sempre colocou problemas metodológicos à História da Arte, designadamente a impossibilidade da sua percepção global sem recurso a abstrações especializadas, a autoria difusa e coletiva, a constante mutabilidade. As abordagens da História da Arte à cidade ocorrem através do confinamento da realidade estudada a algo que as suas metodologias lhe permitam tratar. Isolam planos e autores, focam sectores e/ ou espaços urbanos, destacam componentes específicos da forma e paisagem urbanas, fixam-se numa cronologia, etc. É significativo como isso fica implicitamente claro na leitura global de *História da Arte como História da Cidade*, a já clássica e em boa medida ultrapassada colectânea de textos de Giulio Carlo Argan[36],

---

[35] Conferência ao *IV Congresso de História da Arte Portuguesa, Homenagem a José Augusto França*, realizado pela Associação Portuguesa de Historiadores da Arte entre 21 e 24 de novembro de 2013.

[36] Giulio Carlo ARGAN (1969-1982), *História da Arte como História da Cidade*. São Paulo: Martins Fontes. 1995.

em especial no admirável e premonitório texto de 1969 *Urbanística, espaço e ambiente*[37].

Na sua vertente mais focada sobre o espaço da cidade, podemos dizer que a História da Arte aborda a cidade como expressão arquitectónica, recorrendo amiúde à sua taxonomia, bem como a um posicionamento mais contemplativo que interativo, incidindo sobre o resultado num dado momento e não sobre o processo. Nisso é, aliás, acompanhada pela própria História da Arquitetura, com quem mantém (e convém que mantenha) uma promiscuidade profícua da qual aqui não é possível ocupar-nos agora. De ambas as historiografias decorrem narrativas extraordinariamente úteis e estimulantes para o conhecimento das cidades que, contudo, não ambicionam o holismo intrínseco ao urbano, nem o seu organicismo estrutural.

Porém só são limitações redutoras se o historiador da arte e/ ou da arquitetura delas não tiver consciência ética e metodológica. É que se esta abordagem pode parecer querer advogar o estabelecimento de limites à ação desses investigadores, a intenção é precisamente a contrária: requerer-lhes consciência disciplinar e metodológica no trabalho que desenvolvem, para com isso poderem usufruir da autoridade científica necessária ao exercício de uma frutífera interdisciplinaridade.

Sabemos como as obras historiográficas que estabeleceram diferenças e mudanças foram aquelas em que, partindo dos seus lugares disciplinares de enunciação, os autores fizeram incursões metodológicas, cruzaram dados e olhares, enriquecendo de forma nova e única o conhecimento. No fundo, e recorrendo a George Kubler[38], falo das *cabeças de série* das diversas historiografias. Não quero nem ouso, tirando partido do contexto, fazer uma abordagem crítica à obra magistral de José Augusto França *Lisboa Pombalina e o Iluminismo*[39], mas invoco-a como exemplo claro desses

---

[37] A tradução para português na edição referenciada na nota anterior é *Urbanismo, espaço e ambiente*, o que distorce consideravelmente a expressão original em italiano: *Urbanística, spazio e ambiente*.

[38] George KUBLER (1962), *The shape of time, remarks on the history of things*. New Haven: Yale University Press. 1962.

[39] José Augusto FRANÇA (1962), *Lisboa Pombalina e o iluminismo*. Lisboa: Bertrand. 1987.

avanços. História da Arte, Sociologia da Arte, por último, História Urbana ou do Urbanismo? Que importa? Porque tão global, talvez apenas História.

Histórias que são sempre narrativas datadas do passado, contribuindo decisivamente para a compreensão do presente que as determinaram e, assim, dataram. Narrativas que se vão atualizando até que uma nova abordagem, uma nova cabeça de série surge, na maior parte dos casos sem consciência prévia de o ser. A importância da identificação e classificação das histórias reside apenas na lucidez da sua utilização como recursos, ou seja, no despiste dos propósitos e metodologias com que foram construídas.

Apesar de já há muito esclarecida impõe-se (porque a propósito e crucial) um breve lembrete sobre a diferença entre urbano e urbanismo, projetando-a entre História Urbana e História do Urbanismo[40]. A primeira diz respeito à Vida, a segunda ao espaço onde aquela decorre. Independentemente de os enfoques poderem ser mais ou menos concentrados na imagem, na forma ou na estrutura que, necessariamente, vida urbana e espaço urbano autonomamente têm, a existência de ambos é evidenciada pelo simples facto de sem um não conseguirmos explicar o outro.

Em suma, vida urbana e espaço urbano não podem ser a mesma coisa, menos ainda pode uma ser considerada representação da outra. Têm de ser estudadas em conjunto como coisas diferentes que exigem instrumentos analíticos diversos. Compõem um sistema, o *sistema urbano*, que como tal é mais do que a soma daquelas duas. É para a compreensão do mesmo que as Histórias Urbana e do Urbanismo pretendem contribuir, por sua vez compondo entre si o que é a História da Cidade, a tal a que Argan se refere na obra que acima citei. Por razões óbvias é à História do Urbanismo, e não tanto à Urbana, que a História da Arte dá maiores contributos.

---

[40] Mário Barroca, por exemplo, sobre a diferença entre História do Urbanismo e História Urbana esclarece: "Um respeita à forma como se estrutura e organiza um espaço, como este é concebido, planeado e materializado, outro estuda a forma como se desenvolve a vida quotidiana dentro desse mesmo espaço, como se organizam os homens e as instituições. São aspectos complementares mas que não devem ser confundidos". Carlos Alberto Ferreira de ALMEIDA; Mário Jorge BARROCA (2002), *O gótico. História da Arte em Portugal*. Lisboa: Presença. 2002: 134.
Ver também Walter ROSSA (2000), "História do Urbanismo e Identidade: a arte inconsciente da comunidade." *História*. Lisboa: História, Publicações e conteúdos multimédia. nº27, 2000: 40-47, [também publicado em Walter ROSSA (1989-2001), *A urbe e o traço: uma década de estudos sobre o urbanismo português*. Coimbra: Almedina. 2002].

Nestas encruzilhadas epistemológicas têm também presença determinante as relações entre História(s) e Teoria(s). Uma(s) nutre(m) a(s) outra(s), mas também não são a mesma coisa. Tentando não complicar, podemos considerar que Teoria é o corpus estruturado de conhecimento de uma área disciplinar, o que inclui as suas metodologias de desenvolvimento, mas necessariamente a construção desse mesmo conhecimento, ou seja, a sua história. Do que resulta a óbvia utilidade da História e das suas metodologias para a construção e desenvolvimento de cada teoria e até dos seus instrumentos metodológicos. Resulta ainda o quanto as mudanças de paradigmas da construção das histórias influenciam a evolução das respetivas teorias, quando não são mesmo com uma narrativa própria, *a* teoria. No fundo é na História que reside a base metodológica e científica, ou se quisermos, a base de rigor da teoria do urbanismo.

Há pouco questionei a capacidade holista de abordagem do artefacto urbano pelas histórias da Arte e da Arquitetura, o que pelo menos para a última pode parecer estranho, pois não há dúvida que o espaço urbano, ainda que determinado pelas vivências, é materializado por itens de natureza essencialmente arquitectónica. Contudo uma coisa é matéria, outra é essência. E só no domínio ingénuo de algumas utopias é que a cidade é um macrocosmos de casa grande ou então, também inocentemente, um mero somatório das suas componentes arquitectónicas. Precisamente, uma das componentes essenciais da cidade é a sua permanente mutabilidade segundo estruturas da vida e do espaço de longa ou mesmo infinita duração, ou seja, um conjunto de invariáveis que funcionam segundo o tal *sistema* a que há pouco me referi. Porque estruturais não são o mesmo que as *invariantes* formais, cuja identificação operativa alguns teóricos e historiadores da arquitetura propuseram para séries formais e/ ou tipológicas em contextos específicos[41].

É a transformação permanente que faz da cidade, que até aqui classifiquei como artefacto, um organismo, ou seja, nunca pode ser considerada

---

[41] O texto clássico e seminal da utilização deste conceito é Fernando CHUECA GOITIA (1947), *Invariantes castizos de la arquitectura española*. Madrid: Dossat. 1947.

um objeto. Aliás como artefacto permanecerá infinitamente incompleta. Há partes da cidade que são objetos artísticos, mas o todo por certo que não o é, mesmo quando vista apenas segundo o seu espaço. A imagem, a forma e a estrutura do espaço urbano, ou seja, aquilo que como um todo designamos Urbanismo, estão para além das fronteiras da Arte, convocando além desta para a sua compreensão um conjunto de outras áreas de conhecimento e de ação. Era sobre isso que já em 1969 Argan dissertava nos primeiros parágrafos do texto acima notado.

Por extensão, é óbvio que o mesmo sucede com as respetivas histórias, ou seja, a História do Urbanismo, que carece primacialmente da História Urbana, integra necessariamente os contributos, instrumentos e metodologias das histórias de diversas áreas disciplinares que, de uma forma ou de outra, refletem sobre o espaço urbano, designadamente da História da Arte, mas também da Arquitetura, da Ciência, da Técnica, etc.

Tudo fica mais claro quando visto segundo a perspectiva das heranças na sustentabilidade do futuro, ou seja, o *património*. As teorias da conservação e restauro, apuradas e aplicadas aos objetos artísticos e arquitetónicos, soçobra perante a cidade, ou melhor, perante o seu urbanismo. Por definição e como qualquer organismo vivo, uma cidade não regride, ou seja, não se restaura. Podem-se restaurar os seus edifícios, a sua arquitetura, até (o que apenas em tese é possível) as caraterísticas materiais do seu espaço público. Mesmo assim o seu espaço urbano nunca volta a ser como era antes, pois a vida urbana induz-lhe uma evolução incessante.

É por isso que ações com esse fundo de intensões estáticas ou regressivas, só resultam se integradas nos imparáveis processos de evolução, assim adquirindo argumentos provindos de domínios da vida pública com maior peso que os da Cultura e que, obviamente, não deixam de o ser. Economia (no sentido macro da gestão dos recursos segundo lógicas de sustentabilidade) e qualidade de vida (quando integrando indicadores da relevância da identidade no bem estar) são apenas dois exemplos fortes daquilo a que me refiro.

Por alguma razão para contextos urbanos a expressão-conceito *conservação* evoluiu para *conservação integrada* (consagrada em 1975 pela *Carta Europeia do Património Arquitetónico* do Conselho da Europa), o de *salvaguarda* para *salvaguarda em desenvolvimento*[42], etc. O mais significativo é que, até pelo pouco que acabámos de ensaiar, está em evolução o próprio conceito de património aplicado às realidades urbanísticas. Quais os valores de herança que determinam a identidade do espaço urbano? O que pode e o que não pode mudar na voragem da evolução urbana quando não queremos descaracterizar, quando não queremos perder o múnus da identidade urbana?

Devemos procurar as respostas em torno das componentes do espaço urbano na imagem, na forma e na estrutura e correspondentes inter relações, ou seja, no Urbanismo. Como é óbvio é em especial na imagem que a arquitetura enquanto edificado desempenha um papel relevante. Na forma nem tanto e na estrutura é quase nulo. Ou seja, quando vamos do mais mutável para o mais estável o papel do edificado vai-se dissipando. É também esse o percurso do material e concreto para o intangível e abstrato. Se na sua globalidade a forma urbana é já algo que exige um considerável grau de abstração, o que dizer da estrutura que na realidade é algo que não existe, uma imaterialidade conceptual na fundação e interpretativa na análise.

Penso que isso pode ficar claro ao invocarmos as formas de percepção e de representação. Enquanto para a imagem urbana (na prática comum à vida e ao espaço) qualquer forma de representação imagética direta (fotografia, gravura, pintura) serve os requisitos básicos, para a forma é necessário recorrer à intermediação de plantas, fotografias aéreas e de satélite, maquetas reais ou virtuais, ou seja, meios que

---

[42] Ver os textos também publicados nesta parte do volume "Valorização do património urbanístico português." *Pedra & Cal*. Lisboa: Gecorpa. nº28, 2005: 4-6 e "Apontamentos sobre História e Salvaguarda em Desenvolvimento." *Seminário Internacional de Projeto de Requalificação e Cultura Urbana*. Salvador: Faculdade de Arquitectura da Universidade Federal da Bahia, bem como Adelino GONÇALVES (2006), "Questões de pormenor no planeamento da salvaguarda." *Revista Cedoua*. Coimbra: CEDOUA/Faculdade de Direito da Universidade de Coimbra. nº17, 2006: 35-50 e Adelino GONÇALVES (2011), *Património urban(ístic)o e planeamento da salvaguarda*. Coimbra: dissertação de doutoramento apresentada à Faculdade de Ciências e Tecnologia da Universidade de Coimbra. 2011.

por si só o cidadão comum não domina sem alguma formação prévia, pois requerem um razoável recurso à abstração. Mas é na representação da estrutura urbanística que os requisitos de especialização e abstração atingem um grau superior, sendo por exemplo frequente o recurso à geometrização.

Em suma: a estrutura do espaço urbano (ou estrutura urbanística) é uma abstração do real específica do Urbanismo como área do conhecimento. Nela e para ela utilizamos instrumentos de análises comuns aos que utilizamos para os edifícios, ou seja, recorremos à Arquitetura. Porém o mesmo não sucede quando analisamos a estrutura da vida urbana, para o que são necessários contributos disciplinares de áreas como a sociologia, a antropologia, a economia, a geografia, etc.

Seguindo então os instrumentos que a Arquitetura para tal disponibiliza, a estrutura urbanística corresponde em boa medida aos princípios de composição, ou seja, ao sistema de relações geométricas que subjazem à forma e, necessariamente, à imagem do espaço urbano, no que o território enquanto suporte é um elemento fundamental. Composição com todas as suas componentes harmónicas, rítmicas, dinâmicas, tímbricas, proporcionais, homotéticas, etc., mas também de perturbação e exceção, denunciando o próprio ruído, ou seja, a dissonância, a exceção seja ela positiva ou negativa.

É quando um aspeto da estrutura compositiva do espaço urbano entra em rotura, que fica em causa a sua identidade urbanística, sendo que como *sistema* tende, com tempo, a recuperar o equilíbrio, necessariamente um novo equilíbrio, quase inevitavelmente menos coerente e harmónico que o precedente. Mas há processos inversos, de restruturação, integrados em ações de reurbanização, aliás cada vez mais desejadas.

A composição urbanística não consiste apenas no que numa abstração representamos em planta, ou seja, no bidimensional horizontal. Os planos verticais e os sistemas de vistas nos quais a topografia é um dado crucial, são apenas exemplos do que também é fundamental para a sua compreensão. Se a forma como inicialmente se procedeu à divisão das parcelas e a relação destas com o espaço público é determinante, também o é o como se ocupam essas parcelas[43] e o como, por sua vez, os edifícios são compostos.

A dita *arquitetura de programa*, de que a Baixa de Lisboa resultante da reurbanização empreendida com o Plano de 1758 é um exemplo clássico, é apenas a forma mais simplista de assegurar a harmonização compositiva de conjuntos edificados, pois a mesma é comumente obtida através de regras de modulação simples que não quartam a liberdade de transformação, variação e identificação dentro de um mesmo sistema compositivo harmónico.

Dito de uma forma inocente e, assim, arriscadamente redutora, não é apenas quando se juntam duas parcelas para nelas fazer uma construção com a leitura de um só edifício, que se põe em causa a estrutura urbanística prévia, mas também quando se altera a morfologia das coberturas ou se muda a lógica compositiva dos vãos. Por conseguinte nada que não saibamos há muito. Contudo convém saber porquê para que se estabeleçam regras que, sempre que necessário, permitam a evolução através da renovação e reabilitação integradas, pois como todos sabemos e já aqui referi, a mudança é imparável.

Fig. 1: Fachadas de prédios na rua de Visconde da Luz, Coimbra, 2012.

---

[43] Faço aqui uma óbvia utilização dos três (famosos) níveis que Conzen estabeleceu como necessários para a análise em morfologia urbana. Ver M.R.G. CONZEN (1960), *Alnwick, Northumberland: a study in town-plan analysis*. London: Institute of British Geographers. 1969 e Conzen, M.R.G. (1968), "The Use of Town Plans in the Study of Urban History." *The Study of Urban History*. London: H. J. Dyos (ed.), Edward Arnold. 1968: 113–130.

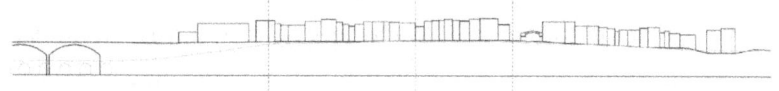

Fig. 2: Perfil desde o rio Mondego até à Praça 8 de Maio, percorrendo as ruas de Ferreira Borges e do Visconde da Luz, Coimbra.

São inúmeros os casos em que conjuntos urbanos foram sujeitos a uma profunda transformação em Oitocentos, sem que a resultante tenha destruído a estrutura compositiva e identitária prévia. Ou seja, temos novas arquiteturas que, em vez de destruir, enriqueceram a identidade urbana. O sistema composto pelas atuais Praça Velha e rua de Ferreira Borges em Coimbra é um bom exemplo, onde até contamos com ruidosas intervenções posteriores que ilustram como pode ocorrer o contrário. Veja-se, por exemplo, como se respondeu à considerável subida operada no perfil da rua através da restruturação ou renovação dos edifícios e como até se elevaram cérceas, tudo sem romper com o parcelário e com o sistema compositivo básico das fachadas.

Situações extremas ajudam-nos também a perceber este conceito de estrutura urbanística. A *renovação* (é esse o termo usado pelo urbanista Manuel da Maia) de Lisboa após o terramoto de 1755, foi feita segundo um plano e uma gestão que, pese embora a absoluta novidade (incluindo uma grande alteração da topografia, com escavação, terraplanagem e aterro) recriou os elementos estruturantes fundamentais da malha urbana prévia. Refiro-me essencialmente às duas praças e às vias estruturantes que as ligam, bem como a ligação nascente poente, então assegurada pela rua Nova, hoje pela rua do Comércio, entretanto aliviada pelas estruturalmente descaracterizadoras avenidas do Infante Dom Henrique e da Ribeira das Naus.

Foi uma profunda alteração estrutural que, contudo, não pôde deixar de integrar algumas memórias, até pelas articulações que tinha de assegurar com o que não foi alterado. Note-se a extraordinária ductilidade morfológica, mas também arquitectónica, com que, ao longo do Chiado, o plano se fez ao Bairro Alto, o que face ao que se implementou noutros locais, por certo em pouco se ficou a dever à topografia. Como sabemos, a alteração morfológica do seu sector inferior e inicial, foi decidida posteriormente e perante a impossibilidade do lançamento da rua do Alecrim sem um profundo rebaixamento topográfico.

Invoquei assim dois exemplos que, espero, com maior clareza permitem perceber ao que me refiro quando falo dessa componente essencial do espaço urbano que é a estrutura, a tal imaterial e mais sensível à descaraterização urbanística. É nela que consiste o conceito que, com um grupo de colegas, desde há algum tempo tenho vindo a desenvolver sob a designação *património urbanístico*. Não queremos pura e simplesmente consolidar[44] mais um chavão na já longa lista do jargão disciplinar, mas tão só evidenciar e estudar aspetos estruturais que respondam às perguntas que há pouco formulei, mas que agora importa repetir:
— Quais os valores de herança que determinam a identidade do espaço urbano?
— O que pode e o que não pode mudar na voragem da evolução urbana quando não queremos descaracterizar, quando não queremos perder o múnus da identidade urbana?

O *Património Urbanístico*, conceito atrás enunciado, é, assim, património imaterial essencialmente corporizado pelo conjunto de edifícios de um núcleo, nele se destacando o edificado anónimo ou genérico (até há bem pouco tempo designado *de acompanhamento*) e não exclusivamente os elementos notáveis, sejam eles monumentos, edifícios ou espaços públicos. No fundo é um sistema de relações formais estáveis sobre o qual a urbe se cria e recria num contínuo recurso à arquitetura, transformando cores, anúncios, perfis de arruamentos, trânsito, árvores e plantas, etc. O *património urbanístico* é o sistema imaterial residente

---

[44] É uma matéria-conceito tratado em quase todos os textos publicados nesta seção do livro, impondo-se também acrescentar os seguintes: Adelino GONÇALVES (2006), "Questões de pormenor no planeamento da salvaguarda." *Revista Cedoua*. Coimbra: CEDOUA/Faculdade de Direito da Universidade de Coimbra. nº17, 2006: 35-50 e Adelino GONÇALVES (2011), *Património urban(ístic)o e planeamento da salvaguarda*. Coimbra: dissertação de doutoramento apresentada à Faculdade de Ciências e Tecnologia da Universidade de Coimbra. 2011.

da vida urbana e da sua evolução e transformação sem soluções de continuidade. A resultante é a paisagem urbana (imagem e forma) e a sua função central consiste na estruturação física da vida, ou se quisermos, da ecologia urbana. O *património urbanístico* é um bem inevitavelmente histórico e identitário.

Sem com isso estar a aderir à tese reducionista de Aldo Rossi (1931-1997)[45] dos elementos primários e monumentais, a maior parte das áreas e paisagens urbanas (algumas de grande qualidade) é constituída por elementos de arquitetura considerada comum, ordinária ou até medíocre. É nelas que a sociedade processa o quotidiano. É sobre elas que a História da Arte tem tendido a não se debruçar, mas com a evolução do contexto civilizacional talvez deva inflectir interesses. Ou seja, considerar essas áreas e expressões urbanas como objetos artísticos e assim dar um contributo inestimável à História da Cidade e ao planeamento do seu desenvolvimento integrado.

Atravessamos um momento crítico na definição de uma nova urbanidade, no qual a identidade, a sustentabilidade, a ecologia urbana, a participação cidadã se estão a configurar como cruciais. Estamos a passar de uma modernidade marcada pela máquina para a do cognitivo, na qual a sensibilidade à imagem vai cada vez mais desempenhando um papel central. Talvez se lhe siga a forma e, por último, a estrutura logrando-se assim o pleno urbanístico.

O reconhecimento da cidade como a resultante concentrada de um palimpsesto de épocas e ações, já não é suficiente para uma urbanidade dispersa sobre o território com as mais diversas expressões, em que cada vez mais as relações polinucleadas, interpoladas e em rede(s) assumem um protagonismo crucial para o entendimento dos seus fenómenos. No fundo nas cidades já passámos do palimpsesto para o hipertexto[46], o que antes

---

[45] Aldo ROSSI (1966), *A arquitectura da cidade*. Lisboa: Edições Cosmos. 1977.

[46] Utilizo aqui os textos André CORBOZ (2000), "La Suisse comme hyperville." *Le Visiteur*. Paris: Société française des architectes & Éditions de l'Imprimeur. N°6; André CROBOZ (2001), *Le Territoire comme palimpseste et autres essais*. Paris: L'Imprimeur, coletânea preparada por Sébastien Marot que tem desenvolvido este conceito noutros momentos. Foi em parte a partir dele que desenvolveu a sua proposta de *suburbanisme* no texto Sébastien MAROT (1999), "L'Art de la mémoire, le territoire et l'architecture." *Le Visiteur*. Paris: Société française des architectes & Éditions de l'Imprimeur. n°4. Também o sociólogo-urbanista François

era cidade hoje é apenas centro, o território passou a conter a periferia, o urbano fundiu o rural, etc. Tudo está em mutação nesta época-portal para a terceira modernidade. É necessário que as histórias também façam esse percurso, ou seja, se reescrevam, porque sem História não há sustentabilidade. Ou, utilizando o título de uma recente coletânea de textos de Fernando de Terán, fazer *El pasado activo: del uso interesado de la historia para el entendimiento y la construcción de la ciudad.*

Nunca houve nada de novo que sufocasse o que existia sem o reciclar. É um princípio válido para o todo. É também aplicável ao conhecimento. Uma boa monografia sobre uma personalidade da arte, da arquitetura, da gestão urbana será sempre um trabalho relevante e merecedor de todos os elogios e apoios. Tal como uma urbanografia ou um estudo sobre uma rua, praça, bairro ou muralha. Por conseguinte uma das novas metas epistemológicas para o nosso tempo é fazer o mesmo cada vez melhor com maior visão e contexto interdisciplinar. Isso é mesmo um pilar fundamental para a sustentabilidade do conhecimento.

Contudo, face ao nexo desta comunicação, penso que há outras novas metas no que diz respeito à História do Urbanismo e histórias afins. Conceitos como o de estética podem e estão cada vez mais a ser aplicados por profissionais das mais diversas áreas disciplinares aos dados que apuram. Assim acontece com fórmulas matemáticas, com modelos moleculares, com chips, etc. E numa lógica de conhecimento são de facto belos, de uma estética estruturante. O mesmo sucede com as estruturas urbanísticas que se descobrem sob o manto do aparente e da materialidade.

Por último, nesta já longa incursão reflexiva sobre o que fazemos e procuramos na investigação em Urbanismo, quando há pouco me referia às componentes compositivas da estrutura urbanística, no fundo estava a utilizar jargão e semânticas comuns à música, à poesia e à literatura. Cada uma destas artes assume à sua maneira formas geométricas, analíticas ou descritivas, próprias. Essa convergência estrutural (uma espécie

---

Ascher fez uso desta expressão no seu livro *Les nouveaux principes de l'urbanisme. La fin des villes n'est pas à l'ordre du jour* publicado pelas Éditions de l'Aube em 2001.

de ecumenismo metodológico baseado nas geometrias como descrição do real) não é uma matéria nova, pelo menos no âmbito da filosofia.

Quero agora apresentar, de forma resumida (pois não é possível aqui ilustrar nem comentar os múltiplos passos do processo), dois exercícios simples, diversos mas interligados, dessas procuras de valores urbanísticos. São trabalhos em curso, com muito ainda por apurar, mas o que vou expor são já alguns resultados consolidados. A área que os une é o Bairro Alto (Lisboa), uma urbanização de iniciativa privada das primeiras décadas do século XVI, algo que hoje classificaríamos como um loteamento especulativo numa urbanidade em crescimento vertiginoso. Já muitos se debruçaram sobre aquela característica unidade urbanística de Lisboa[47], tendo em alguns casos apurado dados seguros e relevantes para a compreensão da sua estrutura, em especial no que diz respeito à volumetria e composição de alçados. Por limitações de tempo, não os vou aqui carrear, tal como a factologia e cronologia, que são bem conhecidas.

A metodologia corresponde àquilo que temos vindo a designar como *desenhar a história*. A ideia é simples: verter sobre a cidade atual, representada pelo levantamento georeferenciado mais recente, toda a informação histórica geoferenciável disponível e com isso ir interpretando regressivamente o que se passou, preenchendo os vazios deixados pela documentação com dedução baseada, entre outros processos, em análises comparativas. No fundo é a aplicação à nossa investigação do princípio de *reverse engineering* desenvolvido para a informática e gestão por Elliot J. Chikofsky. Contudo procuramos evitar a presença de alguns ruídos, designadamente preconceitos estilísticos e historiográficos, ou seja, procuramos concentrar-nos no desenho e assim essencialmente na estrutura e na forma.

---

[47] Como exemplos extremados vejam-se Júlio de CASTILHO (1879), *Lisboa antiga: o Bairro Alto*. Lisboa: rev. Gustavo de Matos Sequeira. 5 vol.s, 1954-1966, Mário SÁA(1929), *Origens do Bairro Alto de Lisboa: verdadeira notícia*. Lisboa: Solução Editora. 1929 e Hélder CARITA (1990), *O Bairro Alto: tipologias e modos arquitectónicos*. Lisboa: Câmara Municipal de Lisboa. 1994

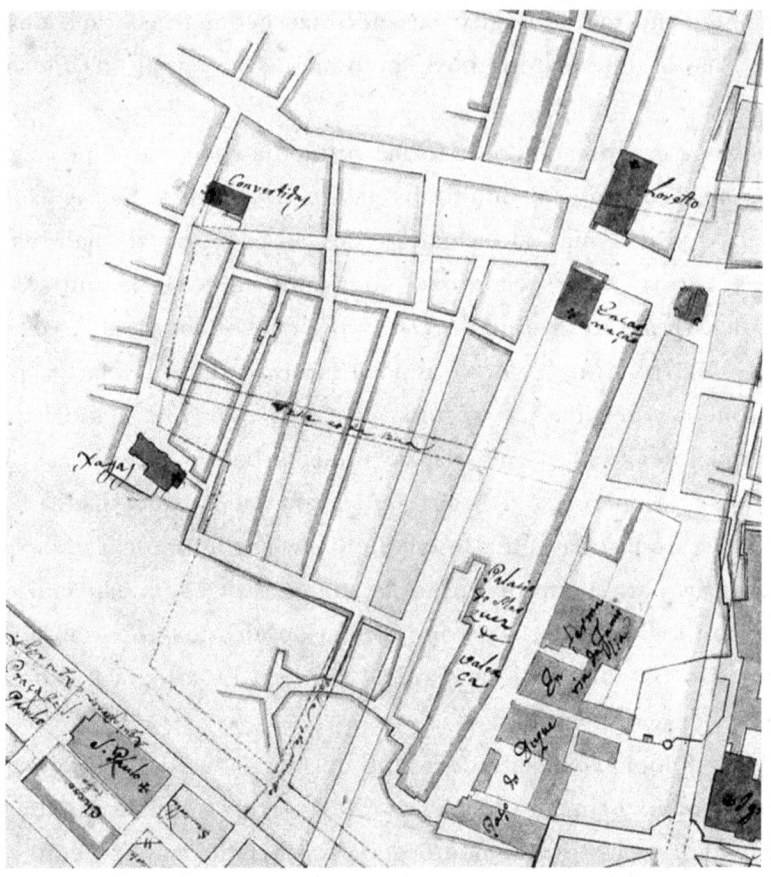

Fig. 3: Eugénio dos Santos e CARVALHO e Carlos MARDEL (atrib.),
Desenho de evolução do Plano da Baixa, 1756/1758.
Instituto Geográfico Português, 354.

Na viagem de regressão cronológica a grande paragem é no processo de renovação pós-terramoto de 1755. Por entre projetos diversos, enquanto o sector superior e mais tardio do Bairro Alto não sofreu então grandes intervenções, o inicial, na base da colina junto a Catequefaraz/Cais do Sodré foi profundamente restruturado, até com algumas mexidas topográficas. Falo, por exemplo, das ruas da Emenda e das Flores. Os desenhos são mais expressivos que as palavras, mas contamos com um conjunto fundamental de 171 documentos: o *Livro de Avaliações* ou *Tombo do Bairro Alto* do acervo da Torre do Tombo, produzido entre 1755 e 1756 pelo Juízo da Inspeção dos Bairros de Lisboa.

1ª PARTE: PLANEAMENTO E PATRIMÓNIO URBANÍSTICO

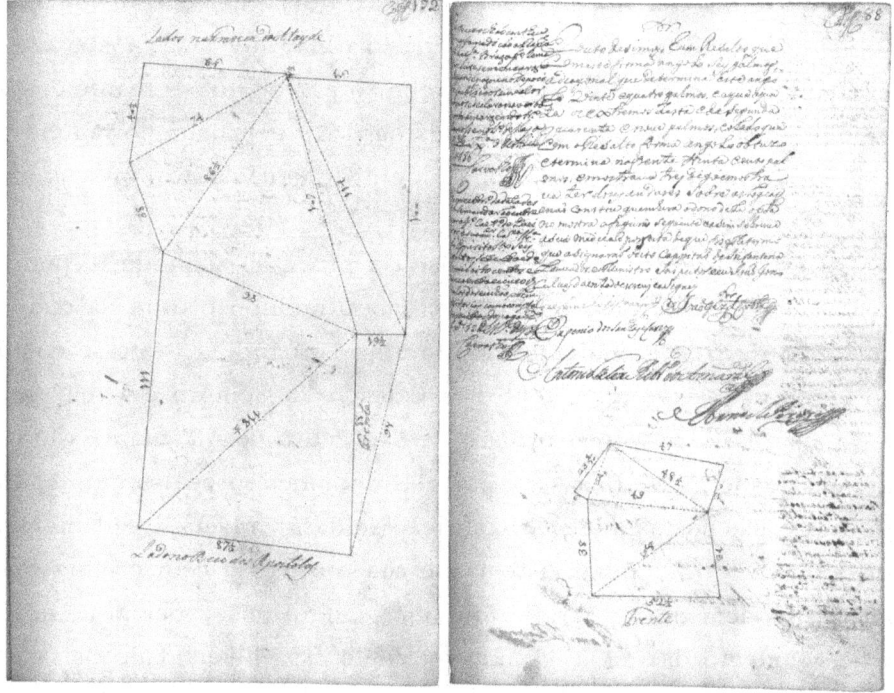

Fig. 4: *Livro de Avaliações* ou *Tombo do Bairro Alto*, 1755/6.
Torre do Tombo, fl.s 172 e 88.

Trata-se do levantamento sistemático das propriedades afetadas ou não pela catástrofe, por forma a ter registo das suas localização, configuração, dimensão e propriedade. Além dos indispensáveis magistrados, um dos técnicos que aqui frequentemente interveio foi o engenheiro militar Eugénio dos Santos, que nos raros casos de lotes com configuração mais complexa ali teve de registar croquis de relacionamento geométrico das medições.

O desenho deste tipo de dados não é, por regra, fácil, pois é necessário encontrar um ponto de arranque seguro, ou seja, do qual tenhamos a certeza que os dados do tombo correspondem a uma coordenada geográfica[48]. Neste caso levámos muito mais tempo que o habitual, porque custou perceber que tudo batia certo se aplicássemos

---

[48] Impõe-se aqui registar o contributo fundamental das assistentes de investigação Vera Domingues e Lisa Relvão no desenvolvimento, fases diversas, deste trabalho.

as medidas em perfil e não em planta. Ou seja, a medição foi feita sobre a inclinação acentuada do terreno e não nivelada. Assim tudo passou a bater certo e foi possível repor o parcelário resultante dessa primeira fase da urbanização iniciada em 1513 e, mais importante, ter uma leitura do parcelário de toda a unidade morfológica, ou seja, de todo o Bairro Alto.

Foi então possível fazer a análise do processo segundo o qual a urbanização foi progredindo no terreno, atingindo o topo da colina ao longo da frente ocidental da Muralha Fernandina. Note-se como ao longo das ruas preexistentes (a Calçada do Combro e a rua para a Cotovia, hoje da Misericórdia e de São Pedro de Alcântara) a morfologia dos lotes confirma um parcelário também preexistente, tendo sido nas suas costas que a urbanização se desenvolveu faseadamente. Instalou-se o tradicional sistema de rua e travessa com orientações que dependem da topografia, ou seja, dando uma especial atenção ao escoamento das águas. É notável como essa diversidade de fases e partidos foi feita garantindo a continuidade do sistema viário, ou seja, da cidade.

A análise e reconstituição da estrutura urbanística do bairro revelou-nos ainda como, apesar da topografia difícil, foi utilizado um módulo compositivo único para toda a urbanização, o qual aliás se estende para a zona de Santa Catarina. Trata-se de um lote com 30x60 palmos, o *chão* a que se referem inúmeros documentos e autores. É um módulo que dota os quarteirões de uma ductilidade geométrica apreciável, mas que não ilude numa leitura da composição da estrutura urbanística numa grande escala. Some-se-lhe, claro, o que alguns colegas, entre os quais se impõe Hélder Carita[49], já apuraram sobre a composição dos edifícios erguidos lote a lote, pois com isso se confirma o estabelecimento de um sistema global harmónico e proporcional de medidas.

---

[49] Ver a obra referida na nota 47.

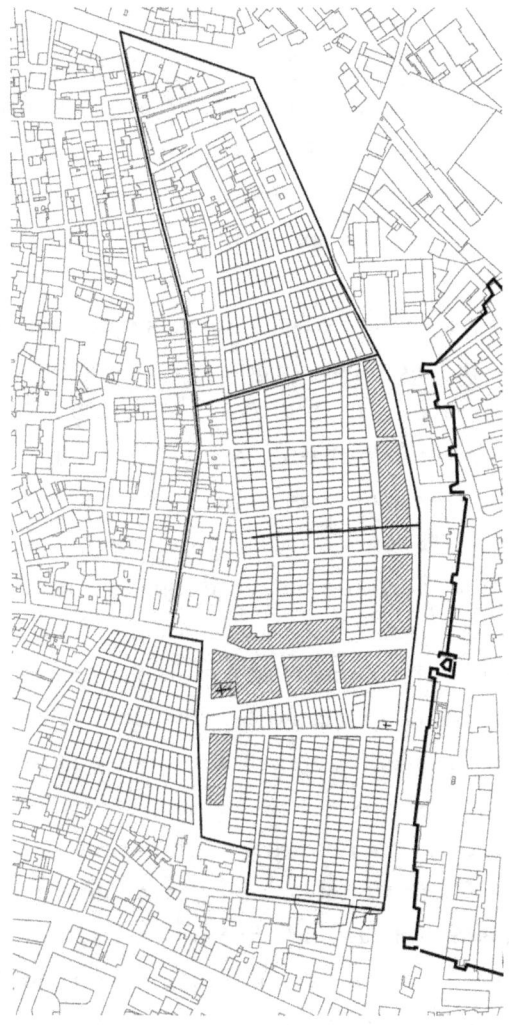

Fig. 5: Modulação 30x60 palmos do Bairro Alto (Lisboa).

São conclusões relevantes, pois permitem estabelecer relações de continuidade direta entre práticas urbanísticas anteriores, ou seja, medievas, em todo o território nacional, e contemporâneas e posteriores em ensanches Quinhentistas no mesmo espaço, mas também no da *expansão*. Confirma-se assim, uma vez mais, a leitura de uma continuidade de processos, com uma paulatina evolução e racionalização geométricas, que há muito vimos propondo para a urbanística portuguesa e para a qual a indagação das estruturas urbanísticas dos casos tem vindo a ser determinante.

Permite ainda a reconstituição fiel da morfologia urbana de uma parte da cidade de Lisboa que não surge representada no levantamento mais antigo que até hoje se conhecia, o de 1650 subscrito por João Nunes Tinoco. O que dele hoje temos é uma cópia à qual foi acrescentada uma legenda e já Vieira da Silva[50] suspeitou que tivesse tido como base um levantamento anterior.

Passando para o segundo exercício numa sequela do primeiro, começo por dizer que estará hoje identificado parte desse levantamento. Trata-se de um desenho com cerca de 1,80x0,50 metros do acervo da Biblioteca Nacional do Rio de Janeiro, aliás disponível em linha[51]. Foi feito a lápis (de que persistem diversos troços da quadrícula de notação topográfica) e passado a tinta sépia sobre uma folha de papel com formato bastante irregular. Representa parte da cidade de Lisboa, precisamente entre o ponto onde o desenho de Tinoco acaba a ocidente e a Junqueira (uma extensão de cerca de 4 quilómetros), o que faz com que o desenho tenha uma escala próxima da relação 1:2.000. Georeferenciamo-lo e está a ser estudado pela equipa do Gabinete de Estudos Olissiponenses[52], mas posso adiantar alguns dados.

Toda essa área urbana e periurbana está representada com definição de quarteirões, mas não de lotes. Tem quase uma centena de números inseridos em ruas e escadas, mas não tem anexa a respetiva legenda, que se está a fazer. Os equipamentos públicos e edifícios religiosos têm inserido o nome sobre o desenho. Aqui e ali surgem pequenos apontamentos em perspectiva, bem como algumas anotações, entre as quais a mais significativa é a seguinte: "Aquy se pode fazer huã [bateria] de forma e [...] a q se não [...] embargue de S. Amaro até o Corpo Santo". Está frente à Rocha do Conde de Óbidos, no local para o qual em 1719, a pedido de João V (1707-1750), Filipo Juvarra

---

[50] A. Vieira da SILVA (1950), *Plantas topográficas de Lisboa*. Lisboa: Câmara Municipal de Lisboa. 1950.

[51] *Planta da cidade de Lisboa, na margem do Rio Tejo: desde o Bairro Alto até Santo Amaro*, BNRJ, Cartografia, Arm. 014,01,018. Na biblioteca digital a cota é cart1044544.

[52] Composta por José Manuel Garcia, Hélia Silva e Rita Megre, entre outros.

(1678-1736) chegou a esboçar um farol monumental, que assim não sofreria o dito embargo.

Fig. 6: Colagem digital da *Planta da cidade de Lisboa, na margem do Rio Tejo: desde o Bairro Alto até Santo Amaro*, c. 1581-1590, Fundação da Biblioteca Nacional (RJ), Cartografia, Arm. 014,01,018 (aqui representada parcialmente e com os contornos dos quarteirões reforçados) com a (cópia da) *Planta de Lisboa* de João Nunes TINOCO de 1650 (também em reprodução parcial).

De facto em todo o desenho se nota um especial cuidado no desenho dos elementos defensivos ribeirinhos, o que é um dado relevante para a sua datação. Mas para essa tarefa fundamental contamos com mais e melhores elementos. Primeiro a marca de água, que identificámos como sendo de um papel usado em bulas papais promulgadas nas décadas de 1560 e 1570[53]. Mais revelador é o facto de no local onde a partir de 1629 se instalou o convento de São João de Deus, às Janelas Verdes, estar escrito "S. Filipe". Na realidade esteve ali antes, entre 1581 e 1605, o convento de São Filipe dos Carmelitas Descalços, que depois mudou para outro local. É um dado que nos encurta o intervalo entre 1581 e 1629, pois mesmo devoluto o local poderá ter mantido a designação.

A zona do Calvário dá-nos mais alguma informação, ou melhor, a ausência dela. Com efeito nota-se ali não só uma hesitação ou insegurança que não surge em mais nenhum ponto do desenho, como a ausência expressa de referências aos conjuntos religiosos que ali se ergueram por essa altura, em especial ao convento das Flamengas fundado por Filipe II (r.1581-1598) em 1582. Por maioria de razão também não há qualquer referência ao convento do Sacramento, cujo processo no local só foi iniciado em 1612. Mas é evidente a preocupação em delimitar propriedades sobre o terreno alagadiço onde foram implantados. Na década de 1580 o Calvário era uma área urbana em gestação.

Há outros elementos no desenho (que aqui me dispenso de apresentar), que nos permitem corroborar o que em termos de datação da sua datação atrás ficou implícito. Os anos da década de 1580 foram cruciais para os destinos urbanísticos de Lisboa, pois foi ao longo deles que Filipe II encetou a realização de algumas obras e melhoramentos que marcaram a imagem, a forma e a estrutura urbanísticas da sua capital portuguesa.

Por questões de tempo não me posso alongar mais sobre este desenho, mas é relevante chamar a atenção para o facto de em muito coincidir com o que nele é sobreponível com o de 1650, desenho de apresentação acabado, o que não é o caso deste, uma genuína 1ª via destinada a estudo e a ser reproduzida. Note-se, como exemplo relevante, o desenho de detalhe da Muralha Fernandina e, muito em especial, das Portas de Santa Catarina, aliás portas compreensivelmente no plural.

---

[53] C.M. BRIQUET (1923), *Les Filigranes. Dictionnaire Historique des Marques du Papier*. Leipzig: Verlag Von Karl Hiersemman. tomo II, 1923: 353 (6097) e *Monumenta Chartae Papyracea Historiam Illustrantia. Watermarks by Edward Heawood*. Hilversum: The Paper Publications Society. tomo I, 1950: 3875/6.

Admito assim, como hipótese de trabalho, que este desenho seja a metade de um levantamento geral da cidade ordenado na gestão urbanística de Filipe II. Já é bom que possamos somar os dois, mas por certo que a metade em falta abrange mais área da cidade para norte e nascente do que a representada por Tinoco. Um dia surgirá onde menos hoje nos pareça provável.

Note-se agora como este levantamento da metade ocidental de Lisboa em finais de Quinhentos nos ajuda, não só a confirmar a pesquisa que sumariamente apresentei sobre o Bairro Alto, como também poderia levar-me a expor-vos como permite a retoma de trabalhos mais antigos nos quais se estudou o desenvolvimento da cidade sobre essa vasta área urbana, em especial ao longo do século XVIII. Com efeito, além de dados topográficos fundamentais, dá-nos uma leitura bastante precisa do início da urbanização desse espaço, feita essencialmente ao longo de vias, onde prevalece o percurso paralelo ao rio, mas a cota elevada, pois até Alcântara a margem corria alta sobre barrocal.

Depois de uma quase introspeção sobre o que é a disciplina, foram dois exercícios simples de investigação em História do Urbanismo. O primeiro numa vertente de exploração clássica de estrutura morfológica, mas com o recurso a algumas ferramentas só disponíveis há uma década. O segundo, clássico por si, pois não é mais do que a crítica e exploração de um documento que ainda não tinha sido chamado a contribuir para o conhecimento da história de Lisboa. Em ambos os casos muito ficou por expor, bem mais temos ainda para investigar.

Entre os casos que temos em mãos escolhi Lisboa por razões óbvias. Na realidade é um prazer comemorar os 50 anos da *Lisboa Pombalina e o Iluminismo*, em Portugal a obra pioneira da História da Cidade, na presença do seu autor, do meu mestre e de muitos colegas para os quais as fronteiras entre as histórias são ligações que dinamizam os seus interesses e saberes.

(ALGUNS) LUGARES DA MORFOLOGIA URBANA NA URBANÍSTICA CONTEMPORÂNEA[54]

"Astronomers look only at old light. There is no other light for them to look at."[55]

0. Cabe-me a responsabilidade e a honra de fazer o encerramento desta *Conferência Anual do PNUM*. A total liberdade temática que me deram obrigou-me a um esforço superior ao comum na escolha e composição do que vou dizer. Comecei pelo mote geral da reunião: *Forma Urbana nos Territórios de Influência Portuguesa: Análise, Desenho, Quantificação*, o qual terá motivado o convite. Depois fiz um balanço dos temas da centena e meia de comunicações, comparando-o com o das outras edições, etc. Acabei a refletir sobre a relação entre tudo isso e o que está na base do que tenho feito, o que inclui o trabalho do pequeno grupo de estudantes e colegas que se tem vindo a formar em torno de temas da urbanística no Departamento de Arquitetura da Universidade de Coimbra. E o que fazemos não são estudos de morfologia urbana. Passamos por eles, pois integram as nossas ferramentas, mas não nos dedicamos nem somos especialistas. Só não é grave porque me certifiquei que o mesmo sucede com quase todos os que vieram apresentar trabalhos.

---

[54] A primeira versão deste texto foi apresentada em maio de 2013 numa conferência sob o título "Le temps de la ville: héritage et développement" ao *Colloque international d'architecture Les territoires du temps* organizado pela Société Française des Architectes em parceria com o CNRS, e na versão presente como encerramento da *Conferência Anual da PNUM, Portuguese Network of Urban Morphology*, realizada em Coimbra em junho de 2013.

[55] George KUBLER (1962), *The shape of time, remarks on the history of things*. New Haven: Yale University Press. 1967: 19.

Decidi pois apresentar-vos uma reflexão sobre o lugar (ou lugares) que a morfologia urbana ocupa na metodologia com que trabalhamos. Trata-se assim de morfologia urbana aplicada e não de uma abordagem especulativa, pura em si. O que me vai levar a falar de outras coisas e, em especial, deixar aqui um esboço de alguns dos aspetos da teorização com a qual também me tenho vindo a ocupar nos últimos tempos, mas que não é ainda uma forma clara, apenas uma nebulosa. Nebulosa que tem algumas referências de sempre, colegas que em alguns casos só conheci pelas ideias que registaram em livros, por vezes com a minha idade. Não é nostalgia, mas releituras à luz de novos contextos encontrando coisas que não pensaram, mas deixaram escritas. Por tudo isso uma advertência: nessa reflexão ocupa papel central a adoção e adaptação de recursos metodológicos de outras disciplinas, o que em ciências sociais (como o urbanismo) é a principal forma de estimular o desenvolvimento do conhecimento.

1. Em 1962 o historiador de arte e arquitetura norte-americano George Kubler (1912-1996), num breve interlúdio da sua produção historiográfica, publicou um livro cuja abordagem geral e proposta teórico-metodológica não foram ainda totalmente digeridas, provavelmente pela dimensão revolucionária e insólita assumida: *The shape of time. Remarks on the history of things*. O livro fez o seu percurso, mas muitos dos que a ele recorrem nem sempre o fazem com consciência sobre o seu contexto. Mais interessante é que o bem maior número de investigadores que usam a relevante produção do seu autor, o façam sem conhecimento deste texto que, no fundo, é a sua chave de leitura.

Como urbanista e, por isso, historiador do urbanismo, frequento mais este do que os outros textos de George Kubler, pois sem que de forma alguma tivesse sido esse o propósito do autor, encontrei nele uma das mais francas portas para o entendimento da urbanística (na verdade bem mais do que da arquitectónica). Ou seja, nunca pensei com Kubler, mas sim a partir dele. Fui adiando a redação de uma abordagem direta sobre esse assunto, mas tem vindo a tornar-se inevitável. De uma forma necessariamente breve, pessoal e conduzida, passo a apresentar-vos o livro no seu contexto e no que de essencial propõe.

A seguir exporei o que a partir disso se me afigura crucial para fazer valer o que, a partir de *The shape of time*, tenho pensado e feito ao longo do meu percurso científico.

Como já acima disse, *The Shape of time* não é apenas uma proposta para a história da arte ou da arquitetura, mas para a história em geral, pois parte do pressuposto de que "the idea of art can be expanded to embrace the whole range of man-made things, including all tools and writing in addition to the useless, beautiful, and poetic things of the world. By this view the universe of man-made things simply coincides with the history of art." (p.1) A história da arte é pois "material culture". O seu conhecimento histórico tem mais origem visual do que descritiva.

Seria longo e descabido desenvolver aqui o contexto geral e a biobibliografia do autor, o que, aliás, já se encontra feito em várias versões, igual sucedendo com o livro. Terei, contudo, de recorrer a alguns desses dados, chamando desde logo a atenção para o facto de a obra aparecer no auge da afirmação das correntes do estruturalismo, bem como fazer notar que o autor foi discípulo de Henri Focillon (1881-1943) cuja *Vie des Formes* cotraduziu e publicou em Inglês em 1957[56].

A influência da *antropologia estrutural* de Claude Levi Strauss (1908-2009) e de outros é evidente no pensamento de Kubler, que necessariamente recorre ao seminal *Cours de linguistique general* de Ferdinand de Saussure (1857-1913) num elevado número de metáforas e recurso à semiótica. Mas também recorre à matemática, no ramo da topologia, e à genética, aqui bem além do célebre título da já referida obra de Focillon. Genética na sua crucial natureza estrutural, não na sua mera cosmética formal. Aliás é significativo como, no que diz respeito às formas, é possível estabelecer uma sugestiva relação entre a topologia e a genética no âmbito dos fractais, embora não haja qualquer vestígio de que Kubler disso tenha tomado consciência.

Menos notado tem sido o facto de ele ter sido contemporâneo de Robert Ventury (1925-) na University of Yale, onde o trabalho desenvolvido por este com os alunos daria origem à publicação em 1972 de *Learning*

---

[56] Henri FOCILLON (1934), *Life of Forms in Art*. New York: Wittenborn.

from Las Vegas[57]. Contudo é mais em *Complexity and contradiction in architecture* de 1966[58], marco fundamental da teoria da arquitetura, que encontro indícios de uma provável e relevante relação entre Kubler e Venturi, a qual também se alarga à produção teórica de outros arquitetos então também próximos como Robert Stern (1939-) e Charles W. Moore (1925-1993). Contudo é em Vincent Scully (1920-), autor do prefácio de *Complexity and contradiction in architecture,* que reside a principal ligação, pois era amigo e colega de departamento de Kubler (numa faculdade comum à escola de arquitetura e outras estruturas afins) e a influência deste no seu pensamento foi claramente assumida[59]. Scully que Philip Johnson classificou como "the most influential architectural teacher ever."[60]

Discutir os dados e graus dessas ligações, a enleada relação entre pós-modernismo, estruturalismo, a produção arquitectónica e teórica daquele grupo e *The Shape of time,* é matéria para um texto específico e não para este rol de contexto. Impõe-se-me, porém, juntar ainda a exposição do MOMA e o livro *Architecture Without Architects: a short Introduction to non-pedigreed architecture* de Bernard Rudofsky (1905-1988) de 1964[61], ou seja a mesma editora e dois anos antes de *Complexity and contradiction in architecture* de Venturi.

Em suma, *The shape of time* é uma revolucionária proposta teórica para a história da arte, perfeitamente contextualizável na vanguarda arquitectónica da Costa Leste dos EUA da década de 1960. A fortuna crítica deste pequeno e difícil livro levou-o a várias edições em diversas línguas[62] (a portuguesa é incompreensível) e a algumas recensões, aliás comentadas por Kubler vinte anos depois em *The shape of time recon-*

---

[57] Robert VENTURI; Denise Scott BROWN; Steven IZENOUR (1972), *Learning from Las Vegas*. Cambridge: MIT Press.

[58] Robert VENTURI, (1966), *Complexity and contradiction in architecture*. New York: MOMA.

[59] Ver, entre outros, Vincent SCULLY (2003), *Modern Architecture and other essays*. Princeton: Princeton University Press, em especial o texto "A Biographical sketch" de Neil Levine.

[60] Richard CONNIFF (2008), "The Patriarch." *Yale Alumni Magazine.* http://www.yalealumnimagazine.com/articles/2007 (2013.05.04, 09.32)

[61] Bernard RUDOFSKY (1964), *Architecture without architects, an introduction to non-pedigreed architecture*. New York: MOMA.

[62] Francês (1973), Espanhol (1975), Italiano (1976), Alemão (1982) e Português (1991).

sidered[63]. Relevante é ainda o seu pequeno ensaio *What can historians do for architects?*[64], pois demonstra a relação operacional que ele visou estabelecer entre o seu trabalho e o dos arquitetos, designadamente da redefinição das suas ética corporativa e social.

A sua proposta e entendimento da arte, formulada já depois de extenso e publicado trabalho de campo na América Latina, tem tudo a ver com o enquadramento teórico nas expressões artísticas a que se convencionou designar o pós-moderno. Contudo, apesar de como historiador da arte como Scully, Kubler ser essencialmente um historiador de arquitetura, não foram arquitetos a assumir explicitamente essa influência no seu pensamento e produção, mas sim artistas e críticos de arte[65]. E também alguns historiadores de arquitetura, designadamente ibero-americanos. É que para além das "things" que Kubler estudou não serem contemporâneas, eram essencialmente arte da América Latina, com especial relevo para a arquitetura. A partir do México[66] avançou territorialmente para sul antes de *The shape of time*, e depois para a Península Ibérica. Procurando antecedentes em todo esses vastos territórios, não só foi a fundo nas culturas pré-colombianas, como acabou por também estudar consequentes na Ibéria[67].

---

[63] George KUBLER (1982), "The shape of time reconsidered." *Perspecta*. New Haven: Yale. n°19, 1982: 112-121. A mais completa das recensões será COLT, Priscilla (1963), "Review: The shape of time: remarks on the history of things by George Kubler." *Art Journal*, 23(1). Yale: 78-79.

[64] George KUBLER (1965), "What can historians do for architects?." *Perspecta*. New Haven: Yale. n°9/10: 299-302.

[65] Ad REINHARDT (1966), "Review on The Shape of Time," *Art as Art: The Selected Writings of Ad Reinhardt*, ed. Barbara Rose. Berkeley: University of California Press. 1991. Também o *land-artist* Robert Smithson refletiu por mais de uma vez sobre este livro de Kubler, inclusive discordando de alguns dos seus aspetos [ver LEE, Pamela (2001), "«Ultramoderne» or how George Kubler Stole the Time in Sixties Art." *Grey Room*, 2, Cambridge. MIT Press. 46-77; e Ann Morris REYNOLDS (2003), "Robert Smithson."*Learning from New Jersey and Elsewhere*, Cambridge. MIT Press.

[66] A sua tese de doutoramento em Yale em 1940 foi sobre a arquitetura religiosa do México.

[67] Não querendo ser exaustivo, listam-se apenas mais três das suas obras de referência: George KUBLER & Marin SORIA (1959), *Art And the Architecture in Spain and Portugal and their American Dominions 1500-1800*. Baltimore: Penguin Books; George KUBLER (1962), *The art and the architecture of ancien America: the Mexican, Maya and Andean Peoples*. New Haven: Yale University Press; George KUBLER (1982), *Building of the Escorial*. Princeton: Princeton University Press.

Em Portugal a sua obra *Portuguese Plain Architecture, between spices and diamonds, 1521-1706* de 1972[68], foi determinante na criação de uma historiografia da arquitetura portuguesa, sendo que aqui, apesar de o livro só abordar obras erguidas no território europeu, "português" significa cidades e territórios espalhados por todos os continentes, como a Índia e o Brasil. Este livro, hoje desatualizado pela própria escola que gerou, continua contudo a inspirar metodologicamente, por vezes de forma inconsciente, o trabalho da maioria dos historiadores da arquitetura portuguesa e brasileira. Nos últimos anos têm sido também alguns arquitetos, designadamente os da dita *Escola do Porto*, a referi-lo como referência da sua produção[69]. Mas em todas essas referências nunca surge acompanhado pelo conhecimento, mesmo que sumário, das propostas metodológicas de *The shape of time*.

Como que por acidente fui iniciado no *The shape of time* durante a formação inicial para arquiteto. Retomei na escola de historiadores da arte onde essa metodologia floresceu em Portugal[70]. Sem que Kubler esboce qualquer percepção disso, fui constatando quanto a sua visão metodológica é de uma extrema operacionalidade interpretativa e projetiva em tudo quando diz respeito ao urbanismo e à urbanística. Dedicar-me-ei agora a tentar enunciá-lo resistindo à tentação de substituir "things" por "cidades", embora assim tal fique implícito.

2. No preâmbulo do livro lê-se: "The purpose of these pages is to draw attention to some of the morphological problems of duration in series and sequences. These problems arise independently of meaning

---

[68] George KUBLER (1972), *Portuguese Plain Architecture, between spices and diamonds, 1521-1706*. Middletown: Wesleyan University Press.

[69] Este assunto é a matéria central da investigação em curso de Eliana Sousa Santos no Centro de Estudos Sociais da Universidade de Coimbra. Ver Eliana Sousa SANTOS (2012), "Portuguese Plain Architecture: history opening a closed sequence." *Revista de História da Arte*, 10. Lisboa: IHA-FCSH-UNL: 170-181.

[70] O Mestrado em História da Arte da Faculdade de Ciências Sociais e Humanas da Universidade Nova de Lisboa, fundado em 1975 por José Augusto França (1922-). Contudo seria José Eduardo Horta Correia (1938-), seu discípulo, a desenvolver o magistério que integrou as metodologias de George Kubler na investigação em história da arquitetura da Idade Moderna.

and image." São problemas que ficaram por ser estudados desde que a historiografia abandonou o "mere formalism" pela "historical reconstruction of symbolic complexes." É que "The structural forms can be sensed independently of meaning" (p.viii).

A proposta de *The shape of time* tem como base as seguintes críticas às metodologias da história então vigentes: a) a separação entre as histórias da arte e da ciência impede a estimulação temática e metodológica recíproca no reconhecimento de processos de invenção, mudança e abandono no tempo; b) as teorias da mudança cultural cíclica, com recurso a metáforas biológicas, são nefastas, essencialmente porque põem em causa a natureza intencional da invenção artística; c) as abordagens biográficas e descritivas são improdutivas, iludindo a percepção de laços importantes existentes entre os diversos objetos em si; d) a separação entre forma e significado, isola iconologistas e morfologistas a estudar o último e os formalistas a primeira; e) o conceito de estilo é um instrumento de classificação temporalmente estático[71].

Se o nosso interesse na arquitetura e no urbanismo for o do serviço público e, assim, o da eficácia (obviamente no seu sentido mais lato), não será necessário comentar o quanto a teoria e a história do urbanismo em tudo isso podem coincidir. Num exemplo a propósito da questão do estilo, veja-se o que Kubler deixou escrito no prefácio do seu livro sobre a *arquitetura chã* portuguesa: "we need to study the continuosly changing architectural situation, and to trace the shifting pattern of taste, with more concern for the nature of architectural meaning than the slogans and pigeonholes of encyclopedic art historical classification will allow."[72] Em síntese: há urbanismos, formas urbanas barrocas, renascentistas, góticas ou românicas? Claro que não.

Como o título indica, Kubler considera que é a partir das "things" (não "objects", porque além da sua materialidade quer abarcar a sua dimensão

---

[71] Este parágrafo e os seguintes seguem de muito perto a leitura feita em Priscilla COLT (1963), "Review: The shape of time: remarks on the history of things by George Kubler." *Art Journal*, 23(1). Yale: 78-79.

[72] George KUBLER (1972), *Portuguese Plain Architecture, between spices and diamonds, 1521-1706*. Middletown: Wesleyan University Press. 1972: XV.

existencial) que o tempo ganha forma. As "things", entre as quais as obras de arte, são sempre propostas de solução de problemas ("nothing gets made unless it is desirable"). Uma vez identificado o problema-desejo, vão surgindo diversas soluções que constituem uma classe de formas e se relacionam umas com as outras diacronicamente, ocupando e dando forma ao tempo. No fundo constituem aquilo que o autor designa como *formal sequence*. Podem já estar fechadas, mortas ou abertas e, assim, ainda com potencial de desenvolvimento.

Dentro de cada *sequência* (enfoque interno), ou *série* (enfoque externo), ao longo do tempo vão ocorrendo alterações entre e em cada um dos seus itens, mas também em cada um deles. Ou seja, os elementos externos (como as inovações tecnológicas) vão interagindo com as séries provocando a sua evolução e/ou distorção. Em cada *série* vão emergindo *prime objects*, ou cabeças de série, e *replica-mass*. Os cabeças de série são *invenções* com características comuns às dos números primos e às dos mutantes genéticos, com grande capacidade de gerar réplicas. É uma das várias situações em que Kubler recorre às metáforas matemática e genética para explicar a natureza e evolução das "things". Não esqueçamos que foi discípulo de Focillon e tradutor da sua *Vie des formes*, mas também, e principalmente, como no meio de tudo isso adquire relevância, como modelo-conceito viável para a explicação dessa teoria, o fractal. Embora à primeira vista possa parecer o contrário, dá-nos explicações no âmbito da estrutura e não tanto da forma.

As *invenções* e *réplicas* constituem e conduzem a propagação das "things" no tempo. As durações das séries e entre cada um do seus elementos são diversas, pelo que geram períodos de tempo com formas diversas. A filosofia e as ciências ainda não formularam uma teoria do tempo capaz, mas aqui basta que se faça a distinção entre acontecimentos rápidos e lentos, a curta e a longa duração. Essa diversidade de durações gera a diversidade formal, a morfologia da duração, ou melhor, do tempo. "Time, like mind, is not knowable as such. We know time only indirectly by what happens in it: by observing change and permanence; by making the succession of events among stable things; and by noting the contrast of varying rates of change" (p.13).

Penso de facto que a debilidade conceptual da proposta de Kubler (a qual dificulta a sua compreensão) é o facto de teorizar sobre *estrutura* (do tempo) e confundi-la com *forma* (do tempo), que na realidade é expressão daquela, mas não é a mesma coisa. É por isso que também não tem clara a vinculação direta entre forma e espaço, o que se é irrelevante para objetos, é crucial para a arquitetura e, mais ainda, para o urbanismo, que em diversos graus de mutabilidade é (hierarquicamente) estrutura, forma e imagem na composição do espaço da cidade.[73] Tudo isso é perceptível em passagens como: "Everything made now is either a replica or a variant if something made a little time ago and so on back without break to the first morning of human time. This continuous connection in time must contain lesser divisions" (p.2); "The number of ways for things to occupy time is probably no more unlimited than the number of ways in which matter occupies space" (p.96).

Nessa linha, nesta resenha de *The shape of time* é ainda muito relevante registar que cada "thing" pode conter diversas séries formais em cada momento e que cada uma delas terá idades de maturação ("systematic age") diversas, por oposição à "absolute age" do calendário convencional. Ou seja, as "things" são compostas por elementos diversos com diferentes histórias e estados de evolução, dos parados no tempo aos em célere transformação.

Kubler dá como exemplo uma catedral, mas que melhor exemplo que uma cidade, a expressão mais complexa, mutante, significativa e coletiva da humanidade, agora com as expressões metropolitanas e/ou difusas emergentes? Imaginemos só a quantidade de séries de coisas que evoluem e estão paradas em cada momento numa mesma cidade, e como essa relação muda a cada momento construindo uma forma do tempo impressionantemente dinâmica. Uma das coisas mais fascinantes na proposta de *The shape of time*, é o quanto faz do passado presente ativo e da história teoria sobre o futuro.

---

[73] Na lição integrada nas provas para a obtenção do título de Agregado pela Universidade de Coimbra (2013), intitulada *Património urbanístico: (re)fazer cidade parcela a parcela*, expus com maior detalhe o meu pensamento sobre esta matéria (texto que se segue a este nesta coletânea).

3. Não é para a já ultrapassada alegoria do palimpsesto, mas para *hipercidade* que esse conceito de *systematic age* nos reporta. O território como suporte de escrita(s) ligadas a outros locais e outros tempos, numa narrativa com múltiplas hipóteses de sequência. Claro que estou a integrar nesta discussão temas desenvolvidos por André Corboz (1928--2012) e depois por Sébastien Marot (1951-)[74], que revisitados à luz de *The shape of time* adquirem maior âmbito, dimensão e potencial.

Na sua escala macro, por conseguinte aplicável ao urbanismo, *The shape of time* propõe a descrição da mudança como a explicação da própria mudança. O que, além de relevar o papel da história, numa alegoria gramatical significa a valorização da morfologia e da sintaxe, sem contudo se descurar a semântica e a pragmática, ou, numa formulação mais simplista, investigar a forma do que a tem (como o tempo, o espaço e a cidade) no contexto do seu significado. Seguindo o eixo metodológico seminal do estruturalismo, é a gramática das "things" como meio de análise e interpretação das expressões culturais (neste caso materiais), é a *cultura do território*. Claro que a morfologia urbana e a sintaxe espacial aplicada ao urbano têm um papel crucial no questionamento e avanço do conhecimento, mas não podem constituir um fim em si, nem serem impermeáveis aos significados e aos contextos, ou seja, à história.

Tudo isso nos reporta para uma sequência de duas outras questões. Em primeiro lugar a história das formas (neste caso urbanas) como integradora da sua teoria. É um enfoque sempre polémico, mas é a história que integra e contextualiza a(s) teoria(s) e não o contrário. A teoria sem contexto não tem qualquer expressão, utilidade, impacto, nem sequer consegue formular-se. Por outro lado a história, necessariamente interpretação apresentada como narrativa, tem dificuldade em descrever a

---

[74] André CORBOZ (2000), "La Suisse comme hyperville." *Le Visiteur*. Paris: Société française des architectes & Éditions de l'Imprimeur. Nº6; André CORBOZ (2001), *Le Territoire comme palimpseste et autres essais*. Paris: L'Imprimeur, coletânea preparada por Sébastien Marot que tem desenvolvido este conceito noutros momentos. Foi em parte a partir dele que desenvolveu a sua proposta de *suburbanisme* no texto Sébastien MAROT (1999), "L'Art de la mémoire, le territoire et l'architecture." *Le Visiteur*. Paris: Société française des architectes & Éditions de l'Imprimeur. nº4. Mas também o sociólogo-urbanista François Ascher fez uso desta expressão no seu livro *Les nouveaux principes de l'urbanisme. La fin des villes n'est pas à l'ordre du jour* publicado pelas Éditions de l'Aube em 2001.

totalidade das formas, mais ainda o espaço que moldam e, por maioria de razão, a sua evolução. A história é necessariamente parcial em todas as dimensões semânticas das palavras interpretação (que incide sempre sobre uma parte e toma partido) e abrangência (pois nunca logra tratar o todo). Poderá aproximar-se mais da expressão gramatical e, assim, do rigor sobre as suas "things", dando mais atenção metodológica às questões da forma, em si, e da relação entre as formas? É significativo como o autor de *The shape of time* relativiza por diversas vezes a importância da imagem das coisas, considerando-a mais consequência do que causa.

A história do urbanismo é a interpretação dos processos de urbanização, ou seja a narrativa contextualizada da mudança continuada dos territórios urbanos, no que a articulação entre os conceitos operativos de *série* e de *systematic ages* pode ser de uma enorme utilidade metodológica. Como costuma dizer Nuno Portas "o processo também desenha". Porém essa contextualização integra necessariamente o pensamento sobre o urbano e a cidade, ou seja a urbanística, incluindo as propostas, da utopia filosófica e desenhada aos planos e ao projeto de desenho urbano.

É uma história que documentalmente recorre a todos esses desenhos, bem como outros feitos para ilustrar as suas conclusões. Mas não poderá ser o desenho, enquanto abstração sistematizadora da realidade, narrativa histórica em si? Desenho que, ao invés da escrita, representa a realidade de forma necessariamente abrangente e contínua. Um desenho que de forma integrada represente a estrutura das formas do tempo e do espaço e este naquele. Invocando o conceito de *hipercidade* de Corboz, por certo é fácil compreender como um *hiperdesenho*, óbvia e necessariamente composto segundo um *Sistema de Informação Geográfica*, pode ser o início da resposta a esse desafio.

Para o seu desenvolvimento podemos desde logo começar por recuperar as propostas de constatações há muito apuradas por Kevin Lynch (1918-1984) nas suas duas obras fundamentais *The Image of the City*, de 1960, e *What Time is this Place?*, de 1972, ambas editadas pela MIT Press. Bem mais do que o facto de a cronologia e geografia académica de origem serem próximas da Yale de Kubler inicialmente invocada, a incidência da pesquisa de Lynch sobre aspetos da estrutura espacial e temporal da cidade justifica-o. Em suma podemos começar a concretizar *hiperdesenho* com base na percepção seriada dos percursos, limites, bairros, nós e marcos (os cinco itens resultantes do inquérito publicado no primeiro desses livros) que cada um dos cidadãos comuns constrói com a finalidade prática de compreender e usar a sua cidade.

Ajudará ainda ter presente a percepção da cidade proposta por Aldo Rossi (1931-1997) na sua *Arquitetura da Cidade* de 1966. E por aí fora com Gordon Cullen (1914-1994) em 1961[75], Edmund Bacon (1910-2005)[76] em 1967 e outros mais recentes. Será necessário invocar todos os avanços metodológicos em morfologia urbana e sintaxe espacial aplicada ao urbano processados por arquitetos, geógrafos e historiadores da arte nas últimas décadas, mas também sobre semântica e contextos, neste caso partilhados por sociólogos, filósofos e outros especialistas das ciências sociais e humanas.

Um outro aspeto relevante do desenho como ferramenta de investigação, é o facto de tornar evidentes e carentes de informação os espaços que medeiam entre aqueles para os quais há informação para um dado momento. Ou seja, o desenho desafia-nos a questionar de forma contínua os espaços nos diversos tempos, sendo que as respostas a essas questões, na falta de informação descritiva, cartográfica e/ ou fotográfica, tem de ser dada por suposições que, na realidade e de uma forma simples, dependem da riqueza do nosso conhecimento sobre os períodos adjacentes e casos similares.

De uma forma redutora, podemos dizer que dependem em muito da nossa capacidade de comparação, o que só confirma a condição de *hiperdesenho*, ou seja, de um desenho que sistematicamente remete para outros. É que a comparação, tantas vezes feita apenas com base na aparente semelhança da imagem ou da forma, só é legítima quando também têm relação entre si as estruturas, os significados e os contextos. É dos mais elementares princípios científicos não se poderem comparar coisas com naturezas diversas, o que é frequente em morfologia urbana. E assim

---

[75] Gordon CULLEN (1961). *Townscape*. London: Architectural Press.

[76] Edmund BACON (1967), *Design of cities*. New York: Thames & Hudson.

se estabelecem, também e contudo, desafios no sentido de uma constante atenção à atualização de um conhecimento que em grande medida é construído com base na suposição. Falo pois de um desenho no qual a morfologia urbana tem um lugar dinâmico, indutor e integrado com as outras componentes da gramática urbanística. Mas para além de uma acumulação integrada de conhecimento sobre o urbanismo, os processos de urbanização, as suas teorias inspiradoras e o papel da comunidade na contínua evolução de uma cidade, ou melhor, de um território, haverá outro interesse no *hiperdesenho*?

4. Na procura de uma resposta acrescentemos mais uma questão: nas cidades tudo é contemporâneo, mas qual é a natureza do seu espaço, qual é a natureza do urbanismo?

Uma experiência de espaço decorre no intervalo de tempo necessário à sua apreensão e das formas em presença, ainda que sumária. Tempo usado em movimentos no espaço em questão, mesmo que sem deslocação física, apenas sensorial. A relação entre forma, espaço e tempo tem como operador incontornável o movimento, a evolução.

A relação do homem com o espaço ocorre num percurso de recolha, processamento e memorização de sensações[77], o que faz com a sua resultante seja um registo interpretativo de algo passado, ou seja, história. Em termos absolutos ninguém pode refletir ou invocar uma experiência espacial como sendo do presente e ninguém o consegue fazer com um enfoque estático. A invocação é presente, mas o seu material é passado memorizado que, reinterpretado, é necessariamente narrado segundo uma história dinâmica, uma história de movimento, na qual forma e espaço desenham tempo.

A experiência de regresso a um mesmo espaço confronta e acaba por alterar os registos de memória anteriores. Quando não ocorreram alterações em si, é inevitável terem ocorrido em alguns dos contextos, incluindo o próprio indivíduo, até pelo capital acumulado com a experiência de outros

---

[77] Opero aqui com a perspectiva desenvolvida em Simon SCHAMA (1995), *Landscape and memory*. New York: Vintage Books.

espaços. Mesmo sem regressar ao espaço, a evolução dos contextos gera alterações na nossa memória sobre ele. A experiência de um espaço é matricialmente mutante.

É do mais elementar senso comum que o passado é uma resultante da evolução e esta uma fatalidade determinada pelo tempo, em movimentos que não se repetem. Só que nos espaços e nas formas uma parte dos resíduos do passado ficam integrados, fazendo-se e refazendo-se como permanentemente contemporâneos. É um passado ao qual apenas se regressa através da história, mas que tem no presente elementos constantes de invocação direta e formal que condicionam os espaços e assim, ciclicamente, a sua experiência. Com o seu passado, espaço e forma reagem dialeticamente à mudança, podendo aquele assumir um papel discreto ou de testemunho evidente.

O monumento emergiu precisamente do conceito de testemunho e o conceito de património cultural lentamente daquele. Assim se gerou uma série evolutiva que vai agora no sentido de tudo tender a ser património, desabando assim sobre a contemporaneidade (nós!) o encargo de estabelecer um compromisso entre a historicidade do todo e a incontornável evolução que a desafia. Com uma densidade inusitada quer-se cada vez mais no presente e para o futuro passado qualificado, o que implica conhece-lo e interpretá-lo. Já não são apenas as ciências sociais e humanas a reclamá-lo, mas também as ciências da vida, pois a identidade é crucial à estabilidade do *Eu*.

É assim que emerge, quase como uma necessidade, o conceito de *património urbanístico*, ou seja, o que na cidade determina a especificidade, a identidade do seu espaço[78]. Não é património urbano, pois esse é o todo incluindo a arquitetura, mas tão só a estrutura, a forma e a imagem da sua materialidade. Abrange todo o espaço da cidade, pois não é possível dele excluir áreas urbanas, consolidadas ou não. Contudo e num (aparente) paradoxo, é património imaterial, uma vez que consiste no sistema de relações e regras entre o território de suporte

---

[78] Também este conceito, bem como o enfoque geral do que daqui em diante apresento, foram por mim tratados com maior detalhe no texto referenciado na nota 73.

e as arquiteturas. Sistema em que o todo é mais do que a soma das partes. Sistema no qual o tempo dos espaços e a forma do tempo assomam articulados em séries complexas com diversas idades sistemáticas. Sistema que como abstração, no fundo só pode ser narrado de forma plena e integrada através de abstrações, ou seja, desenho, aliás e necessariamente, *hiperdesenho*. Desenho que narra os processos de evolução do espaço, da forma e do tempo urbanos e que, por isso, é a metáfora de uma nova metodologia da história do passado e do futuro.

Cada vez mais o papel do urbanista e o projeto urbano serão desempenhados sobre espaços urbanos existentes. Demografia, sustentabilidade, identidade (termos da terceira revolução urbana em curso) a isso levam. O que releva o lugar operativo da morfologia urbana, lugar que considero estar vago, por ocupar. Note-se, por exemplo, como só a questão da importância crucial do cadastro nas áreas urbanizadas faz da morfologia urbana um instrumento fundamental para as ações urbanísticas.

Se, como urbanistas dessa reurbanização global emergente, não pretendermos operar utópicas transformações radicais, mas tão só otimizar os recursos das dinâmicas de evolução, teremos nesse desenho o suporte para a programação e projeto das intervenções sem pôr em causa a evolução da forma e da imagem, ou seja, sem impedir a continuidade das séries, o emergir de *prime objects* e *replica-mass* de qualidade. A forma e o espaço do tempo seguirão harmoniosamente o seu trilho, sem imagem. É o lugar da morfologia do tempo, por oposição aos lugares da morfologia urbana que, mesmo que em abstrações, tem sempre como base a imagem. Uma e outra têm potencial a mais para continuarem a ser analiticamente estéreis como determinantes dos processos urbanos.

PATRIMÓNIO URBANÍSTICO: (RE)FAZER CIDADE PARCELA A PARCELA[79]

abordagem

Este texto corresponde, quase na íntegra, à lição que compus para Provas de Agregação em Arquitetura pela Universidade de Coimbra, as quais tiveram lugar em janeiro de 2013. Tal como então, é importante desde logo aqui vincar tratar-se não de uma *aula*, mas de uma *lição* num ramo de conhecimento que, entre outras caraterísticas, é o meu. É uma síntese que considero útil e estimulante na didática das unidades curriculares que leciono naquela universidade e também pontualmente noutros contextos de ensino, mas pode também ser assumida como um texto para divulgação geral.

O contexto científico-disciplinar é o do Urbanismo, que ao fim de cerca de século e meio do seu florescimento como área operativa de conhecimento, é hoje assumido como integrável nas ciências sociais. É pois Urbanismo a partir da Arquitetura e não da tecnologia. Aliás, numa recuperação abusiva de um ensaio clássico de Herbert Simon (1906-2001) de 1969, considero o Urbanismo[80] uma *ciência do artificial*[81].

---

[79] Com muito poucas alterações, este texto foi apresentado como lição das Provas de Agregação em Arquitetura na Universidade de Coimbra em janeiro de 2013.

[80] Para a compreensão e discussão da forma como utilizo termos como urbano, urbanismo, urbanização, urbanística, etc. ver Walter ROSSA (2000), "História do Urbanismo e Identidade: a arte inconsciente da comunidade." *História*. Lisboa: História, Publicações e conteúdos multimédia. n°27, 2000: 40-47 [também publicado em Walter ROSSA (1989--2001), *A urbe e o traço: uma década de estudos sobre o urbanismo português*. Coimbra: Almedina. 2002: 13-22].

[81] Herbert A. SIMON (1969), *As ciências do artificial*. Coimbra: Arménio Amado. 1981

Há muito que as minhas indagações se dirigem aos domínios da Urbanística segundo um enfoque que fui designando por Cultura do Território. Cultura no sentido global, público, popular, de bom senso e denominador comuns. Por conseguinte em nada erudito, elitista, exclusivo. O caso de estudo tem sido o *universo urbanístico português*[82], pelo que os territórios, contextos e pertenças são de várias nacionalidades. Usufruo assim de diversos confrontos contextuais, por regra a Sul, longe dos polos fenomenológicos do Ocidente. Para tal cruzo e sintetizo ideias versadas em cinco conferências proferidas nos últimos dois anos, das quais apenas uma já foi publicada[83].

Cada tópico daria para compor um texto autónomo e o seu conjunto um livro, mas assumo o risco implícito de dispersão e sumarização pela sua tese central: a necessidade e viabilidade do *desenho da História* nas ações (re)urbanísticas. De um início algo em torno dos conceitos e posicionamento ético e metodológico, afunilarei para aspetos de ordem mais operativa.

Em concreto, e procurando mapear um texto que, pela diversidade de enfoques, não é fácil de seguir, depois desta *abordagem*, em *focos de urbanística* teço alguns comentários sobre temas da atualidade que me

---

[82] Esta designação é-me cara, tendo servido de subtítulo ao projeto produzido entre 1997 e 2002 pela Comissão Nacional para as Comemorações dos Descobrimentos Portugueses, criado e dirigido em comissariado por mim, Renata de Araujo e Helder Carita, o qual teve como ponto alto a realização em 1999 do *Colóquio Internacional Universo Urbanístico Português 1415-1822*. Desse projeto — cuja designação completa foi *A cidade como civilização: Universo urbanístico Português 1415-1822* — resultaram um conjunto de publicações, entre as quais as atas daquela reunião científica.

[83] (2010) "Le città nuove dell'universo urbanistico portoghese: invariabilità ed evoluzione." *Fondazioni urbane. Città nuove europee dal medioevo al Novecento*. Roma: A. Casamento (ed.), Edizioni Kappa. 2012: 245-264; "O desafio do urbano: a História como instrumento ativo." Sessão *Materialidades, Patrimónios e Memórias* do *Colóquio Portugal entre desassossegos e desafios*, organizado pelo Centro de Estudos Sociais da Universidade de Coimbra [CES] nos dias 17 e 18 de fevereiro de 2011; "A cultura do território e o património urbanístico." *Ciclo de Palestras Registo e Património* produzido pelo Sistema de Inventário do Património Arquitetónico do Instituto da Habitação e Reabilitação Urbana em 15 de junho de 2011; "Designing history and hiperdesign: methodology and results on Portuguese urbanistic." *International Workshop Heritage and Cityscapes,* organizado pelo CROMA e Facoltà di Economia da Università Degli Studi Roma Tre nos dias 5 e 6 de outubro de 2012; "História(s) do património urbanístico". *IV Congresso de História da Arte Portuguesa, Homenagem a José-Augusto França*, realizado pela Associação Portuguesa de Historiadores da Arte entre 21 e 24 de novembro de 2012, o primeiro e o último publicados nesta colectânea.

Importa ainda registar que tudo isto foi antecedido de um ensaio escrito em 2007: Walter ROSSA (2007), "Fomos condenados à cidade. Tópicos de reflexão sobre um conceito em transição." *Planeamento urbano: avaliação do impacte na saúde*. Coimbra: coord. Paula Santana. 2007: 15-22. É o texto inicial desta coletânea.

parece crucial estarem operativamente conscientes no nosso quotidiano de urbanistas (3ª revolução moderna em curso, processos de metropolitização, demografia, fim do Estado Providência, reurbanização e sustentabilidade, etc.). Segue-se em *urbanística, história e património*, uma breve discussão de conceitos para estabelecer como os vejo e relaciono e, assim, como são usados neste texto. O que tem continuidade em *princípios...* e em *princípios a abandonar*, onde faço uma reflexão sobre aspetos que considero centrais na evolução da teoria do urbanismo, designadamente o papel da história, problemas da clássica sequência metodológica análise--proposta-ação e a relevância da estratégia e, daí, dos processos em si.

Em *princípios a adotar* entro nos temas e conceitos sobre os quais tenho dado alguma contribuição inovadora (invariante, desenho da história, hiperdesenho) os quais desenvolvo adiante. O que tem consequência imediata e relevante em *património urbanístico*, no qual por entre a sua caraterização demonstro a sua imaterialidade, bem como invoco e justifico a sua analogia com o património genético (humano). De imediato em *desenho, desenho da história e hiperdesenho* caraterizo em que consistem essas ferramentas operativamente integradoras do conhecimento urbanístico.

Surge então em *urbanismo: estrutura, forma e imagem* a proposta de entendimento do urbanismo como uma realidade abstrata com esses três níveis integrados, os quais passo a caraterizar e discutir de imediato em *programa e forma: território, espaço público e parcelário*. Em *gramática urbanística* avanço com uma analogia metodológica entre os estudos linguísticos e literários e a urbanística, propondo a tomada de consciência de que trabalhamos sobre sintaxe e morfologia urbanas, mas também deveremos fazê-lo de forma consciente e integrada sobre semântica e pragmática.

Por último, *num exemplo numa incursão no universo urbanístico português* apresento alguns casos de análise (ainda tíbia) em hiperdesenho, e procuro deixar enunciados os princípios segundo os quais tudo isso pode ser crucialmente instrumentalizado nos processos de planeamento-ação sobre territórios carentes de reurbanização, designadamente os centros de uma urbanidade em inexorável processo de dispersão. No fundo argumento e procuro estabelecer como para a preservação profícua do património urbanístico é necessário identificar o que é evolutivo e invariante, para o que é necessário identificar o que, caso a caso, é forma e estrutura. As cidades são organismos, não um conjunto de edifícios, pelo que as teorias de preservação de património móvel, imóvel ou imaterial têm nelas imprópria aplicação.

Ultimamente, muito estimulado pelos colegas que vou conhecendo e com quem vou trabalhando, mas também pela observação e reflexão cada vez mais intensa sobre a diversidade das realidades urbanas em si, vou processando a revisão e operacionalização de tudo quanto aprendi nesse meu percurso, o que se me impõe começar a comunicar e debater. É necessário densificar as problemáticas, essencialmente através da interdisciplinaridade, e cruzá-las com novas epistemologias.

Percurso que há muito não é feito a sós, enriquecendo à medida que fui preparando e lecionando unidades curriculares e se foram encontrando meios e juntando colegas, na maior parte mais jovens. É uma linha de investigação da qual já saíram diversas provas de titulação académica, cuja elaboração decorreu com maior ou menor interação entre si, mas sempre intensa comigo e os colegas de coorientação. O que faz com que muito do que produzo provenha de reflexões coletivas, embora a responsabilidade do que escrevo seja só minha[84].

---

[84] Parte da bibliografia essencial para esta lição é constituída por oito teses de doutoramento já defendidas, sendo que só aparentemente nem todas se relacionam com a temática em discussão: João Manuel Gomes HORTA (2006), *Vila Real de Santo António, forma limite no Urbanismo Histórico Português*. Faro: dissertação de doutoramento apresentada à Faculdade de Ciências Humanas e Sociais da Universidade do Algarve. 2006; Margarida Tavares da CONCEIÇÃO (2008), *Da Cidade e Fortificação em textos portugueses (1540-1640)*. Coimbra: dissertação de doutoramento apresentada à Faculdade de Ciências e Tecnologia da Universidade de Coimbra. 2008; Luísa TRINDADE (2009), *Urbanismo na composição de Portugal*. Coimbra: Imprensa da Universidade. 2013; Marta MACEDO (2009), *Projectar e Construir a Nação: engenheiros, ciência e território em Portugal, no século XIX*. Coimbra: ICS. 2012; Adelino GONÇALVES (2011), *Património urban(ístic)o e planeamento da salvaguarda*. Coimbra: dissertação de doutoramento apresentada à Faculdade de Ciências e Tecnologia da Universidade de Coimbra. 2011; Sandra PINTO (2012), *As interacções no sistema das operações urbanísticas nos espaços urbanos portugueses até meados de Oitocentos*. Coimbra: dissertação de doutoramento apresentada à Faculdade de Ciências e Tecnologia da Universidade de Coimbra. 2012; Sidh MENDIRATTA (2012), *Dispositivos do sistema defensivo da Província do Norte do Estado da Índia, 1521-1739*. Coimbra: dissertação de doutoramento apresentada à Faculdade de Ciências e Tecnologia da Universidade de Coimbra. 2012; Antonieta Reis LEITE (2012), *Açores, cidade e território: quatro vilas estruturantes*. Coimbra: dissertação de doutoramento apresentada à Faculdade de Ciências e Tecnologia da Universidade de Coimbra. 2012. À data do encerramento deste texto aguarda ainda provas públicas a dissertação de doutoramento de

É pois uma linha de investigação informal, na qual foram ganhando contornos claros duas componentes, neste caso mais metodológicas que disciplinares: História e Planeamento, aqui, obviamente, como processos aplicados ao território. Divergem mas têm um ponto de aplicação comum: a cidade. Pelo que, numa metáfora vetorial, há uma resultante, uma constatação central de formulação simples: a História como componente teórica privilegiada da Urbanística. Desde 1929 que, com Marcel Poëte (1866-1950)[85], isso se sabe.

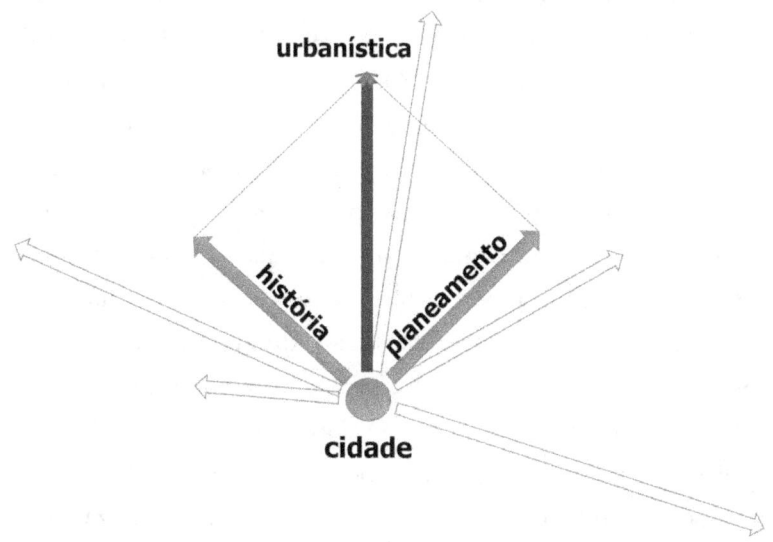

Fig. 1: Relação Cidade, História, Planeamento e Urbanística.

Uma história que não pode apenas ser analítica e narrativa, mas essencialmente de interpretação, ativa. Para tal é necessário desenvolver de forma integrada o conhecimento e metodologias em História e em Planeamento, cabendo à Arquitetura um papel articulador preponderante, enquanto ética e método de síntese propositiva através do desenho. E, com isso, literal e analogamente *parcela a parcela refazer cidade*.

Rogério Vieira de Almeida intitulada *A nuvem e Juno: Praças e cultura urbana no Sul de Portugal no início da idade moderna*.

[85] Marcel POËTE (1929), *Introduction à l'Urbanisme. L'évolution des villes, la leçon de l'Antiquité*. Paris: Boivin & C.ie. 1929.

focos de urbanística

No limiar da terceira modernidade, quando a urbanização global já não é uma miragem, mas um processo em marcha com múltiplas variantes e suportes, tudo na Urbanística está em revisão, com interesses crescentes sobre as áreas urbanas existentes e sobre as paisagens humanizadas. Os conceitos de urbano e de cidade estão a sofrer ajustamentos sucessivos, caso contrário caminharíamos para a situação que, em tom de desafio, Manuel Castells (1942-) designou como de "Un mundo urbanizado sin ciudades?"[86] e à qual, num ficcionado diálogo de títulos, ripostou François Ascher (1946-2009) no ensaio *Les Nouveaux Principes de l'urbanisme. La fin des villes n'est pas à l'ordre du jour*[87]. Aliás, devo-lhe muito do que no de seguida vou dizer. Sobre tudo isso já se manifestara Françoise Choay quando se lhe referiu como a "passagem da cidade ao urbano"[88].

Na nova urbanidade da conurbação articulada por redes de uma sociedade e território organizados em hipertexto (a que já se chamou *aldeia global*), a recuperação e valorização das individualidades urbanas é um contraponto fundamental, até pela criação e revigorização de centralidades. Talvez pela proximidade (ainda) do Modernismo, a relativização, o compromisso e a multiplicidade de enfoques — bandeiras da epistemologia dita pós-moderna (que assim resolve os insucessos e capitaliza os sucessos do modernismo) — têm vindo a temperar os excessos catalisados pela euforia suscitada pelas novas tecnologias e decorrentes espacialidades e sociabilidades cibernéticas.

A instalação de cada nova modernidade impõe uma reavaliação do papel da(s) identidade(s), adotando novas leituras do passado, ou seja, uma nova História e, para alguns, a utopia de obliteração do passado ou

---

[86] Manuel CASTELLS (2004), "Un mundo urbanizado sin ciudades?" *La Vanguardia*. Barcelona: 2004/05/09.

[87] François ASCHER (2001-2008), *Novos princípios do urbanismo* [e] *Novos compromissos urbanos: um léxico* . Lisboa: Livros Horizonte. 2010.

[88] Françoise CHOAY (1994), "Le règne de l'urbain et la mort de la ville." *La ville, art et architecture en Europe, 1870-1993, Catalogue.* Paris: Jean Dethier et Alain Guiheux (dir.), Centre Georges Pompidou. 1994.

de parte dele. Foi assim na primeira modernidade com o Renascimento, valorizando a Antiguidade ao ponto de considerar o intervalo uma descontinuidade, ou melhor, uma *idade média*. Assim foi com o Modernismo que, baseado no surto técnico da Revolução Industrial, pretendeu, nas suas expressões mais puras e ingénuas, erguer um mundo novo sem evidências da preexistência.

Entre as décadas de 1960 e de 1980, já em plena revisão do Modernismo, baseados na observação da realidade e, assim, das preexistências, vários visaram determinar quais as boas soluções, formas, regras, etc. para a cidade[89], esquecendo o mais evidente: como é uma obra coletiva em permanente mutação, a sua complexidade e diversidade. É uma tentação recorrente que tem sempre alguém a cumprir, por vezes de forma interessante, mas alheada da realidade, incapaz de acompanhar a vertiginosa mudança, que, como sabemos, é a condicionante básica, o alimento de qualquer modernidade.

Também na demografia há dois dados que, conjugados, estão a inverter tudo quanto se pensava e planeava: a implosão da fertilidade e o aumento da longevidade. A OMS prevê que em 2050 os maiores de 80 anos sejam mais que os menores de 14 e que os idosos dupliquem de 11% para 22%. É um fenómeno que apenas se reconhecia nos países desenvolvidos, mas que até meados do século se fará sentir nos países com rendimentos per capita médios ou baixos, ao ponto de 80% dos idosos ali passarem a residir. Portugal é hoje o sexto país mais envelhecido do mundo, o segundo de mais baixa taxa de natalidade.

Com a maior área metropolitana do planeta, já há algum tempo o Japão é o país mais adiantado nesse processo. Até 2050 a sua população decrescerá para dois terços e se hoje os idosos são um quarto dos habitantes, em 2050 serão metade. Mas verdadeiramente surpreendente é o ritmo a que países até há pouco insuspeitos, como o Brasil ou a China, para tal caminham, ao ponto de as projeções estarem a ser permanentemente

---

[89] Vejam-se, a título de exemplo, Leslie MARTIN & Lionel MARCH (ed.) (1972), *Urban Space and Structures*. London-New York: Cambridge University Press. 1972 e Kevin LYNCH (1981), *A boa forma da cidade*. Porto: Edições 70. 2007.

revistas em baixa. (Claro que, de uma maneira geral, em África a situação de crescimento descontrolado se mantém.)

Isso coloca desafios na idade de reforma, nas pensões, na força de trabalho, mas também no âmbito urbanístico, porque tudo acontecerá sob o processo de urbanização global. Não são apenas mudanças estruturais nos equipamentos e demais programas urbanos, mas também na mobilidade e transportes, na densidade, na densificação versus expansão, no espaço público, etc. Em síntese: à medida da desejada evolução, a terceira modernidade será marcada pelo decréscimo, envelhecimento e urbanização da população. É necessário preveni-lo cavalgando com antecipação essa mudança. Não se planeia para o imediato, mas sim com este alcance cronológico.

De facto é sobre esse quadro geral (crítico, demográfico, etc.) que, em termos de planeamento do ordenamento do território e de urbanismo, não só em contextos teórico-académicos, mas também nas sociedades mais desenvolvidas e consolidadas, se reflete e atua cada vez menos sobre os princípios clássicos de urbanização em fundação, ensanche ou periferia, e mais sobre tudo a que se possa prefixar *re* (restauro, reabilitação, regeneração, etc.). Etc. mas incluindo *reurbanização* que, em minha opinião, é a melhor expressão para as intervenções contemporâneas em qualquer realidade territorial, mesmo quando se infraestrutura ou edifica onde nunca esteve edificado. Contribui para isso a percepção da escassez dos recursos disponíveis, inclusive de território, o que está a inverter a lógica da expansão e desdensificação urbanas, também por essa forma se diminuindo o consumo de recursos não renováveis.

urbanística, história e património

Ecologia urbana, memória, identidade, paisagem, património, são assim termos que surgem conjugados de formas diversas, já não só em títulos de textos, livros e eventos, mas também como slogans de ações tão diversas quanto programas políticos ou promoção imobiliária, o que enquanto conceitos os desestrutura profundamente. Gradualmente alargam-se também a realidades que não têm apenas que ver com clichés ou *clusters* culturais e turísticos, como os (ditos) *centros históricos*, mas sim a tudo.

Com menos consciência e insistência do que, por exemplo, nos casos cidade e urbano, o conceito de património cultural está também em revisão. Aos poucos tudo está a ser considerado património, o que a prazo tornará o conceito inútil, a não ser que também ele seja revisto. A par da ideia de pertença etimológica e semanticamente implícita, considero que património é tudo o que de estrutural resta do passado, por isso mesmo dependente de processos de seleção natural, que não podem ser subvertidos (leia-se *artificializados*) sob risco de entropia conceptual, mas também material. O processo histórico, ou seja, o desenvolvimento, não para, cabendo à História, e não ao património, o registo, o reconhecimento e a interpretação do passado. O património tem de ser mais do que um mero registo histórico, como a própria História tem de (con)ter valor(es). Com base neles evoluirá sem mudar estruturalmente, ou seja, sem passar a ser outra coisa.

História e Património são pois conceitos indissociáveis, mas não a mesma coisa. Têm significados complexos e origens e percursos diversos. Enquanto a História é essencialmente consubstanciada por narrativas — *histórias* — património implica existência, matéria contemporânea tangível ou intangível — *bens*. Nalguma medida a própria História é também património, mas a contrária não é verdadeira. Ambos têm como agitadora, operadora e intermediária a memória, cujos mecanismos de funcionamento (ativação, processamento, expressão) continuam difíceis de perscrutar e prever.

A História vai sendo reescrita à medida do presente que, na essência, lê e interpreta, e dos meios que a evolução lhe vai proporcionando. Se a quisermos estimar como ciência temos, como para outras, de aceitar e operar com a sua relatividade, a sua incontornável dependência do presente. Se o futuro é sempre uma incógnita, inevitável e solidariamente também a História o é. Por sua vez, financeiro, material, imobiliário... cultural, património impõe a condição de pertença e, assim, a avaliação e valorização, a perda ou manutenção, em suma, decisões de investimento. Como ativo não é fixo, nem seguro, requerendo gestão permanente. Só o que já desapareceu é estável, independentemente da memória e da História o trabalharem ou não.

Claro que face a tudo isso nos podemos questionar se o presente não é apenas património, matéria que processamos construindo o que se vai seguir. De forma mais ou menos consciente, a valorização, desenvolvimento, reciclagem ou destruição de património, seja ele de que tipo for é sempre um ato com expressão cultural que condiciona o futuro da civilização.

A condição de pertença desenvolveu sobre o património um estigma de restrição, de identificação, de não reconhecimento de alteridades. Por outro lado, os limites e regras entre os domínios públicos e privados são, em boa medida, matéria primacial do Direito, facto que amiúde esquecemos quando refletimos e atuamos sobre património. Por extensão podemos mudar de escala e aplicar esse mesmo raciocínio sumário ao que é de um grupo ou pequena comunidade, face a outro bem maior no qual se inserem.

Quando se categoriza algo como *património da humanidade* isso tem uma implicação de pertença que nem sempre nos ocorre, parecendo uma referência honorífica. Jamais alguém porá em causa que ar e mar são da humanidade. Os problemas são a prática, os direitos de gestão e uso e os poderes para tal politicamente instituídos e justificados com o recurso, uma vez mais, à História. Só é património o que interessa alguém. E assim se percebe porque é que o património é sempre e essencialmente um problema de poder, por conseguinte político. Isso para além de invocar permanentemente terminologia da área da Economia e Gestão (passivo, ativo, interesse, bem, herança, etc.)

Pela via da herança e do legado, património invoca ainda o futuro, não apenas no propósito ético (relevante) do legado geracional, na marca histórica, etc., mas no sentido prospetivo, ou seja, em articulação plena com o que é também um vínculo, um compromisso da terceira modernidade que hoje construímos: a sustentabilidade. Para o explicar aos menos atentos costumo dizer-lhes que *a nossa geração usa recursos emprestados pelas vindouras.* No fundo refiro-me ao património do futuro para forçar a reflexão sobre o do presente. Dito de outra forma e lançando mão de parte de mais um título, desta vez de Fernando de Terán (1931-), nas suas diversas dimensões semânticas e disciplinares, o património é *passado ativo*[90], pois no momento em que deixa de o ser é inexoravelmente descartado. Por maioria de razão, em tudo o que diga respeito ao domínio do urbano. Todo o urbano é contemporaneidade ou, por antonímia, no limite todas as cidades são históricas, todas as cidades têm uma história. Face a isso o Urbanismo é, necessariamente e por excelência, património. Património comunitário, nunca individual ou de pequenos grupos, com uma especificidade dentro do património urbano, que é o todo. É assim *património urbanístico*, expressão óbvia, mas ainda menos comum do que o que se possa imaginar. Em que consiste, como o abordar e estudar é a questão que se nos coloca, pois contrariamente ao que à primeira vista possa parecer, o *património urbanístico* é imaterial e a permanente transformação do urbano faz com que pareça fugaz, na prática inexistente. Discutirei isto um pouco mais adiante.

princípios...

De facto o urbano transforma-se permanentemente, não lhe sendo por natureza admissível o regresso a qualquer passado genuíno. O urbano é a síntese, a integração de todos os passados, não sendo por acaso que a cidade não é apenas etimologicamente o cerne da civilização, em especial agora, quando é cada vez mais um sistema tendencialmente metropolitano.

Sendo incontornável estudar todos esses processos de formação e transformação com o recurso à História, é inevitável o desvio e instrumentalização teórico-propositiva da História do Urbanismo, o que a coloca no lugar nenhum das ciências históricas, mas a consolida como teoria contemporânea, na realidade o principal fundamento epistemológico da Urbanística. Narrativa do passado enquanto análise e experiência, narrativa de futuros, ou seja, utopia, quando proposta através de planos ou projetos. Por essa via e enquanto realidade, o Urbanismo — que é o presente — assume-se como património na acepção mais ampla do termo.

---

[90] Fernando de TERÁN (2009), *El pasado activo: del uso interesado de la historia para el entendimiento y la construcción de la ciudad*. Madrid: Akal. 2009.

Como bem o caracterizou André Corboz (1928-2012)[91], o Urbanismo enquanto domínio especulativo e propositivo, ou seja, a Urbanística, é hoje um registo ativo do passado não só em palimpsesto, mas sobretudo em hipertexto. Palimpsesto e hipertexto, ou sejam e respectivamente, um mesmo espaço em vários tempos, vários espaços no mesmo tempo, são, nem mais, as duas coordenadas da identidade fundamental ao bem-estar. Sentir o lugar onde se está e onde se pertence convoca não apenas o lugar, mas a sua idade, a sua espessura temporal, pois vivemos segundo idades diversas no mesmo tempo, ou seja, cada vez mais em hipertextualidade.

Não é uma questão de enraizamento, mas de estabilidade do *Eu*. A clarificação dessas relações que definem o espaço de cada um — lugar|idade|tempo — emerge como desígnio essencial na terceira revolução moderna em curso, a qual tem o cognitivo, já não o meramente tecnológico, como denominador comum. Observar, aprender, interpretar, decidir, são hoje ações constantes e simultâneas que compõem um sistema, o do conhecimento ativo.

A tomada de consciência de tudo isso foi-nos conduzindo a uma relativização gradual de todos os enfoques e processos. A expansão infinita das possibilidades de informação obriga-nos a estabelecer mecanismos de seleção que, por muito que não o queiramos admitir, se baseiam na intuição, mesmo no empirismo. Numa frustração tecnológica tal seleção condiciona a decisão, ou seja, personaliza-a em vez de a mecanizar, como utopicamente se desejou. No fundo refiro-me ao que nas teorias da decisão e organização é já há muito conhecido por *bounded rationality*, ou seja, *racionalidade delimitada*, sobre o que há um muito considerável número de debates e publicações[92], mas que é apenas uma evolução erudita da velha máxima *o ótimo é inimigo do bom*. As soluções ideais são uma utopia.

---

[91] André CORBOZ (2001), *Le Territoire comme palimpseste et autres essais*. Paris: L'Imprimeur. 2001 e André CORBOZ (2000), "La Suisse comme hyperville." *Le Visiteur*. Paris: Société française des architectes & Éditions de l'Imprimeur. N°6, 2000.

[92] Herbert A. SIMON, (1982-1987), *Models of Bounded Rationality*. 3 vol.s. Cambridge/London: MIT Press. 1982 e 1987. É apenas uma referência das muitas possíveis sobre o tema, neste caso do formulador do conceito.

Nunca será possível decidir na presença de todos os dados sobre o problema, sob pena de nunca se decidir. Perante realidades complexas é necessário segmentar e admitir que a emoção interfere no processo de decisão. Por outro lado, o incremento exponencial do ritmo da mudança, a interação global, as facilidades de comunicação, etc., geram um vórtice em que todas as decisões são transitórias, ou melhor, rapidamente ultrapassadas, necessitando de ajustes constantes. Daí que o conhecimento, a análise, a decisão e a ação estejam cada vez mais comprimidas no tempo, ou seja, o conhecimento deixou de estar separado da ação, "está na própria ação"[93].

Tudo isso são dados cruciais nos métodos de planeamento, seja do que for. Os planos são hoje instrumentos transitórios, indutores de processos. Têm de estabelecer regras estruturantes e conter mecanismos de adaptação célere às mudanças e de resposta pronta às oportunidades. No fundo, hoje mais importante que a elaboração de um plano é lograr geri-lo, fazê-lo evoluir. Mas claro que é fundamental que seja um bom instrumento. Mais que metas, um plano tem de estabelecer métodos e processos que acolham, integrem e condicionem projetos estruturantes e oportunidades. E é melhor não esquecer aquela já clássica máxima de Nuno Portas: "o processo também desenha".

Falo mais de estratégia, tática, visão e opção políticas que de desenho, o qual tem de ficar liberto para os episódios de interpretação, teste e execução, até porque em reurbanização o essencial do desenho já está no território. Hoje plano algum faz sentido se não tiver metodológica e tematicamente um enfoque estratégico. E a estratégia mais eficaz é a que traduz os desígnios de evolução específica de cada lugar. É de *estratégias de identidade* que falamos quando invocamos e identificamos os *clusters* de atores e atividades que, por exemplo, estão na base dos planos para as *cidades criativas*, a competitividade entre cidades-região e a identificação e desenvolvimento das respetivas *marcas*, etc., tão em voga nos últimos tempos. Mas também quando falamos de *cidades inteligentes*, pois basta

---

[93] François ASCHER (2001-2008), *Novos princípios do urbanismo...* Lisboa: Livros Horizonte. 2010: 36.

ver como são caracterizadas pela verificação integrada dos tópicos *governação, inovação, sustentabilidade, inclusão* e *integração*.

Por sua vez, o colapso do paradigma do Estado Providência é outro dado essencial da complexa e incerta equação na qual se transformou o planeamento na atualidade. O domínio do controlo do público sobre o privado só é viável no âmbito de uma regulação criativa, ligeira, eficaz e antecipadora, convocando os mais diversos agentes e fazendo com que a decisão seja pública, participada. Ao invés do que é comum, cabe ao público surpreender o privado. Há muito que o planeador mais do que um técnico ou artista inspirado, tem de ser um negociador nato e informado, erudito na cultura dos territórios disciplinares que necessariamente versa.

... a abandonar

Porquê esta (aparente) divagação? Porque em Urbanística, salvo algumas exceções, o planeamento sobre o existente tem continuado a recorrer aos métodos mais tradicionais apurados para as expansões de outrora, confundindo plano e projeto, estratégia e programa, desenho e desígnio[94]. Em Portugal tivemos (temos!) até um diploma regulador[95] que instalou a confusão entre plano estratégico e o projeto para um quarteirão, o que na praxis institucional ainda não foi devidamente resolvido. Se não é esta a instância para o fazer, também não é para evocar o surgimento do urbanismo com pretensões a disciplina autónoma, menos ainda do planeamento regional e urbano. Nem sequer para visitar a aprendizagem feita com os seus equívocos, erros e utopias. Partiram da exclusividade estético-artística cujo instrumento e objectivo era o desenho, e passaram pela aspiração a ciências exatas onde a estatística, as probabilidades, os modelos matemáticos os levaram ao total alheamento da realidade,

---

[94] Walter ROSSA (2003), "Do projecto para o plano: contributo para a integração Património/Urbanismo." *ECDJ*. Coimbra: Departamento de Arquitetura da Faculdade de Ciências e Tecnologia da Universidade de Coimbra. nº9, 2005: 9-16.

[95] Decreto-Lei nº 104/2004 de 07 de maio.

porque sendo complexa e mutante nunca pode ser representada por uma parte fixa. Entretanto surgiram os estudos tipológicos, morfológicos e morfo-tipológicos, as leituras sintáticas e as quantificações.

Ainda hoje são esses o cerne do ensino dos profissionais do urbanismo com as mais diversas formações de base. São bons analistas, mas débeis *propositores*. As intermináveis análises e intenções de mecanização da decisão paralisam as propostas. Mais uma vez se verifica a sonante e exagerada máxima anglo-saxónica *analisis is paralisis*. É aí que a mais tradicional formação do arquiteto — holista e propositiva — pode fazer a diferença.

Entretanto, e a título de exemplo do que de tudo isso resta, note-se como em Portugal, embora a Lei já não o exija, a praxis rotineira das instituições obriga a que os planos tenham de ser constituídos por intermináveis dossiers de análise, que na sua esmagadora extensão são produzidos sem qualquer perspetiva operativa. São estruturados por forma a privilegiarem informação que rapidamente se desatualiza. No fundo são compilações de conhecimento inerte que conduz a decisões estéreis. Não percamos, pois, mais tempo com isso.

... a adotar

Abracemos então o que não muda, mas é permanentemente instigador e capital ativo do transcurso civilizacional. Invoco, claro, o conceito de *invariante*[96] no seu âmago estruturante e quero vê-lo aplicado aos fenómenos do território, a par com o desenvolvimento proporcionado pelas tecnologias e o planeamento das engenharias, para os quais não tenho competências.

---

[96] É um conceito fundamental para o património urbanístico, ainda que tenha sido invocado pela primeira vez para a arquitetura em Fernanda CHUECA GOITIA, (1947), *Invariantes castizos de la arquitectura española*. Madrid: Dossat. 1947. Ver também Walter ROSSA, Antonieta Reis LEITE, Isadora COELHO, Nuno SIMÕES & Pedro BARÃO (2001), "Recenseando as invariantes: alinhamento de alguns casos de morfologia urbana portuguesa de padrão geométrico." *Actas do V Colóquio Luso-Brasileiro de História da Arte*. Faro: Universidade do Algarve. 2002: 61-80.

Sistemas e estruturas são, por definição, abstrações de que as invariantes são exemplos[97]. Algo de artificial criado pela razão a partir de materialidades, que por si só não invocam esses estatutos e conceitos. Tal como o Urbanismo, que para cada caso concreto é também uma abstração, um sistema espacial de relações materializadas pela(s) arquitetura(s). Obedecem aos desígnios do utente — os cidadãos organizados — porque na raiz é o homem, não a forma nem o território, a razão de ser do urbano. Importa, porém, ao homem ler e interpretar as realidades espaciais nas quais vive, para o que é necessário usar visões artificiais, pois sem elas as abstrações que dividem e estruturam as realidades complexas não são inteligíveis, menos ainda operativas. E nisso o desenho volta a ter um papel central, desta vez como ferramenta informada, expressão simultaneamente analítica e propositiva do todo. Desenho com recurso às novas tecnologias, também com hipertexto, mas na essência desenho, ou se quisermos, agora hiperdesenho.

A matéria de trabalho do Urbanismo é pois constituída por abstrações, que só em desenho logramos representar de forma convencionada e organizada. Abstrações consubstanciadas pela disposição sobre o território, de forma coordenada ou não — *composição* será o termo — de edifícios, infraestruturas e equipamentos compondo espaços e paisagens, ou seja, arquiteturas. A tudo isso chamamos tradicionalmente morfologia, plano, malha, rede, trama, tecido. A sua quase exclusiva representação em projeção horizontal em levantamentos topográficos, aerofotogramétricos, ortofotomapas, fotografias de satélite, etc., não dá outras dimensões da materialidade urbana, como os tipos, a volumetria e o sistema compositivo e proporcional de alçados, bem como materiais, texturas, cores, mais mutáveis que os primeiros, para não referir de uma outra ordem: programa, valor, qualidade, no fundo vida.

Esse conjunto de abstrações é o grupo de matrizes formais que identificam uma cidade, ou um seu sector, e que nos ajudam a perceber os mecanismos de harmonização, variação e evolução física e paisagística do todo urbano. O que também torna evidentes as razões pelas quais alguns elementos se

---

[97] Ludwig Von BERTALANFFY (1968), *General system theory: foundations, development, applications*. New York: Braziller. 1973.

destacam pela negativa, ou seja, por não verificarem as especificidades da estrutura urbana, por outras palavras, as invariantes específicas do conjunto. O parcelário é, por exemplo, das características urbanísticas de um conjunto urbano a que mais resiste à mudança, o que há décadas é designado por *lei da persistência do plano*[98], abusivamente pois trata-se apenas de uma das suas componentes. A sua alteração introduz perturbações sensíveis na paisagem urbana e é sempre produzida de forma determinada ou até violenta.

património urbanístico

O *Património Urbanístico*, conceito já enunciado, é, assim, património imaterial virtualmente corporizado pelo conjunto de edifícios de um núcleo, nele se destacando o edificado anónimo ou genérico — até há bem pouco tempo designado *de acompanhamento* — e não só os elementos notáveis, sejam eles monumentos, edifícios ou espaços públicos. No fundo é um sistema de relações formais estáveis sobre o qual a urbe se cria e recria num contínuo recurso à arquitetura, transformando cores, anúncios, perfis de arruamentos, trânsito, árvores e plantas, etc. O *património urbanístico* é o sistema imaterial residente — resistente, se quisermos — da vida urbana e da sua evolução e transformação sem soluções de continuidade. A sua resultante é a paisagem urbana e a sua função central consiste na estruturação física da vida, ou se quisermos, da ecologia urbana.

Ultimamente tem-se vindo a ganhar consciência da importância que tem conhecer e manter essas matrizes de forma integrada (holista), pois sem imobilizar a evolução da expressão urbanística da vida urbana, permitem que a mesma decorra sem a introdução de rupturas que abrem feridas (vazios, descontinuidades, processos de desurbanização) cuja cicatrização é árdua, prolongada e, assim, perniciosa. O *património urbanístico* é material inevitavelmente histórico e identitário.

---

[98] Na prática desde textos fundadores da História do Urbanismo como Pierre LAVEDAN (1926), *Qu'est-ce que l'Urbanisme? Introduction a l'histoire de l'urbanisme*. Paris: Henri Laurens, Éditeur. 1926 e Marcel POÈTE (1929), *Introduction à l'Urbanisme. L'évolution des villes, la leçon de l'Antiquité*. Paris: Boivin & C.ie. 1929.

Sem com isso aderir à tese reducionista de Aldo Rossi (1931-1997)[99] dos elementos primários e monumentais, a maior parte das áreas e paisagens urbanas é constituída por elementos de arquitetura considerada comum, ordinária ou até medíocre. É nelas que a sociedade processa o quotidiano. O seu reconhecimento, manutenção e desenvolvimento — para as áreas com tutela cultural tem-se, precisamente, vindo a desenvolver o conceito de *salvaguarda em desenvolvimento* e de *planeamento da salvaguarda*[100] — é a única via que garante processos de futuro, ou seja, sustentáveis.

É significativo que estejamos a apurar tudo isso a par da divulgação dos primeiros resultados do projeto ENCODE, uma década após a descodificação do genoma humano. Soube-se então que, no máximo, apenas 2% das nossas moléculas de ADN correspondem a matéria caraterizadora, melhor dizendo, cromossomas. O resto era junk-DNA. No verão de 2012 ficámos a saber que, afinal, esses mais de 98% de ADN que não constituem o genoma propriamente dito, são fulcrais para a sua caraterização e funcionamento, atuando como interruptores e sistemas de controle. No fundo são uma imensa matéria anónima que decide e carateriza[101]. É como o que sobra entre o que é considerado monumento numa cidade. Há, de facto, uma promiscuidade semântica e estrutural entre os *patrimónios urbanístico* e genético.

desenho, desenho da história, hiperdesenho

Regressemos então às questões do desenho e da História, pois é segundo o enfoque metodológico e contextual esboçado, que o grupo de

---

[99] Aldo ROSSI (1966), *A arquitectura da cidade*. Lisboa: Edições Cosmos. 1977.

[100] Ver a tese de Adelino Gonçalves referenciada na nota 5.

[101] ENCODE é a sigla do projeto *Encyclopedia of DNA Elements*, sediado no National Human Genome Research Institute dos Estados Unidos da América. Sobre os resultados consultar *http://genome.ucsc.edu/ENCODE/*. Os dados aqui referidos foram ali capturados às 05.25 GMT de 2012-09-24, mas os resultados do projeto foram publicados, em simultâneo em 5 de setembro de 2012, através de 30 artigos dispersos por três revistas da especialidade, sendo que uma, a *Nature*, criou um sítio específico onde tudo está disponível: *http://www.nature.com/encode/#/threads*.

investigação que integro tem vindo a empenhar-se no desenvolvimento teórico-prático de um conceito-ação: o *desenho da história*. Dito de forma muito simples e necessariamente redutora, indagamos meios de registar em desenho os dados já apurados sobre a materialidade dos núcleos urbanos, investigando a sua composição e cartografando a sua evolução, ou seja, a sua história[102].

Fazemo-lo de forma disciplinarmente integrada e visando um registo temporalmente profundo e dinâmico, recorrendo à georeferenciação como eixo de ligação entre a realidade presente e as representações do passado. É um processo para tornar evidente o palimpsesto urbanístico, pelo que a regressão (*reverse design*[103]) é o movimento metodológico preferencial. O desenho em ambiente digital suscita imensas perguntas inéditas sobre o objecto. Basta, por exemplo, imaginar a quantidade de vazios que a informação e as fontes descritivas e iconográficas, necessariamente descontínuas em termos topográficos e cronológicos, deixam nos interstícios.

Na formulação de propostas para a sua colmatação, para além do existente tem um papel fundamental o estudo comparativo do mais amplo espectro possível. No nosso âmbito de trabalho é este o domínio do hipertexto, ou se quisermos, daquilo a que atrás designei como *hiperdesenho*. A urbanística portuguesa tem já razoavelmente identificados os tempos e contextos de produção dos seus casos, sendo também já viável o confronto com os outros. Com efeito temos vindo a trabalhar essencialmente sob o enfoque da mestiçagem e das influências e não sob o da origem e da matriz. O que é tão válido e útil para os contextos coloniais, quanto para a islamização e re-cristianização antes da fundação da nacionalidade.

Por conseguinte é uma linha de trabalho e de investigação com a sua especificidade dentro das de pesquisa, metodologicamente bem desenvolvidas, sobre a sintaxe da forma e do espaço e sobre morfologia

---

[102] Para uma primeira síntese sobre esta linha de investigação ver Walter ROSSA & Luísa TRINDADE (2005), "Questões e antecedentes da cidade portuguesa: o conhecimento sobre o urbanismo medieval e a sua expressão morfológica." *Murphy*. Coimbra: Departamento de Arquitetura da Faculdade de Ciências e Tecnologia da Universidade de Coimbra. nº1, 2006: 70-109 (88-96).

[103] No fundo é aplicação à nossa investigação do princípio de *reverse engineering* desenvolvido para a informática e gestão por Elliot J. Chikofsky.

urbana, conceitos a que regressarei daqui a pouco. A par com a realidade sobre a qual incide — a *cultura do território portuguesa* — estabelece-se e pensa também a partir delas e dos trabalhos e textos dos seus principais formuladores, radicados em diversas escolas mais ou menos a partir de meados do século XX[104].

Gostaria, mas não posso, aqui listar alguns dos casos mais influentes[105]. Impõe-se-me contudo fazer notar como nesse vasto elenco temos arquitetos, historiadores, geógrafos, arqueólogos, etc. É ainda importante lembrar como entre todas essas escolas e linhas de investigação, a dos arquitetos italianos foi motivada pela operatividade na ação arquitectónica e urbanística — a proposta — o que por si só desde logo nos aproxima. Contudo, o desenvolvimento autónomo do nosso trabalho tem-nos levado a (re)formular algumas questões metodológicas e temáticas, as quais passo a resumir em três pontos, pois interessa-nos muito vê-las discutidas e testadas.

1º - Urbanismo: estrutura, forma e imagem

Em primeiro lugar uma questão que é rápida e simples, mas fundamental para o desenvolvimento integrado do nosso trabalho: a confusão recorrente entre *estrutura, forma* e *imagem* urbanas, as três componentes do Urbanismo. Como já devem ter notado, falo muito mais de estrutura do que de forma, de imagem e, assim, de paisagem. Porquê? Porque como

---

[104] Por entre a extensa bibliografia existente sobre morfologia urbana, ver a síntese contida em Pierre MERLIN (ed.) (1988), *Morphologie urbaine et parcellaire*. Saint-Denis: Press Universitaires de Vincennes. 1988.

[105] Em Itália em torno dos temas de tipologia, Saverio Muratore, Aldo Rossi, Giancarlo Argan e, depois, Giorgio Muratore, Gianfranco Caniggia, Vittorio Gregotti, Carlo Aymonino entre outros. Destaque-se também a linha autónoma desenvolvida por Enrico Guidoni e pelo seu grupo *Storia della Città*. No mundo anglo-saxónico a prolixa escola fundada por M. R. G. Conzen e assegurada por Jeremy Whitehand, da qual nasceu na Universidade de Birmingham o ISUF e a revista *Urban Morphology*, mas também o universo académico da *Space Syntax* criado por Bill Hillier na década de 1970 na Bartlett School, mas hoje em ampla expansão mundial, inclusive em Portugal. Acresçam-se ainda os franceses, cujas raízes podemos encontrar já em Pierre Lavedan, mas de que na atualidade Anne Vernez Moudon será a melhor expressão, sendo também metodologicamente relevante o que na arqueologia tem surgido, em especial com os trabalhos de Gerárd Chouquer.

acima penso ter demonstrado, aquilo que em termos da materialidade urbana — o Urbanismo — vale a pena ser estudado, pois tem maior probabilidade de retorno, é o *invariante*, que em termos absolutos é também em si uma utopia.

Nesses termos absolutos tudo pode mudar, quer por rotura, quer por evolução, mas em termos relativos não. Enquanto a estrutura tende a conservar-se, mudando lentamente ou, no limite, sendo substituída em processos de solução de continuidade, a forma e a imagem estão em permanente transformação. Indo um pouco mais longe (ou mesmo longe demais), em termos de análise urbanística podemos considerar que a estrutura é *invariante* e a forma e a imagem *variantes*, e que é sobre a estabilidade da primeira que as segundas evoluem. A parte grata de tudo isso é que são a forma e a imagem — no fundo a paisagem — o visível, o que mais diretamente entra em contacto e estimula os sentidos, sendo a estrutura algo que tem de ser racionalizado.

A minha hipótese axiomática — ou será postular? — sobre isso é a seguinte: se garantirmos a estabilidade da estrutura, garantimos o desenvolvimento harmonioso da forma e imagem, considerando isso não apenas para as zonas urbanizadas, mas para todo o território humanizado ou em vias de humanização. Ou seja, no momento em que a civilização conclui que tem de adotar uma postura conservacionista em relação a todos os recursos — de forma muito redutora chama-se a isso sustentabilidade — todo o território tem de ser usado com processos de continuidade e não de rotura. Claro que têm de ser admissíveis evoluções/ alterações graduais da estrutura, desde que conscientes e controladas. O ideal seria agora voltar atrás para retomar a questão das relações estreitas entre o *património urbanístico* e o *Eu*, contudo, face ao espaço-tempo de que disponho a prioridade terá de ser outra.

2º - programa e forma: território, espaço público e parcelário

Porém a segunda questão tem bastante a ver com isso: o programa urbano. Quais são as componentes básicas para que possamos considerar um conjunto edificado como urbano? Poderíamos até adotar a tal pergunta para a qual existem um sem número de respostas e definições, todas elas incompletas: *O que é uma cidade?* Contudo, para os propósitos desta lição não é necessário perdermo-nos por aí. Basta uma abordagem muito simples aos principais programas que compõem uma cidade.

Como palco de relação, a cidade requer espaços de interação social tão diversificados quanto essas relações, sendo que em todos os casos há cruzamentos e sobreposições: convívio, lazer, comércio, poder, representação, repouso, etc. Daqui emana a constatação óbvia da relevância do domínio público para a condição urbana e, concomitantemente, das infraestruturas para a concretização urbanística da cidade. À partida deve considerar-se o território como a infraestrutura primária e o espaço público como a infraestrutura limite, ou seja, a de maior encontro, utilização e fruição coletiva. De interação próxima, território e espaço público são estruturadores matriciais da urbanidade, mas o sistema só fica completo com o parcelário.

A relação entre as pessoas impõe a sua presença no espaço urbano e, assim, da sua individualidade, sendo que por sua vez esta impõe à cidade a dimensão privada, ou seja, a habitação. Claro que parte considerável dos espaços de utilização pública são privados. É o que, por exemplo, acontece com o comércio. Mas é a habitação, por excelência, o domínio de utilização privada, íntima. No ideário da segunda modernidade — a da *era* industrial — a cada família deveria corresponder uma habitação e a esta uma propriedade, sendo que nos casos de propriedade horizontal um conjunto de habitações partilha uma parcela, para tal constituída em frações. Surgem então os conceitos básicos de edifício ou moradia unifamiliar, e de edifício multifamiliar ou de habitação coletiva, esta última uma designação obviamente equívoca. Curioso é que nestas expressões está implícito que a unidade básica é sempre a habitação. Sabemos como isso nem sempre foi assim e que o surgimento do conceito de propriedade horizontal é de consagração jurídica relativamente recente[106].

---

[106] Devo os esclarecimentos sobre esta matéria a Cláudio Monteiro, a quem aqui deixo os meus agradecimentos.

Agora podemos alimentar a expectativa de, de novo, ver como evoluirá, ou seja, como é que os programas habitacionais se vão adaptar às novas modalidades familiares monoparentais, homossexuais, de cruzamento de filiações entre divórcios, etc., bem como com as relações e compromissos entre as diversas gerações de uma família, em especial quando a tendência geral é para o envelhecimento e um cada vez menor número de filhos por indivíduo. Por certo a relação entre família e parcela vai adquirir novas valências, ou melhor, uma vez mais a parcela irá adquirir âmbitos até agora insuspeitos. Porém o que nos ensina a história é que, morfologicamente e como nuclear, a parcela sobreviverá, mudando sim a sua estrutura interna e, por maioria de razão, aumentando os tipos de relação com as famílias. Com tudo isso surgirão também novos tipos/programas habitacionais com fortes reflexos na evolução da arquitetura e das paisagens urbanas.

Em qualquer uma dessas paisagens há fruição pública de partes dos domínios privados. Concomitantemente e com maior expressão, o mesmo acontece fora das urbes. Basta pensar nos logradouros ou nos campos agrícolas e nas vistas gerais sobre as coberturas nas cidades com topografias acidentadas. E assim, num emaranhado sem fim, se vão complexizando as relações entre a esfera pública e a privada, sendo que na essência todo o território é público e o privado um direito regulado por aquele. Basta ter em conta as taxas, as regras de uso e ocupação, a expropriação, o arrendamento e a venda forçados.

Numa abusiva e maniqueísta simplificação da questão, é na existência ou não de interações sociais e, assim, de relações espaciais entre público e privado, que reside a diferença entre o urbano e o rural. Como já disse, é também essa a matéria fundadora da necessidade do Direito. Foi ainda no partido e gestão assumido pelas diversas culturas sobre essas mesmas relações, que se consubstanciaram as mais arreigadas expressões urbanísticas de cada cultura, no que as religiões tiveram um papel normativo.

Note-se, por exemplo, o problema da maior ou menor admissão de devassa visual da intimidade do lar entre muçulmanos e cristãos, e dentro destes entre católicos e protestantes. Componha-se ainda este curto rol de exemplos, com a chamada de atenção para a diferença na relação com a propriedade e a sua delimitação física e visual, entre os povos com direta influência civilizacional mediterrânica e os seus vizinhos do norte de matriz cultural bárbara. Tudo isso tem implicações na configuração e relações entre parcelas, entre elas e o espaço público e na forma como são ocupadas e utilizadas.

E assim se vê como só por si o programa genérico *habitação* dita um sem fim de subprogramas com influência relevante nos mais diversos níveis da estruturação e expressão urbanística. Quer pela via da sua preponderância e extensão, quer pelo lado da sua mais expressiva especificidade cultural, a habitação é um elemento central do programa urbano, mas não é o único. Isoladamente a habitação determina, quando muito, a condição de subúrbio, ou seja, de área sem as funções urbanas mínimas, em suma o dormitório.

Sobre o comércio e serviços, para os propósitos desta lição basta invocar a extraordinária evolução registada nos programas e formas arquitectónicas e urbanísticas ao longo do tempo, e como adquiriram um papel central na conformação do espaços públicos dos mais variados tipos e programas. Do exercício singelo em plena rua ou em espaços promiscuamente partilhados com a habitação, até aos mais sofisticados e volumosos *malls* comerciais e vítreos arranha-céus de escritórios. Pelo meio ficam os mercados, equipamentos públicos que a partir da segunda modernidade condensaram os programas e formas comerciais mais ancestrais e caraterísticas, então esmagadas por aquilo que hoje é o dito *comércio tradicional*. E o que dizer das *grandes superfícies*?

Por vezes de forma fluída, de uma maneira geral os *malls* comerciais e os edifícios de escritórios também se implantam sobre parcelas de domínio privado. A uns e a outros é fundamental a logística de armazenamento e manutenção, nem sempre relegada para áreas periféricas, aliás como a indústria. Também esta, quando em cidade, registou uma espantosa evolução como programa urbano, em especial com o processo histórico que a consagrou como mola da segunda modernidade. Mas os tipos da dinâmica artesanal confundidos com o comércio e misturados com a habitação prevaleceram, sendo hoje considerados indústria.

Em tempo algum uma cidade pode ser considerada enquanto tal se não tiver expressos na estrutura e paisagem urbanas, com vinculação forte do espaço público, programas do(s) poder(es) articulados das mais diversas formas. Poderes locais, regionais, nacionais, políticos, judiciais, policiais e/ou militares. Poderes religiosos, se como poderes os aceitarmos considerar. É tendencialmente nessas funções que encontramos sobre os mesmos elementos edificados programas de projeção monumental e simbólica, a qual é depois estendida a objetos e composições com essa função única e expressa, ou seja, aquilo a que hoje chamamos arte pública. Só que ao invés daqueles, por regra esta é implantada em espaço público, não em parcela.

Também do âmbito do(s) poder(es) e inseridos em parcelas próprias, são os programas de equipamento público. Além dos já referidos mercados juntem-se as escolas, os espaços desportivos, equipamentos culturais, de saúde e segurança, alguns concessionados a privados, todos determinando a configuração e ocupação de parcelas do território urbano, em relação com o espaço público. São todos esses programas públicos, frequentemente de acesso e utilização restrita, que por regra animam, dão coesão e identidade imediata, estruturam e marcam a paisagem urbana, bem como o espaço público, sendo que por sua vez é neste que se consubstanciam as mais diversas redes e sistemas de infraestruturas, designadamente de mobilidade e transportes. E assim vai ficando cada vez mais claro como esta parte da lição está vinculada ao que François Ascher estabeleceu e designou como "sistema bip"[107].

Espaço público que no início eram quase só ruas e praças com grande diversidade tipológica, funcional e formal, mas que hoje engloba jardins, parques, estacionamentos, etc. Espaço público onde, no fundo, desde sempre foram atores as pessoas e gradualmente os meios de transporte, o que lhes tem vindo a impor relações e escalas cada

---

[107] Em síntese, trata-se das diferentes relações e equilíbrio que ao longo da história se estabeleceram entre as "técnicas de transporte e armazenamento de bens (b), informações (i) e de pessoas (p)." François ASCHER (2001), *Novos princípios do urbanismo...* Lisboa: Livros Horizonte. 2010: 22.

vez mais diversas. É evidente o papel crescente que a mobilidade foi desempenhando nos programas urbanos e vincadamente na sua forma e imagem. É à mobilidade que se devem as maiores transformações urbanísticas, as roturas de paradigma dos programas, condicionamentos e formas urbanas. Falo obviamente dos esventramentos, da queda das muralhas, das cinturas viárias, etc.

A cidade é assim um vasto e intrincado programa funcional, permanentemente em evolução, mas que no seu âmago estrutural teve desde sempre base na relação entre o território, as parcelas e o espaço público. Com a cidade é assim, nada desaparece e nem tudo se transforma. Integração, densificação, sobreposição e complexidade são regras. Se na essência cidade são pessoas, elas não a reconhecem sem a sua materialidade, o seu urbanismo.

3º - gramática urbanística

A utilização pelas diversas escolas de análise das estruturas urbanísticas, de terminologia *emprestada* dos estudos linguísticos e literários, é tão compreensível quanto estranha. Compreensível porque aquelas ciências têm como objeto a expressão cultural mais antiga e própria do homem, a linguagem. O que leva a que a própria utilização do termo se tenha tornado extensível a outras formas de expressão cultural, designadamente as artísticas e, bem assim, ao urbanismo, "a arte inconsciente da comunidade", recorrendo uma vez mais a um título, desta vez meu[108].

Contudo é estranho que essa utilização dos recursos metodológicos aperfilhados dos estudos linguísticos e literários seja parcial. Recorre-se apenas à morfologia e à sintaxe, e não à fonética, à semântica e à pragmática, que completam os domínios que compõem a Gramática.

---

[108] Walter ROSSA (2000), "História do Urbanismo e Identidade: a arte inconsciente da comunidade." *História*. Lisboa: História, Publicações e conteúdos multimédia. nº27, 2000: 40-47.

Gramática que, numa definição de dicionário, é nem mais que o "conjunto de prescrições e regras que determinam o uso considerado correcto da língua escrita e falada"[109]. Claro que esses cinco campos que compõem a Gramática não são estanques, e a investigação feita a coberto das designações *morfologia urbana* e *sintaxe espacial* acaba por frequentemente invadir os outros domínios.

Não tenho a pretensão de colmatar tal falha, mas de propor que passemos a trabalhar com essa consciência, identificando claramente os recursos metodológicos assim *emprestados*, adaptando-os às realidades e requisitos da ciência urbanística e dando, é claro, o meu contributo no teste e desenvolvimento de alguns deles. Tudo isso com a consciência de que também se estão a deixar de fora as outras duas companheiras da Gramática no *Trivium*, a Lógica e a Retórica sobre cuja utilidade de adaptação metodológica à Urbanística talvez também haja muito a refletir. Na realidade, e agora retoricamente, como funcionar com base no *Quadrivium* — composto, como sabemos, pela geometria, aritmética, astronomia e música — sem primeiro se ter adquirido uma sólida formação no *Trivium*?

Por opção inicialmente assumida, ao longo desta lição tenho vindo a expor um raciocínio conceptual que tem como objetivo ressaltar, justificar e contextualizar a relevância da História para a Urbanística. Claro que a História tem sido relevante para os estudos em morfologia urbana, e não tanto para os da sintaxe espacial, mas é na semântica (significados) e essencialmente na pragmática (contextos) que é crucial, em especial no seu cruzamento. Como compreender o significado de uma expressão urbanística sem o contexto de produção? Como entender significado e contexto sem o recurso, ou melhor, sem se fazer História? Etc.

Em suma, é necessário trabalhar de forma integrada sobre a *gramática urbanística* no seu todo estruturante e não apenas numa das partes.

---

[109] Antônio HOUAISS, Mauro Salles VILLAR & Francisco Manuel de Mello FRANCO (ed) (2001), *Dicionário Houaiss da Língua Portuguesa*. Lisboa: Temas e Debates. 3 vol.s, 2003: 1913.

um exemplo numa incursão no *universo urbanístico português*

Os estudos sobre a *urbanística portuguesa* de longa duração — designação que me parece a apropriada para os trabalhos que têm sido feitos sob a designação *cidade portuguesa* — puseram em evidência que, ao invés dos espanhóis (contemporâneos na construção dos impérios globais iniciais), os portugueses em vez de adotarem o modelo morfológico da colonização helénica e romana do mediterrâneo (baseado no quarteirão quadrado), continuaram a usar o modelo morfológico gerado no centro da Europa na Idade Média, com o qual se consubstanciou a rede urbana europeia e cuja unidade básica é a parcela retangular com o lado menor na frente de rua.

O sistema morfológico urbano baseado nesse tipo de parcela, edificada no limite anterior, com logradouro privativo posterior, compondo quarteirões que, por sua vez, hierarquizam as vias em ruas e travessas[110], foi implementado em Portugal com a última invasão, a franca, da qual resultou a formação da nacionalidade. Foi usado nas novas fundações e ensanches, mas também na obliteração sistemática (em reurbanização) das manchas urbanas preexistentes. Sendo inquestionáveis as marcas islâmicas na cultura portuguesa, no que diz respeito ao urbanismo nada de relevante ficou das expressões do Mediterrâneo antigo. Para além do mais, não nos esqueçamos que cada modelo urbanístico veicula e contribui para a formação e desenvolvimento de sociabilidades diferentes.

A difusão mundial deste sistema-base europeu de composição urbanística — com especial enfoque no Brasil — foi assim mediada pelos portugueses num processo de racionalização gradual, cujo clímax seria atingido no Iluminismo com a sua assunção plena no sistema métrico-compositivo RVR (sigla de *rosa dos ventos e rumos*)[111], o que se constituiu numa forma de apropriação identitária de algo que na origem é de uma comunidade bem mais vasta.

---

[110] Note-se como assim se recorre ao que a escola de morfologia urbana fundada por Conzen considera como a tríade fundamental para a caraterização de um tecido urbano: rua, parcela, ocupação da parcela. Ver, entre outros, M.R.G. CONZEN (1968), "The Use of Town Plans in the Study of Urban History." *The Study of Urban History*. London: H. J. Dyos (ed.), Edward Arnold. 1968: 113–130.

[111] A existência de um sistema compositivo com base no ábaco RVR é uma importante proposta interpretativa feita por João Manuel Gomes Horta no seu trabalho referenciado na nota 84.

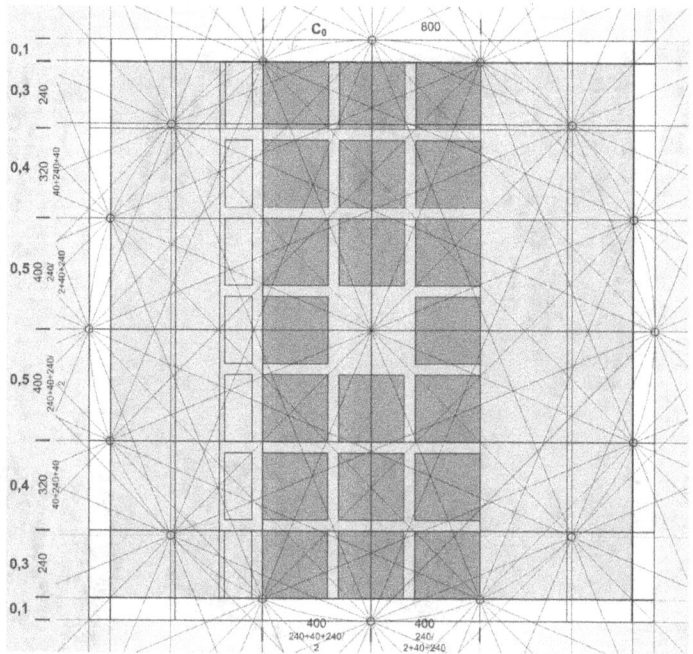

Fig. 2: Utilização do sistema compositivo RVR identificada no caso de Vila Real de Santo António. João Manuel Gomes HORTA (2006), *Vila Real de Santo António, forma limite no Urbanismo Histórico Português*. Faro: dissertação de doutoramento apresentada à Faculdade de Ciências Humanas e Sociais da Universidade do Algarve. 2006

Em diversos trabalhos da tal linha de investigação informal em que me integro, temos vindo a verificar a constância da utilização desse preceito estruturante, bem como a sua evolução. Porque os desenhos falam bem por si, troco a escrita por uma pequena seleção deles.

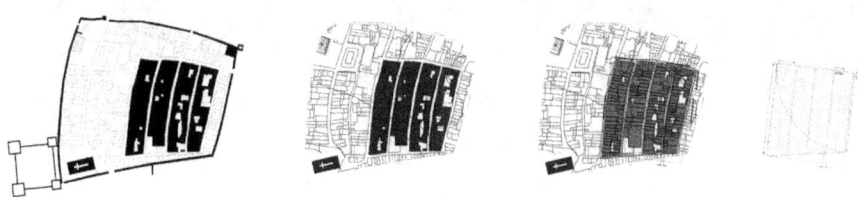

Fig. 3: *Reverse design* aplicado ao caso de Nisa.
Luísa TRINDADE (2009), *Urbanismo na composição de Portugal*. Coimbra: Imprensa da Universidade. 2013.

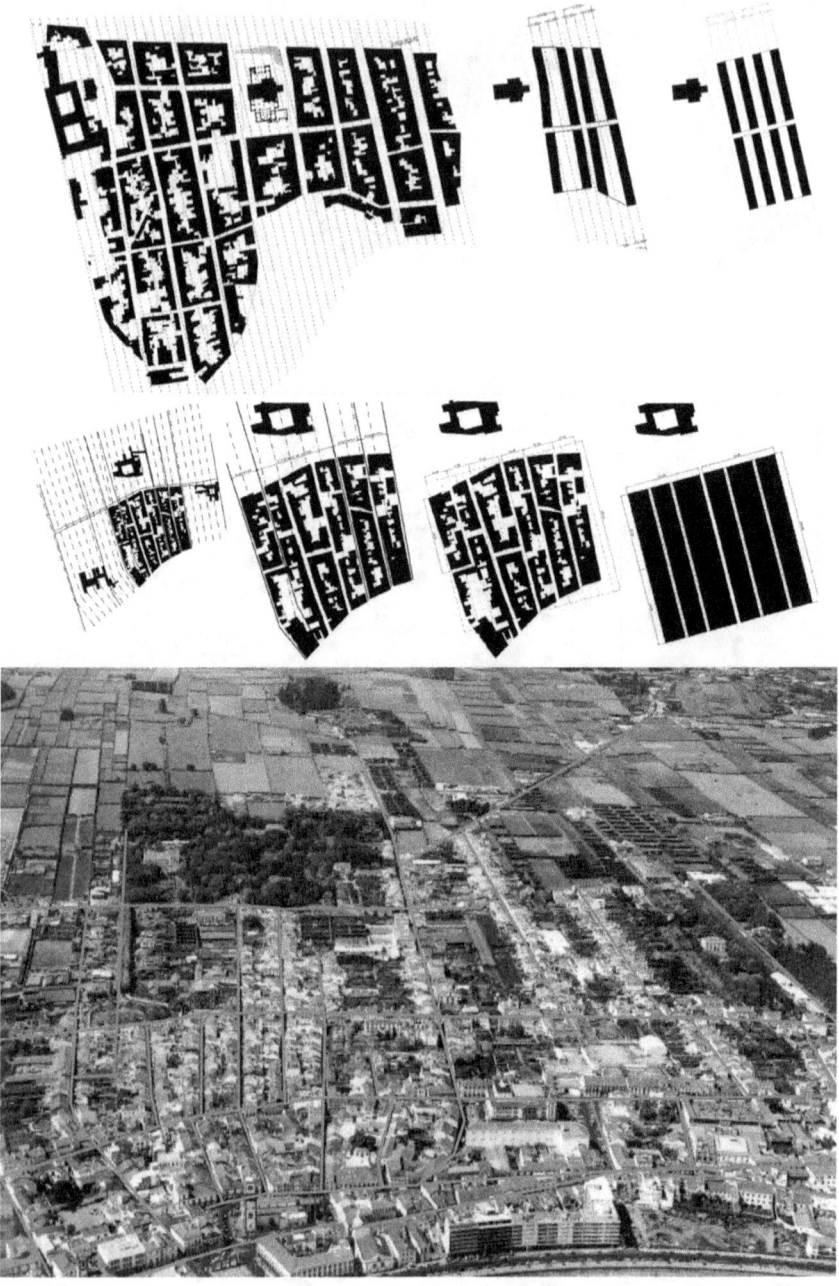

Fig. 4: *Reverse design* aplicado aos caso de Angra e Ponta Delgada
Antonieta Reis LEITE (2012), *Açores, cidade e território:
quatro vilas estruturantes*. Coimbra: dissertação de
doutoramento apresentada à Faculdade de Ciências e
Tecnologia da Universidade de Coimbra. 2012.

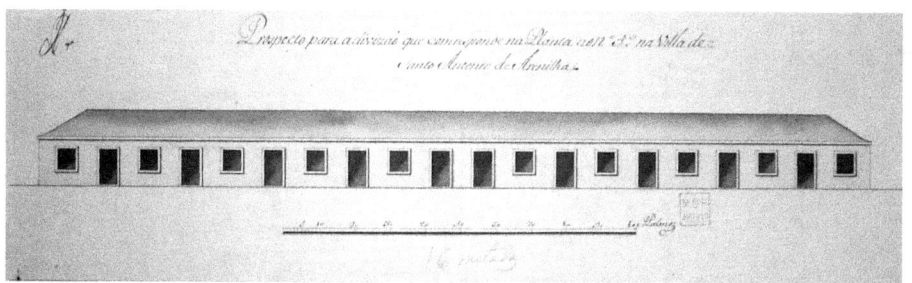

Fig. 5: ("*Prospecto para a divizaõ que comresponde na Planta ao nº5º na Villa de Santo Antonio de Arenilha*") ou Alçado tipo para as ruas de habitações correntes de Vila Real de Santo António, 1773, Biblioteca e Arquivo Histórico das Obras Públicas, D486A

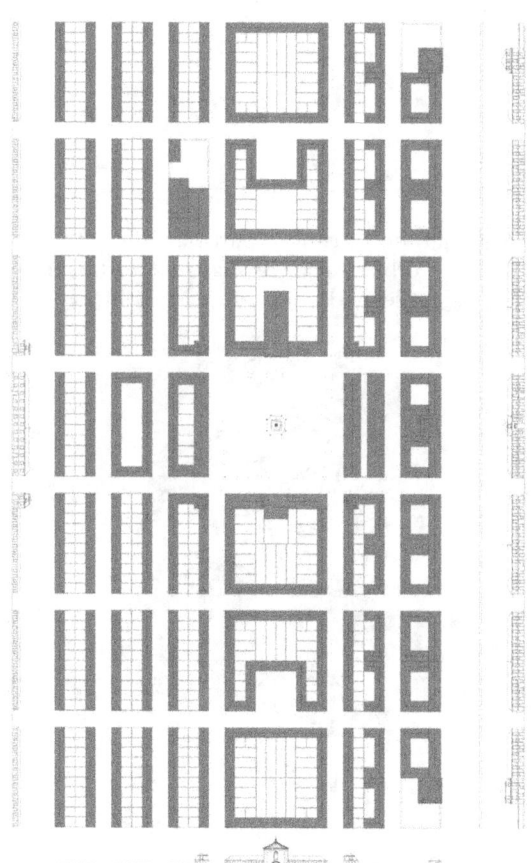

Fig. 6: Planta e alçados (ideais) de Vila Real de Santo António. Walter ROSSA e Adelino GONÇALVES (coord.). *Plano de Pormenor de Salvaguarda do Núcleo Pombalino*, 2005.

Fig. 7: Reconstituição do traçado e parcelário da 1ª fase (inferior) da urbanização do Bairro Alto (Lisboa) e respetivo estudo da modulação[112].

[112] Ver parte final do texto "História(s) do património urbanístico" nesta coletânea.

1ª PARTE: PLANEAMENTO E PATRIMÓNIO URBANÍSTICO

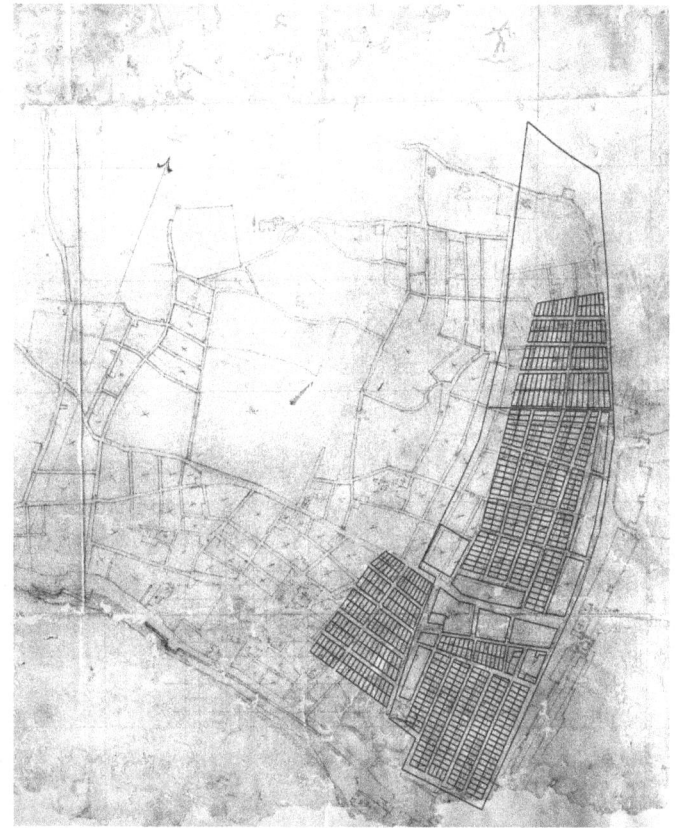

Fig. 8: Colagem digital da modelação 30x60 palmos do Bairro Alto[113] em parte da *Planta da cidade de Lisboa, na margem do Rio Tejo: desde o Bairro Alto até Santo Amaro*, c.1581-1590, Fundação da Biblioteca Nacional (RJ), Cartografia, Arm. 014,01,018.

Os últimos são relativos à Vila Nova de Andrade em Lisboa, consagrada como Bairro Alto, que não só é um caso de enorme relevância pela sua expressão urbanística de sempre, como pelo significado que lhe foi sendo atribuído ao longo da construção teórica da urbanística portuguesa. O que nunca é por acaso. Explica-se, entre outros aspetos, por: a) se tratar de uma ação cujo contexto histórico é o da fase áurea da *expansão*; b) ser a resposta exemplar, porque ordenada e qualificada, à explosão

---

[113] Ver Fig.5 do texto referido na nota anterior.

de crescimento exponencial da Lisboa de então; c) resistir quase intacta a diversos momentos críticos, designadamente a rotura urbanística produzida pelo binómio constituído pelo Terramoto de 1755 e o imediato reformismo pombalino.

Note-se a gradualidade, a flexibilidade, a adaptabilidade, a capacidade de ir construindo cidade, etc. permitida pelo modelo estrutural adotado, o que é particularmente interessante quando levamos em linha de conta o facto de se tratar de uma ação privada com fins lucrativos. Note-se ainda a capacidade que teve de integrar programas e usos extraordinariamente diferentes nos mais diversos aspetos. É um exemplar maduro da adoção já racionalizada do sistema baseado no lote de duplo quadrado, o chão de 30 palmos de frente.

A composição urbanística com base no módulo-parcela, por oposição ao módulo-quarteirão, é a razão essencial para a diferença morfológica entre as urbanísticas coloniais portuguesas e espanholas, matéria que no início das respetivas historiografias, nas décadas de 1940 e 1950, deu aso ao estabelecimento de equívocos que ainda perduram em círculos menos informados ou especializados. São pontos de partida com plasticidade, flexibilidade, escalas de planeamento, projeto e execução muito diversas, quer nos meios, quer na demografia e duração do processo. Desencadeiam diferenças matriciais de módulo, regra, regulação e modelo.

Basta levar em linha de conta tudo quanto disse antes, designadamente sobre a relação família-parcela-propriedade, para se entender porque defendo que no *universo urbanístico português* as atuações de *re* devem de ser feitas com base na parcela e não no quarteirão, como tem sido defendido e praticado quase oficialmente. E há outras razões, mormente de raiz social e económica, a preconizarem essa metodologia de gestão e atuação. Independentemente da permeabilidade de usos, funções, fogos, etc., da manutenção dos elementos de concretização físico-arquitectónica do parcelário depende estruturalmente a preservação da paisagem urbana. Basta pensar nas formas, ritmos e composição das volumetrias, coberturas e alçados e como tudo isso se altera descontroladamente quando se aglutinam parcelas. Nada que já não esteja contido na *Carta de Washington* do ICOMOS de 1987.

A problemática do parcelário, assim sumariamente expressa, é apenas um exemplo do que é fundamental para a determinação do que é *evolutivo* (forma) e do que é *invariante* (estrutura). Conhecimento que é essencial no desenho do futuro, na libertação da arquitetura do que são peias restauracionistas que impedem o aumento da qualidade e conforto. Fundamental para um desenvolvimento que catalise o regresso da vitalidade aos centros sob fórmulas novas. Impõe-se ainda uma evolução desta metodologia para tecidos mais recentes com desafios maiores, onde nem o reconhecimento de valor é consensual. Porém, serão sempre os centros os polos da identidade urbana, os geradores da urbanidade.

Quere-se hoje que a reabilitação urbana seja também uma realidade portuguesa, não por estar entendida e integrada, mas porque poderá haver dinheiro para a fazer. Entre o restauro e a renovação, a reabilitação urbana em Portugal tem sido essencialmente de sinal construtivo, pouco ou nada urbanístico, o que a torna inconsistente e insustentável, territorialmente desarticulada. Assim a regeneração urbana não acontecerá e perderemos mais uma oportunidade crucial depois de tantas outras. Temos mesmo de combater a tendência estrutural herdada da segunda modernidade de dar mais valor ao futuro que ainda não temos, que ao passado que já tivemos e do qual resta ativo o presente, que temos.

Livre do ferrete historicista, mas fazendo da História um instrumento ativo — no fundo a pragmática da nossa gramática — o *património urbanístico* cobre a totalidade do urbano, das áreas centrais e consolidadas às periféricas e às difusas, sendo mais fácil de caracterizar onde é evidente, claro, legível, ou seja, nos centros. Creio que os desafios colocados pela condição urbana emergente para uma terceira modernidade, poderão ter uma das respostas na consideração e dinamização integrada desse património como ativo e, assim, agora assumindo a metáfora, *parcela a parcela*, refazer as nossas cidades.

2ª PARTE:
URBANISMO PORTUGUÊS DA 1ª MODERNIDADE

A RELEVÂNCIA DA CARTOGRAFIA PARA A CONSTRUÇÃO DA HISTÓRIA DE URBES COMO AVEIRO[114]

Até nas formas mais arcaicas, os desenhos técnicos (aqui especificamente cartográficos) são um enorme manancial de informação. Não sendo simples a sua leitura plena, continuam a ser pouco utilizados e por poucos. É também comum considerarem-se ilustrações e não fontes, assim se perdendo valor e informação. Do treino dos historiadores fazem sempre parte técnicas paleográficas e hermenêuticas de leitura de textos de várias épocas e tipos, mas raramente a descodificação de desenhos técnicos e o estabelecimento de relações entre os factos históricos e a sua espacialidade. O objetivo deste texto não é o de simplificar o que de facto não é simples, mas sim o de confrontar o leitor com a existência desse tipo de fontes e com a sua importância para uma mais completa interpretação e construção da História e descodificação do presente. Deixo para outros textos a reflexão sobre as potencialidades que o exercício do desenho tem como método e instrumento de investigação.

Nas suas mais diversas formas e desde que obedeça a um protocolo claro, o desenho é um dos mais fiáveis instrumentos de registo de uma qualquer realidade imaginada ou materializada. No último dos casos diria mesmo que, depois do(s) objecto(s) que materializa(m) essa realidade, é

---

[114] Texto escrito em 2006 e publicado no primeiro número da revista *Sal, boletim municipal de cultura* da Câmara Municipal de Aveiro (pp 4-9), respondendo assim a uma encomenda específica da direção da revista para um número em que se abordam, de forma acessível a um público genérico, os materiais, ferramentas e metodologias da História, neste caso, Urbana.

mesmo o mais fiável. Por mais objectivo que pareça, qualquer processo de registo de uma realidade é uma abstração dela e, enquanto tal, recorre sempre a filtros/códigos. Mesmo aquilo que nós vemos e sentimos é diverso para outrem e diverso em função da multiplicidade de factores que determinam a nossa percepção no momento. Tudo o que pensamos ser a realidade não é mais que uma abstração individual e datada da realidade em si, a qual anda por aí...

Por exemplo, a descrição por palavras (escrita, oral, cantada) ou por imagens captadas do real (cinema, fotografia, pintura) integra sempre distorções involuntárias de natureza técnica (induzidos pelos meios usados) e pessoal. A estas acrescem sempre os domínios conscientes do interesse e/ou da criatividade. Para melhor entender isto não precisamos de ir mais longe do que invocar as mais diversas expressões e legado das correntes artísticas dos *realismo, neo-realismo* e *hiper-realismo*, as quais recorreram a um terminologia precisa no sentido de manifestarem o seu desígnio em representar o real, o que perante os resultados não pode deixar de confirmar a insegurança e a distância a que qualquer aproximação rigorosa da realidade acaba por dela ficar. Importa também não esquecer o quanto, quotidiana e propositadamente, se distorcem factos reais através de documentos e como disso tantas vezes se esquece o investigador. É necessário criticar a fonte, conhecer a sua história, por mais coerente que seja a sua aparência. Há sempre pelo menos duas versões de uma mesma ação.

Qualquer registo da realidade tem, pois, um protocolo de comunicação que age como filtro, sendo esse claramente estabelecido e declarado, ou não. Mas no concreto não há situações puras, em que esse protocolo é absolutamente esclarecedor ou completamente oculto. Cabe a quem usufrui desse registo descodificá-lo de acordo com o próprio objeto, a informação disponível e a sensibilidade, experiência e conhecimento pessoais. Nós não vemos o que está à nossa frente, mas sim o que de tudo isso e em função do momento consciente ou inconscientemente nos impressiona. Assim se introduz uma nova película ou filtro de subjetividade.

O papel do historiador ou do crítico de arte, por exemplo, não é mais do que, respectivamente, interpretar e explicar uma determinada realidade através dos seus registos disponíveis ou descortinar o protocolo que presidiu à elaboração de determinados registos. Tenha-se ainda em linha de conta que, por sua vez, qualquer um deles fixa o resultado do seu trabalho segundo determinados protocolos, nem sempre claros, colocando-se frequentemente em jogo a valorização excessiva do papel do próprio.

Não é propósito deste texto dissertar sobre a importância que a mais recente tomada de consciência do que acima fica registado teve e vai tendo na forma de entender e produzir conhecimento nos mais diversos domínios disciplinares, mas tudo se pode resumir a uma expressão com tanto de boçal quanto de simples: tudo, mesmo tudo, até o mais cientificamente comprovado facto, é relativo e provisório. Por graça podemos dizer que a *teoria da relatividade* einsteiniana é mesmo real e universal e tem um valor de postulado para a vida equivalente ao cartesiano *penso logo existo*, ou ao socrático *só sei que nada sei*.

Porquê aqui esta breve reflexão (abstração) prévia? Porque, relatividade estabelecida, interessa situar com algum rigor a relevância do *desenho de protocolo claro* como documento fiel de registo da realidade projetada e/ou concretizada. Neste caso o protocolo obedece a duas ordens de factores: o conjunto de regras de representação adoptado e o fim para o qual o desenho foi feito, ou seja, a natureza da sua encomenda. Dificilmente um desenho dito *livre* ou à *mão levantada* obedeceu de forma clara a ambos os princípios. Falo pois de tipos de desenho que habitualmente chamamos *rigoroso*, *geométrico* ou *técnico*, entre algumas outras designações possíveis. São as regras de rigor e/ou da geometria o seu protocolo, mas não só, pois também as motivações ou encomenda determinam a sua expressão e os códigos porque se regeu a sua elaboração. E quando o protocolo não é claro (o problema pode ser do emissor, mas também do receptor) impõe-se ao observador a sua clarificação e crítica.

O que deu origem a um desses desenhos (a encomenda e/ou as motivações) é da maior importância para a sua leitura, muito em especial quando lidamos com elementos que registaram realidades para as quais a quantidade de informação é escassa. Quando hoje procuramos informação sobre uma determinada parcela do território podemos recorrer a fotografias e levantamentos de todo o tipo, mas deparamo-nos com a mesma questão de sempre: representação alguma cobre tudo o que na realidade existe ou existiu. Por exemplo, não é possível juntar numa mesma fotografia aérea ou de satélite e ainda menos vertê-lo em abstrações em desenho, a informação dada por um registo com a sensibilidade cromática próxima à do olhar humano, com outra que junte a informação (importantíssima para determinados fins) que o registo de frequências invisíveis a olho nu (infravermelhos, ultravioletas, raios G, raios X, etc.) nos pode dar. Há sempre uma temática que exclui, mas isso ocorre com todas as formas de registo da realidade. Todo o desenho é temático.

O *desenho*, que apenas para esta reflexão e também por razões de comunicação aqui decidi designar como de *protocolo claro*, constitui-se assim num instrumento de registo da realidade muito exigente e por isso muito útil porque preciso. Por entre as diversas vertentes dessa exigência importa aqui destacar o facto de não permitir a descontinuidade inconsciente da representação. Com efeito, ao invés de uma descrição por palavras, que inevitavelmente deixa mudos e olvidados espaços intersticiais entre os objetos incluídos na narração, aquele tipo de representação não pode deixar de assumir o vazio ou representar a realidade desses espaços. Por outro lado há coisas que apenas o desenho pode descrever com fiabilidade. Como narrar por escrito a morfologia e o parcelário de um conjunto urbano?

A representação desenhada segundo um protocolo claro (o *desenho técnico*) da realidade não pode ser inconscientemente descontínua. E assim se incluem informações frequentemente tidas como desnecessárias ao fim que presidiu à representação, mas que dele nos dá um registo essencial: o do contexto. E quantas vezes o que é contexto para um fim vira objecto para outro? Quantas vezes encontramos coisas novas numa paisagem, numa pintura, numa fotografia, num desenho já visto inúmeras vezes? Tudo depende do que no momento nos preocupa, impressiona e questiona.

Tudo isto para valorizar o papel inestimável como fonte das representações em desenho técnico de realidades passadas. Tudo isto também para tornar clara a necessidade de as cotejar com a realidade atual, com a história do objeto de estudo e a do próprio documento. Por vezes custa-nos estabelecer até que ponto temos em mãos uma representação da realidade (vulgo levantamento) ou um projeto. Também é vulgar não nos apercebemos da probabilidade que o representado tem de ter deixado marcas ainda perceptíveis na realidade atual.

É evidente que quando me refiro a desenhos técnicos de representação da realidade com o valor de fonte para a História, na sua quase esmagadora maioria me estou a referir a elementos que vulgarmente são reconhecidos como *cartografia*. Muitos deles contêm projeto, mas como não era comum projetar-se sem se ter em linha de conta o suporte, acabam por também conter levantamento e assim se constituem em elementos cartográficos. É também claro que tendencialmente esses desenhos representam áreas relativamente vastas, normalmente à escala urbana ou do território, caso contrário seriam projetos ou levantamentos de edifícios ou de objetos ainda mais pequenos. Se como já atrás se disse todo o desenho é temático, quando nele procuramos algo extra impõe-se-nos pois uma pesquisa de vestígios diversos, numa espécie de arqueologia do próprio.

Fig. 1: "Aveiro", *O Panorama*. Lisboa: Sociedade Propagadora dos Conhecimentos Úteis. 2, 2ª série vol.s II, 1843, p.17.

Frequentemente deparo-me com o paradoxo da divulgação maciça e recurso continuado a registos da realidade em desenho, cuja fiabilidade não está demonstrada e cujas regras de representação são ambíguas, em detrimento de outros em que sucede o contrário e que, por isso, têm maior potencialidade de nos informar com menor erro. Exemplifico, sem dificuldade, com casos de Aveiro: a gravura de *O Panorama* e o conjunto de dois desenhos num só suporte da coleção do Museu de Aveiro.

Sobre a primeira sabemos suficientemente pouco: como para muitas outras paisagens urbanas, foi elaborada para aquela revista, sendo por isso posterior à realidade retratada, designadamente as muralhas. Não temos certezas sobre a que informação terá recorrido o autor, o qual também desconhecemos. Talvez uma ou outra representação até hoje por (re)encontrar[115]. Sei, porém, que tem sido reproduzida e exposta pelas mais diversas formas, de livros sérios a painéis em estabelecimentos comerciais e materiais publicitários. A única razão que encontro para isso é a sua fácil leitura, quase imediata. Pouco importam as distorções perspécticas, a desproporção entre os elementos representados ou a fantasia sobre alguns, etc. Ali temos uma imagem cuja descodificação é simples, intuitiva mesmo para os observadores menos treinados. Não é mais que uma mera ilustração, sem valor como fonte histórica, pois o que nos confirma não necessita de ser confirmado e induz uma enorme quantidade de erros.

Em relação ao *Averiense Prospecto*, desenho do último quartel do século XVIII de autor desconhecido hoje à guarda do Museu de Aveiro, a distorção é enorme. Da comparação o que nos interessa é quanto a fortuna critica da cópia em gravura contrasta com a deste original. Claro que este é a cores e de traços sensíveis, por isso mais difícil de reproduzir, mas com os meios de que hoje dispomos isso já não é justificação. Ainda mais impressionante é o facto de aqueles que se têm dedicado a fazer a história da cidade ainda não terem explorado, exaurido, a informação que nos dá o conjunto do Museu de Aveiro.

---

[115] Há escassos meses identificámos a origem no desenho de Aveiro que integra o magnífico álbum setecentista (com 45 desenhos de cidades de Portugal), *TYPUS Provinciæ Transtaganæ, vulgo ALENTEJO*, que constituiu o lote 3 do leilão realizado a 24 de outubro de 2013 pela Otium Leilões em Lisboa, o qual foi adquirido por um particular. Ver o respetivo catálogo: *Biblioteca Particular*. Lisboa: Otium Cum Dignitate, 2013: 5-8 e capa.

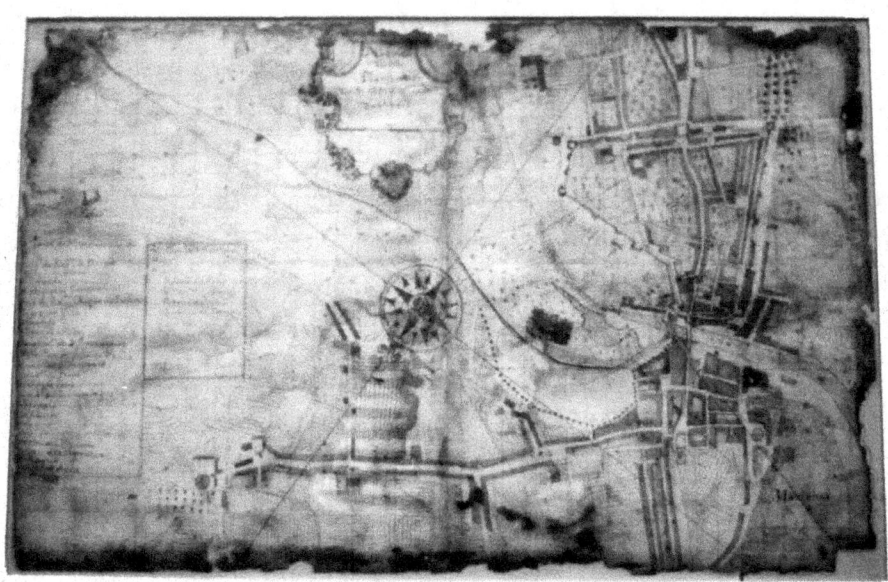

Fig.s 2 e 3: *"Averiense Prospecto* [frente] e *Averien Civit. Planispheri cum ipsius SubUrbis* [verso]", século XVIII. Museu de Aveiro, 27.

O *Averiense Prospecto* tem no verso um levantamento planimétrico da urbe com o seu subúrbio intitulado *Averien Civit. Planispheri cum ipsius SubUrbis*. Trata-se de um conjunto coerente que obedece a um protocolo de representação geométrico-topográfico que nos dá razoáveis garantias de fiabilidade e permite aferir a topologia que a vista do verso nos apresenta muito distorcida. Trata-se de desenhos esboçados a lápis, posteriormente passados a tinta e aguarelados de diversas cores. O levantamento tem por base uma quadrícula e um petipé (escala gráfica) em varas. Adquirem ainda especial relevância gráfica uma rosa dos ventos e a cartela onde se inscreve o título. Ambos contêm preciosas legendas.

Este conjunto não teve ainda o estudo que merece, pois o que dele acabo de descrever, bem como o que ainda vou acrescentar são meras generalidades baseadas na sua observação sumária à luz da minha experiência enquanto investigador de história do urbanismo, e não propriamente de cartografia. No futuro será difícil, mas possível, estabelecer a sua origem (motivação e núcleo de autoria). Existem formas relativamente rudimentares de o datar com mais precisão, por exemplo, cotejando o que está representado com a cronologia conhecida dos elementos representados. A técnica de desenho conduz-nos à 2ª metade do século XVIII, o que me parece confirmado pelo expressão decorativa rococó das cartelas onde estão inscritos os títulos. A própria grafia dos mesmos e das legendas, em letra de forma e não cursiva, também nos conduz para as últimas décadas de Setecentos. Em tudo me lembram alguns conjuntos de desenhos então feitos por engenheiros militares sobre cidades no Brasil.

Não deixa de ser importante destacar como a vista é uma tentativa de descrição dos principais elementos da paisagem urbana da cidade de então. A meu ver é essa a melhor forma de explicar porque é que a relação topológica entre os edifícios está completamente distorcida, ou seja, não existe nenhum ponto de observação que permita ver tudo quanto ali é representado naquelas posições relativas, numa espécie de cidade enfileirada para revista em parada. Isso é bizarro quando no verso verificamos como o autor tinha uma noção bastante correta dessas relações, a não ser que consideremos que para ele, uma vez que a posição estava descrita na representação planimétrica, ali lhe era permitida distorção por forma a poder mostrar tudo. Isto é bem mais comum do que o que se possa pensar. Note-se, por exemplo, como é deliciosa a preocupação em representar o recorte montanhoso ao fundo, com a Serra do Caramulo e a posição de povoados de meia encosta como as Talhadas e Boialvo.

Também não percebo porque se estabeleceu a ideia de o autor ser espanhol. À exceção dos títulos num mau Latim, nada nos desenhos surge escrito noutra língua que não o Português da época. Aliás tudo nos conduz para uma autoria comum à do conjunto de desenhos contemporâneos, relativos à reforma de Aveiro através da valorização das suas potencialidades portuárias, pertencentes ao acervo de cartografia antiga do Instituto Geográfico Português.

Trata-se de uma coleção razoavelmente extensa, de grande qualidade e inestimável conteúdo. Foi referenciada por alguns investigadores e, muito em especial, pelo autor do catálogo do acervo daquela instituição (então Instituto Geográfico e Cadastral), Humberto Gabriel Mendes[116]. Em novembro de 1997 foi também objecto de uma exposição no Centro Cultural e de Congressos de Aveiro, com catálogo de Inês Amorim que, aliás, publicou parte desses desenhos (infelizmente a preto e branco) num anexo de uma sua obra[117].

Pela sua escala (próxima das que hoje usamos para o desenho urbano), detalhe, rigor e como fonte quase inesgotável para a reconstituição da topografia e morfologia da cidade pelo início da década de 1780, detenhamo-nos agora brevemente no inominado levantamento da cidade atribuído ao engenheiro militar Izidoro Paulo Pereira, o item nº 390 da coleção do Instituto Geográfico Português. Farei apenas algumas observações e chamadas de atenção.

---

[116] Humberto Gabriel MENDES (1972/3). "Cartografia e engenharia pombalinas da ria e Barra de Aveiro." *Boletim do Arquivo Histórico Militar*. Lisboa: vol.s LXII/LXIII, 1972/3: 7-80/7-143; e Humberto Gabriel Mendes (1974). "Cartografia e engenharia da ria e barra de Aveiro no último quartel do século XVIII." *Arquivo do Distrito de Aveiro*. Aveiro: vol. LX, 1975: separata.

[117] Inês AMORIM (1996). *Aveiro e a sua provedoria no séc. XVIII (1690-1814): estudo económico de um espaço histórico*. Coimbra: Comissão de Coordenação da Região Centro. 2 vol.s, 1997.

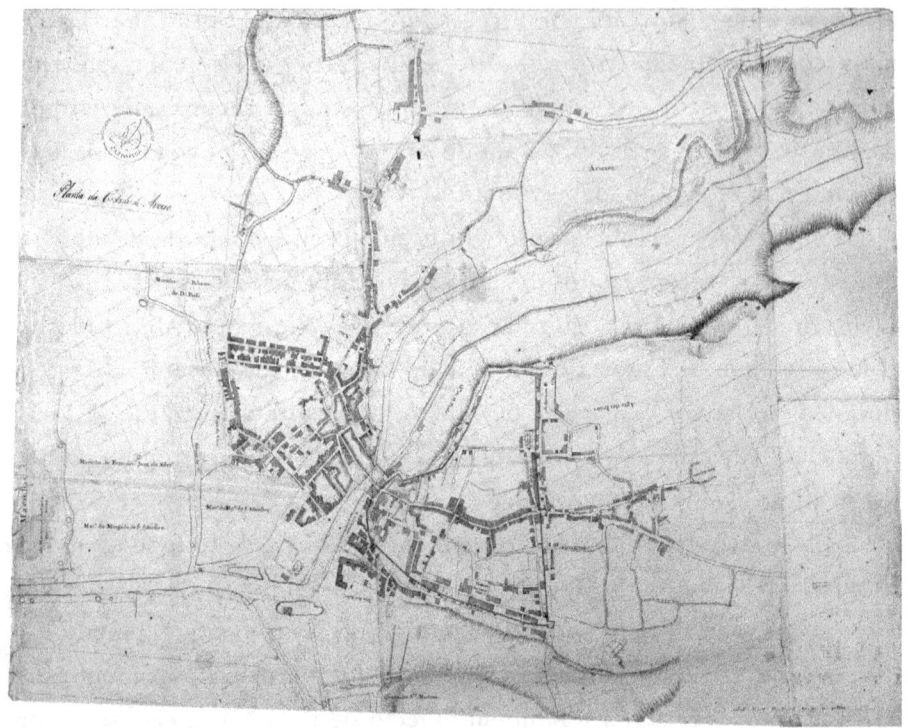

Fig. 4: Izidoro Paulo PEREIRA (atrib.). *"Planta da Cidade de Aveiro"*, c. 1780-81. Instituto Geográfico Português, 390.

Não é um desenho inacabado, como a ausência de rótulo ou título podem fazer crer, mas um típico borrão de levantamento da época, também elaborado com o recurso a uma base em quadrícula a lápis. Para além dos diversos dados toponímicos e fundiários, dá-nos indicações precisas e impossíveis de registar por escrito, sobre a morfologia urbana, o parcelário e as frentes de rua então ocupadas com construções. Podemos também ler diversos dados sobre o salgado, a ria e os canais urbanos em vias de serem ordenados. Note-se como (ainda não) eram as frentes urbanas da Beira Mar com relação ao salgado, designadamente na zona da atual Praça do Peixe e do canal de São Roque.

Atente-se também, porque ao que sabemos é única, na informação sobre os desaparecidos templos do Espírito Santo (atual Largo das 5 Bicas), da Vera Cruz (atual largo Maia Magalhães), de São Miguel (atual Praça da República) e de São João (atual Rossio), bem como nos respectivos adros e, ainda, no que diz respeito à disposição dos corpos principais do convento das clarissas de Sá (hoje Quartel da Guarda Nacional Republicana). Também no que a isso diz respeito, é bem interessante verificarmos como se estruturavam os espaços fronteiros de alguns outros edifícios e equipamentos públicos, de que ainda usufruímos e cuja geração morfológica só assim se pode compreender cabalmente. Verifiquem-se ainda o que eram então artérias de acesso ao núcleo urbano e correspondentes eixos de crescimento, face àquilo a que deram origem na cidade de hoje. Por exemplo a já então rua do Seixal e a sua relação, entretanto obliterada, com a atual rua Engenheiro Von Haff. Por último veja-se a clareza e rigor da informação dispensada ao traçado da muralha quatrocentista.

É extremamente provável que tenha sido este levantamento a base para alguns outros desenhos de projeto e representação da coleção a que pertence. Todos os outros são desenhos de apresentação, com cores, legendas, especificações, assinaturas. Alguns deles representam a cidade com bastante rigor, pese embora o facto de serem a escalas de relação bastante superior. São relativos à ria e à abertura da barra. Também não me espantaria que um dia se verificasse documentalmente ter também sido ali que o autor dos dois desenhos à guarda do Museu de Aveiro baseou o *Averien Civit. Planispheri cum ipsius SubUrbis*, o qual, apesar de ser menos preciso e segundo uma escala de relação superior, partilha diversas semelhanças na informação e a quadrícula de proporção segundo o mesmo sistema de coordenadas.

Concluindo esta breve abordagem aos elementos cartográficos mais antigos que representam a Aveiro à escala urbana, deixo à interpretação do leitor o *Mappa Thopografico do Esteiro da Cidade de Aveiro Feito em Janeiro de 1781...* por Giovanni Iseppi. Não se esqueça que o essencial ainda existe no terreno (repare, por exemplo, no traçado do aqueduto e nos projetos para os muros dos canal central e para a Praça do Peixe) e lembre-se que a leitura de qualquer desenho fica longe de se esgotar com uma análise visual direta e única.

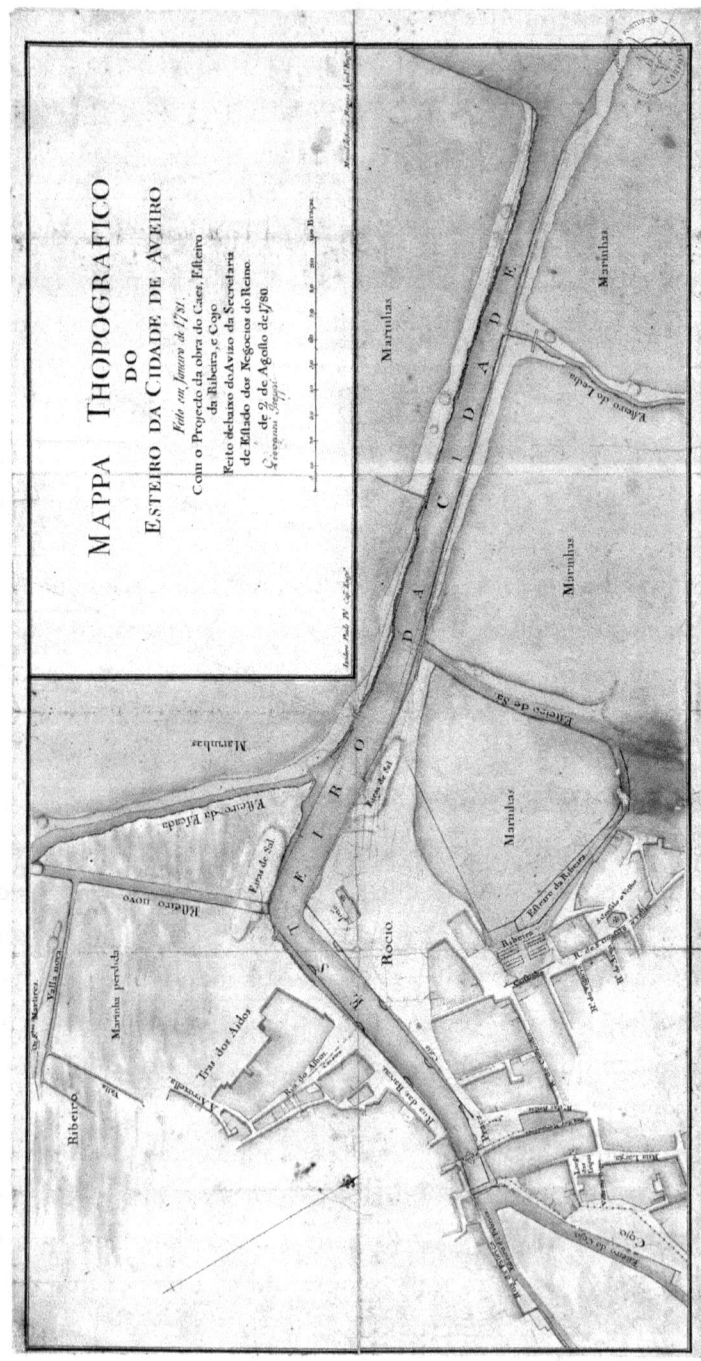

Fig. 5: Giovanni ISEPPI, *"Mappa Thopografico do Esteiro da Cidade de Aveiro Feito em Janeiro de 1781..."*
Instituto Geográfico Português, 381.

CAPITALIDADES À PORTUGUESA: TERRITÓRIO DE ORIGEM[118]

Na distribuição de tarefas dentro da equipa formada para compor um livro sobre o tema da(s) capitalidade(s) no 1º Império Português (1415-1822), coube-me a discussão da problemática no que respeita ao território de origem incluindo os antecedentes, ou seja, Portugal, mas também no Estado da Índia Portuguesa (c. 1503-1961). O texto que se segue diz respeito apenas ao primeiro desse dois âmbitos[119]. Considero

---

[118] Uma primeira versão deste texto ("Ensaio sobre a itinerância da capitalidade em Portugal") foi comunicada ao *Colóquio internacional Cortes, cidades, memórias: trânsitos e transformações na modernidade*, organizado pela Universidade Federal de Minas Gerais e pela Université Paris 3 em Belo Horizonte, entre 12 e 14 de novembro de 2007, sendo publicado nas respetivas atas em linha (http://www.fafich.ufmg.br/cem) organizadas em 2010 por Douglas Cole Libby do Centro de Estudos Mineiros. Entretanto Fernanda Bicalho montara na Universidade Federal Fluminense um projeto para o desenvolvimento de investigação que conduzisse à publicação de um livro sob o tema *Lisboa e Rio de Janeiro: a capitalidade nos dois lados do Atlântico*. No âmbito desse projeto realizou-se em dezembro de 2008 no Rio de Janeiro o seminário com o mesmo nome, no qual apresentei uma versão mais desenvolvida desse trabalho (p.e. incluindo o Estado da Índia), a qual agora publico apenas no que diz respeito ao atual território português.

[119] São essencialmente duas as razões que me levam a não incluir, aglutinada ou em textos sequentes, a parte relativa ao Estado da Índia Portuguesa: por um lado a opção, justificada no texto de apresentação, de não incluir nesta coletânea a produção relativa ao Oriente; por outro o facto de se tratar de matéria sobre a qual existem publicados múltiplos trabalhos de diversos autores. Veja-se, por exemplo, o artigo precursor de A. B. de Bragança PEREIRA *As Capitais da Índia Portuguesa*, publicado em 1932 no *O Oriente Português*, e a tese de mestrado de Catarina Madeira Santos, *«Goa é a chave de toda a Índia»: perfil político da capital do Estado da Índia (1505-1570)* de 1996 (publicada em 1999 pela CNCDP). O último tem uma síntese dirigida ao tema em análise no artigo publicado na *Revista Militar* (vol. 51 do II século, 1999: 119-157) "Entre Velha Goa e Pangim: a capital do Estado da Índia e as reformulações da política ultramarina." Já segundo a perspectiva de um arquiteto, Alice Santiago Faria publicou em 2007 na revista *Murphy* (Departamento de Arquitetura da Universidade de Coimbra, nº2, 2007: 66-97) o artigo "Pangim entre o passado e a modernidade: a construção da cidade de Nova Goa, 1776-1921," no âmbito

contudo importante que, antes da síntese sobre a geografia e a urbanística da *itinerância da capitalidade de Portugal*, a título de introdução registe uma breve reflexão sobre a maturação do conceito de *capital* aplicado e decorrente do caso em foco.

Capitalidade é uma temática que sempre me interessou e sobre a qual fui deixando escritas algumas notas em alguns textos, muito em especial na minha tese de doutoramento sobre a composição urbanística de Coimbra[120] e em textos sobre Lisboa na Idade Moderna[121]. É que além da estruturação do território e da rede urbana, a condição de capital marca de forma indelével o urbanismo das respectivas cidades, tornando-as exceções, mas também laboratórios no âmbito das culturas urbanas que potencialmente capitaneiam.

Venho assim dar alguma ordem a um conjunto de reflexões dispersas em torno do tema na *cultura do território* portuguesa. Contudo faço-o com alguma dificuldade, pois não está disponível trabalho prévio de História para todos os casos, bem como cronologia[122], e para uma abordagem segura seria necessário colocar segundo uma perspectiva histórica comparada um considerável conjunto de dados, antes de avançar para a

---

da sua dissertação de doutoramento sobre a arquitetura contemporânea portuguesa em Goa, que entretanto ultimou. Também eu em 1995 discuti o assunto no livro *Cidades Indo--Portuguesas, contribuições para o estudo do urbanismo português no Hindustão Ocidental*, publicado pela CNCDP em 1997.

[120] Walter ROSSA (2001), *DiverCidade: urbanografia do espaço de Coimbra até ao estabelecimento definitivo da Universidade*. Coimbra: (edição policopiada) dissertação de doutoramento apresentada à Faculdade de Ciências e Tecnologia da Universidade de Coimbra. 2001. Ver ainda na *3ª Parte* desta coletânea o texto "Urbanismo e poder na fundação de Portugal: a reforma de Coimbra com a instalação de Afonso Henriques" de 2011.

[121] Walter ROSSA (1990), *Além da Baixa: indícios de planeamento urbano na Lisboa Setecentista*. Lisboa: Instituto Português do Património Arquitectónico. 1998 e Walter ROSSA (2000), "A imagem ribeirinha de Lisboa: alegoria de uma estética urbana barroca e instrumento de propaganda para o Império." *A urbe e o traço: uma década de estudos sobre o urbanismo português*. Coimbra: Almedina. 2002. Ver ainda na *4ª Parte* desta coletânea os textos "Lisboa Quinhentista, o terreiro e o paço: prenúncios de uma afirmação da capitalidade" de 2002, "L'anello mancante: Juvarra, sogno e realtà di un'urbanistica delle capitali nella Lisbona settecentesc"a de 2011 e "No 1º Plano" de 2008.

[122] Devo, contudo, destacar entre alguns textos dispersos ou de menor fôlego, a tese de doutoramento de Rita Costa GOMES, *A corte dos reis de Portugal no final da Idade Média*, de 1994. O vasto conjunto de trabalhos vindos a público nas últimas décadas sobre a nobreza e a Corte, quer para a Idade Média, quer para a Idade Moderna, fornecem-nos também muita informação relevante.

interpretação, à luz da *capitalidade*, de alguns fenómenos urbanísticos, monumentais e arquitectónicos que ainda marcam as cidades capitais da cultura portuguesa.

Dessa forma apresento este ensaio como tradução da fase embrionária e de questionamento com a qual por regra se dá início a um processo de investigação. O que desde logo impõe a necessidade de clarificar alguns conceitos, designadamente *capital* e *corte*, que são entidades vinculadas mas não coincidentes, como por vezes se pretende entender. Nada melhor que começar por traçar as suas etimologias, as quais evoluíram consideravelmente com o uso oficial das línguas saídas do Latim.

O termo *corte* que aqui nos serve de mote, tem só por si uma ampla panóplia de significados e aplicações que aqui não posso listar. Faz parte de uma bem mais ampla família de termos derivados do étimo latino *cohort*. Espacialmente esta matriz linguística tem como significado base algo como "recinto", e é disso que dão conta os seus principais derivados[123]. *Cour* no Francês, *cortile* no Italiano e *court* no Inglês são evidências imediatas, mas terá sido precisamente no Português, quiçá também no Espanhol, que esta base etimológica terá tido maior fortuna crítica.

É importante notar que o significado que aqueles termos têm em outras línguas se esbateu nas ibéricas, o que se deve ao facto de, por influência da islamização, o tipo de espaços que designam terem conformações e composições espaciais específicas, que tornam mais apropriada a utilização do termo *pátio*, proveniente do étimo, também latino, *patulus*. Não há tradução direta ou óbvia deste termo para as línguas francesa, italiana, inglesa, etc., pois nas suas culturas arquitectónicas não sobreviveram espaços com as características dos *impluviæ* da arquitetura doméstica romana. O que não deixa de ser curioso, em especial em Itália, e no

---

[123] A resumida explanação que aqui se inicia resulta, incontornavelmente, do recurso a um conjunto de dicionários de que os mais determinantes foram Antenor NASCENTES (1966), *Dicionário Etimológico Resumido*. Rio de Janeiro: Instituto Nacional do Livro. 1966 e António HOUAISS, Mauro de Salles VILLAR & Francisco Manuel de Mello FRANCO, editores, (2001), *Dicionário Houaiss de Língua Portuguesa*. Lisboa: Temas e Debates. 3 vol.s, 2003.

imediato só se pode explicar pela muito menor intensidade e duração da sua islamização.

Em Portugal o termo *corte* apurou-se, por exemplo, na designação de aglomerados rurais, em especial no sul do país. Santa Rosa de Viterbo[124] encontrou um rol de significados precisamente nesse eixo de sentidos: casal, quinta, abegoaria e ainda o prédio rústico com tudo o necessário para a lavoura. Num trabalho sobre a evolução urbanística de Coimbra[125] colecionei diversas referências documentais coevas do processo de fundação da nacionalidade portuguesa (1ª metade do século XII) às *curtis*, que mais não eram que os conjuntos residenciais das principais famílias da cidade, todas agregadas por um recinto central descoberto. Igual sucedia em cidades do ocidente peninsular como Santarém, Évora, Leão, Astorga, Ourense, Zamora, etc. Por exemplo em Leão (a norte da Península) e Granada (a sul) ainda hoje subsiste o *corrale* como um tipo específico de habitações em torno de um pátio colectivo.

Voltemos ao nosso âmbito. Em Português *corte* tem significados que vão desde o recinto de reunião do gado (lembremos ainda o *curro* que é específico aos touros), até ao recinto onde se reúne e reside a *entourage* do monarca, a *corte real*. Claro que sendo esta itinerante, a evolução semântica do espaço para o grupo que lhe dava identidade cedo se estabeleceu. Igual sucedeu com um significado paralelo, *corte de guerra*, obviamente provinda da utilização romana de *cohort* para designar cada uma das dez unidades que compunham uma legião. A *corte de guerra* de um senhor era, a princípio, quer o local onde o seu exército estava aquartelado, acampado, estabelecido, quer o próprio grupo.

Como facilmente se percebe é possível ir longe na genealogia da família etimológica portuguesa de *cahors*. O que de tudo isso é mais interessante para nós, é o facto de na matriz *corte* ser essencialmente um espaço. Como corolário registe-se como, também para Coimbra, recenseei uma série de

---

[124] Joaquim de Santa Rosa de VITERBO (1798/9), *Elucidario das palavras, termos, e frases, que em Portugal antiguamente se usárão e que hoje regularmente se ignorão...* Lisboa: 2 vol.s, 1798/9.

[125] Walter ROSSA (2001), *DiverCidade...* (ver nota 120).

referências documentais, ainda em latim, que demonstram que o Paço Real de Coimbra era também então entendido como *curtis*. Mais interessante é que já em Português seja o próprio rei Fernando I (1345-1383) quem, em carta de 1377, designa o seu pátio (hoje o Pátio do Paço das Escolas da Universidade de Coimbra) como "cural dos nossos paaços"[126]. No outro extremo note-se ainda como o termo *cortiço*, que tanto se usa no Brasil, ser mais um da longa linhagem etimológica de *cohors*.

Se a pista etimológica para o conceito de *corte* permite desenvolver um contexto com alguma especificidade na nossa cultura, já o mesmo não parece suceder com o de *capital*. Aliás tudo leva a crer que a cultura que até hoje mais explorou a sua origem e significação foi a francesa, o que, como veremos na adiante, se consubstanciou pelo surgimento em 1682 de um primeiro tratado sobre o assunto.

Fixemo-nos entretanto no legado de um distinto investigador e teórico de arquitetura italiano. Na sua famosa obra *L'Europe des capitales 1600--1700*, Giulio Carlo Argan[127] deu origem precoce a um paradigma que, não tendo sido essa a sua intenção, ainda hoje bloqueia a percepção global do conceito. Basta abusar um pouco e invocar o título de uma outra sua obra, *História da Arte como História da Cidade*[128], para confirmar como a abordagem que ele faz do conceito de capital vai no sentido de se fixar no tempo, o século XVII, em que a capitalidade passou indubitavelmente a implicar um programa urbanístico e arquitectónico específico, cuja tónica é a da monumentalidade e magnificência.

Argan considerou a capital uma forma urbana tipicamente barroca e a representação monumental da ideologia do poder, aqui retomando um conceito anteriormente estabelecido e desenvolvido por Lewis Mumford[129].

---

[126] TT, *Chancelaria de D. Fernando*, liv. 2, fl.s 68v e 69. Documento publicado por Maria Helena da Cruz COELHO (1992), A Feira de Coimbra no contexto das Feiras Medievais Portuguesas. *Ócio e Negócio*. Coimbra: Inatel. 1998: 38-39.

[127] Giulio Carlo ARGAN (1964), *The Europe of the capitals: 1600-1700*. Genève: Albert Skira. 1964.

[128] Giulio Carlo ARGAN (1984), *História da Arte como História da Cidade*. São Paulo: Martins Fontes. 1995.

[129] Lewis MUMFORD (1961), *A cidade na história, suas origens, transformações e perspectivas*. S. Paulo: Martins Fontes. 1982.

Mas se a capital é indubitavelmente um lugar de poder não é, necessariamente, o lugar do Poder. Pela sua própria natureza este não emana do seu suporte físico, ainda que dele se possa servir instrumental e continuadamente. Será que antes desse patamar estético-urbanístico não se utilizava o termo e que antes da sua utilização específica a existência de cidades capitais não era já um facto? A Roma *caput mundi* do plano de Sisto V (1521-1590) de 1588 já não seria a capital da cristandade? Entre os especialistas é hoje consensual a sua aplicação, ainda que *avant-la--lettre*, para as sedes urbanas do poder na Idade Média[130].

Regressando à pista etimológica, no caso do termo *capital* estamos também perante um étimo óbvio: os *caput* ou *capitis* latinos[131], os quais eram utilizados pelos romanos para designar a cabeça de um corpo e também a pena máxima. Já contrariamente ao que é vulgar depararmo--nos em discursos ditos e escritos, o termo *capitólio* tem raiz diversa, a qual é *capitulum*, ou seja, a reunião de um corpus colegial. Mas se a Colina do Capitólio em Roma corresponde ao local de reunião da tríade Júpiter, Juno e Minerva, a verdade é que esse facto e a sua especificidade topográfica concorrem também na ideia de topo, ou seja, de cabeça. Não admira pois que os autores seiscentistas coevos da *Europa das capitais* de Argan, tenham estabelecido esse *mix* etimológico entre capitólio e capital, no qual e no fundo, um acaba por legitimar o outro.

Vamos então até ao caso francês. Ali o termo capital aparece como adjetivo em torno de 1200. De uma significação baseada na sua utilização romana, já no final do século XIV surge alargada à designação de coisas essenciais ou de grande importância. Formou-se como substantivo nos dois géneros e no início do século seguinte surge já aplicado a cidades. Na forma substantiva, *la capitale*, passou a designar núcleos urbanos que detinham especial importância num determinado âmbito territorial.

---

[130] Gérard SABATIER e Rita Costa GOMES, coord. (1998), *Lugares de Poder. Europa. Séculos XV a XX*. Lisboa: Fundação Calouste Gulbenkian. 1998.

[131] Judi LOACH (1998), "Lyon versus Paris: claiming the status of capital in the middle of the 17th century." *Lugares de Poder. Europa. Séculos XV a XX*. Lisboa: Fundação Calouste Gulbenkian. 1998: 261.

Com efeito, se em 1403 o monarca francês Carlos VI (1368-1422) (ou quem o substituía em virtude da sua doença psíquica) atribuía a Paris o título, ainda algo genérico, de *principale ville* de França, já em 1415 uma sua referência oficial àquela cidade surge com uma expressão mais precisa e inovadora: "notre dite ville ets la souveraine et la capitale de notre royaume"[132]. Paris era pois explicitamente já no início do século XV a capital de França, mas o rei e a corte mantiveram-se essencialmente itinerantes até, pelo menos, aos finais do século XVI. E esta constatação é essencial, pois aqueles que negam a existência do conceito de capital antes de Seiscentos, fazem-no essencialmente com base no facto de a corte ser itinerante.

Para além de muitos outros factos conhecidos de ordem geográfica, económica, militar, social e até política, um dos que mais terá contribuído para a consolidação da capitalidade parisiense, terá sido a legitimação sacra estabelecida em torno do panteão em que se transformou a Abadia de Saint-Denis, muito em especial após a canonização de Luís IX (1214--1270), ou melhor, de São Luís em 1297.

A geografia dos sepultamentos régios portugueses ao longo da Idade Média[133], bem como as dos demais reinos ibéricos, não verificam a adopção desse modelo francês, o que não só pode traduzir a extraordinária itinerância do rei e da sua corte, mas também o seu recorte no território. Uma maior permanência em Lisboa só é sensível a partir da Restauração (1640-1667), ou seja, nos meados do tal século da *Europa das Capitais*.

---

[132] Marino BERENGO (1985), "La capitale nell'Europa d'antico regime." *Le città capitali*. Bari: coord. de Cesare De Seta, Laterza. 1985: 9. Para esta temática na sua globalidade medieval veja-se R. MOUSNIER (1962), "Paris capitale politique au Moyen Age et dans les temps modernes (environ 1200 à 1789)." *Paris. Fonctions d'une capitale*. Paris: Hachette. 1962: 39-40. Ver também, entre a bibliografia específica produzida por Charles Tilly, Charles TILLY (ed.), *The formation of national states in western Europe*. Princeton. Princeton University Press: 1975; Charles TILLY e Wim P. BLOCKMANS (ed.), *Cities and the rise of states in Europe, A.D. 1000 to 1800*. Boulder. Westview Press: 1994.

[133] Na 1ª Dinastia: Afonso Henriques (1185, Coimbra), Sancho II (1211, Coimbra), Afonso II (1223, Alcobaça), Sancho II (1248, Toledo), Afonso III (Alcobaça, 1279), Dinis I (1325 Odivelas), Pedro I (Alcobaça, 1367), Afonso IV (1357, Lisboa), Fernando I (1383, Santarém). Na 2ª Dinastia temos já a tentativa de sistematização de um panteão: de João I a João II na Batalha e, depois, nos Jerónimos, ambos locais de evidente legitimação dinástica.

O interesse e o zelo de Manuel I (1495-1521) foi uma exceção pontual imediatamente contrastada pelo desprezo que o seu sucessor, João III (1521-1557), demonstrou pela capital do já vasto Império.

De facto a corte parava muito pouco em Lisboa, mas já então não havia qualquer dúvida que era aquela não apenas a capital portuguesa, mas a verdadeira *caput mundi*. Com perspectivas muito diferentes sobre a cidade, nem Damião de Góis em 1554[134] nem Francisco d'Holanda em 1571[135] deixaram de convergir nesse facto[136]. E, como veremos, foi no sentido da sua afirmação enquanto tal, que se despenderam muito consideráveis meios materiais e humanos ao longo de todo o reinado de João V (1707-1750). Em boa medida só assim se entende o partido urbanístico da reconstrução do centro da cidade após a catástrofe iniciada pelo Terramoto do dia 1 de novembro de 1755.

Recuemos, entretanto, ao início da nacionalidade portuguesa. Desde a conquista de Coimbra por Fernando Magno (1016-1065) em 1064, que a fronteira entre cristãos e muçulmanos estabilizara a norte do vale do Tejo, com Coimbra de um lado e Santarém e Lisboa do outro. Desde então e até à instalação de Afonso I, ou melhor, Afonso Henriques (1109-1185) em Coimbra em 1130, dois anos após a Batalha de São Mamede (que é o primeiro grande marco do processo de fundação da nacionalidade portuguesa), recompusera-se o Condado Portucalense na pessoa dos seus pais. Estes residiram com maior constância no Castelo de Guimarães, a poucos quilómetros de Braga, o grande centro episcopal do território e sua cidade de sepultamento.

Braga era o centro de um território onde a ausência de polos urbanos era, digamos assim, inversamente proporcional ao número de senhores

---

[134] Damião de GÓIS (1554), *Descrição da Cidade de Lisboa*. Lisboa: Livros Horizonte. 1988.

[135] Francisco d' HOLANDA(1571), *Da Fábrica que Falece à Cidade de Lisboa*. Lisboa: Livros Horizonte. 1984.

[136] Em trabalhos anteriores tenho vindo a destacar a importância da comparação destes dois textos na compreensão cabal da Lisboa de Quinhentos. Veja-se, entre outros, Walter ROSSA (2000), "Lisbon's waterfront image as allegory of baroque urban aesthetics. *Circa 1700: Architecture in Europe and the Americas*." Washington: ed. Henry A. Millon, (Studies in the History of Art, 66) National Gallery of Art. 2005: 160-185 [também publicado em Walter ROSSA (1989-2001), *A urbe e o traço: uma década de estudos sobre o urbanismo português*. Coimbra: Almedina. 2002: 87-121].

feudais, que aspiraram à hegemonia e não pretendiam ceder soberania. O jovem Conde Portucalense tinha, simultaneamente, de se afastar desse contexto feudal e dar um sinal de retoma na progressão cristã para sul. A escolha óbvia era Coimbra e, significativamente, desde então começou a designar-se *rex*.

Contrariamente ao que uma historiografia ideologicamente muito vinculada, a primeira capital portuguesa não foi Guimarães mas, de facto, Coimbra. Como suporte desta afirmação basta invocar dois dos maiores vultos da renovação da história medieval portuguesa empreendida nas últimas décadas: A. H. de Oliveira Marques[137] e José Mattoso, este em diversas obras, mas muito em especial na sua bem recente biografia do *fundador*, Afonso Henriques[138].

Ali lemos: "Desde a sua conquista por Fernando Magno em 1064, que Coimbra se podia considerar a cidade mais importante de Portugal" (p. 147). "... a instalação de Afonso Henriques em Coimbra, ao mesmo tempo que confere uma força enorme à corrente cultural e institucional de carácter mediterrânico, encaminha o futuro do país para a síntese que absorve não só a separação entre o condado de Portucale e o de Coimbra mas também a oposição cultural entre o Norte e o Sul, para os integrar numa só entidade política, apesar de nela continuarem a existir regiões com características bem diferentes uma das outras." (p. 111). E por último: "Não me parece necessário referir mais elementos para compreender a vinda de Afonso Henriques para Coimbra. O príncipe instalou-se na cidade mais importante do condado pelo número de habitantes, pela sua importância económica, social e militar e pelo seu dinamismo cultural" (p. 149).

Estes são excertos de uma síntese elaborada a partir da realidade global do processo histórico português, mas têm espelho na análise que eu próprio fiz das transformações urbanísticas na cidade nesse mesmo período. É um tema ingrato, pois a grande maioria dos vestígios materiais

---

[137] A. H. de Oliveira MARQUES (1996), "D. Afonso Henriques: rei portucalense ou rei português." *D. Afonso Henriques e a sua época, Actas do 2° Congresso Histórico de Guimarães.* Guimarães: Câmara Municipal de Guimarães / Universidade do Minho. vol. 1, 1996: 25-31.

[138] José MATTOSO (2007), *D. Afonso Henriques.* Lisboa: Temas & Debates. 2007.

desapareceram, e a sua exposição e fundamentação capazes exigir-nos-
-iam aqui muito espaço. Contudo vale a pena indiciá-lo[139].

Entre as cidades de então no atual território português, Coimbra contava com a maior área circunscrita por muralha: 22 hectares. Refira-se que Lisboa e Évora tinham 16, Braga e Silves 15 e o Porto 4. A cidade era palco de um comércio fluorescente entre cristãos e muçulmanos, numa verdadeira ponte entre o norte e o sul, mas também entre o litoral baixo e o interior serrano. Foi precisamente com a construção em 1132 de uma ponte sobre o Mondego (o rio que liga Coimbra ao mar), que Afonso I não só uniu o norte que tinha mas não dominava em absoluto, com o sul que pretendia conquistar. Para além da utilidade e simbolismo, foi a primeira obra pública da monarquia e da soberania portuguesas, rara em largas décadas durante as quais o investimento senhorial era feito em edifícios religiosos ou defensivos.

Claro que nesses domínios Afonso I também não poderia deixar de pontuar. Não só renovou as muralhas dotando-as de um então revolucionário sistema de torres (que viabilizava a passagem de um sistema de defesa passivo a ativo), como renovou radicalmente todas as estruturas religiosas da cidade, incluindo as cinco igrejas paroquiais, a catedral e o paço episcopal, este erguido sobre as ruínas do antigo fórum romano. Essa ação foi particularmente expressiva, pois algumas delas tinham sido erguidas ou renovadas menos de meio século antes. Note-se que à reforma arquitectónica se associou um luxuoso programa de instituição de colegiadas em todas elas, facto então inusitado em toda a Europa.

Para além de uma impressionante afirmação de poder económico e de concretização, este programa tem implícita uma verdadeira guerra para a imposição do rito católico romano à fortíssima tradição local de prática dos ritos peninsulares do cristianismo moçárabe. Se a diferença de ritos implicava diferenças sensíveis na composição dos espaços, em muitos outros lugares a adaptação foi-se fazendo paulatinamente, sem

---

[139] Walter ROSSA (2001), *DiverCidade...* (ver nota 120) e, na *3ª Parte*, o texto "Urbanismo e poder na fundação de Portugal: a reforma de Coimbra com a instalação de Afonso Henriques" de 2011.

o recurso a essa verdadeira afirmação de força em que se constituiu a renovação do parque imobiliário religioso de Coimbra com Afonso I. Foi a mais profunda e sistemática substituição em toda a Península Ibérica da arquitetura religiosa da Alta Idade Média pelo românico.

Dessas obras de renovação a mais marcante foi, precisamente, a da catedral, a velha Sé Velha de Coimbra, a qual veio substituir a catedral moçárabe erguida imediatamente após a conquista cristã de 1064 sobre a mesquita. Aliás, terá sido a partir do respectivo *minar* que se obteve a isenta torre dos sinos. As maiores dimensões do novo edifício e a sucessiva construção do claustro, introduziram alterações muito sensíveis no complexo arruado urbanístico da cidade.

Tão importante quanto a ponte e mais do que a própria catedral, foi a construção, desta vez de raiz e em ensanche ao perímetro muralhado, do Mosteiro (agostinho) de Santa Cruz. Além do impressionante conjunto edificado e da sua fortuna histórica, note-se também o facto de ter dado origem ao mais precoce bairro de matriz regular da urbanística portuguesa até hoje identificado, implantado precisamente no espaço compreendido entre o mosteiro e o rio. Terá sido uma operação imobiliária de sucesso económico, mas interessa-nos mais o seu grande impacto urbanístico, pois consolidou o desenvolvimento da zona baixa da cidade, então numa enorme explosão graças ao comércio também potenciado pela residência da corte.

Porém, para quem conhece a história medieval de Portugal, a importância do Mosteiro de Santa Cruz é outra: foi ali que pela primeira vez o Estado português instalou a sua chancelaria e foram os seus monges quem, junto da Santa Sé, obteve o reconhecimento da soberania autónoma da monarquia portuguesa. Não foi pois por acaso que, a meio da sua construção, o programa do edifício passou a contemplar a criação de um panteão real emulando as características do panteão real do reinado do qual Portugal saiu em secessão, o reino de Leão e Castela. Com efeito a torre nártex que outrora compôs a fachada poente da Igreja de Santa Cruz de Coimbra, não era mais do que um êmulo da torre que ainda hoje se ergue aos pés do panteão régio da Colegiada de Santo Isidro de Leão. Ali se fizeram sepultar os dois primeiros reis de Portugal e as suas famílias. Tudo num processo elíptico de legitimação.

Assim se conclui esta abordagem àquilo que não hesito em designar por *capitalidade coimbrã*, a primeira de Portugal. Note-se que se trata de uma capitalidade estabelecida não apenas pela mais frequente residência do rei e da sua corte, mas essencialmente pela fixação do seu cartório e, essencialmente, por um programa arquitectónico-urbanístico monumentalizante.

Desçamos então até Lisboa. Foi conquistada sob Afonso I aos mouros no mesmo ano que Santarém, 1147. A conquista desta última implicou o pagamento de uma promessa através da construção de uma nova abadia real, a de Alcobaça, a qual veio a desempenhar funções similares a Santa Cruz de Coimbra, incluindo três sepultamentos régios. Mas ali não havia urbanidade e, não só por isso, a questão da capitalidade nem se coloca. Por sua vez também em Lisboa Afonso I ergueu uma grande estrutura monástica, em muito à imagem de Santa Cruz de Coimbra. A ordem era a mesma (Cónegos Regrantes de Santo Agostinho) e ali fez guardar as relíquias de São Vicente trazidas de Sagres, seu patrono, bem como da cidade. Assim nasceu o Mosteiro de São Vicente de Fora.

A conquista de Santarém e Lisboa dotava o reino emergente de um dos principais eixos de circulação interna da península e também da ainda hoje mais fértil área agrícola do país: a bacia do rio Tejo. Por outro lado, a conquista desses já então populosos e comercialmente dinâmicos centros urbanos, contribuiu de forma indelével para a legitimação da nova soberania. Lisboa tem o que Coimbra nunca teve: um excelente porto, ainda por cima bem mais acessível a partir do Mediterrâneo e aberto a um mar mais bonançoso que o do norte do país. Tudo isso, bem como a maior proximidade e operacionalidade no processo da reconquista e consolidação das fronteiras (que se prolongou até aos finais do século XIII) levaram a que a instalação das estruturas do gestante Estado português ali se fossem sedimentando, independentemente da itinerância da corte e do rei.

Cada vez mais era em Lisboa que o rei encontrava apoio financeiro e social para as suas políticas, sendo determinante o papel da população lisboeta em processos cruciais para a manutenção da independência, como o da crise de 1383-1385 do qual saiu legitimada a segunda dinastia, a de Avis. A capital serve o rei, mas não tanto a corte. Embora a visite com frequência, de facto não se pode dizer que aquela cedo ali se tenha fixado. Na realidade foi estanciando um pouco mais ao longo do baixo Tejo do que em qualquer outra área do reino. Era necessário manter a vigilância sobre um território ainda sob ameaças externas e de secessão interna, situação que se manteve, pelo menos, até ao despontar do processo da expansão ibérica no século XV.

Pese embora estarem ainda por concretizar o levantamento dos itinerários régios portugueses, sabemos deles o suficiente para estabelecer algumas sínteses. Por exemplo, entre Manuel I e o advento do caminho de ferro, monarca algum se deslocou a norte de Coimbra e a sul da zona de Évora. Sebastião (r.1568-1578) foi o último a subir até Coimbra e Filipe II (r.1581-1598) até Tomar. Os monarcas e a corte portuguesa até à ida para o Rio de Janeiro, em 1808, acabaram por cristalizar a sua itinerância e residência segundo dois eixos: o do Baixo-Tejo, com apoio nos paços de Vila Franca, Salvaterra, Almeirim e Santarém; o do Alentejo, segundo a via que de Almada ligava a Évora e Estremoz, passando por Montemor. Com o advento da Restauração e da Dinastia dos Braganças em 1640, a nova família real, não tanto a corte, passaram também a visitar Vila Viçosa — na prática a casa mãe bragantina, onde estão os panteões dos duques e das duquesas — indo assim um pouco além de Évora.

No círculo de Lisboa temos de inscrever os paços de Sintra, Xabregas, Alcântara e, já no século XVIII, Belém. Na própria cidade os monarcas contavam inicialmente com a Alcáçova e São Martinho, mas foi a morada que em finais do século XV Manuel I criou no extremo poente da Rua Nova, cintando de norte a Ribeira das Naus, que acabou por se desenvolver o principal complexo palatino da cidade até à renovação urbanística implementada pelo Marquês de Pombal (1699-1782) a partir de 1755. A criação de uma *reggia*, fortemente intentada (como veremos adiante) por João V ao longo de todo o seu reinado para a atual área de Campo de Ourique, depois confirmada pelo *master plan* pombalino de 1758, acabou por ser parcialmente implementada na Ajuda, sendo literalmente truncada pela intempestiva transferência da corte para o Rio em 1808.

Por razões essencialmente económicas, geográficas e sociais, Lisboa acabou efetivamente por se impor como *caput* do Reino. No contexto da expansão uma vez mais as excelentes condições do porto levaram a que

Lisboa reafirmasse a sua centralidade e desenvolvesse, então de forma expressiva, a sua macrocefalia nacional e imperial. Foi essencialmente esse facto que, como há pouco referi, a tornou grada a Manuel I (que se empenhou na sua renovação e estruturação urbanística) e impraticável a João III (1502-1557).

Na realidade a cidade crescera com pouca ordem e ainda menos planeamento, sendo, mesmo para a época, altamente deficitária em tudo quanto dizia respeito a infraestruturas sanitárias, embora não tanto a sociais. Para além dos cada vez mais frequentes e prolongados surtos de peste, em 1531 sofreu os efeitos de um terramoto que se suspeita ter sido ainda mais violento que o de 1755. Só que então ninguém se preocupou de forma integrada com a reconstrução e a cidade ergueu-se igual a si própria, ou seja, mal.

Só assim se entende o real interesse de João III por Évora, na qual pousou com grande frequência e por longos períodos de tempo, com especial destaque para o intervalo definido, precisamente, pelo ano daquele terramoto e 1537. Neste último, aliás, dá-se um facto que, apesar de insistente investigação ainda não se conseguiu interpretar: a decisão de instalar definitivamente em Coimbra, não em Évora como então se esperava, a renovada Universidade Portuguesa. São alguns os que consideram que neste intervalo Évora foi, de facto, a capital do Império[140]. Mas já aqui vimos como a presença da corte e do rei não eram factores determinantes de capitalidade.

Sabia-o Filipe II que teve o desejo, mas não o ensejo, de em Lisboa sediar os seus Impérios. O seu antecessor, Sebastião I (ou melhor, os seus regentes) também pouco fizeram pela capital, mas o primeiro soberano português dos Habsburgos dotou-a de um palácio real com preponderância urbanística, não apenas pela reforma das confusas estruturas manuelinas, mas essencialmente pela aposição, em remate sobre o rio, de um icónico torreão e pela consubstanciação do terreiro que, à imagem do de Madrid,

---

[140] Maria de Deus Beites MANSO (1990), *Évora, capital de Portugal 1531-1537. Itinerários de D. João III*. Lisboa: dissertação de Mestrado apresentada à Faculdade de Letras da Universidade de Lisboa. 2 vol.s, 1990.

permitia a sua fruição urbana e a realização de todos os principais rituais públicos do Poder.

Para a libertação do espaço do terreiro foi necessário demolir a obra, ainda em curso, de uma basílica em honra de São Sebastião na qual se pretendia guardar uma relíquia (um braço) trazida por Carlos V (1500--1558) do Saque de Roma e oferecida a João III[141]. Na realidade foi esta relíquia que acabou por determinar o nome de Sebastião I, o rei cujo desaparecimento na Batalha de Alcácer-Quibir em 1578 espoletou o processo que conduziria à união das coroas ibéricas em Filipe II. Sebastião I desaparecera sem se saber se morrera e eram muitos os que achavam que um dia regressaria, ideia que se transformou num dos maiores mitos da história portuguesa.

A basílica a São Sebastião e a sua relíquia frente ao paço, eram um óbvio embaraço que Filipe II não podia tolerar, o que o levou a mais um ato mecenático de grande impacto na cidade: a renovação integral, segundo um projeto impressionante, do Mosteiro de São Vicente de Fora, no qual se reuniram às relíquias de São Vicente o braço de São Sebastião. Simbolicamente uniam-se dois símbolos da soberania portuguesa de antanho pelo desígnio do novo monarca de uma nova dinastia. O Terramoto de 1755 encarregou-se de apagar os vestígios de todo este discurso do poder filipino, tal como também o fez com o de João V.

Razões de ordem vária e fáceis de supor levaram a que o projeto da capitalidade lisboeta de Filipe II não se concretizasse. Contudo manteve a sua função autónoma como capital do Império Português. Aliás todos os órgãos de governo, incluindo os vice-reis e a respectiva, mas mitigada, corte, passaram a ali residir em permanência. Um dos principais projetos filipinos para a capital, a renovação do sistema de abastecimento de água romano baseado num aqueduto, acabou por não acontecer, pois por mais de uma vez o dinheiro sofridamente arrancado à população para o efeito através de um imposto específico, foi desviado para fins mais fúteis e urgentes.

---

[141] Ver na *4ª Parte* o texto "Lisboa Quinhentista, o terreiro e o paço: prenúncios de uma afirmação da capitalidade" de 2002.

Os primeiros reis da dinastia brigantina [João IV (r.1640-1656), Afonso VI (r.1656-1683) e Pedro II (r.1683-1706)] a braços com todo o processo da Restauração, pouco ou nada puderam fazer pela renovação urbanística da capital em capital na tal centúria em que isso foi levado a cabo nas principais capitais europeias. E aqui impõe-se-nos mais um pequeno desvio até França.

Sabemos como, por diversas razões, mas mais diretamente por causa dos distúrbios da ordem ali ocorridos entre 1648 e 1653 habitualmente designados por Frondas, em 1669 Luís XIV (1614-1715) encarregou os arquitetos Louis le Vau (1612-1679) e André le Nôtre (1613-1700) de levarem a cabo uma profunda reforma no Chateaux de Versailles com vista a ali instalar a sede dos seus Estado e Corte. A par com objectivos áulicos e de magnificência, o controle apertado dos pares do reino era um dos mais evidentes desideratos desta iniciativa inovadora.

Dispensemos aqui outros detalhes do processo e do projeto. Em 6 de maio de 1682 foi formalmente feita a instalação, ou seja, a inauguração da primeira capital construída em todo o mundo para esse específico efeito. Tinha também como resultado a união efetiva, formal e funcional entre a corte e a capitalidade. Tudo isso e o que para aqui reporta é por demais conhecido, mas não tanto o primeiro texto de reflexão publicado sobre a matéria: Alexandre Le Maître (1682), *La métropolitée, ou de l'établissement des villes capitales, de leur utilité passive et active*.... Amesterdão: B. Boekholt, pour J. Van Gorp. 1682. Note-se, sobretudo, como o ano de edição é o mesmo da inauguração do Palácio de Versailles.

Toda a obra tem um enfoque económico, defendendo a banca, a bolsa e o comércio livre, num claro alinhamento pelo mercantilismo. Mas é bem mais liberal do que isso, pois adopta também uma defesa absoluta da segurança e da liberdade, o que só por si encerra logo algumas críticas ao modelo político de Luís XIV. Um dos seus aspectos mais curiosos é a introdução do conceito de capitalidade metropolitana, ou seja, da primazia de uma das capitais sobre as demais de carácter regional, o que faz sentido no âmbito de estruturas estatais de modelo federativo ou imperial.

Outro aspecto curioso é a quase obsessiva preocupação em justificar a absorção de recursos do país pelas estruturas governativas e a escassa produtividade destas e da própria metrópole ou capital. Argumenta com o retorno proporcionado pela complementaridade. É o que, em síntese, se pode depreender da seguinte frase "En un mot, la Ville Capitale protege le pays & le peuple, expose leur biens & et les fait valoir, & ceux-cy font fleurir la Capitale." (p.7)

Não me podendo alongar sobre este tratado de Le Maître importa, contudo, fixar algumas das recomendações de ordem mais objectiva. Recorro, por exemplo, ao título do capítulo X (p. 25): "Que comme dans la vei Champêtre ou dans les villages il n'y a que les paisans, on devoit distribuer les Artisans dans les petites Villes, & n'avoir dans les grandes Villes, ou les Capitales que les gens de tête, & les Artisans absolumente necessaires." Três páginas depois (repetindo-o na p. 59) diz mesmo que na capital deverão estar o trono, a corte, as academias, o *corps* de justiça e o grande comércio (aqui entendido como economia e finança). Estas atividades deverão pois ser desempenhadas por pessoas capazes de fazer honrar o príncipe e manter a magnificência da capital. No capítulo XXXII (pp. 98 e seg.s) defende aprofundadamente a necessidade de uma grande biblioteca, no seguinte a de jardins que não meramente decorativos, e no capítulo LIV defende a criação de bolsas de estudo para a frequência das academias e da capital por gente dotada, mas carenciada.

Mais do que Versailles (a que, aliás, parece ser uma crítica, o que justifica a edição no estrangeiro e alguns outros detalhes editoriais) esta obra faz lembrar São Petersburgo, cidade-capital cujo processo de fundação decorreu desde 1703 (decisão) até 1712 (estabelecimento). Nada parece ter a ver com Lisboa, porém a sua introdução neste meu trilho tem a importância de nos reportar à existência coeva de debates acerca da condição de capital nos seus âmbitos funcionais e sociopolíticos, mas também formais. Aliás nestes últimos domínios há muito que nos reporta à crítica propositiva que, pouco mais de um século antes, Francisco d'Holanda dirigiu a Sebastião I na sua *da Fabrica que falece à Cidade de Lisboa*, um indiscutível apelo à monumentalização capitalizante de Lisboa.

Umas vez ultrapassados os constrangimentos causados pelo processo da Restauração e encontradas jazidas auríferas e diamantinas no que veio a ser Minas Gerais (Brasil), o quarto Bragança, João V, encetou um processo de reforma de Lisboa no sentido da sua afirmação como capital do Império e, essencialmente, do Padroado que tão arduamente reconstituiu. Trata-se, uma vez mais, de uma matéria muito complexa, em que o desaparecimento quase integral do pouco que se concretizou torna extraordinariamente difícil a sua percepção. Contudo, num estudo já publicado há alguns anos, o tema encontra-se discutido e indiciado[142].

Em síntese e explicitamente: João V quis fazer de Lisboa uma "*nova Roma*" e nisso se baseou todo o mecenato régio de inspiração e atuação romanas ao longo do seu longo reinado, inclusive fenómenos aparentemente distantes como Mafra e mais óbvios como o Aqueduto das Águas Livres. A pedra de toque era a construção, num ensanche a poente da cidade, de uma *reggia* integrando a Basílica Patriarcal com a residência do Patriarca Metropolita do Padroado Português, mas também um zoológico e outros atributos urbano-paisagísticos de conveniência.

O Núncio em Lisboa advertiu frequentemente o Vaticano de que a obra projetada e efetivamente iniciada segundo um projeto de Fillipo Juvarra (1678-1736), seria ainda mais imponente que Roma e Roma movimentou-se e tal não aconteceu. Mas aconteceram obras de infraestruturação, algumas delas tão importantes quanto simbolicamente significativas como o já referido aqueduto, uma prova retórica da magnanimidade e *Luz* do monarca e da sua preocupação com a felicidade dos povos (não fora o facto de ter sido integralmente suportada pelos lisboetas, que viram parte desse seu tributo ser esbanjado na ornamentação áulica de alguns dos elementos urbanístico do projeto, como a travessia do Vale de Alcântara, os arcos triunfais das Amoreiras e de São Bento, as arcas de água e os chafarizes).

Em suma, é uma história de que aqui apenas nos interessa guardar o referente romano por oposição ao francês, tantas vezes referido pela historiografia de referência. Este projeto de capitalidade era de conteúdo regalista e universalista, uma verdadeira megalomania.

---

[142] Walter ROSSA (2000), "A imagem ribeirinha de Lisboa: alegoria de uma estética urbana barroca e instrumento de propaganda para o Império." *A urbe e o traço: uma década de estudos sobre o urbanismo português*. Coimbra: Almedina. 2002.

O debate interno foi duro e questões como as levantadas por Le Maître estiveram sobre a mesa. Só assim se consegue interpretar a proposta de mudança de capital para o Brasil, formulada por Luís da Cunha (1662--1749) em 1738 no seu *Testamento Politico ou Carta Escrita pelo grande D. Luiz da Cunha ao Senhor Rei D. José I. antes do seu Governo...* Lisboa: Impressão Régia, 1820. Era então já muito claro que o motor da economia do Império era o Brasil e que o vislumbre da eventual exaustão dos recursos auríferos não iludia outras inúmeras potencialidades deste território.

A proposta era no sentido da transferência direta da capital para o Rio e não para Salvador, onde ainda funcionava a sede do governo da colónia. Como sabemos a capital do Brasil mudou-se para o Rio em 1763 e a do Império em 1808. Lisboa recuperaria a sua capitalidade, mas para uma segunda edição do Império, o africano, para onde já no século XX, em pleno Estado Novo, algumas personalidades ultras do regime também propuseram a transferência da capital, mais precisamente para Luanda.

Do que entretanto se passara (em especial da reforma urbanística de Lisboa sob o signo da capitalidade empreendida no consulado do Marquês de Pombal) já se fez relato suficiente.

AS *CIDADES NOVAS* DO UNIVERSO URBANÍSTICO PORTUGUÊS: INVARIÂNCIA E EVOLUÇÃO[143]

Portugal é o estado-nação-território europeu mais antigo, decantado de um processo compreendido entre 1128 e 1249. Processo que é um dos resultados mais evidentes da ação que os cristãos ibéricos sitiados nas Astúrias empreenderam, com o apoio dado pelos cristãos centro europeus, os francos. No fundo a designada Reconquista Cristã foi uma invasão centro-europeia do espaço ibérico ocupado desde 711 por sucessivos grupos islâmicos. Estes haviam-se instalado sobre as estruturas hispano-romanas política e militarmente apropriadas pelos sucessivos invasores germânicos desde inícios do século V.

Se aqueles povos nómadas não produziram grandes alterações nas estruturas arquitectónicas e urbanísticas da herança romana, o mesmo não sucedeu com os muçulmanos. Os cristãos centro-europeus não se lhes ficaram atrás e impuseram às cidades conquistadas uma urbanística necessariamente diversa da islâmica, cuja matriz é uma unidade básica, um lote, correspondente a hábitos de vida radicalmente diferentes. As cidades existentes foram reurbanizadas segundo os padrões medievais centro-europeus, mas também foi necessário aumentar a rede urbana, em especial face à necessidade de definição das fronteiras com o Reino de Castela. O urbanismo foi um instrumento decisivo na fundação e consolidação da nacionalidade portuguesa.

---

[143] Texto encomendado e apresentado em Inglês ao Convegno Internazionale *Città nuove fondate in Italia e in Europa dal Medioevo al Novecento/ New Towns founded in Italy and the rest of Europe*, produzido pela Università degli Studi di Palermo e ali realizado nos dias 9, 10 e 11 de dezembro de 2010. Foi posteriormente publicado como "Le città nuove dell'universo urbanistico portoghese: invariabilità ed evoluzione". *Fondazioni urbane. Città nuove europee dal medioevo al Novecento*. Roma: A. Casamento (ed.), Edizioni Kappa. 2012: 245-264.

Essas cidades não diferiam das que então surgiam no resto da Europa e são muito diversas do modelo hipodâmico clássico da formação urbanística colonial mediterrânica. Foi esse modelo europeu que os portugueses levaram consigo para os espaços de colonização do que foi o primeiro império de âmbito mundial. Dos ensaios nas ilhas atlânticas no final da Idade Média até às dezenas de cidades fundadas no Brasil já num contexto iluminista, assistimos a uma racionalização e enriquecimento do modelo, o que se constitui na diferença matricial entre as urbanísticas portuguesa e espanhola fora da Europa.

Seria matéria que aqui estaria fora de contexto se não tivesse produzido resultados no território português europeu. Porém o caso limite das cidades novas da urbanística portuguesa foi erguido em 1773-1776 no extremo sudeste de Portugal seguindo esse preceito urbanístico matricial: Vila Real de Santo António. Foi também a primeira e uma das raras cidades novas fundadas em Portugal depois da Idade Média.

Pouco depois de outras culturas europeias terem começado a investigar as suas expressões urbanísticas também a portuguesa o fez. Os primeiros trabalhos devem-se a um historiador e um geógrafo brasileiros, a dois historiadores da arte portugueses e um outro americano em meados da década 1950[144], nenhum deles familiarizado com temáticas urbanísticas. Menos de uma década depois surgiram trabalhos de um historiador da arte e de um geógrafo portugueses e de dois arquitetos brasileiros e, já na década de 1970, o de uma geógrafa americana[145]. Era já um grupo especializado, mas não articulado, pequeno, mas significativo, pois fez diferença.

---

[144] Sérgio Buarque de HOLANDA (1936), *Raízes do Brasil*. S. Paulo: Companhia das Letras. 1995; Aroldo de AZEVEDO (1957), "Embriões de cidades brasileiras." *Boletim Paulista de Geografia*. São Paulo: nº25, 1957: 31/69; Mário Tavares CHICÓ (1956), "A Cidade Ideal do Renascimento e as cidades portuguesas da Índia." *Garcia de Orta*. Lisboa: Revista das Missões Geográficas e de Investigações do Ultramar. nºEspecial, 1956: 319-328; Luís da SILVEIRA (1956), *Ensaio de Iconografia das cidades portuguesas do Ultramar*. Lisboa: Junta de Investigações do Ultramar. 4 vol.s, 1956; Robert C. SMITH (1956), "Colonial Towns of Spanish and Portuguese America." *Journal of the Society of Architectural Historians*. Chicago: nº4, ano 14, 1956: 2-12.

[145] José Augusto FRANÇA (1962), *Lisboa Pombalina e o iluminismo*. Lisboa: Bertrand. 1987; Orlando RIBEIRO (1963), "Cidade." *Dicionário de História de Portugal*. Porto: Livraria Figueirinhas. vol. II, 1992: 60-65; Nestor Goulart REIS (1964), *Contribuição ao Estudo da*

2ª PARTE: URBANISMO PORTUGUÊS DA 1ª MODERNIDADE

Contudo as ditaduras em Portugal (1926-1974) e no Brasil (1964-1989) não favoreciam estas linhas de investigação, bem como o corte das relações diplomáticas com a União Indiana em finais de 1961. Era necessário reescrever a história, pensar sobre os contextos. Por alguma razão só na década de 1980 começaram a surgir de forma continuada estudos estimulantes que levaram ao estabelecimento de alguns grupos de trabalho maioritariamente integrados por arquitetos, mas também por alguns historiadores da arte. Entretanto o ciclo comemorativo do cinquentenário da expansão portuguesa (1986-2002[146]) constituiu-se num enorme estímulo. Foi nesse contexto que já em 1999 se realizou uma grande reunião científica, a qual não só permitiu fazer um balanço global[147], mas também o estabelecimento de redes intercontinentais cujo trabalho frutificou e se diversificou.

O impulso inicial surgiu em perfeito sincronismo com a publicação da grande obra fundadora da historiografia do urbanismo hispânico, o *Resumen Historico del Urbanismo en España*, publicado em 1956[148], sincronismo que prosseguiu. O confronto dos poucos casos portugueses que até então se haviam identificado com a regularidade ali exibida, bem como a falta de formação adequada dos autores que se debruçaram sobre o tema, e o facto de seguirem uma linhagem bibliográfica anglo-saxónica (de pendor intuitivo-organicista), em vez da escola francesa iniciada por Marcel Poëte e Pierre Lavedan (de pendor formalista), conduziram à conclusão

---

Evolução Urbana do Brasil (1500/1720). São Paulo: Pini. 2001; Paulo F. SANTOS (1968), *Formação de cidades no Brasil colonial*. Rio de Janeiro: Editora UFRJ. 2001; Roberta Marx DELSON (1979), *Novas Vilas para o Brasil-Colônia: Planejamento Espacial e Social no Século XVIII*. Brasília: Alva-Ciord. 1997.

[146] Intervalo de funcionamento da Comissão Nacional para as Comemorações dos Descobrimentos Portugueses (CNCDP), que promoveu uma imensidão de ações e publicações nas mais diversas vertentes científicas da história e cultura da expansão portuguesa.

[147] Renata de ARAUJO & Helder CARITA (org.) (1982-1997), *Colectânea de Estudos: Universo Urbanístico Português 1415-1822*. Lisboa: Comissão Nacional para as Comemorações dos Descobrimentos Portugueses. 1998; Walter ROSSA, Renata de ARAUJO & Helder CARITA (coord.) (1999), *Colóquio Internacional Universo Urbanístico Português 1415-1822, Actas do*. Lisboa: Comissão Nacional para as Comemorações dos Descobrimentos Portugueses. 2001; Walter ROSSA, Renata de ARAUJO & Helder CARITA (2002), *Universo Urbanístico Português 1415-1822, Fac-similæ da Exposição*. Lisboa: Comissão Nacional para as Comemorações dos Descobrimentos Portugueses e Câmara Municipal de Lisboa. 2002.

[148] A. GARCIA BELLIDO, L. TORRES BALBÁS, L. CERVERA VERA, F. CHUECA GOITIA & P. BIDAGOR LASARTE (1954), *Resumen Historico del Urbanismo en España*. Madrid: Instituto de Estudios de Administracion Local. 1987.

apressada de a urbanística portuguesa não existir, ou seja, pautar-se pela ausência de regra, ordem, desenho. Ajudava ainda a convicção de não existirem desenhos, ou seja, planos, projetos urbanos portugueses, mas também isso não era verdade. Nas últimas duas décadas recensearam-se centenas de exemplares em arquivos dispersos um pouco por todo o mundo, estando já grande parte deles publicados. No fundo faltava investigação primária e exaustiva das realidades, fontes e dos contextos.

Tal como no que diz respeito aos demais aspectos de ambos os processos históricos imperiais, a relevância dos estudos comparados entre as urbanísticas coloniais portuguesa e espanhola justifica-se pelo sincronismo e carácter inaugural como impérios à escala mundial. A abertura do mundo produzida por ambos foi também a abertura de novos, diversificados e imensos espaços de atuação, que necessariamente suscitaram experiências e opções, procura de novas soluções. À comparação com outras culturas urbanísticas impõe-se um especial cuidado de relativização dos contextos e cronologias. Para além do mais, dada a proximidade geográfica e cultural, a comparação Portugal-Espanha é de apelo intuitivo, imediato, pesem embora as grandes diferenças que, no fundo, cindiram as nacionalidades em presença.

Retomando a questão da *irregularidade castiça* ou do *organicismo inteligente* da urbanística portuguesa glosada pelo referido grupo inicial não especializado, a única exceção teria acontecido na Índia, onde hipoteticamente os portugueses teriam realizado de forma imperfeita as propostas de cidade ideal castrense da tratadística italiana do Renascimento. Tudo a partir de uma abordagem não só inicial, como assumidamente impressionista, de Mário Tavares Chicó[149]. O trabalho de investigação de Nestor Goulart Reis Filho[150], seguido pelo de Roberta Marx Delson e, a partir da década de 1990, por muitos outros, demonstrou o contrário para os casos em território brasileiro.

Em publicações de 1995 e 1997 eu próprio verifiquei o mesmo para os itens desenvolvidos na Índia[151], constatando não só que a cronologia

---

[149] Ver obra referenciada na nota 144.
[150] Ver obras de cada um referenciadas na nota 145.
[151] Walter ROSSA (1995), "A cidade portuguesa." *História da Arte Portuguesa*. Lisboa: Círculo de Leitores. vol. III, 1995: 233-323 [também publicado em Walter ROSSA (1989-2001), *A urbe e o traço: uma década de estudos sobre o urbanismo português*. Coimbra: Almedi-

daquelas fundações é anterior à referida tratadística, como a morfologia real é completamente diversa da que figura na cartografia antiga usada para aquele argumento. Recorrendo a alguns trabalhos inaugurais sobre o tema[152], ficou já então claro como essa urbanística surge em continuidade com a produzida na Idade Média em Portugal. Mas aquela primeira tese generalista perdurou e, em certos nichos ainda persiste.

Foi pois com base no estudos das dezenas de cidades novas fundadas em todo o império, bem como de algumas no atual território português, que a historiografia especializada foi construindo a ideia da existência de um forma portuguesa, uma escola ora inspirada pela especificidade antropológica e geográfica, ora baseada nos métodos e trabalho da engenharia militar moderna. Surgiu então o conceito de *cidade portuguesa*[153], o qual hoje está em revisão face a estudos morfológicos mais exaustivos e detalhados e ao estabelecimento de relações com realidades e culturas externas. Por outro lado investigação mais recente tem vindo a comprovar e a demonstrar como a produção dessa escola tem fundamentos diretos em procedimentos já em uso na Idade Média, quer em situações de fundação *ex-novo*, quer em ensanches programados[154].

---

na. 2002]; Walter ROSSA (1995), *Cidades Indo-Portuguesas: contribuição para o estudo do urbanismo português no Hindustão Ocidental/Indo-Portuguese Cities: a contribution to the study of Portuguese urbanism in the Western Hindustan*. Lisboa: Comissão Nacional para as Comemorações dos Descobrimentos Portugueses. 1997.

[152] Jorge GASPAR (1969), "A morfologia urbana de padrão geométrico na Idade Média." *Finisterra, Revista Portuguesa de Geografia*. Lisboa: Centro de Estudos Geográficos da Universidade de Lisboa. n°8, ano IV, 1969: 198-215; Paulo Ormindo de AZEVEDO (1990), "Urbanismo de trazado regular en los primeros siglos de la colonización brasileña." *Estudos sobre urbanismo Iberoamericano: siglos XVI al XVIII*. Sevilla: Junta de Andalucia, Consejeria de Cultura. 1990: 306-322.

[153] Ver, entre outros, José Manuel FERNANDES (1987), "O Lugar da Cidade Portuguesa." *Povos e Culturas*. Lisboa: Centro de Estudos de Povos e Culturas de Expressão Portuguesa da Universidade Católica Portuguesa. n°2, 1987: 79-112. Ver também Walter ROSSA (2012), *Desconstrução da cidade portuguesa: urbanização e conceito*. Coimbra: relatório da unidade curricular apresentado à Universidade de Coimbra para a obtenção do grau de agregado em Arquitetura. 2013.

[154] Walter ROSSA, Antonieta Reis LEITE, Isadora COELHO, Nuno SIMÕES & Pedro BARÃO (2001), "Recenseando as invariantes: alinhamento de alguns casos de morfologia urbana portuguesa de padrão geométrico." *Actas do V Colóquio Luso-Brasileiro de História da Arte*. Faro: Universidade do Algarve. 2002: 61-80 [também publicado em Walter ROSSA (1989-2001), *A urbe e o traço: uma década de estudos sobre o urbanismo português*. Coimbra: Almedina. 2002]; Walter ROSSA & Luísa TRINDADE (2005), "Questões e antecedentes da *cidade portuguesa*: o conhecimento sobre o urbanismo medieval e a sua expressão

Tendo sempre presente que a realidade global nunca é tão clara nem simples quanto o retrato de síntese que dela se faz, a verdade é que a regular urbanística espanhola nas Américas resultou da adoção de um modelo utilizado desde a Antiguidade para as fundações de colonização: o *damero* hipodâmico que, apesar de tudo, se dotou simultaneamente de uma maior complexidade compositiva e de alguma ductilidade em situações com pré-existências mais marcantes. Na prática raramente foi seguido com fidelidade esse modelo idealizado (já preconizado por Francesc Eiximenis no século XV no seu *Dotzé del Crestià*[155]), que acabou consagrado nas famosas *Leys de Índias* de 1573, simplificando-se consideravelmente sistemas urbanos fundamentais como, por exemplo, as praças que surgem como subtração de um quarteirão e não como elementos compositivo e gerador determinado pelo cruzamento de dois eixos.

Mas há outro aspeto de importância crucial que nem sempre foi valorizado e, assim, estudado: a repartição/ composição dos quarteirões, ou seja, a forma e ocupação dos lotes, da qual decorre e se impõem arquiteturas, formas de vivência urbana e hierarquias viárias necessariamente diversas. Tal como no modelo clássico, os quadrados do *damero* são subdivididos em lotes quadrados ou tendencialmente quadrados, susceptíveis de ocupação com pátio central e ditando frentes de quarteirão homogéneas entre qualquer uma das quatro faces.

De forma excessivamente diagramática podemos dizer que no e para o universo colonial hispânico, depois de alguns ensaios iniciais com tendências diversas, houve uma opção clara por esse modelo clássico, depois reinterpretado na urbanística de outras potências coloniais como

---

morfológica." *Murphy*. Coimbra: Departamento de Arquitetura da Faculdade de Ciências e Tecnologia da Universidade de Coimbra. nº1, 2006: 70-109; Walter ROSSA & Luísa TRINDADE (2005), "O desenho e o conhecimento do urbanismo medieval português." *Seminário de Estudios Medievales de Nájera 2005: El espacio urbano en la Europa Medieval*. Logroño: ed. Beatriz Arízaga Bolumburu e Jesus Solórzano Telechea, Instituto de Estudios Riojanos. 2006: 191-207; Luísa TRINDADE (2009), *Urbanismo na composição de Portugal*. Coimbra: Imprensa da Universidade. 2013.

[155] Francesc EIXIMENIS (c.1375-1400), *Lo Crestià*. Barcelona: Ediciones 62. 1983. Ver ainda Fernando de TERÁN (coord.) (1989), *La Ciudad Hispanoamericana: el sueño de un orden*. Madrid: CEHOPU. 1989.

a Inglaterra e a França, embora tenha sido inevitável a conformação em processo orgânico de muitos núcleos ou ensanches em qualquer um desses processos coloniais. Também Portugal ensaiou esse modelo em muito poucas situações, nem claras nem devidamente estudadas, de que refiro como exemplo os dois episódios iniciais de Salvador da Bahia (Brasil).

Mas se não foi esse, então qual foi o paradigma morfológico adoptado pela urbanística da colonização portuguesa? O modelo (literalmente) imposto pela última invasão da Península Ibérica que catalisou a formação da nacionalidade portuguesa (protagonizada por contingentes do centro da Europa a que a historiografia ibérica genericamente designa como *francos*), a qual ficou para a História como consistindo na *reconquista* do reino cristão visigótico invadido pelo Islão em 711. Essa invasão teve o seu curso principal nos séculos XI e XII e foi parcialmente potenciada pelo estabelecimento da peregrinação a Santiago de Compostela e pelos desígnios de cruzada e de guerra santa. Aliás, em casos como o da conquista de Lisboa em 1147, a Reconquista Cristã teve o apoio concreto dos cruzados. Por outro lado implicou a submissão dos cristãos peninsulares (os hispano-romanos e/ ou moçárabes) ao catolicismo estabelecido no ocidente europeu com o Grande Cisma em 1054, reconhecido pelas chefias do clero ibérico no Concílio de Burgos de 1080 e pelo monarca da *reconquista* (então o rei de Leão, antes das Astúrias, depois de Castela) em 1086.

Os hispano-romanos e os muçulmanos (árabes, berberes, etc.) viviam então em estruturas urbanísticas e habitacionais estabelecidas pela colonização romana, adaptadas às vicissitudes da recessão pós-império, designadamente às sucessivas invasões, das quais a civilizacionalmente mais significativa foi precisamente a islâmica. E no que aqui interessa esta tinha consigo precisamente o arquétipo morfológico da cidade mediterrânica, ou seja, só pôde confirmar e desenvolver de moto próprio a herança da romanização. Também do ponto de vista religioso, o rito cristão ali desenvolvido tinha muito em comum com o que se apurara na vasta área de influência do Império Romano do Oriente, depois Império Bizantino. Daí que a invasão franca tenha sido a mais violentadora dos costumes preexistentes e, assim, da espacialidade quotidiana, designadamente doméstica[156].

O modo espacial urbano-habitacional carreado pelos *francos* para a Península Ibérica, indutor de uma maior densidade e com origens ainda historicamente difusas, comporta as características essenciais da cidade tradicional europeia, designadamente um lote estreito e comprido com construção na frente de rua e logradouro atrás, compondo, por regra, quarteirões rectangulares e, assim, hierarquizando a relevância das ruas num dos sentidos face às suas perpendiculares, que a tradição portuguesa designa de travessas. Esse tipo de lote, por oposição ao que comporta a casa-pátio mediterrânica mais facilmente enquadrável num *damero*, permite uma muito mais fácil adaptabilidade a situações topográficas extremas, dotando a textura morfológica de uma maior flexibilidade ou até organicidade. Em situações ideais este tipo de lotes organiza-se em quarteirões rectangulares, por vezes muito alongados, majorando o uso privado do espaço disponível. Tem ainda um potencial de composição geométrica extraordinariamente rico, o que faz com que mais do que indutor de um modelo, seja um módulo, uma partícula de uma composição com uma grande margem de liberdade.

---

[156] Esta matéria é de uma extraordinária complexidade, pelo que a respectiva bibliografia de referência é aqui impossível de listar. Entre outros deixo apenas três portais de acesso: Pierre PINON, "La transición desde la ciudad antigua a la ciudad medieval: permanencia y transformación de los tejidos urbanos en el Mediterráneo Oriental." *La ciudad medieval: de la casa al tejido urbano*, coord. Jean Passini, Cuenca, Ediciones de la Universidad de Castilla-la-Mancha, 2001; Sónia GUTIÉRREZ LLORET (1993), "De la civitas a la madina: destrucción y formación de la ciudad en el sureste de Al-Andalus. El debate arqueológico." *IV Congreso de Arqueología Medieval Española*. Madrid: CSIC. tomo I, 1993; Pedro IMÉNEZ CASTILLO & Julio NAVARRO PALAZÓN (2001), "El urbanismo islámico y su transformación después de la conquista cristiana: el caso de Murcia." *La ciudad medieval: de la casa al tejido urbano*. Cuenca: coord. Jean Passini, Universidad de Castilla-la-Mancha. 2001.

Fig. 1: Reconstituição hipotética do plano para a implantação de um ensanche em Arronches no século XIV (as dimensões médias dos lotes existentes coincidem com as do desenho da direita). Luísa TRINDADE (2009), *Urbanismo na composição de Portugal*. Coimbra: Imprensa da Universidade. 2013.

Muitos autores têm-no designado por lote gótico, outros por godo ou franco, essencialmente para evitar qualquer tipo de confusão com o contexto cronológico e cultural em que surge a arquitetura e estilo que, também impropriamente, designamos com a palavra gótico. É uma questão a resolver. Talvez um termo com referenciação geográfica (como europeu ou bárbaro) que de forma clara o contraponha a mediterrânico. Com efeito o choque de credos no palco europeu produziu o cindir do espaço e civilização mediterrânicos (clássicos) e a deslocação ou criação de um centro, no que diz respeito ao mundo dito ocidental, no seio da plataforma continental europeia e já não no *mar do meio*.

Muito importante para o nosso propósito é retermos as propriedades compositivas deste tipo de lote e consciencializarmo-nos sobre o que acima foi referido sobre as suas características morfológicas e o que representa e implica, do ponto de vista da vida dos agregados familiares, de uma maior promiscuidade entre a habitação e outros usos urbanos (como o comércio e a produção artesanal), de uma menor privacidade, de uma maior vivência de rua, etc. Note-se como raramente admite a construção de fogos com aberturas em mais do que duas frentes, sendo que uma delas abre necessária e diretamente para a rua ou praça, também elas realidades novas no panorama urbanístico. Com efeito e conforme em outro lugar já tive oportunidade de, para o caso português, o justificar e caracterizar[157], na sua especificidade espacial e pela seu designativo, a rua é uma criação urbanística medieva que, aliás, só se pode compreender face à própria natureza do novo tipo de lote. O mesmo se pode dizer no que diz respeito à praça[158].

A reestruturação urbana da Península Ibérica (urbanização do norte e reurbanização do sul, passando pela criação de redes urbanas de defesa das frentes marítimas e fronteiriças), com especial destaque para o território que em breve viria a ser Portugal, fez-se com base no modo urbanístico de composição livre decorrente dessa unidade base que é o lote estreito e comprido, quando necessário obliterando literalmente as estruturas anteriores. O que explica que não subsista em território português, como (apesar de tudo) no espanhol, nenhum tramo urbano consistente com morfologia resultante da romanização ou da islamização, designadamente no que diz respeito ao parcelário, à ocupação do lote, aos tipos habitacionais. Por outro lado, o abandono das mesquitas com a sua substituição e/ou adaptação a igrejas, bem como a renovação das preexistentes e construção de algumas novas, tiveram também uma tradução revolucionária na morfologia urbana, quanto mais não seja pela diferença extremada que, com relação às igrejas, estabelecem nas relações com a envolvente.

Por conseguinte, nada de novo nem de exógeno em relação à realidade ocorrida noutras cidades europeias da época (séculos XII a XIV),

---

[157] Walter ROSSA (2001), *DiverCidade: urbanografia do espaço de Coimbra até ao estabelecimento definitivo da Universidade*. Coimbra: (edição policopiada) dissertação de doutoramento apresentada à Faculdade de Ciências e Tecnologia da Universidade de Coimbra. 2001: 432-436.

[158] Ver pp. 380-393 do trabalho referenciado na nota anterior, mas também Amélia ANDRADE & Walter ROSSA (1998), "La plaza portuguesa. Acerca de una continuidad de estructuras y funciones." *Catálogo da Exposição La plaza en España y Iberoamérica. El escenario de la ciudad*. Madrid: Museo Municipal de Madrid. 1998: 99-109 e, essencialmente, as pp. 571-612 da obra Luísa TRINDADE (2009), *Urbanismo na composição de Portugal*. Coimbra: Imprensa da Universidade. 2009.

até no facto peculiar de nos casos de fundação — as *vilas novas* — se seguir um procedimento morfológico extraordinariamente simplificado, em que as componentes urbanas essenciais (zona habitacional, castelo, igreja) surgem ainda separadas, longe do projeto urbano integrado das *bastides* francesas com praça e muralhas articulando o todo[159]. Mas surgem amiúde com sistemas compositivos de base geométrica tão óbvia quanto simples. Com o passar dos tempos e o desenvolvimento cultural e demográfico do reino, os sistemas urbanos foram ficando morfologicamente cada vez mais complexos e ricos, surgindo finalmente elementos compositivos fundamentais como a praça. Porém a partícula urbana básica continuou sempre a ser o lote estreito e comprido que, no universo português, continuaria.

Com efeito, quer no Oriente, quer na América do Sul, ao longo dos mais de três séculos de vigência do 1º Império português (1458-1808) (o do Antigo Regime que se consolidou com base no Brasil), não ocorreu qualquer rotura nos paradigmas da produção urbanística portuguesa. As inovações, introduzidas sempre em continuidade, consistiram no refinamento e progressiva racionalização matemática, geométrica e cartesiana do modelo. Resistindo inclusive a um súbito incremento da escala (que de facto explode nas realizações hispânicas), a urbanística portuguesa foi aprimorando os sistemas de coordenação métrica e proporcional, sempre em torno do tema do quadrado e da sua integração no sistema compositivo de proporção de $\sqrt{2}$. Este é, como sabemos e apenas com a *proporção de ouro*, um dos dois sistemas proporcionais que permite o estabelecimento de séries infinitas (uma boa base para fractais) através do acréscimo ou subtração de uma constante (neste caso com a mesma proporção, no caso da proporção de ouro a unidade) sendo que a resultante mantém essa mesma proporção.

Fundamental é ainda o facto do sistema proporcional da $\sqrt{2}$ ter relações diretas com os sistemas de coordenação polar, através de uma trigonometria simples e intuitiva, facilmente apreensível se considerarmos a utilização da Rosa dos Ventos e Rumos [RVR] como ábaco compositivo

---

[159] Ver obra de Luísa Trindade referenciada na nota anterior.

e proporcional[160]. O interesse desta relação reside no facto de ser óbvio o quanto o desenvolvimento científico-matemático ocorrido com as navegações portuguesas terá sido instrumentalizado ao serviço da urbanística e do reconhecimento e ordenamento do território, até porque temos muitos dados que nos dão como comuns os sistemas e métodos de formação e trabalho, senão mesmo, em diversos casos, a coincidência dos personagens.

Fig. 2: A rosa dos ventos e rumos [RVR] identificada como ábaco da composição arquitectónica das Capelas Imperfeitas do Mosteiro da Batalha. João Manuel Gomes HORTA (2006), *Vila Real de Santo António, forma limite no Urbanismo Histórico Português*. Faro: dissertação de doutoramento apresentada à Faculdade de Ciências Humanas e Sociais da Universidade do Algarve. 2006

Por outras palavras, a formação matemática dos homens do mar, da guerra e da urbanização era comum, sendo por vezes os primeiros a dirigir os processos de urbanização, em especial nos primeiros tempos.

---

[160] Sobre o RVR e a arquitetura e urbanística portuguesas ver João Manuel Gomes HORTA (2006), *Vila Real de Santo António, forma limite no Urbanismo Histórico Português*. Faro: dissertação de Doutoramento apresentada à Universidade do Algarve. 2006.

Mas foi a figura do engenheiro militar que acabou por gradualmente assumir esse papel, aliás de forma hegemónica e estabilizada desde o último terço do século XVII, mas com antecedentes relevantes desde meados de Quinhentos. Figura que evoluiu de entre o erudito matemático e o mestre pedreiro que gradualmente se foi assumindo como arquiteto, base híbrida que se refletirá nos cargos e funções, nos legados que se vão identificando para cada um[161].

Assim se alinhou um conjunto de fatores e condicionantes que levaram a que, mais do que modelos, a urbanística portuguesa apurasse métodos em que a formação matemática adquiriu uma importância central, pois do cartesianismo proveio um racionalismo pragmático que se compaginou na perfeição com a ductilidade compositiva do módulo morfológico de base, o lote estreito e comprido. De todo o processo nada há de mais expressivo que os títulos nacionalistas dos mais conhecidos (até porque então os únicos publicados) tratados de engenharia militar portugueses da Idade Moderna, o *Método Lusitânico* de Luís Serrão Pimentel de 1680 e o *Engenheiro Português* de Manuel de Azevedo Fortes de 1728/9[162]. É precisamente no *Método Lusitânico* que encontramos a frase, já famosa entre os especialistas, "O Engenheiro experto, & de juízo poderá accõmodar as mais particularidades com bom discurso, & consideração." Naõ trago fig. com as disposiçoens das ruas, praças, & sítios das casas em Planta por me parecer se pòde escusar"[163]. Em suma aposta-se na ideia de a especialização dispensar modelos e apelar à criatividade pragmática.

---

[161] Para a compreensão do quadro evolutivo da produção e pensamento teórico implícitos é fundamental o trabalho Margarida Tavares da CONCEIÇÃO (2008), *Da Cidade e Fortificação em textos portugueses (1540-1640)*. Coimbra: dissertação de Doutoramento apresentada à Universidade de Coimbra. 2008.

[162] Luis Serrão PIMENTEL (1680), *Método Lusitânico de Desenhar as Fortificações das Praças Regulares e Irregulares*. Lisboa: fac-símile pela Direcção da Arma de Engenharia. 1993; Manoel de Azevedo FORTES (1728/9), *O Engenheiro Portuguez*. Lisboa: fac-símile pela Direcção da Arma de Engenharia. 2 vol.s, 1993.

[163] Parte 1. Secção II. Cap. XI, p. 325.

Fig. 3: Frontespícios de Luis Serrão PIMENTEL (1680), *Método Lusitânico de Desenhar as Fortificações das Praças Regulares e Irregulares* e de Manoel de Azevedo FORTES (1728/9), *O Engenheiro Portuguez*.

Ressalve-se, contudo, como há uma diferença substancial, uma grande evolução entre os conteúdos daqueles textos, até porque ambos os autores tiveram percursos muito além do seu desempenho como engenheiros militares. Serrão Pimentel além de ter sido o primeiro a ocupar o cargo de Engenheiro-Mor (1676) e o primeiro mestre da Aula de Fortificação e Arquitetura Militar fundada em 1647 (a futura Academia de Fortificação), foi também Cosmógrafo-Mor. Azevedo Fortes, Engenheiro-Mor em 1719, só se fez engenheiro depois de um périplo académico europeu e a sua entrada para a Academia de Fortificação como matemático. A produção teórica deste último foi muito além daquela obra, indo desde incursões de natureza filosófica a aspetos de ordem prática e organizacional que se podem resumir pelo ensejo, quase de dimensão utópica, de dotar a engenharia militar portuguesa de um estatuto de elite com exclusividade de tarefas entre os âmbitos da arquitetura e do território, passando designadamente pela cartografia[164].

Em ambas as obras é inquestionável o comum desígnio, também de escopo corporativo, de afirmação de um *método português*, expressão que sintetiza os títulos dessas duas obras basilares da engenharia militar portuguesa. Não vamos aqui discutir até que ponto essa especificidade existiu à luz da reforma e produção de sistemas fortificados, mas uma vez que foram os engenheiros militares quem desde então dirigiu em todo o universo português quase todas as ações de urbanização e intervenção nos núcleos urbanos preexistentes, no que diz respeito à urbanística impõe-se-nos levar em linha de conta a consciência coeva desse método. E, note-se ainda, como em ambas as obras (bem como em mais algumas que não chegaram a ser publicadas dos próprios e de outros autores) é assumido e discutido o contributo e o confronto com escolas e tratadistas estrangeiros.

São tratados de fortificação com muito parcas referências diretas ao urbanismo que, como sabemos, nem sequer tinha ainda designação específica e, assim, reconhecimento autónomo. Aliás na história da urbanística são muito raros os textos que o fazem antes de meados de Oitocentos. Por isso tem importância levarmos em linha de conta a formação de quem então dirigia os processos de urbanização. Recorrendo a um exemplo culturalmente muito diverso, não é irrelevante na diferença das resultantes formais o facto de a urbanização da América de influência britânica, pelo menos nas primeiras décadas da Independência (1776), ter sido levada a cabo por agrimensores e militares como o próprio George Washington (1732-1799) ou fazendeiros com uma cultura invulgar e um interesse específico nas questões do ordenamento territorial, como Thomas Jefferson (1743-1826) que, aliás, não só foi o autor da *Land Ordinance* de 1874,

---

[164] Mário Fernandes GONÇALVES (cood.) (2004), *Manoel de Azevedo Fortes (1660- -1749). Cartografia, Cultura e Urbanismo*. Porto: GEDES, Departamento de Geografia da Faculdade de Letras da Universidade do Porto. 2006. O conjunto de textos coligidos nesta pequena obra é um bom portal de acesso a esta temática. De qualquer das formas anote-se ainda aqui o expressivo texto Manoel de Azevedo FORTES (1720), *Representação feyta a S. Magestade sobre a forma e direcçam que devem ter os engenheyros*. Lisboa: Of. Mathias Pereyra da Silva. 1720.

a primeira e inspiradora das seguintes (1785, e 1796), bem como urbanista ativo[165].

Ou seja, mais ou menos na mesma época (a do *Iluminismo*) em que homens como Washington e Jefferson empreendiam o processo da construção territorial do que viriam a ser os Estados Unidos da América[166], os engenheiros militares portugueses reconheciam e urbanizavam a Amazónia e o Mato Grosso[167]. Tudo, claro, com modelos territoriais, urbanos e arquitetónicos e métodos muito diversos. Em comum tiveram esse papel de mediadores entre culturas de território europeias e a sua aplicação no Novo Mundo com uma matriz comum: o fundamento matemático. O urbanista, bem como o urbanismo, era uma profissão ainda não assumida, embora dinamicamente exercida por muitos.

Regressemos agora ao paralelo com o caso que nos é mais próximo, quer na origem, quer no destino, quer na cronologia: o espanhol. Com efeito não tem sido suficientemente notado o facto de a urbanização da América de influência espanhola ter sido essencialmente produzida por dirigentes administrativos e não tanto por engenheiros militares. A ordem formal perseguida antes e estabelecida pelas famosas ordenanças das *Leys de Indias* de 1573, fixou um modelo que até certo ponto dispensou o contributo de peritos que, contudo, eram chamados para tudo quanto implicava a defesa ou programas urbanos mais complexos[168]. Entre outros indicadores isso ficou bem expresso no facto de, como já antes se

---

[165] Ver: John W. REPS(1961), "Thomas Jefferson's Checkerboard Towns." *The Journal of the Society of Architectural Historians*. Chicago: SAH. n°3, ano 20, 1961: 108-114; Xosé Fernández FERNÁNDEZ (2003), *El arquitecto norteamericano Thomas Jefferson (1743-1826) y su relación con España*. La Coruña: Universidade da Coruña. 2003; James P. RONDA (ed.) (1994), *Thomas Jefferson and the changing West*. St Louis: University of New Mexico Press and Missouri Historical Society Press. 1997; James D. KORNWOLF (2002), *Architecture and town planning in colonial North America*. Baltimore: Johns Hopkins University Press. 3 vol.s, 2002.

[166] John W. REPS (1965), *The making of urban America. A history of city planning in the United States*. Princeton: Princeton University Press. 1965.

[167] Renata de ARAUJO (1992), *As Cidades da Amazónia no século XVIII: Belém, Macapá e Mazagão*. Porto: FAUP. 1998 e Renata de ARAUJO (2000), *A urbanização do Mato Grosso no século XVIII: discurso e método*. Lisboa: dissertação de Doutoramento apresentada à Universidade Nova de Lisboa. 2 vol.s, 2000.

[168] Fernando de TERÁN (coord.) (1989), *La Ciudad Hispanoamericana: el sueño de un orden*. Madrid: CEHOPU. 1989.

recordou, o *damero* que efetivamente se adotou no terreno corresponder a uma versão extraordinariamente simplificada do que o modelo teórico legislado veiculava. Cumulativamente a repartição dos lotes (*solares*) era também intuitiva e nem sempre regular ou modular.

Não é ainda certo porque é que esses dois primeiros processos de expansão e colonização à escala mundial enveredaram por partidos urbanísticos diversos. Tenho apenas tentado apontar algumas razões plausíveis, susceptíveis de catalisar o início dessa investigação e debate, como a grande disparidade demográfica e dos graus civilizacionais dos territórios colonizados por cada um desses reinos. Sabemos como à partida o projeto expansionista português tinha apenas propósitos de ordem comercial e confessional. O projeto colonial surge depois e quase como inevitável. Inicialmente não se quis ocupar, nem sequer de forma simbólica, o Brasil, o que só ocorreu por reação ao facto de colonos de outras origens ali tentarem fixar-se. Essa ocupação foi um processo extraordinariamente lento e só dois séculos após a revelação oficial do seu achamento pela armada de Pedro Álvares Cabral (1500) é que se empreendeu, de forma sistemática, o reconhecimento do interior, mais uma vez por reação à necessidade de definir fronteiras com a parte espanhola da América do Sul.

Isso fez com que, na generalidade e ao invés dos casos espanhóis, os primeiros estabelecimentos (entre os quais se contam algumas das principais cidades brasileiras de hoje como o Rio de Janeiro, São Paulo, Santos, Vitória, etc.) não fossem objeto de um plano geral de ordenamento e urbanização, facto que ainda hoje se discute para o caso da primeira cidade régia fundada no Brasil, Salvador da Bahía (1548-49), com o fim, aliás, de ali sediar o governo da colónia. Está documentado o papel de um mestre de obras da fase de transição para engenheiro militar, Luís Dias, que se refere a *traças* (desenhos), mas fica a dúvida se relativos ao traçado urbano ou à fortificação. Sabe-se também que depois de estabelecido o traçado e construída a cerca ordenou a pequena área urbana no interior. Ordenar urbanisticamente um espaço não é a mesma coisa que o projetar de forma integrada com todas as suas componentes, designadamente o seu sistema defensivo.

São dúvidas que se confirmam quando analisamos o resultado e levamos em linha de conta o facto de, muito pouco tempo depois, a cidade desenvolver o seu primeiro ensanche com o qual finalmente adquiriu expressão e equipamentos que a tornaram digna do seu estatuto urbano e territorial. Curiosamente e como já acima ficou dito, o modelo seguido é muito similar ao do *damero* hispânico, matéria ainda por explorar.

Também algo próximo da quadrícula é o caso de Damão (Índia, c. 1560), mas esta teve origem numa preexistência, o quadrado do forte muçulmano que determina o módulo dos quarteirões e a orientação cardeal do sistema. Nunca foi e não será fácil determinar a sua divisão, ou seja, o tipo de lotes com que foi composta ou sequer se eram regulares. É um caso mais conhecido pela sua expressão morfológica geral em que essa quadrícula surge encarcerada por um perímetro abaluartado, conferindo-lhe uma planimetria similar às das cidades ideais do renascimento que então surgiam nos *I Quattro Primi Libri di Architettura* de Pietro Cataneo (1554). O que levou Mário Tavares Chicó à conclusão apressada a que inicialmente fiz referência. Outros casos na Índia, como o de Baçaim (1534), pelas representações coevas simplificadas reforçavam o argumento que hoje sabemos não fazer qualquer sentido[169].

Pelo contrário em tudo essas cidades cumprem com o que temos vindo a reconhecer na urbanística medieval praticada em Portugal até então. Até nos casos mais tardios e de mais propalada modernidade isso se verifica. Refiro-me ao de Angra na Ilha Terceira dos Açores e ao ensanche do Bairro Alto em Lisboa, ambos da transição entre os séculos XV e XVI[170]. O sistema compositivo sobre o qual tenho vindo

---

[169] Para além da bibliografia referenciada na nota 8, ver também as entradas "Daman" e "Vasai Fort", da autoria de Walter Rossa, in José MATTOSO (dir.) & Walter ROSSA (coord.) (2010), *Património de Origem Portuguesa no Mundo: arquitetura e urbanismo. Asia e Oceania*. Lisboa: Calouste Gulbenkian Foundation. 2010: 100-104 e 158-163.

[170] Para Angra ver o texto coletivo referenciado na nota 12 e Antonieta Reis LEITE (2000), "Angra, um porto no percurso da Cidade Portuguesa." *Atlântida*. Angra do Heroísmo: Instituto Açoreano de Cultura. vol. XLVII, 2002:15-57. Para o Bairro alto ver Hélder CARITA (1990), *O Bairro Alto: tipologias e modos arquitectónicos*. Lisboa: Câmara Municipal de Lisboa. 1994 e Hélder CARITA (1998), *Lisboa Manuelina e a formação de modelos urbanísticos da época moderna (1495-1521)*. Lisboa: Livros Horizonte. 1999. Entretanto para o primeiro

a chamar a atenção verifica-se em plenitude nestes dois casos-chave pois inserem-se numa cronologia de transição, ou seja, entre o medievo e o moderno, entre o Portugal europeu e o Portugal imperial. O caso lisboeta, de iniciativa privada, foi catalisado pela explosão urbana que o processo da expansão determinou para Lisboa, sendo o novo bairro essencialmente ocupado por gente ligada à navegação e comércio ultramarino. Há outros processos de urbanização coevos, mas são estes não só os mais estudados como aqueles onde a extensão e regularidade atingiram maior expressão. Também ainda por estudar em detalhe conta-se um considerável conjunto de casos de ensanches planeados desenvolvidos ao longo de Quinhentos e Seiscentos em Portugal, mas em todos eles o padrão morfológico é semelhante.

Contudo é no império, muito em especial no Brasil, que a criação de cidades novas foi adquirindo expressão, em especial depois de ultrapassadas as dificuldades criadas pela União Ibérica (1580-1640) e a decorrente Guerra da Restauração (1640-1668). Algumas décadas depois as incursões no sertão brasileiro revelaram jazidas do que há muito se procurava (pedras e metais preciosos) o que proporcionou não apenas um grande surto económico, mas também urbanizador. Nesse contexto surgem também os confrontos de delimitação fronteiriça entre Portugal e Espanha, os quais conduziram a negociações nas quais os argumentos determinantes acabaram por se basear no reconhecimento e ocupação do território. Foi um processo iniciado na década de 1720 e continuado por quase um século. Os tratados de Madrid (1750), de El Pardo (1761), de Santo Ildefonso (1777) e o de Badajoz (1801) são os seus marcos político-diplomáticos essenciais.

---

caso a mesma autora concluiu a sua dissertação de doutoramento: Antonieta Reis LEITE (2012), *Açores, cidade e território*. Coimbra: dissertação de doutoramento apresentada à Faculdade de Ciências e Tecnologia da Universidade de Coimbra. 2012. Para o segundo foi realizado por mim um estudo morfológico de que nesta colectânea se publicam alguns desenhos de síntese.

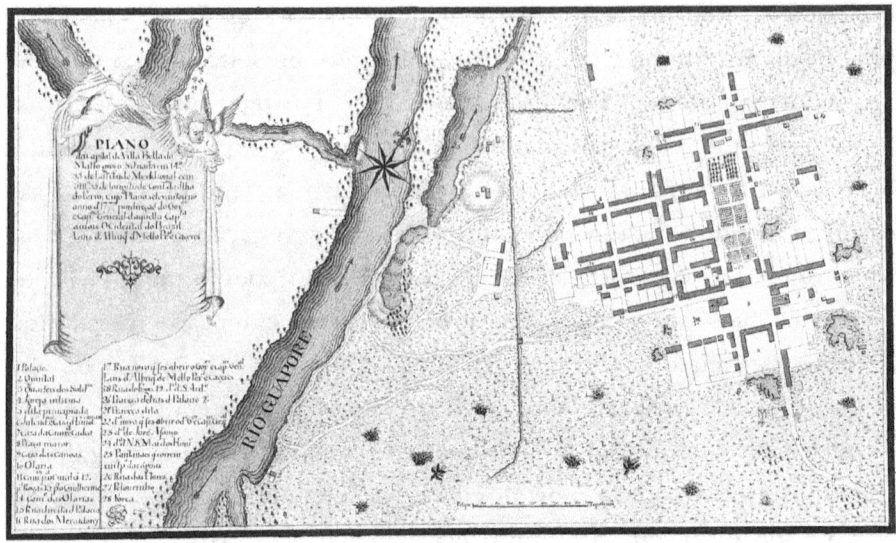

Fig. 4: "*Plano da Capital de Villa Bella do Matto groço...*", 1777. Casa da Ínsua.

Esses tratados foram ajustando a forma territorial do Brasil em função de alguns processos bélicos, mas essencialmente com base no esforço de urbanização português do sertão. A par com um expressivo conjunto de cidades resultantes de processos de ocupação espontânea gerados pela mineração, como os casos mais conhecidos de Ouro Preto, Sabará, Serro, Diamantina, etc., foram projetadas e fundadas dezenas de cidades novas. Em muitas das que vingaram é hoje difícil reconhecer a origem. Mas muitas outras prevaleceram e têm sido objeto de estudo por múltiplos investigadores[171], embora a profundidade da observação morfológica se fique genericamente pela forma urbana geral ou pela composição dos quarteirões, ruas e praças. No entanto em inúmeros

---

[171] Além das obras de Renata de Araujo referidas na nota 167 e da de Nestor Goulart Reis Filho referida na nota 145, vejam-se: Nestor Goulart REIS (2000), *Urbanismo em Brasil. Século XVI-XVIII. Imagens de Vilas e Cidades do Brasil Colonial*. São Paulo: Editora da Universidade de São Paulo/ Imprensa Oficial do Estado/ Fapesp. 2000; Cláudia Damasceno FONSECA (2001), *Des terres aux Villes de l'Or*. Paris: Centre Culturel Calouste Gulbenkian. 2003; *Atlas dos centros históricos do Brasil*. Rio de Janeiro: org. José Pessôa e Giorgio Piccinato, Casa da Palavra. 2007; José MATTOSO (dir.) & Renata de ARAUJO (Coord.) (2010), *Património de Origem Portuguesa no Mundo: arquitetura e urbanismo*. *América do Sul*. Lisboa: Fundação Calouste Gulbenkian. 2010.

casos os desenhos de projeto e de representação são suficientemente expressivos para ali reconhecermos de forma clara como elemento compositivo de base o lote estreito e comprido e, consequentemente, o sistema hierarquizado da malha viária organizado segundo ruas e travessas. Urge estudar métricas e proporções, verificar *in locco* o grau e rigor da concretização.

Contudo é crucial invocar essa realidade, esse verdadeiro campo concreto de experimentação e desenvolvimento da urbanística portuguesa do Antigo Regime, para contextualizar de forma devida aquela que é, sem dúvida, a sua mais completa e complexa realização urbanística: Vila Real de Santo António, a única *cidade nova* fundada pelos portugueses no continente europeu durante toda a Idade Moderna. Conhecemos todo o processo, não apenas pelo facto de um considerável conjunto da produção gráfica e documental a que a sua génese deu origem ter chegado até nós, mas essencialmente pelo facto de ter sido estudada monográfica e integradamente por um historiador de arte e por um arquiteto em trabalhos publicados em 1984 e 2006, sendo que último, já acima referido, incide precisamente e de forma exaustiva sobre o processo compositivo[172].

Vila Real de Santo António, projetada e fundada em 1773 e formalmente inaugurada em 1776, foi concebida como um organismo urbanístico--arquitetónico unitário destinado a funcionar como cidade-fábrica de salga das sardinhas pescadas na costa oriental do Algarve, a região portuguesa mais a sul da Península Ibérica, que então, muito deprimida, foi sujeita a um processo de reforma administrativa, económica e territorial. É também, em certa medida, resultado de um conflito com os espanhóis, servindo o desígnio de afirmação da soberania portuguesa no ângulo sudeste do território português separado da Andaluzia pela foz do rio Guadiana. Seguindo uma tradição secular, a cidade não foi fundada frente ao mar, mas sobre o rio, mostrando-se também afirmativamente a Espanha.

---

[172] José Eduardo Horta CORREIA (1984), *Vila Real de Santo António: urbanismo e poder na política pombalina*. Porto: FAUP. 1998; o outro é o trabalho de João Manuel Gomes Horta referenciado na nota 160.

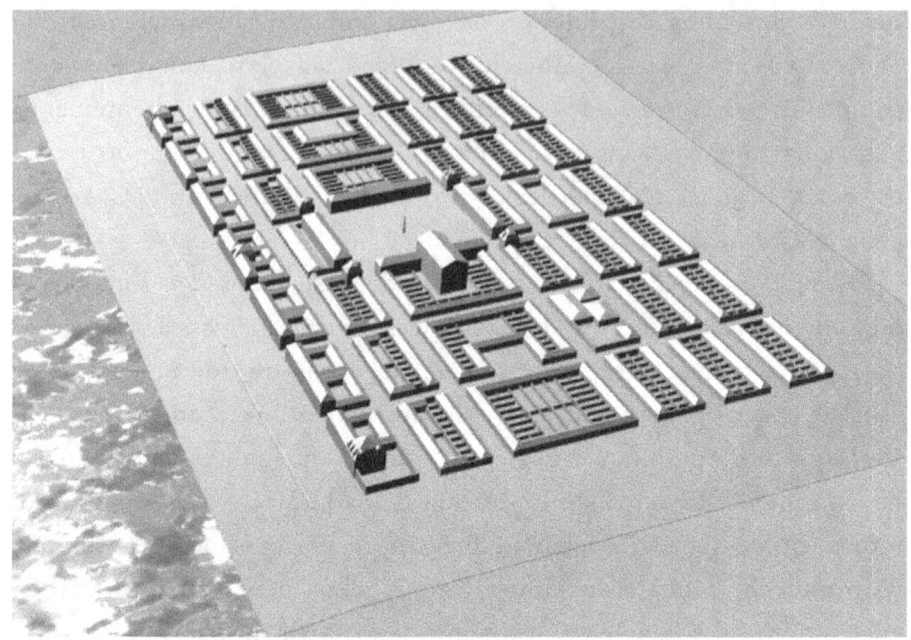

Fig. 5: A forma ideal de Vila Real de Santo António[173].
Walter ROSSA e Adelino GONÇALVES (coord.).
Plano de Pormenor de Salvaguarda do Núcleo Pombalino,
2005.

São diversos os aspetos urbanísticos de relevo nesta fundação iluminista, os quais por razões óbvias não podem aqui ser desenvolvidos, mas de que destaco: i) a relação estreita da sua arquitetura, materiais e sistemas construtivo e proporcional com a reconstrução da zona central de Lisboa após o Terramoto de 1755 (de onde não só foram o plano geral e os projetos dos edifícios, mas também diversos elementos construtivos); ii) o carácter absolutamente unitário da sua expressão arquitectónica e o totalitarismo do desenho; iii) a relação entre o programa de cidade-fábrica e a planimetria e expressão arquitectónica do edificado; iv) a estreita relação cronológica, programática e ideológica com outras tentativas de concretização de utopias fabris, das quais

---

[173] Ver também a figura 6 do texto "Património urbanístico: (re)fazer cidade parcela a parcela" da *1ª Parte*.

ressalto o caso das Saline Royale d'Arc-et-Senans em Chaux cujo plano final é de 1774[174].

Mantendo a linha de pensamento seguida neste texto importa sobretudo fazer notar como o caso concretizado da *cidade nova* de Vila Real de Santo António leva ao limite do rigor e da criatividade os princípios compositivos que fui identificando na tradição urbanística portuguesa desde a Idade Média: utilização como módulo base de composição do lote estreito e comprido (24x50 palmos) e hierarquização viária, sendo que as ruas norte-sul são aquelas para onde dão as frentes dos edifícios. Porém é também claro como aqui já não é a rua nem a praça o elemento gerador, mas sim um sistema urbano geral que tem por base uma racionalidade algébrico-geométrica levada ao extremo, pois desde a *forma urbis* ao desenho de pormenor, passando pela dimensão dos espaços públicos, quarteirões e lotes, verifica-se a submissão de tudo a uma proporção baseada na variação da unidade (o quadrado) com a sua $\sqrt{2}$. O valor $1+\sqrt{2}$, facilmente inserível no ábaco do sistema RVR, é uma constante de proporcionalidade em toda a cidade, como também o é em outras realizações urbanísticas da época, sendo Lisboa a principal referência, não apenas no Plano da Baixa de 1758, mas um pouco em todo o processo de planeamento que o acompanhou[175]. Aliás, do ponto de vista dos edifícios, o Bairro das Amoreiras (1759) é o caso precedente e não a Baixa[176].

Como corolário desta sinopse sobre a urbanística das *cidades novas* portuguesas do período clássico, Vila Real de Santo António surge-nos de facto como o *caso limite* da urbanística clássica portuguesa. Ali a

---

[174] Sobre esta relação, bem como sobre outras tentativas de concretização urbanística do Iluminismo em Portugal ver nesta o texto que se segue ("Cidades da Razão: Vila Real de Santo António e arredores").

[175] Ver na *4ª parte* o texto "No 1º plano" de 2008; Walter ROSSA (2004), "Do plano de 1755-1758 para a Baixa-Chiado." Monumentos. Lisboa: Direcção Geral dos Edifícios e Monumentos Nacionais. nº21, 2004: 22-43; Walter ROSSA (2008), "Il piano per Lisbona dopo il terremoto del 1755." *Terremoti e ricostruzioni tra XVII e XVIII secolo, atti dei seminari internazionali (Lisbona 10 ottobre 2008, Noto 24 ottobre 2008)*. Palermo: ed. Maria Giuffrè e Stefano Piazza, Edibook Giada. 2012: 87-94.

[176] Walter ROSSA (1990), *Além da baixa: indícios de planeamento urbano na Lisboa Setecentista*. Lisboa: Instituto Português do Património Arquitectónico. 1998.

complexidade dessa escola surge com a extraordinária clareza e limpidez de um produto acabado. Produto filho de um método que desenvolveu, racionalizou ao extremo e levou a todo o Mundo o modelo base da urbanística consubstanciada na Europa quando esta se consubstanciou como unidade civilizacional.

CIDADES DA RAZÃO: VILA REAL DE SANTO ANTÓNIO E ARREDORES[177]

1. Vila Real de Santo António, uma dimensão pragmática de utopia

Fig. 1: O núcleo fundacional de Vila Real de Santo António no seu contexto atual. Walter ROSSA e Adelino GONÇALVES (coord.). *Plano de Pormenor de Salvaguarda do Núcleo Pombalino*, 2005.

---

[177] Texto publicado no número 30 da revista *Monumentos* editada em 2010 pelo Instituto da Habitação e Reabilitação Urbana.
O seu título merece uma explicação: a primeira parte tê-la-á no final do texto; a segunda parte é uma referência direta a um pequeno, mas magnífico livro sobre uma temática subjacente a este texto — a da *cidade ideal* e *utopia* — ainda que num outro contexto cronológico: Robert TREVISOL (2002), *Sforzinda e dintorni*. Firenze: Alinea Editrice. 2002.

Vila Real de Santo António constitui o clímax da *escola portuguesa de arquitetura, urbanismo e engenharia militar*. Sendo discutível a aplicação do conceito de *escola* a esse contexto disciplinar no Portugal dos séculos XVII e XVIII, afigura-se-me como seguro o facto de, em valor absoluto e universal, aquela cidade ser um *caso limite*[178] enquanto realização urbanística, o que à primeira vista pode oferecer-se como ainda mais polémico. Foi concebida e concretizada enquanto *cidade nova*[179], com a função primária e comum de afirmação de soberania através da marcação e colonização do território, mas também de exploração das suas potencialidades económicas. O cumprimento integral e integrado do seu totalitário programa funcional e formal, tornam incontornável e estimulante considerá-la mais do que uma *cidade ideal*, uma utopia urbanística — ou seja, *cidade utópica* — e, assim, paradoxo viável do próprio conceito[180].

---

[178] Esta constatação — Vila Real de Santo António como *caso limite* — surge colocada de forma sustentada em José Eduardo Horta CORREIA (1989) "Pragmatismo e utopismo na criação urbanística de raiz portuguesa no século XVIII." *Revista da Faculdade de Ciências Sociais Humanas*. Lisboa: Universidade Nova de Lisboa. vol. 8, 1995: 112, e glosada como *forma limite* no próprio título da obra de João Manuel HORTA (2006), *Vila Real de Santo António, forma limite no Urbanismo Histórico Português*. Faro: dissertação de Doutoramento em História apresentada à Universidade do Algarve. 2006. Este trabalho com o de José Eduardo Horta CORREIA (1984), *Vila Real de Santo António: urbanismo e poder na política pombalina*. Porto: FAUP. 1998, constituem a referência simultaneamente básica e exaustiva para qualquer estudo e reflexão sobre esta realização urbanística, pelo que daqui em diante me eximo de os referir, a não ser em casos de referência direta.

[179] Retoricamente Vila Real de Santo António foi a restauração da vila de Santo António de Arenilha, núcleo urbano desaparecido nos inícios de Seiscentos, mas cujo termo e concelho se mantiveram. A *refundação* pombalina recuperou, não apenas o local e a desaparecida capitalidade do território concelhio, mas também o topónimo, constando de alguns dos documentos do início do processo a designação Vila Real de Santo António de Arenilha. No entanto nada do núcleo urbano primitivo existia à data, o que não impede que se deva classificar a ação urbanizadora como *ex-novo* em vez de *ex-nihilo*. Porém, do ponto de vista do urbanismo, trata-se de uma *cidade nova*, sem qualquer preexistência edificada que a tenha condicionado. O condicionalismo é apenas de cariz retórico e ideológico.

Como contextualização de Vila Real de Santo António no contexto das *cidades novas* europeias, ver Donatella CALABI (2004), "La longue histoire de la régularité des villes nouvelles." *ECDJ*, coord. Walter Rossa e Adelino Gonçalves. Coimbra: Departamento de Arquitetura da Faculdade de Ciências e Tecnologia da Universidade de Coimbra. n°9, 2005: 36-40.

[180] Da *utopia* à *cidade utópica* vai a distância da concretização de algo que, em tese e etimologicamente, é lugar nenhum. É uma contradição, ou melhor, um paradoxo estabilizado e aceite nos estudos da minha área disciplinar, os quais são inúmeros. Em Hanno-Walter

Não é possível fixá-las em simultâneo num período ou momento da história de Vila Real de Santo António, mas a *cidade-fábrica* foi uma realidade funcional desde a sua fundação até há escassas décadas[181] e a *cidade-formosa* materializou-se ao ponto de ter sido legível a sua globalidade. Foi inviável — seria impossível e mesmo indesejável face à própria natureza da condição urbana — manter-se engessada nesse limbo formal. Ter-se-á, contudo, ido longe demais nessa transformação, sendo hoje muito árdua a percepção da forma original. Subsiste, mesmo assim, a esperança e a possibilidade, não de regressão, mas de clarificação integrada, salvaguardando-se e desenvolvendo-se o muito que ainda subsiste, evidenciando o limite entre o que é a área do plano original e o que dele com igual disciplina ortogonal se espraiou[182].

A realidade urbanística de Vila Real de Santo António preenche o único requisito verdadeiramente formal da materialidade ficcionada das cidades dos textos utópicos, o de *espaço modelo*[183], mas também persegue a constituição de uma *sociedade modelo*. Como o refere Françoise Choay na sua caracterização integrada das utopias em "sept traits discriminatoires" cumulativos: "la société modele a pour sup-

---

KRUFT (1989), *Le città utopiche. La città ideale dal XV al XVIII secolo fra utopia e realtà.* Bari: Laterza. 1990, encontramos um bom desenvolvimento do tema, sendo para mim claro como por entre os oito casos analisados (Pienza, Sabbionetta, La Valletta, Freudenstadt, Richelieu, San Leucio, Chaux e Hancock) poderia estar, com mais propriedade que algumas das outras, Vila Real de Santo António.

[181] É certo que com uma muitíssimo maior expressão para as conservas industriais do que com a salga artesanal do plano original.

[182] Na essência são estes os objectivos centrais do *Plano de Pormenor de Salvaguarda no Núcleo Pombalino* que, sob coordenação minha e de Adelino Gonçalves, foi elaborado por uma equipa da Universidade de Coimbra entre setembro de 2003 e março de 2005, tendo sido publicado em Diário da República e, assim, entrado em plena eficácia pelo Aviso n°29326/2008 de 11 de dezembro. Para uma visão mais detalhada ver o número monográfico da revista *ECDJ* dedicado ao mesmo (*ECDJ*, coord. Walter Rossa e Adelino Gonçalves. Coimbra: Departamento de Arquitetura da Faculdade de Ciências e Tecnologia da Universidade de Coimbra. n°9, 2005) e, claro, os contributos de Nuno Portas e de Adelino Gonçalves na revista onde a versão original deste texto foi publicada.

[183] A propósito de Vila Real de Santo António enquanto modelo ver Paulo Ormindo de AZEVEDO (2004), "Preservação e desenvolvimento. Entendimento, sensibilização e divulgação das intervenções no centro histórico." *ECDJ*, coord. Walter Rossa e Adelino Gonçalves. Coimbra: Departamento de Arquitetura da Faculdade de Ciências e Tecnologia da Universidade de Coimbra. n°9, 2005: 64.

port un espace modele qui en est partie integrante et nécessaire." Os outros seis traços identificadores da utopia não são em caso algum concretizáveis, pelo que é através da constatação daquele inspirado pelos demais que, na prática, se pode verificar a condição de *cidade utópica*[184].

Fig. 2: Planificação do programa funcional de Vila Real de Santo António. Walter ROSSA e Adelino GONÇALVES (coord.). *Plano de Pormenor de Salvaguarda do Núcleo Pombalino*, 2005[185].

---

[184] Françoise CHOAY (1980), *La règle et le modele. Sur la théorie de l'architecture et de l'urbanisme*. Paris: Éditions du Seuil. 1980: 46.

[185] Ver também a figura 6 do texto "Património urbanístico: (re)fazer cidade parcela a parcela" da *1ª Parte* e a figura 5 do texto anterior a este.

Importa então fazer notar o quanto este *espaço modelo* teve, de facto, implícita uma sociedade programada. Vila Real de Santo António não foi pensada como uma cidade funcionalmente multíplice, complexa, densa, mas sim como uma base de pesca e fábrica de salga de pescado, simultaneamente em fronteiriça afirmação de soberania. Para isso necessitava das instituições civis e religiosas mínimas (câmara e igreja), das sedes das sociedades de pesca, dos espaços fabris (as salgas) e de armazenagem de produtos acabados, mas também de um destacamento militar e de uma alfândega.

Assim encontramos os programas funcionais dos edifícios de mais de um piso adstritos ao espaço (praça) e fachada de aparato (Baixa-Mar), com exceção para as salgas e os armazéns (dispostos ao longo da Rua da Princeza, a primeira paralela à Baixa-Mar) que, como os restantes edifícios (o casario habitacional) eram térreos. Tudo segundo uma arquitetura de programa e, bem mais importante, segundo um esquema fabril em linha de produção: pesca, cais, companhias, salga e armazéns. O que não iludiu a necessidade e investimento formal e simbólico numa praça, centrada num obelisco cuja densidade do mote iconológico é tão relevante quanto o seu papel como razão algébrico-geométrica de todo o desenho da cidade.

Era uma vila pensada para funcionários (civis, militares e religiosos) e artesãos da indústria pesqueira ou, se assim o quisermos, operários. Isso ficou plasmado, por exemplo, no número de pisos dos edifícios em que cada um desses grupos sociais vivia e trabalhava. Para ali se previu o mínimo, mas nada deveria faltar, sendo disso boa prova o cemitério, "o primeiro cemitério moderno europeu"[186], também ele inserido na lógica geométrica do plano, implantado, contudo, bem fora dele, ancorando-o segundo o eixo urbano paralelo ao rio que passa pela igreja. Concretizou,

---

[186] Esta questão, já abordada por José Eduardo Horta CORREIA (1984), *Vila Real de Santo António: urbanismo e poder na política pombalina*. Porto: FAUP. 1998: 107-108 e 556-558) surge detalhadamente estudada e contextualizada em Maria Manuel OLIVEIRA (2007), *In memoriam, na cidade*. Guimarães: dissertação de doutoramento apresentada à Universidade do Minho. 2007: 199-204. Ver também o seu artigo Maria Manuel OLIVEIRA (2010), "O Cementerio de Vila Real de Santo António e o debate setecentista sobre a inumação extramuros." *Monumentos*. Lisboa: Instituto da Habitação e da Reabilitação Urbana. 2009: 80-87.

de forma que ainda se nos afigura insólita, a série de requisitos sociais e higienistas que vinham sendo glosados e testados em textos teórico--científicos portugueses, estrangeirados e estrangeiros. Especulações, propostas e projetos que ainda não haviam saído do papel. É a prova cabal do desenho de uma nova sociedade através das suas novas (ou restauradas) cidades.

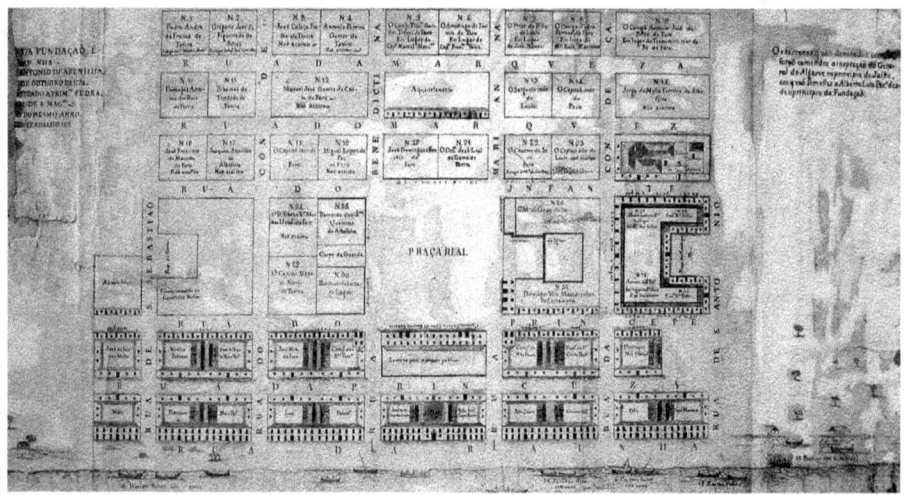

Fig. 3: José Sande de VASCONCELOS (1774). *Desenho relatório*.
Câmara Municipal de Vila Real de Santo António.

Aquela ordenação social é bem mais evidente se inserida no contexto nacional. Não é, contudo, este o local para desenvolver essa matéria. Talvez baste anotar o quanto a sociedade portuguesa havia mudado nessas duas décadas da governação pombalina, precisamente no sentido da sua hierarquização em função da prestação na vida económica e na sua modernização. Será essa uma das resultantes essenciais do *terramoto político ocorrido*[187] com a ascensão ao poder de Sebastião José de Carvalho e

---

[187] Este é sugestivo o título da estimulante obra de José Manuel SUBTIL (2007), *O terramoto político (1755-1759): memória e poder*. Lisboa: Universidade Autónoma. 2007. A verdade é que em sequência o terramoto foi essencialmente social, processo perspicazmente epigrafado no título do texto de José Augusto FRANÇA (1982), "Burguesia pombalina, nobreza mariana, fidalguia liberal." *Pombal Revisitado*, Atas do Colóquio. Lisboa: Editorial Estampa. Vol. I, 1984: 19-33). Essa transformação social foi, aliás, o mote do seu trabalho seminal de José Augusto FRANÇA (1962), *Lisboa Pombalina e o iluminismo*. Lisboa: Bertrand. 1987, que

Melo (1699-1782), futuro Marquês de Pombal, na sequência do Terramoto de 1 de novembro de 1755. Terramoto(s) que assim se faz(em) reconhecer enquanto marco(s) do florescimento em poder da *razão das luzes*, o Iluminismo. "Point n'est besoin de souligner combien la pénétration des Lumières dans le XVIIIe siècle a constitué l'un des plus puissants intruments de subversion finale de l'ordre établi."[188] É uma nova ordem social (até uma nova civilização, como utopicamente o pretenderam os enciclopedistas[189]) que encontra na ordem urbanística de várias realizações um instrumento e, talvez, a sua melhor e mais durável expressão.

Ordem urbanística levada ao clímax em Vila Real de Santo António pelo totalitário primado da geometria e pelo exercício, ainda hoje de rara prática, de se concretizar o ideal do urbanismo enquanto arquitetura à escala da cidade[190]. Toda essa racionalidade de desenho urbanístico e social tem origem no escopo político-reformista do consulado do Marquês de Pombal, aqui com óbvia inserção na ação de *Restauração* do Reino do Algarve empreendida em 1773 e da qual Horta Correia tem desenvolvido a notícia[191].

E é por essa via do primado geométrico do plano e da sua extensão até às últimas consequências — o *limite* na própria definição dos mais básicos elementos arquitectónicos — que Vila Real de Santo António acaba por também corresponder ao paradigma de *cidade ideal* desenvolvido

---

a isso foi explicitamente instigado pelo seu orientador, Pierre Francastel. A este propósito ver na *4ª parte* o texto "No 1º Plano" de 2008.

[188] Pierre FRANCASTEL(1969), "Paris et la création urbaine en Europe au XVIIe siècle." *L' Urbanisme de Paris et L'Europe 1600-1680*. Paris: coord. de Pierre Francastel, Klincksieck. 1969: 9.

[189] Referindo-se ao "Discours préliminaire" de d'Alembert na *Grande Encyclopédie*, Pierre Francastel releva o seguinte: "Constatons, en premier lieu, que, dans ce Discours même, l'auteur utilise plusieurs fois le terme de Lumières en l'appliquant à une forme déterminée, et neuve, de civilisation. [...] La civilisation éclairée —, la civilisation de Lumières, — doit se dégager par un progrès conscient de la civilisation occidentale qui est celle dela Renaissance et à laquelle on doit déjà de nombreaux éléments de connaissance objective de la réalité." Pierre FRANCASTEL (1963), L'Esthétique des Lumières. *Utopie et institutions au XVIIIe siècle, le pragmatisme des Lumières*. Paris: coord. de Pierre Francastel, Mouton & Co. 1963: 336.

[190] Sobre esta matéria é fundamental o trabalho de João Manuel Horta referido na nota 160.

[191] Para além do já referido trabalho de 1984, veja-se ainda o seu texto José Eduardo Horta CORREIA (2005), "O pombalismo e a restauração do Reino do Algarve." *O Terramoto de 1755: impactos históricos*. Lisboa: org. A. C. Araújo, J. L. Cardoso, N. G. Monteiro. J. V. Serrão e W. Rossa, Livros Horizonte. 2007: 269-274.

desde a Antiguidade e consubstanciado em propostas e realizações no Renascimento, precisamente através da formalização em desenho de modelos, de ideais de cidade em plano. Em todos eles a *forma urbis* é considerada determinante para a própria vida e sociedade, mas em todas as realizações nunca, como no caso em apreço, se concretizou o todo edificado segundo um sistema que harmonizou e articulou o programa ideológico e funcional com a totalidade do seu desenho. Em plenitude atingiu-se ali a convergência entre a *cidade utópica* (irrealizável, lugar nenhum) e a *cidade ideal* (um ideal em que o contributo da ordem formal para o bem estar geral é possível de ser concretizado)[192].

"Cidade ideal do Iluminismo" foi como de facto a classificou Horta Correia[193], relevando também um aspecto fundamental para a sua compreensão: o pragmatismo. Pragmatismo de programa, concepção e execução. Tudo isso está plasmado na documentação do processo, dos ritmos de decisão e execução ao racionalismo dedutivo das justificações, que não são meramente de teor e finalidade retórica, mas de formalização dinâmica. A percepção do "thème du pragmatisme, ou si l'on veut de l'incarnation des Lumières"[194] é determinante para a compreensão por si, mas essencialmente enquanto fenómeno da matriz utópica iluminista, de Vila Real de Santo António. E nesse aspecto, como realização urbanística plena é, a bem dizer, caso único, como também já o havia deduzido Horta Correia[195].

---

[192] "Desde el punto de vista de nuestro estúdio, una ciudad ideal representa una vision religiosa o una concepción secular en la que a la consciência social de las necessidades de la población se suma una concepción harmoniosa de la unidad artística." "Es la regularidad del diseño combinada con la preocupación por mejorar la sociedad lo que caracteriza y realza la planificación ideal." Helen Rosenau (1959), *La ciudad ideal*. Madrid: Alianza Forma. 1986: 16 e 18.

[193] José Eduardo Horta CORREIA (1984), *Vila Real de Santo António: urbanismo e poder na política pombalina*. Porto: FAUP. 1998: 221-222 e José Eduardo Horta CORREIA (1989), "Pragmatismo e utopismo na criação urbanística de raiz portuguesa no século XVIII." *Revista da Faculdade de Ciências Sociais Humanas*. Lisboa: Universidade Nova de Lisboa. vol. 8, 1995: 106.

[194] Pierre FRANCASTEL (1963), "Introduction." *Utopie et institutions au XVIIIe siècle: le pragmatisme des Lumières*. Paris: coord. de Pierre Francastel, Mouton & Co. 1963: 8.

[195] José Eduardo Horta CORREIA (1984), *Vila Real de Santo António: urbanismo e poder na política pombalina*. Porto: FAUP. 1998: 127-138.

No fundo *cidades utópicas* são aquelas onde o ensaio de se proporcionar melhores condições de vida, maior eficácia e estabilidade e segurança sociais absolutas são os objectivos da fundação e do desenho. É a procura incessante da felicidade, da *felicidade dos povos* que no ideário do Iluminismo competia às elites iluminadas, no limite ao déspota, que só assim poderia ver justificado o seu mandato e poder. Como se sabe e já acima o aflorei a propósito dos enciclopedistas, o Iluminismo é uma corrente de pensamento de matriz utópica. Por outro lado a sua estética não teve necessariamente de obedecer a um estilo, o que adquire ainda maior pertinência em presença de realizações arquitectónicas de plena dimensão urbanística[196].

"Se cabe a esse movimento das ideias uma das grandes fatias de responsabilidade pela Revolução Francesa e pelo abalo civilizacional que ela representa, como dele não esperar o ensejo de estabelecimento de uma tábua rasa sobre a tradução estético-urbanística da sua ideologia? Não será que, na linha de Kaufmann e de Ryckwert (entre outros), só com as propostas do modernismo é que, de um ponto de vista estritamente urbanístico, se atingiram e até suplantaram os ideais estéticos do Iluminismo?"[197] Ou seja, a invocação da tradição da *escola portuguesa*, que logo no início referi, é pertinente no sentido do desenvolvimento de um corpus humano e teórico-prático (um *modus operandi*) não tanto de uma escola no sentido formalista/ estilístico do termo. Era uma escola cuja posicionamento, reflexão e evolução teórica se consubstanciava de forma pragmática nas instruções e memórias de casos concretos (frequentemente em documentos emanados pelo Poder) não tanto na especulação abstracta.

Uma escola que singrou no Iluminismo com uma formulação estética inovadora, difícil de detectar porque fundada numa tradição metodológica e porque diversa dos modelos formais seguidos em outras sedes

---

[196] Pierre FRANCASTEL (1963), "L'Esthétique des Lumières." *Utopie et institutions au XVIIIe siècle, le pragmatisme des Lumières*. Paris: coord. de Pierre Francastel, Mouton & Co. 1963: 331-357.

[197] Ver na *4ª parte* o texto "No 1º Plano" de 2008. Os dois autores aqui referidos são-no a propósito das seguintes obras: Emil KAUFMANN (1933), *De Ledoux a Le Corbusier : origen y desarrollo de la arquitectura autónoma*. Barcelona: Gustavo Gili. 1985 e Joseph RYKWERT (1980), *The first moderns: the architects of the eighteenth century*. Cambridge/London: MIT Press. 1980.

do Iluminismo. Como Pardal Monteiro[198] pela primeira vez o fez notar para o caso da reconstrução de Lisboa após o Terramoto de 1 de novembro de 1755, mas muitos o têm vindo a detalhar, a arquitetura que floresceu dos escombros assumiu-se em rotura com a que desde o início do Império em todo ele se fazia. Para Pardal Monteiro, aliás, essa arquitetura é moderna *avant-la-lettre*, o que se compagina na perfeição com os escritos de Kaufmann e de Ryckwert acima referidos.

Fig. 4: Alfândega de Vila Real de Santo António.

Com a decisão da sua criação por Carta Régia de 30 de setembro de 1773, o lançamento da primeira pedra em 27 de março de 1774 e a sua inauguração a 13 de maio de 1776 (dia de aniversário do Marquês de Pombal), Vila Real de Santo António não poderia ter deixado de integrar a experiência de Lisboa, então em plena execução. Fê-lo, aliás, com a plenitude que, apesar de tudo, os múltiplos níveis de preexistência não permitiram a Lisboa. Ou seja, até pela cronologia surge como corolário

---

[198] Pardal MONTEIRO (1947), "Os portugueses precursores da arquitectura moderna e do urbanismo." Museu. Porto: separata, Círculo Dr. José de Figueiredo. ano V, 1949 e Pardal MONTEIRO (1948), *Eugénio dos Santos precursor do urbanismo e da arquitectura moderna*. Lisboa: Câmara Municipal de Lisboa. 1950.

político-ideológico do processo que em Portugal instalou o Iluminismo no poder. Fronteira de Portugal e do Império face à Espanha[199], Vila Real de Santo António surgiu também como nova e inigualável fronteira estética e ideológica do Iluminismo, da utopia e, assim, da *razão*.

mais longe

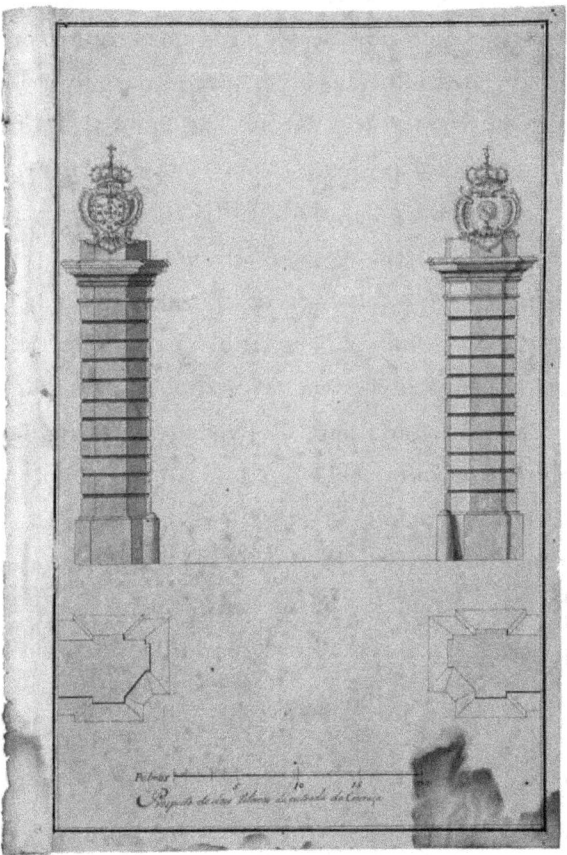

Fig. 5: Alçado dos dois marcos que enquadrariam a entrada na Couraça de Lisboa (Coimbra) renovada, 1772-1778.
Museu Nacional de Machado de Castro, DA 21.

---

[199] José Eduardo Horta CORREIA (2000), "O Guadiana enquanto fronteira do Império." *A Definição dos Espaços Sociais, Culturais e Políticos no Mundo Ibero-Atlântico (de finais do séc. XVIII até hoje)*. Lisboa: Colibri. 2000: 185-193. Neste e em outros trabalhos, o autor tem fundamentado o quanto a escolha do local para a implantação da cidade teve de retórico face à Espanha.

Em 1772 a reforma dos estudos empreendida em 1759 culminara com o arranque da ambiciosa ação de reforma da Universidade de Coimbra e de todo o seu espaço, em especial a Alta da cidade. O muito que se fez não foi suficiente para que se tenha tornado possível ler no terreno o alcance urbanístico reformador do plano e projetos, mas a centelha iluminista é evidente. As obras concretizadas denotam a integração da gramática neoclássica, segundo uma monumentalidade que não podemos comparar com a arquitetura de programa corrente da renovação de Lisboa ou de Vila Real de Santo António, até porque os programas são de ordem completamente diversa, dirigidos à instalação da *razão* na universidade. O espaço que hoje designamos por Praça Marquês de Pombal é uma muito pálida imagem do que então foi projetado com vista à transformação do Pátio das Escolas na verdadeira praça da universidade.

Ainda no território português, a ação empreendida no Porto a partir de 1756 (com rumo claro a partir da criação da Junta das Obras Públicas em 1762) teve a intencionalidade reformista e pragmática que então se implementava em Lisboa, mas com resultados necessariamente diversos. Urbanisticamente mais virada para o ensanche linear e não de malha, no âmbito da expressão arquitectónica floresceu uma arquitetura de expressão própria (expressivamente dita *Arquitetura do Vinho do Porto*) onde se mesclaram requisitos de cor e luz locais, com as invariantes de sempre, o rococó do Norte e o neoclassicismo puro ou provindo do neopaladianismo veiculado pela preponderante comunidade inglesa.

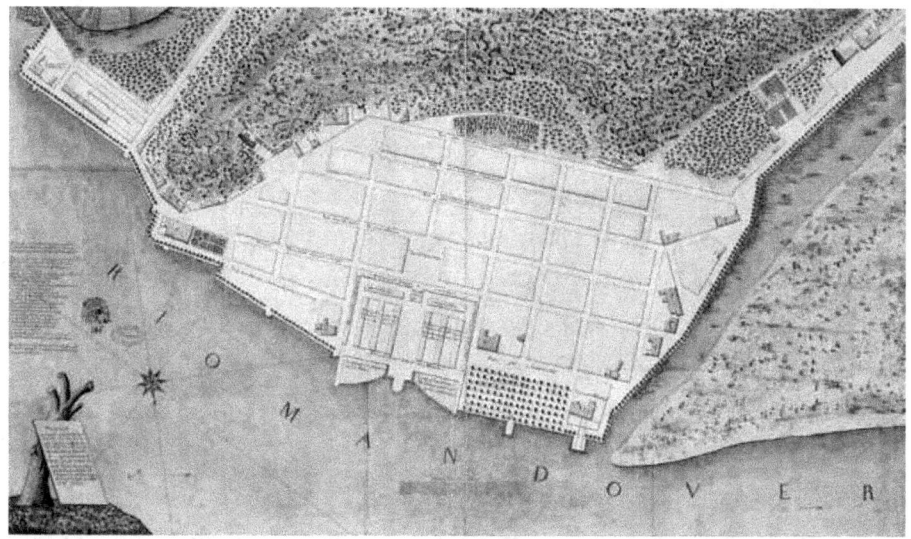

Fig. 6: José de Morais Antas MACHADO, "*Projecto para a nova Cidade de Gôa se erigir no sítio de Pangim, que por ordem do Ill.mo e Ex.mo Sñr. D. Jozé Pedro da Camara Governador, e Cappitão General da Índia fêz e desenhou* [...] *em Março de 1776.*" Gabinete de Estudos Arqueológicos da Engenharia Militar, 1236-2A-24A-111.

Também pelo Império, por entre os processos reformistas mais relevantes, encontramos importantes intenções de ação na ordem urbanística, porém nem todas de sucesso. Goa e Pangim foram os protagonistas de um diferendo entre os governos e técnicos da província e da metrópole, ocorrida entre 1774 e 1777, acerca da restauração ou deslocação da capitalidade do Estado da Índia Portuguesa. Uma referência ainda para o Rio de Janeiro e Luanda, que década e meia antes iniciaram processos de adaptação aos seus novos estatutos administrativos. É uma matéria vasta cuja abordagem não tem aqui espaço[200].

---

[200] O panorama completo de todas estas ações de reformismo urbanístico em Portugal e no Império careceria da invocação de uma extensa bibliografia. Para uma primeira aproximação veja-se a parte intitulada "O corolário e o ocaso de um processo" de Walter ROSSA (1995), "A cidade portuguesa." História da Arte Portuguesa. Lisboa: Círculo de Leitores. Vol. III, 1995: 233-323 [também publicado em Walter ROSSA (1989-2001), *A urbe e o traço: uma década de estudos sobre o urbanismo português*. Coimbra: Almedina. 2002: 193-359].

Importa, contudo, realçar como todos esses casos são de reforma, nenhum de *cidade nova*, requisito essencial para o estabelecimento de paralelos com Vila Real de Santo António e os traços de utopia que contém. Com exceção para dois casos em território português de que darei conta adiante, a atividade urbanizadora *ex-nihilo* ou mesmo *ex-novo* no universo português, ocorria então em grande escala no território brasileiro. Para aqui a anotar socorro-me de um texto de síntese de Renata de Araujo elaborado com esse objectivo. Através dele apercebemo-nos da quantidade de ocorrências, em especial nas faixas da fronteira cuja delimitação entretanto se disputava com a Coroa Espanhola. Mas apercebemo-nos também que "nada da coerência, perfeição de desenho e controle da obra que se encontra no projeto de Vila Real de Santo António é comparável com qualquer dos exemplos que vimos para o Brasil." Isso, no essencial, por causa da "adaptabilidade" necessária para "que estas cidades crescessem fazendo do seu projecto, por princípio e por método, uma obra aberta"[201].

Como já acima o referi, fora do contexto português também não é possível encontrar plenamente concretizado um caso com o qual se possa estabelecer um paralelo com Vila Real de Santo António. Contudo, dando maior atenção às datas verificamos como muitas das ações urbanísticas acima direta ou indiretamente referidas ocorrem em torno do processo de fundação de Vila Real de Santo António: 1773-1776. E isso faz lembrar uma coisa:

É também essa a cronologia da fundação da célebre Saline Royale d'Arc-et-Senans e da cidade que a deveria acolher: Chaux (França), inscrita na Lista do Património da Humanidade desde 1982[202]. Em 29 de abril de 1773 foi promulgado o édito que ordenou a sua construção. O primeiro projeto que Claude Nicolas Ledoux (1736-1806) elaborou para o efeito data do ano seguinte, mas foi abandonado. Foi a partir de

---

[201] Renata de Araujo (2004), "Experiências coevas no actual território brasileiro." *ECDJ*, coord. Walter Rossa e Adelino Gonçalves. Coimbra: Departamento de Arquitectura da Faculdade de Ciências e Tecnologia da Universidade de Coimbra. n°9, 2005: 47.

[202] A designação de então era *Saline Royal de Chaux*, mas como a cidade (que colhia o nome da floresta de enquadramento) não chegou a florescer, acabou por vingar a designação que consagra o facto de se situar entre as aldeias de Arc e Senans.

uma segunda versão, já de finais de 1774, que se iniciou a construção dessa outra *cidade-fábrica*, aqui assumidamente uma cidade em torno da fábrica com a casa do diretor e um vasto logradouro ao centro, destinado a armazenar a lenha indispensável ao seu funcionamento. Nenhum autor resistiu à sugestão que a planimetria do conjunto concretizado nos dá de um teatro clássico, programa-forma arquitectónico que Ledoux conhecia bem[203].

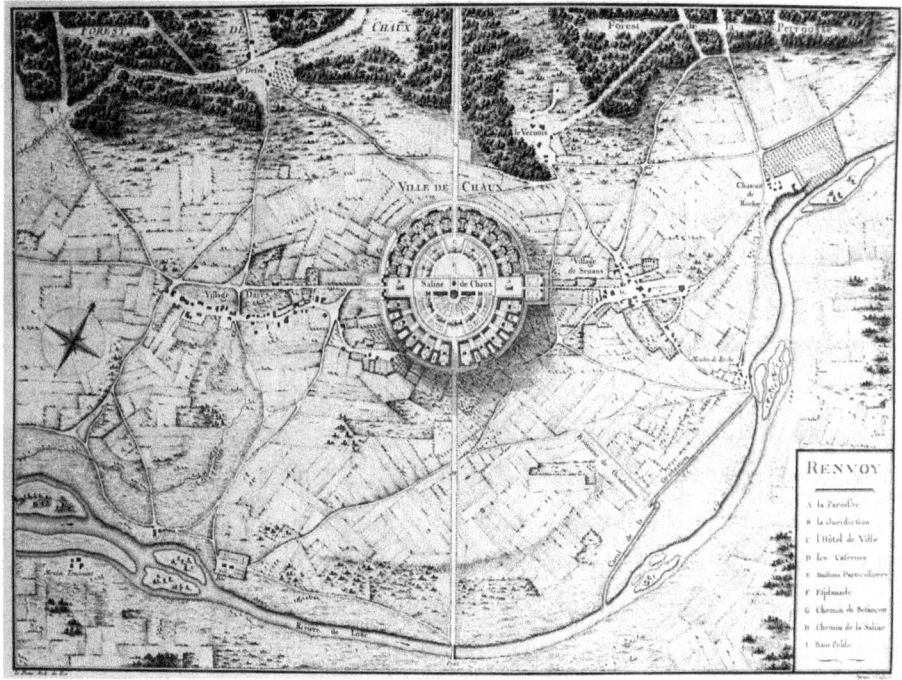

Fig. 7: Claude Nicolas LEDOUX (1804), "Carte des Environs de la Saline de Chaux, bâtie entre des Villages Darc et Senans à la proximité de la Forest de Chaux et la Riviere de Loüe." *L'architecture considérée sous le rapport de l'art, des mœurs et de la législation*. Nordlingen: 2 vol.s, 1984-87.

---

[203] Anthony VIDLER (1987), *Ledoux*. Paris: Hazan. 1987: 40-65; Hanno-Walter KRUFT (1989), *Le città utopiche. La città ideale dal XV al XVIII secolo fra utopia e realtà*. Bari: Laterza. 1990: 131-148; Anthony VIDLER (1990), *Claude-Nicolas Ledoux 1736-1806*. Milão: Electa. 1994: 77-126; Daniel RABREAU (2000), *Claude-Nicolas Ledoux (1736-1806). L'architecture et les fastes du temps*. Bordeaux: William Blake & Co. 2000: 87-121; *Autour de Ledoux*. Besançon: ed. Gérard Chouquer e Jean-Claude Daumas, Presses Universitaires de Franche-Comté. 2008.

Além da fábrica e de alguns alojamentos (não casas) para os trabalhadores compondo um dos dois semi-círculos do projeto, concluídos em 1779 com o dobro do custo do orçamento inicial, nada mais se fez, sendo assim posta em causa a consubstanciação em urbano dessa outra magnífica *cidade-fábrica* do Iluminismo. Na sua fortuna crítica, a extraordinária valia arquitectónica do que se concretizou acabou por ofuscar a relevância do programa e projeto urbanístico, no qual efetivamente reside o carácter idealista e eventualmente utópico do caso. Sabe-se, contudo, que entre o fim da obra e a publicação, em 1804, do tratado de arquitetura no qual Ledoux legou o projeto, este reviu sucessivamente os desenhos e a sua descrição, ampliando o seu conceito e tentando iludir a sua forte marca absolutista, pelo que não se sabe bem até que ponto as componentes utópica e urbana fariam parte das intenções iniciais [204].

Apesar de incentivada pelo próprio arquiteto[205], administrativamente a iniciativa de Chaux pertenceu à Ferme Générale, um odiado potentado financeiro e fiscal do Estado francês do Ancien Regime, que coordenava e concessionava, não apenas a recolha de impostos, mas também a exploração de recursos naturais do país. A fundação e construção da Saline Royale d'Arc-et-Senans entre a floresta de Chaux e o rio Loüe, teve em vista a instalação de uma unidade de evaporação de águas salobras trazidas ao longo de 24 Km por um aqueduto em madeira, no seio de um território com consideráveis recursos de lenha. Localizada muito longe do mar numa época em que o sal era monopólio real e ainda um bem essencial, a sua obtenção era, não só uma necessidade, como um bom investimento tendo, aliás, em vista a exportação para a Suíça.

Ainda que tal se insinue, não é pelo sal que se podem estabelecer paralelos com Vila Real de Santo António. Menos pela arquitetura ou

---

[204] Claude Nicolas LEDOUX (1804), *L'architecture considérée sous le rapport de l'art, des mœurs et de la législation*. Nordlingen: 2 vol.s, 1984-87. A parte que diz respeito a Chaux estende-se por todo o primeiro volume. Note-se que pelo meio ocorreu a Revolução Francesa durante a qual o arquiteto enfrentou problemas graves dada a sua estreita relação com o regime deposto.

[205] Em 20 de setembro de 1771 Ledoux foi nomeado comissário das salinas do Franche--Comté, Lorraine e Trois-Evêchés, secundando um inspetor, o conhecido engenheiro das *Ponts et Chaussées*, Jean-Rodolphe Perronet. Em 1773 passaria a ser o arquiteto da Ferme Générale.

desenho urbano, de facto mais rico no caso francês, mas muito menos urbano, pragmático e, assim, consequente. É essencialmente pela atitude, pelo posicionamento político e técnico face ao desafio da exploração de recursos naturais para o bem comum e o desenvolvimento da economia. Também pelo rigor e idealismo colocados na formalização do projeto e no seu desenvolvimento. E assim voltamos ao racionalismo iluminista, que num caso e noutro acabaram por ser os possíveis[206]. Ao invés de Chaux, Vila Real de Santo António, (apenas) arquitetonicamente menos ambiciosa, pôde ser realidade. Agora fica por estabelecer se a quase rigorosa sincronia resulta dos *ares do tempo* ou de algo mais concreto como uma unívoca ou biunívoca circulação de conhecimentos e informações. Só assim será possível desenvolver esta constatação[207].

por perto

Um pouco por toda a Europa, em cronologias próximas e afastadas da do processo de criação de Vila Real de Santo António, decorreram processos de fundação de *cidades novas*, algumas delas de iniciativa privada, todas ainda sob o signo do ordenamento e/ ou colonização interna dos diversos territórios. A sua grande maioria esteve diretamente ligada ao aproveitamento de recursos agrícolas, sendo também considerável o conjunto de novas cidades navais ou destinadas à instalação de manufacturas. Os discursos de fundamentação são, para os primeiros

---

[206] Horta Correia tem glosado esta ideia do *possível* face ao utópico, sem com isso pôr em causa a verdadeira dimensão ideológica das realizações. A título de exemplo aqui fica a seguinte transcrição: "Vila Real de Santo António, enquanto estrutura coerente c concebida como «cidade ideal», representa a concretização de uma política de Absolutismo Esclarecido e a incarnação de uma utopia do nosso Iluminismo possível." [José Eduardo Horta CORREIA (1984), "*Vila Real de Santo António: urbanismo e poder na política pombalina*. Porto: FAUP. 1998: 221].

[207] Foi através de uma breve referência no Relatório do *Plano de Pormenor de Salvaguarda do Núcleo Pombalino de Vila Real de Santo António* que pela primeira vez chamámos a atenção para este paralelismo. Ver Walter ROSSA & Adelino GONÇALVES (2005), "Fundamentação e explicação da proposta do plano." *ECDJ*, coord. Walter Rossa e Adelino Gonçalves. Coimbra: Departamento de Arquitetura da Faculdade de Ciências e Tecnologia da Universidade de Coimbra. nº9, 2005: 88.

casos e inevitavelmente, de teor fisiocrático. Por razões conhecidas, o território português não sofreu esse processo, sendo aliás comparativamente escasso o número de núcleos urbanos criados em Portugal depois da Idade Média. Mas, curiosamente, pouco depois da fundação de Vila Real de Santo António surgiram duas experiências muito diversas, ambas de iniciativa privada e ambas frustres: Manique do Intendente e Porto Covo[208].

Fig. 8: Palácio-igreja de Manique do Intendente.

---

[208] Independentemente da bibliografia específica, para uma contextualização mais ampla destes casos remeto para a parte final do texto referenciado na nota 200, do qual aliás uso aqui livremente algumas frases relativas a Porto Covo.

2ª PARTE: URBANISMO PORTUGUÊS DA 1ª MODERNIDADE

Manique do Intendente resulta da iniciativa do magistrado Diogo Inácio de Pina Manique (1733-1805) — conhecido por, entre outros cargos, ter sido Intendente-Geral da Polícia durante o reinado de Maria I (r. 1777-1799) — de fazer brotar um núcleo urbano no seu domínio rural do Alcoentrinho, hoje no Concelho da Azambuja. O alvará de vila e sede de concelho foi obtido em 11 de julho de 1791, sendo de então a sua designação atual. Administrativamente estabelecia-se, pois, uma *cidade nova*, ainda que sobre uma aldeia preexistente que, no concreto, ali permaneceu e se desenvolveu, coexistindo e integrando-se. As obras terão sido iniciadas de imediato e decorreram com especial intensidade até ao final do século. O processo político e a morte do promotor inviabilizaram definitivamente a sua prossecução.

O propósito insere-se com muita clareza nas preocupações ideológicas e cívicas de Pina Manique, conhecido, entre outras, pelas suas ações como fisiocrata, filantropo, mecenas, gestor de infraestruturas urbanas e higienista militante, tanto como pelo seu autoritarismo. Conhecem-se bem as suas ações em prol do ordenamento populacional do país, promovendo diversas ações de (re)colonização interna. No caso da sua Manique do Intendente, fez preceder a iniciativa de urbanização de uma distribuição de foros do território em redor. Assim se pode vislumbrar a contextualização da *razão* para Manique do Intendente e como esta poderia ter sido um produto do Iluminismo[209].

---

[209] Por entre o considerável número de estudos feitos acerca de Pina Manique, Cátia Gonçalves MARQUES (2004), *Manique do Intendente uma vila iluminista*. Coimbra: Prova Final de Licenciatura em Arquitetura apresentada à Faculdade de Ciências e Tecnologia da Universidade de Coimbra. 2004 é o único trabalho dirigido a este caso do urbanismo português. Sendo importante pelos dados que reúne, é também muito estimulante pela especulação que faz em torno de duas hipóteses do que poderá ter sido o plano, ainda que não seja possível considerá-las suficientemente fundamentadas. Por razões de economia é a única referência, o portal que aqui deixo para este caso. [Acrescente-se que, já após a publicação original deste texto em 2009, a mesma autora desenvolveu esse seu trabalho inicial: Cátia Gonçalves MARQUES (2013), *A Vila iluminista de Manique do Intendente: um outro olhar*. Coimbra: dissertação de mestrado em Arquitectura apresentada à Faculdade de Ciências e Tecnologia da Universidade de Coimbra. 2013. Contudo, no que a este texto importa, esse seu "novo olhar" nada de relevante acrescentou ao seu texto inicial.]

Fig. 9: Eixo de acesso a Manique do Intendente
com o palácio-igreja no enfimento.

Mas de facto não o é porque foi concretizado muito pouco do que terá sido o plano original, que não é conhecido. Contamos apenas com três elementos: o eixo de acesso diretamente orientado para Lisboa, uma praça e parte do alçado principal do que teria sido um conjunto palácio-igreja. Este remataria a Norte o eixo de acesso e o seu efeito perspéctico é acentuado pelo facto de aquela via vencer com suaves declives simétricos o leito da Ribeiro do Judeu, que delimitaria a cidade por Sul. A gramática arquitectónica, tal como a da Casa da Câmara implantada na praça, é típica da transição da arquitetura portuguesa entre o barroco (nos detalhes) e o neoclássico (no partido geral). É, aliás, extraordinariamente significativo dos pontos de vista ideológico, estético e iconológico o obelisco que encima o frontão semicircular ao centro da composição do alçado do palácio-igreja.

2ª PARTE: URBANISMO PORTUGUÊS DA 1ª MODERNIDADE

Fig. 10: Praça dos Imperadores de Manique do Intendente.

Algo a nascente do eixo encontra-se a Praça dos Imperadores. É um espaço hexagonal no qual se inscreve uma circunferência com 300 palmos (66 metros) de diâmetro. A designação advém do facto de dali saírem seis ruas — que não têm mais desenvolvimento que a profundidade dos edifícios da praça — com os nomes de imperadores romanos. Ao centro ergue-se o pelourinho. A Casa da Câmara atinge uma monumentalidade que nos demais edifícios, tudo de dois pisos, foi racionalizada ao extremo de molduras simples para vãos generosos e beirado simples, muito na linha compositiva e proporcional, mas decorativamente ainda mais austera, da arquitetura dita pombalina.

O que encontramos em Manique do Intendente é pouco para lhe podermos adivinhar o plano. Mas talvez suficiente para, conjugado com o contexto da sua criação, a podermos filiar, em conjugação, na *escola portuguesa* e na rede de colónias rurais fundadas um pouco por toda a Europa no Iluminismo. As povoações fundadas por Carlos III (r.1759-1788) na Sierra Morena e Andaluzia são, obviamente, os casos que ocorrem de forma mais imediata[210].

Porto Covo é outro caso com tanto de interessante como de não realizado. Foi Jacinto Fernandes Bandeira — um dos comerciantes em meteórica ascensão a partir da reconstrução de Lisboa, Barão de Porto Covo em

---

[210] Entre outros, Carlos SAMBRICIO (1991), *Territorio y ciudad en la España de la Ilustración*. Madrid: MOPT. 2 vol.s, 1991 e Jordi Oliveras SAMATIER (1998), *Nuevas Poblaciones en la España de la Ilustración*. Barcelona: Caja de Arquitectos. 1998.

1805 — quem fundou esta vila portuária, não apenas para pescadores, mas também para o escoamento de produtos do interior alentejano, designadamente minérios. Tal facto ocorreu entre os anos de 1789 e 1794[211].

Fig.s 11 e 12: Praça de Porto Covo.

---

[211] A referência central para a abordagem do caso é o trabalho de António Martins QUARESMA (1988), "Porto Covo, um exemplo de urbanismo das Luzes." *Anais da Real Sociedade Arqueológica Lusitana*. Santiago do Cacém: 2ª Série. vol. II, 1988: 203-212.

O plano, que comentarei de imediato, não foi seguido, talvez por ser excessivamente idealista e ambicioso, decerto não pelo facto de o desenho não se adaptar bem à realidade do terreno. A verdade é que também aqui existiam preexistências, ainda que escassas e frágeis. Sem contarmos com dados que expliquem a opção (um plano alternativo, por exemplo), a vila surgiu algo mais para o interior, com alguma regra a partir de uma praça situada no seu extremo nascente. Nela a constatação mais relevante é o facto de corresponder a uma miniaturização da praça de Vila Real de Santo António, sendo a qualidade arquitectónica geral e de detalhe muito inferior, com uma clara expressão vernácula. O seu modelo formal, é a Praça Marquês de Pombal.

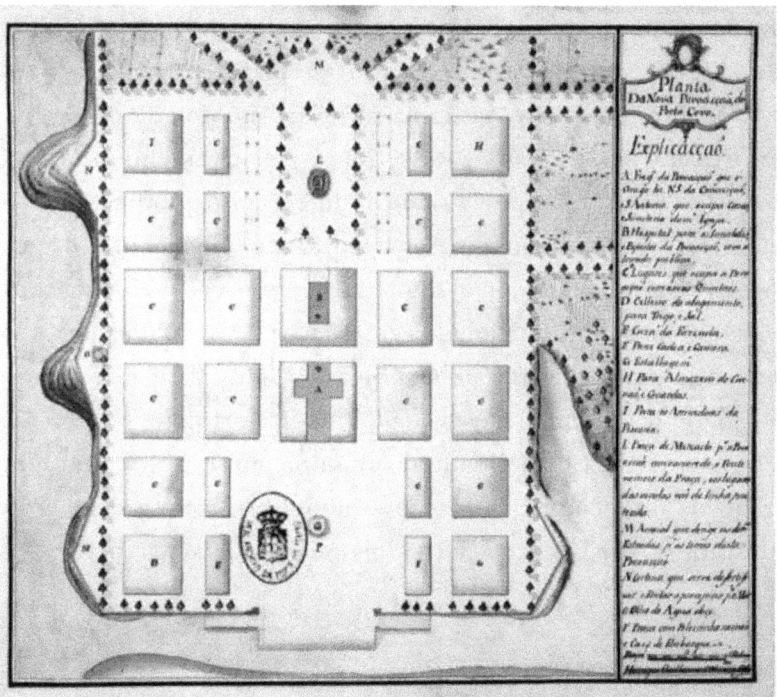

Fig. 13: Henrique Guilherme de OLIVEIRA,
"*Planta Da Nova Povoacção do Porto Covo,*" 1789-1794.
Torre do Tombo, Ministério do Reino, 44.

Ao invés, o plano exprime um considerável grau de erudição, mas não contém quaisquer dados que nos permitam ter uma ideia acerca da arquitetura programada. Seguindo o eixo principal de norte para sul, paralelos ao mar, encontraríamos num "U" aberto ao território, após o ponto de convergência das estradas de acesso, o terreiro do mercado, arborizado, equipado e centrado numa fonte, tendo no meio do alçado da base um "Hospital para os Invalidos e expostos" dotado de ermida pública. Nas suas costas e estruturando a praça aberta ao ribeiro (uma praça da ribeira em versão miniaturizada da Praça do Comércio de Lisboa) ficaria a Igreja que partilharia esse espaço com a Casa da Câmara e Cadeia, a Fazenda (alfândega) e o pelourinho. Na frente fluvial, uma réplica do Cais das Colunas lisboeta remataria o eixo estruturante, em torno do qual se desenvolveria uma malha ortogonal funcionalmente ordenada por quarteirões destinados a habitações, à estalagem e aos armazéns das armações de pesca, do sal, do carvão, do trigo, etc.

São evidentes e ricas as citações programáticas e urbanísticas feitas neste desenho: "um rossio na franja rural/urbano dotado do acolhimento e conforto necessários aos forasteiros; o relativamente elevado nível dos equipamentos; uma praça onde se integram os poderes tradicionais e o da nova ordem económica; a linearidade como mote; o quadrado como elemento-base de uma rigorosa composição geométrica; o cais lisboeta; o zonamento funcional; a referência aos Invalides parisienses; a utopia; enfim, a forte carga de significados culturais e a desconcertante simplicidade e pragmatismo de uma cidade portuguesa..."[212] Além do mais teria sido uma bela cidade do Iluminismo. A praça, contudo, pela evocação da intenção da fundação e mimetismo com a de Vila Real de Santo António, faz com que virtualmente não deixe de o ser.

---

[212] Walter ROSSA (1995), "A cidade portuguesa." *A urbe e o traço: uma década de estudos sobre o urbanismo português*. Coimbra: Almedina. 2002: 337 e 348.

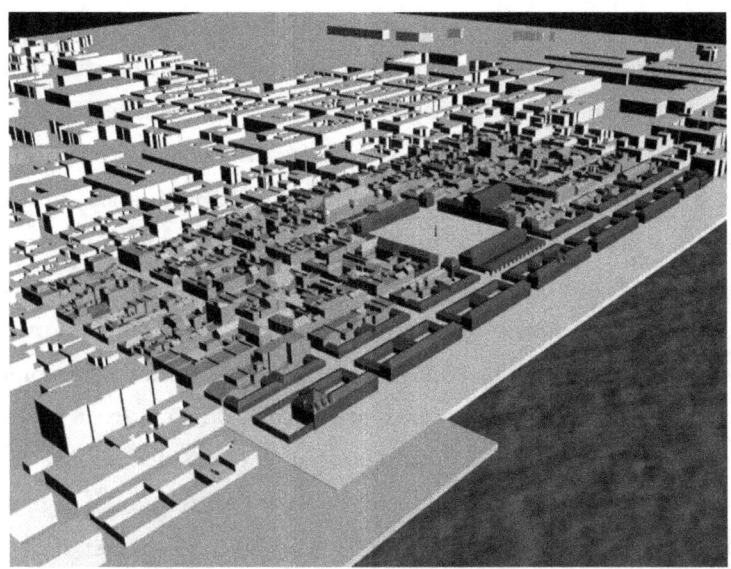

Fig. 14: Volumetria atual de Vila Real de Santo António. Nos dois níveis de cinzento mais escuro o núcleo original, sendo que o tom mais carregado distingue os edifícios que, na essência urbanística, mantêm as caraterísticas originais. Walter ROSSA e Adelino GONÇALVES (coord.). *Plano de Pormenor de Salvaguarda do Núcleo Pombalino*, 2005.

haverá razão?

É inequívoca a sustentação do facto de o núcleo pombalino de Vila Real de Santo António corresponder a algo único, específico e do mais elevado valor cultural. Porém, o seu reconhecimento tem sido tão árduo quanto a sua descaracterização que, aliás, é sincrónica e durante anos foi oficialmente sancionada. O processo de classificação como património cultural pelo Estado conta mais de três décadas e a entrada em eficácia do plano de salvaguarda foi extraordinariamente morosa. Espera-se que a montagem do sistema de gestão e dos instrumentos ali preconizados não sigam esses exemplos[213].

---

[213] Infelizmente seguiram. O tempo decorrido entre a primeira publicação deste texto já permite verificar que, mesmo com a sua entrada em eficácia esse plano nunca foi implementado, tendo-se entretanto acelerado o processo de descaraterização.

Apesar de tudo o essencial resiste e a consciência colectiva estará a mudar, percebendo que, para além de um compromisso entre o passado e o futuro, o património urbanístico é um ativo económico inestimável.

Há alguns anos atrás, no auge da descaracterização, a cidade passou a integrar a Associação Internacional de Cidades e Entidades do Fórum do Iluminismo, o que lhe proporcionou algum reconhecimento internacional, essencialmente no universo hispânico[214]. Porém, hoje em dia a constituição de redes de cidades tem objectivos materialmente mais ativos, profícuos e de coesão. Aliás essa orientação foi constituída em política pela Comunidade Europeia e pelo Estado Português no âmbito do Quadro de Referência Estratégica Nacional e, especificamente, na Política de Cidades Polis XXI. Nesse âmbito o Município de Vila Real de Santo António iniciou um processo de associação com outros municípios com vista à apresentação de uma candidatura ao financiamento de ações de promoção. Por razões de ordem formal a iniciativa não teve seguimento. Contudo, mais do que a designação — *cidades da razão* — ficou a ideia, ou melhor, a razão[215].

Mais do que uma designação, *cidades da razão* (*Cities of Reason, Ciudades de la Razón, Citées de la Raison,* etc.) pode ser uma marca. Obviamente a Lisboa da reconstrução pombalina não está nos *arredores* de Vila Real de Santo António. Ambas são os polos galvanizadores de um território cultural que será esmagadoramente vasto e economicamente promissor se, para o efeito, constituídas em rede. Um caso não fica completo sem o outro. E, claro, só têm a ganhar se agregarem outros de menor expressão, mas de igual significado. Todas têm em comum a razão ideológica da sua criação e, em concreto, a singularidade das suas praças. Não só porque da Manique do Intendente e de Porto Covo iluministas pouco mais nos chegou, mas essencialmente porque as praças são, por excelência, os polos urbanos de representatividade ideológica, social e do poder. A *razão* histórica e atual destas cidades do Iluminismo não estará nas suas praças, mas a sua melhor imagem comum decerto que sim.

---

[214] http://www.ilustracionaicei.org/

[215] Esta ação inseria-se no programa das *Redes Urbanas para a Competitividade e Inovação* e contou com a minha participação enquanto coordenador científico. No seu âmbito foram realizadas reuniões, verbalizados alguns compromissos e produzidos alguns documentos, mas sem consequências.

2ª PARTE: URBANISMO PORTUGUÊS DA 1ª MODERNIDADE

Fig.s 15 e 16: Praça de Vila Real de Santo António (2005) e
Praça do Comércio (Lisboa, c. 1920).

3ª Parte: Coimbra

COIMBRA COMO TERRITÓRIO: NOTAS PARA UMA CRÓNICA DA SUA FORMAÇÃO URBANÍSTICA[216]

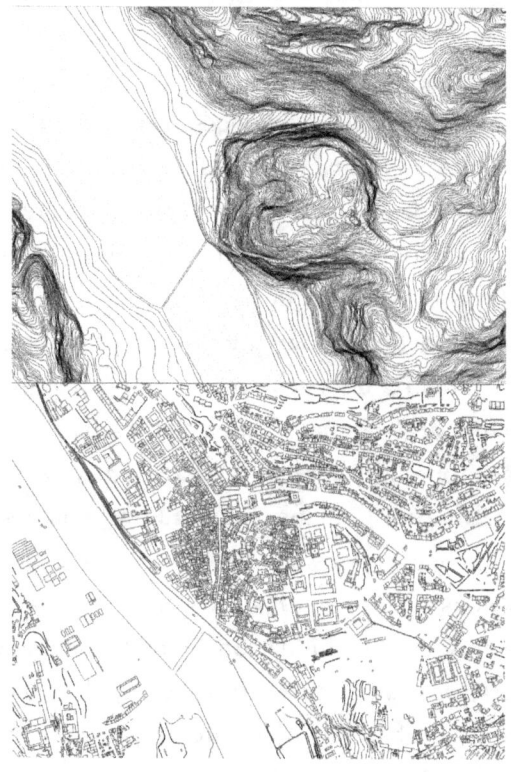

Fig. 1: O núcleo central da cidade: topografia (em curvas de nível) e edificado.

---

[216] Texto escrito para contextualização geral do número da revista *ECDJ* no qual se publicaram os resultados de um workshop, cuja temática foi a da inserção do metro de superfície na cidade: Walter ROSSA (2003), "Coimbra como território: notas para uma leitura da formação urbanística." *ECDJ*. Coimbra: Departamento de Arquitetura da Faculdade de Ciências e Tecnologia da Universidade de Coimbra. n°6, setembro de 2002: 4-11.

No sentido mais abrangente do termo, o território é um dos elementos mais integrados de qualquer manifestação humana. É-o ao ponto de disso raramente termos consciência, ignorando a sua relevância para a formação, desenvolvimento e vivência do *ambiente natural* do homem civilizado: a cidade. Por regra, provém do território a maior perturbação aos desígnios de ordem com os quais é comum o homem pretender organizar o seu espaço. São casos como o de Coimbra que melhor nos recordam e fazem entender essa realidade.

No contexto ibérico o sítio de Coimbra, cartograficamente assinalado com um caprichoso meandro do rio Mondego, é um nódulo de importância nevrálgica entre o norte e o sul, o interior e o litoral. Já ao nível do território de transição entre o Baixo e o Alto Mondego, especificidades da colina que hoje designamos por *Alta* ou *Almedina* ditaram um precoce despontar do aglomerado que, desde logo, o processo da romanização desenvolveu como cidade. São elas as características defensivas naturais, o domínio do Mondego e dos vales nele concorrentes, a exposição ao rio pelos quadrantes mais favoráveis em termos solares, o fácil acesso fluvial ao mar e ao interior, os recursos aquíferos do subsolo, etc.

Porém tudo isso concorreria para que, já em pleno segundo milénio da nossa Era, a cidade, liberta de incessantes contingências defensivas, viesse a encontrar dificuldades na sua expansão, pois na adjacência da colina não havia posições topograficamente favoráveis para tal. Até há um século a mancha urbana atingir o Calhabé, Coimbra teve como sina desenvolver-se apenas sobre colinas e vales. Esse espraiar da cidade só ocorreu após a extinção das ordens religiosas (1834), cujas cercas comprimiram durante séculos a cidade entre a colina fundacional e o Mondego, desenvolvendo-se, contudo, nos interstícios as principais amarrações, eixos da futura expansão.

Hoje estável e controlado, o rio foi até há pouco menos de dois séculos um elemento rebelde no quotidiano e desenvolvimento urbanos de Coimbra. Correndo sobre um leito cujo perfil ainda se não encontrava estabilizado, através de consecutivas, torrentosas e, por vezes, trágicas cheias, o Mondego autoproduziu esse incontornável equilíbrio. Processo que durante séculos (em especial durante a Idade Moderna) condicionou todo o desenvolvimento urbanístico da *Baixa* da cidade e, por reflexo, o da própria *Alta*. Em média a cota do seu leito subiu até então 8 centímetros por década, destruindo ou assoreando diversos conjuntos edificados ao longo do vale durante a Idade Média e, claro, a ponte.

Além da mais comum animação topográfica do suporte, Coimbra teve, pois, de se desenvolver no convívio com a dinâmica de transformação, rara e forte, provocada pelo rio. Sabemos, por exemplo, que a cerca de uma dezena de metros de profundidade jaz sob o Largo da Portagem o pavimento do acesso à ponte primitiva, sucedendo algo de similar com os pilares das arcarias do piso térreo do antigo Paço dos Condes de Cantanhede na Baixa.

A influência da plasticidade global do suporte territorial na evolução morfológica da cidade, torna-se peculiarmente relevante se melhor nos focarmos sobre a própria colina, fazendo um esforço para nela nos abstrairmos da incessante intervenção humana. Tem ela uma forma algo em ferradura com a abertura para poente. No seu eixo desenvolve-se uma depressão que prolonga, em negativo, o ponto de maior acessibilidade ao topo, um pequeno festo intermédio que se estendia para nascente.

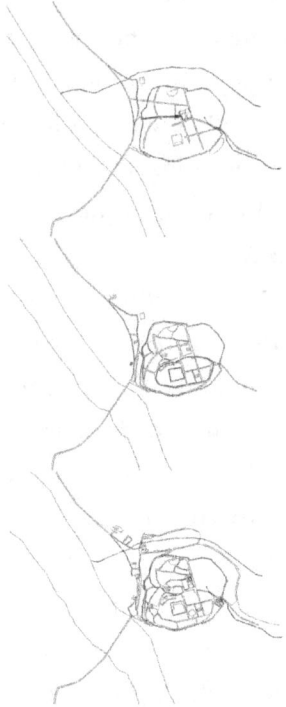

Fig. 2: Evolução urbana I:
períodos romano, islâmico e da fundação da nacionalidade.

Foi no ponto de transição entre esse festo e depressão, verdadeiro centro de gravidade de toda a elevação, que o processo de romanização produziu o primeiro centro da cidade. O fórum de Coimbra, aliás, Æminium (até à mudança do bispo de Conímbriga para aquele conjunto edificado) impunha-se monumentalmente sobre a encosta e o Mondego, dele se desfrutando de uma visão majestosa. Assim se geraram efeitos paisagísticos dos quais, face ao posterior desenvolvimento volumétrico da envolvente, hoje não vemos mais do que uma pálida imagem.

Continuando inevitavelmente a acentuar as principais características topográficas da colina, na dualidade habitante-invasor acabou por se erguer uma estrutura palatina sobre o extremo mais proeminente da virtual ferradura. Simultaneamente ergue-se também um perímetro muralhado que, de uma forma geral, reforçou a linha definida pela intersecção entre as encostas de declives praticáveis e impossíveis, mas também salvaguardou o acesso seguro ao rio. Protegendo a retaguarda e, simultaneamente, o acesso mais fácil ao topo, desenvolveu-se também um castelo, o qual, em articulação com o palácio, clarificou o desenvolvimento daquele que ainda hoje é o principal eixo viário da *Alta*, a Rua Larga. Curiosamente o sítio mais elevado da colina (situado a nordeste e, assim, mal exposto e no ponto mais distante do rio) permaneceu sem qualquer elemento edificado de destaque até à implantação definitiva da Universidade no século XVI.

Em baixo, ao longo do Vale da Ribela pelo qual hoje se faz a principal articulação viária entre a *Baixa* e a *Alta* da cidade, instalava-se então uma das mais determinantes instituições da cidade, o Mosteiro (agostinho) de Santa Cruz, o qual cedo alargou a sua hegemonia fundiária numa extensa faixa de cintura a norte e nordeste da colina da cidade. Impedindo o desenvolvimento da urbe vale acima, o mosteiro cedo promoveu uma característica operação de urbanização no espaço compreendido entre si e o rio. Urbanização que também ligou o primitivo núcleo rural em torno da primitiva Igreja de Santa Justa com a extensão em *baixa* da cidade Alta. Tudo sem deixar de prover a criação de um espaço intermédio de interação social, hoje a Praça 8 de Maio, um dos principais polos de centralidade da cidade.

Já então Coimbra se balanceava completamente sobre o rio. O centro desceu, primeiro, do fórum romano para a zona onde então se renovou a catedral e, de imediato, sobre o abrupto declive que dali vai até à *Baixa*: o Quebra Costas. Quase em simultâneo desenvolveu-se como importante polo comercial a rua que da portagem da ponte corre junto à muralha. Paradoxalmente a porta da muralha que franqueia o acesso entre ambas as zonas da cidade, a Porta de Almedina e o correspondente recinto da barbacã, acabaram por se constituir como referências de centralidade.

Essa dinâmica acabou por conduzir, já no século XV, à cristalização em praça de um campo residual situado na plataforma inferior imediata: a Praça (hoje) Velha. Dela irradia a malha urbana de morfologia orgânica da *Baixa*. Porém o corolário do desenvolvimento urbanístico medievo dera-se um pouco antes com a instalação das ordens mendicantes junto às principais saídas da cidade: dominicanos a norte e franciscanos a sul, já na outra margem do rio. Coimbra medieval estava delimitada.

Na transição entre as idades Média e Moderna, o centro de Coimbra deslocara-se, pois, para a *Baixa*, que mais não era que a estreita facha compreendida entre a colina e o rio, cujo processo de assoreamento entrava no período mais invasivo e destruidor. Com exceção para as vertentes mais expostas ao rio, a *Alta* despovoara-se não sem que sucessivos monarcas se tivessem empenhado em contrariá-lo. Tratava-se, convém referi-lo, de um processo comum a muitas outras cidades cujo núcleo funcional se desenvolvera sobre uma elevação. O espaço escasseava, a população também.

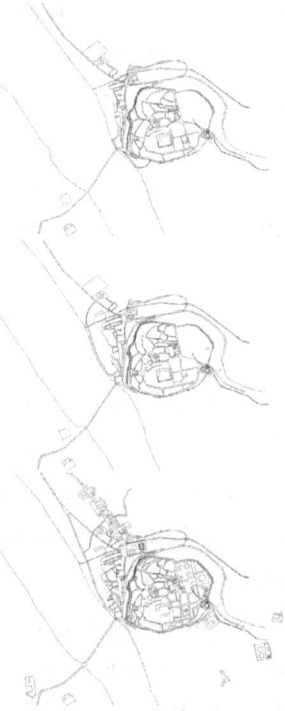

Fig. 3: Evolução urbana II:
séculos XIII, XIV-XV e XVI.

Com um programa específico e um empenhamento mais direto que na generalidade dos processos de renovação urbanística de cidades e vilas do reino promovidos ao longo do seu reinado, Manuel I (1492-1521) interessou-se por Coimbra. As intervenções pontuais de renovação de alguns conjuntos monumentais, como o Paço e o Mosteiro de Santa Cruz (que então decididamente se abriu para o recinto urbano a poente), as frustes obras de normalização e contenção das margens do Mondego e a inserção de novos equipamentos (como o Hospital Real na Praça), não lograram inverter o processo de decadência.

Seria a instalação definitiva da Universidade, empreendida em 1537, a determinar o rumo do desenvolvimento urbano e urbanístico da cidade. Depois de um período áureo de *capitalidade* no contexto da fundação da nacionalidade e da formação do atual território português, desde a segunda metade do século XIII que a cidade entrara num processo de decadência, sem sequer acompanhar o desenvolvimento registado por outras.

Em cerca de duas décadas Coimbra viu multiplicar por cerca de sete o número dos seus habitantes, o que nos dá uma boa ideia do impacto urbano que a medida teve e a pressão que exerceu sobre o seu espaço. Note-se, por exemplo, que o modelo colegial seguido implicou a consubstanciação de alguns desses edifícios como estruturas quase conventuais que, em casos como o de São Bento, acentuaram o efeito de tamponamento do crescimento urbanístico. A cidade densificou-se, tornou-se mais complexa e (re)consolidou-se.

Mas do processo resultou um grande gesto de expansão: a Rua da Sofia. Foi ela o instrumento inicial da instalação da Universidade. Feita financeira e urbanisticamente à custa e a partir do Mosteiro de Santa Cruz, desde logo se verificou que não seria possível ali dar resposta aos quesitos do integral desenvolvimento da Universidade, que excedeu largamente todas as ineptas projeções e expectativas. Tal teve como resultado a instalação das estruturas universitárias centrais na única zona com áreas livres dentro da cidade.

A Alta reencontrou-se reformada como peculiar, arcaico e precoce campus universitário, o qual acabou polarizado entre o velho Paço e as novas estruturas do complexo jesuíta erguidas na zona até então mais erma da cidade. Cedo todos demais espaços, expectantes ou residuais, acabaram construídos, permanecendo deficiente a resposta às necessidade de alojamento de professores, alunos e serviçais.

Estava instalada em Coimbra essa espécie de mono-funcionalidade, esse programa urbano exclusivo que determinou a especificidade coimbrã no contexto urbano e urbanístico português até há algumas décadas atrás — a *universalidade coimbrã* —, mas que ainda hoje é o principal factor a determinar a vida e evolução da cidade. Refém do seu território e dos compromissos fundiários, até ao final do Antigo Regime Coimbra viveu acrisolada nesse formato urbano e urbanístico e a evolução então registada foi, na essência, dele decorrente.

Reinstaurada a *capitalidade coimbrã* no contexto nacional, desta feita enquanto capital pedagógico-cultural, logo em Seiscentos se registou um significativo processo de renovação das estruturas conventuais, o qual acarretou o desenvolvimento da vocação urbana de núcleos como Santa Clara, Eira de Patas, Celas e também Santo António dos Olivais. Muito sob a tutela e a vigilância do Mosteiro de Santa Cruz, a pressão imobiliária acabou por também levar à lenta sedimentação em edificado da encosta de Montarroio. Esses viriam a ser os principais eixos e manchas de desenvolvimento da cidade tardo-oitocentista. Foram alguns os processos e as ações de reforma urbana antecedentes. Contudo nenhum deles, nem mesmo a muito incompleta Reforma Pombalina, alterou matricialmente a morfologia e o modelo de ocupação e estruturação central do desenvolvimento urbanístico.

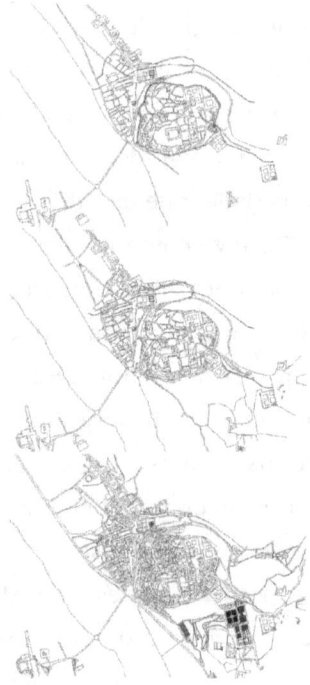

Fig. 4: Evolução urbana III: séculos XVII, XVIII e XIX.

Aquele elenco de polos prévios de desenvolvimento, só fica completo quando lhes juntamos os domínios do extinto Mosteiro de Santa Cruz no Vale da Ribela, nos quais, aliás e sob um signo de *avenida/boulevard*, que já nos inícios do século XX em vez de irromper cerziu as preexistências, ocorreu a catalisação e programação desse surto de desenvolvimento urbano que logo alastrou encostas acima. Assim se promoveu a fusão de todos esses núcleos dispersos e do núcleo central consolidado numa mancha urbana contínua. A tal impulso não foi de todo alheio o processo de desenvolvimento *liberal* da Universidade a partir das décadas de 1860--70, nomeadamente em tudo o que diz respeito às valências de ensino e prestação de cuidados de saúde, o que acabou por conferir a Coimbra uma sub-identidade de *cidade* (que já era) *dos doutores*.

Muito importantes foram também as obras de regularização das margens do Mondego após a estabilização do seu leito na primeira metade de Oitocentos. Com elas alterou-se consideravelmente a relação entre a cidade e o rio, bem como surgiu uma área de aterro que permitiu (na margem da cidade) a implantação do caminho de ferro, de uma facha de indústria e de um parque urbano, também ele composto segundo uma *avenida/boulevard*, a Emídio Navarro. Seguindo-se a tendência do tempo estruturaram-se na periferia da cidade algumas outras manchas verdes para o lazer público.

Na margem esquerda, já só em plena vigência do Estado Novo surgiriam outras estruturas lúdicas, como os equipamentos desportivos da Universidade e o parque temático Portugal dos Pequenitos. Pela mesma época abriu-se a Avenida Fernão de Magalhães além e sobre a primitiva marginal norte, a Rua da Madalena já então interiorizada pelo aterro das indústrias. Estavam urbanizadas e definidas as acessibilidades sobre as margens do Mondego finalmente estabilizadas.

A cidade mantivera até meados de Oitocentos a quinzena de milhar de habitantes, medianamente estabilizada algumas décadas depois da instalação definitiva da Universidade, mas na viragem entre os séculos XIX e XX esse número crescera para 25.000 e em 1930 já atingia os 40.000. De facto e finalmente, a cidade espraiava-se em todos os sentidos, para o interior e para lá do rio. Iniciada em 1941, a Reforma da Alta Universitária pelo Estado Novo, tal como a Pombalina não surtiu especiais efeitos na estruturação do todo urbano, pese embora o forte impacto na paisagem interna e externa da colina e o esventramento produzido e ainda largamente por cicatrizar. Mas simultaneamente lançava-se a primeira iniciativa para o estudo e planeamento global do território da cidade, o designado Plano de De Groër (na realidade um ante-plano) concluído em 1940, mas só publicado pelo município oito anos depois.

A proposta tinha como base a estruturação de Coimbra segundo os princípios da *cidade jardim*, rodeada de cinco aldeias-satélite desenvolvidas a partir de núcleos preexistentes. Como quase sempre foi rapidamente inviabilizada, ainda que tenham sido lançadas no terreno e permanecido nos planos sequentes algumas das suas propostas sectoriais mais determinantes, nomeadamente na zona do Calhabé-Solum-Norton de Matos. Implantada à ilharga de um generoso conjunto de equipamentos e espaços públicos, a Solum resulta de um loteamento de iniciativa privada, empreendido a partir da década de 1960, cuja matriz seguiu na medida do possível os princípios estabelecidos pela *Carta de Atenas*.

Relativamente aos sectores mais antigos, De Gröer não avançou propostas para a Alta pois, como já se referiu, estava a ser intervencionada num processo autónomo. Porém, propôs para a Baixa uma grande intervenção que teria como pedra de toque a ligação da Alta ao rio com o prolongamento da Avenida Sá da Bandeira até à margem nascente. Essa operação retomava, já então anacronicamente e com inconsciência cultural, um tipo de intervenção urbana caracterizada pelo esventramento do tecido histórico consolidado. A verdade é que o processo foi iniciado e reiterado por todos os planos posteriores, estando-se agora à beira da sua definitiva consagração no contexto da construção das linhas do metro de superfície. É uma opção desnecessária, contranatura, fora de época e com maus antecedentes.

A evolução urbanística posterior às propostas de De Gröer advinha-se com facilidade a partir dos elementos de cartografia geral da cidade, em especial se tivermos em linha de conta que há já algum tempo que a principal fatia do rendimento bruto da cidade é o imobiliário. As questões das acessibilidades, acentuadas pela caprichosa topografia, geraram uma dinâmica de circulares e de novas zonas periféricas desenvolvidas a partir de antigos núcleos rurais, cujo crescimento assim se incrementou e que gradualmente se vão integrando no contínuo edificado, mas nem sempre urbano. Entretanto e de uma maneira geral, o centro antigo — a *Alta* e a *Baixa* — e as primeiras manchas oitocentistas entraram em crise. Nessa dinâmica, a Universidade assumiu uma vez mais um papel de destaque, criando dois novos polos diametralmente opostos e dispostos na periferia e descurando, de forma apreciável, mas com responsabilidades diversas, as suas estruturas fundacionais (ou naturais), a *Alta* e a *Sofia*.

Inevitavelmente, os sucessos e insucessos do planeamento de Coimbra na segunda metade do século passado podem-se explicar pela forma mais ou menos correta ou *natural* com que as propostas interpretaram e (se) integraram (n)o território, seja ele edificado ou não. Como para qualquer cidade, em Coimbra não há novos territórios, mas apenas uma permanente sucessão de oportunidades. A história da cidade enquanto história do território humanizado e edificado deve ajudar a interpretação que é necessário integrar nas decisões de projeto e, no que diz respeito à Arquitetura, de desenho.

Fig. 5: Panorâmica da cidade a partir da Baixa.

URBANISMO E PODER NA FUNDAÇÃO DE PORTUGAL: A REFORMA DE COIMBRA COM A INSTALAÇÃO DE AFONSO HENRIQUES[217]

A instalação de Afonso Henriques em Coimbra após a Batalha de São Mamede é um marco conhecido no processo de fundação da nacionalidade. Porém não teve ainda correspondente fortuna crítica o quanto essa instalação teve uma expressão urbanística que, claramente, revela a existência de um projeto político, um programa de poder veiculado num conjunto de ações e obras públicas que exprimem uma clara ideia de cidade capital. Neste texto pretendo apresentar alguns dos dados e discutir os significados.

Estudei o assunto que aqui vos trago num trabalho tornado público há uma década, uma *urbanografia do espaço de Coimbra até ao estabelecimento da Universidade*[218]. O seu objectivo central foi o da compreensão de alguns dos porquês da forma urbana atual, qual é o genoma de uma cidade com um processo histórico singular, não só por ter sido o centro universitário exclusivo do 1º Império português, mas também por antes ter sido charneira de soberanias e credos, encruzilhada de conquistas e capitalidades, no complexo processo de invasões que, entre romanos e francos, matizou a composição do que então começou a ser Portugal.

---

[217] Comunicação ao colóquio realizado pelo CITCEM na Universidade do Minho em Braga no dia 5 de maio de 2011, tendo entretanto sido publicado: Walter ROSSA (2011), "Urbanismo e poder na fundação de Portugal: a reforma de Coimbra com a instalação de Afonso Henriques." *Evolução da paisagem urbana: sociedade e economia*. Braga: Maria do Carmo Ribeiro e Arnaldo Sousa Melo (coord.), CITCEM. 2012: 127-143.

[218] Walter ROSSA (2001), *DiverCidade: urbanografia do espaço de Coimbra até ao estabelecimento definitivo da Universidade*. Coimbra: dissertação de doutoramento apresentada à Faculdade de Ciências e Tecnologia da Universidade de Coimbra. 2001: cap.s 5 e 6.

Integrado nessa abordagem mais vasta, o tema da reforma afonsina constitui, em minha opinião, um dos seus aspectos mais interessantes.

Por razões práticas (espaço, oportunidade, objectividade), mas também de decoro disciplinar (sou arquiteto e não historiador), tanto quanto possível limitar-me-ei à apresentação de factos. Os dados provêm da profícua historiografia coimbrã sujeita à hermenêutica de um urbanista e, bem assim, do documento que não mente: a cidade de hoje, não só um palimpsesto de informação, mas um sistema de fontes em hipertexto. As referências bibliográficas e documentais provêm daquele meu trabalho, pelo que aqui me dispenso de as repetir, a não ser nos casos de citação direta.

Fig. 1: O lado norte da antiga alcáçova na atualidade.

A Coimbra que Fernando Magno reconquistou para o domínio cristão em 1064 era uma Æminium muito transformada. O fórum sofrera já a profunda adaptação a palácio do bispo, que ali se acolheu após o abandono de Conímbriga; o sistema defensivo evoluíra ao ponto de a muralha perimetral ter ficado completa; a ocupação islâmica proveu a construção de uma cidadela do tipo paço-alcáçova dotada de albacar (ou seja, de um perímetro defensivo intermédio confinando um bairro para os notáveis da corte omíada); a provável ponte romana estaria já submersa pelo paulatino, mas implacável e milenar processo de açoramento do Mondego; alguns templos cristãos e, pelo menos, uma mesquita pontuavam a paisagem e estrutura urbanas, etc.

A região coimbrã estava também ordenada de forma muito diversa da romana, acentuando-se a polaridade territorial de Coimbra. O efémero Condado de Coimbra criado em 878 em Hermenegildo Guterres e extinto pela reconquista muçulmana dirigida por al-Mansur em 987, é apenas um facto que contribuiu e corrobora a conformação estratégica dessa unidade territorial, que também teve expressão como *kura* durante a dominação muçulmana. Após a Reconquista o condado seria retomado sob uma fórmula menos evidente, mas não menos efémera e eficaz por Sisnando Davidis (g. 1064-1091). Em 1096 ocorreria a integração do Condado de Coimbra no Portucalense, cujo titular foi o franco Henrique de Borgonha, casado com Teresa, filha bastarda do rei de Leão. Mais do que um processo político foi, uma vez mais, a imposição dos últimos invasores aos residentes.

A então Colimbriæ não fora uma cidade muçulmana, mas antes um dos principais polos moçárabes do espaço peninsular. Nos seus dois períodos, que não chegaram a somar dois séculos e meio, o domínio muçulmano na região foi essencialmente político-militar e não tanto colonial ou civilizacional. Morfologicamente a cidade era então mais a resultante da regionalização da romanização, que das invasões de povos do leste e islâmicos que se lhe seguiram. Os moçárabes são o resultado dessa evolução sofrida pelos hispano-romanos, os residentes, não uma etnia invasora. Tinham um culto cristão com uma liturgia própria (dita hispânica ou visigótica) próxima da dos cristãos orientais, a qual, pelo isolamento, ficou irremediavelmente ameaçada após o Cisma de 1054.

Aquilo a que se assistiu nas escassas décadas decorridas entre a Reconquista de Coimbra em 1064 e a fundação da nacionalidade portuguesa umas oito décadas depois foi, precisamente, à implantação proselitista do culto e liturgia católico-romana e da cultura dos cristãos do norte, os *francos*, sobre essa matriz moçárabe-orientalizante. Esta apenas logrou resistir nas primeiras décadas, precisamente as do retomar do condado sob o governo de Sisnando Davidis. Com a soberania cristã despontou a inevitável conflitualidade entre facções apenas supostamente fraternas, o que teve a sua pedra de toque na decisão do Concílio de Burgos de 1080 de proclamar a adaptação do cristianismo ibérico à liturgia romana, ao que aderiu o monarca leonês Afonso VI em 1086.

Como em 1919 escreveu Goméz-Moreno, Coimbra foi "el foco más potente de mozarabismo en el pais ocidental"[219]. Por tudo isso a imposição do novo rito e tudo o que acarretou (do que é bom exemplo a nomeação de bispos) teve implicações arquitectónicas e até urbanísticas a tal ponto enérgicas, que permitem adivinhar e ilustrar alguns dos contornos dos conflitos que terá gerado. Mas como por mais esforço que se faça em contrário, a história corrente é sempre a dos que vencem e prevalecem, o que realmente é valorizado são os feitos de quem chegou e se afirmou, não o papel da maioria que estava, recebeu e sofreu.

Porém o processo não foi apenas de política religiosa, pois esta conjugou-se com o projeto de poder que conduziu à fundação da nacionalidade portuguesa. O acentuar e a assunção da diferença foi até fundamental à afirmação desse projeto. Mais do que o mais simples vergar dos hispano-romanos genericamente vertidos em moçárabes, importava acentuar a componente franca, inovadora, em detrimento da asturiana, também ela residente e resistente. Mas, eufemisticamente, era naquela, tal como no passado visigodo, que se fundava o objecto retórico da Reconquista.

Serão esses a razão e o significado mais profundo da fusão dos condados sob o governo de Henrique da Borgonha, que pugnou por uma *composição* entre as partes, a qual tem a sua maior evidência na carta de foral que em 1111 outorgou à cidade, reconhecendo direitos antigos e exclusivos. Com isso logrou pôr cobro a uma sublevação que durava há dois anos, mas também dar um passo importante na autonomização que, desde cedo, se tornou evidente em múltiplos atos da sua governação. No plano religioso uma bula papal de 1116 também apaziguou os conflitos. O violento assédio almorávida materializado nesse ano e no seguinte forçou essa composição.

Enfim, era (e permanece) um contexto extraordinariamente complexo. Passando de *extremadura* a encruzilhada, pela última vez o sítio de Æminium-Coimbra serviu de charneira entre o norte e o sul da facha ibérica ocidental, de testa de ponte político-militar entre duas geografias e dois grupos com diferentes formas de crer, viver e fruir, mas que assim se inter-influenciaram num diálogo de culturas que compôs Portugal.

---

[219] Manuel GÓMEZ-MORENO (1919), *Iglesias Mozárabes: arte español de los siglos IX a XI*. Granada: Editorial Universidad de Granada. 1998: 98.

São por demais conhecidas as razões e motivações que, na sequência da batalha de São Mamede (1128) levaram Afonso Henriques a instalar-se em Coimbra, onde, aliás, parece ter nascido em 1109. Também terá sido de Coimbra que a condessa Teresa partiu para com o seu exército defrontar o filho acantonado em Guimarães. Foram frequentes e prolongadas as suas estadias em Coimbra depois da morte de Henrique de Borgonha em 1112, acentuando uma tendência que o filho confirmaria. Claro que esta instalação era então muito relativa, pois as cortes eram quase tão nómadas quanto os soberanos em torno de quem se congregavam.

A verdade é que, por entre um conjunto de sinais que contribuíram para essa ideia, a maior permanência em Coimbra e a fixação da insipiente chancelaria régia no novo cenóbio agostinho de Santa Cruz, têm sido invocados como claros sinais da eleição de Coimbra como base de operações, numa capitalidade *avant-la-lettre*, do projeto de poder do primeiro monarca português. Mas o que aqui mais nos interessa reter é a ideia de que Coimbra se constituiu no centro de um território estruturado em função de uma lógica unitária de poder. Quiçá a primeira depois do processo da Reconquista, uma vez que a norte tal tarefa surgia dificultada pela estrutura senhorial pré-existente. É que enquanto aí se procurava instituir uma fronteira onde ela até então nunca existira (sobre a raia do rio Minho) a sul pretendia-se abrir trilhos de expansão sobre a velha Lusitânia agora islamizada. Projeto ao qual uma nova igreja em afirmação não pôde deixar de se associar ativamente, sendo nisso especialmente significativo o papel do crúzio Miguel Salomão, bispo de Coimbra entre 1162 e 1176.

Na perspectiva da história política, religiosa e militar Coimbra surge-nos assim na primeira metade do século XII como o centro da ação da Reconquista na faixa oeste peninsular, numa fase em que o projeto de autonomização soberana dos condes portucalenses era já bem evidente. Mas o que, no fundo, aqui me propus sumariamente apresentar não é essa matéria certa e sabida, mas algumas evidências de como isso teve tradução urbanística, um programa que, como sempre, não é mais do que uma forma de afirmação e legitimação. Cada um dos casos nada teria de excecional, mas o todo significará por certo mais do que a soma das partes.

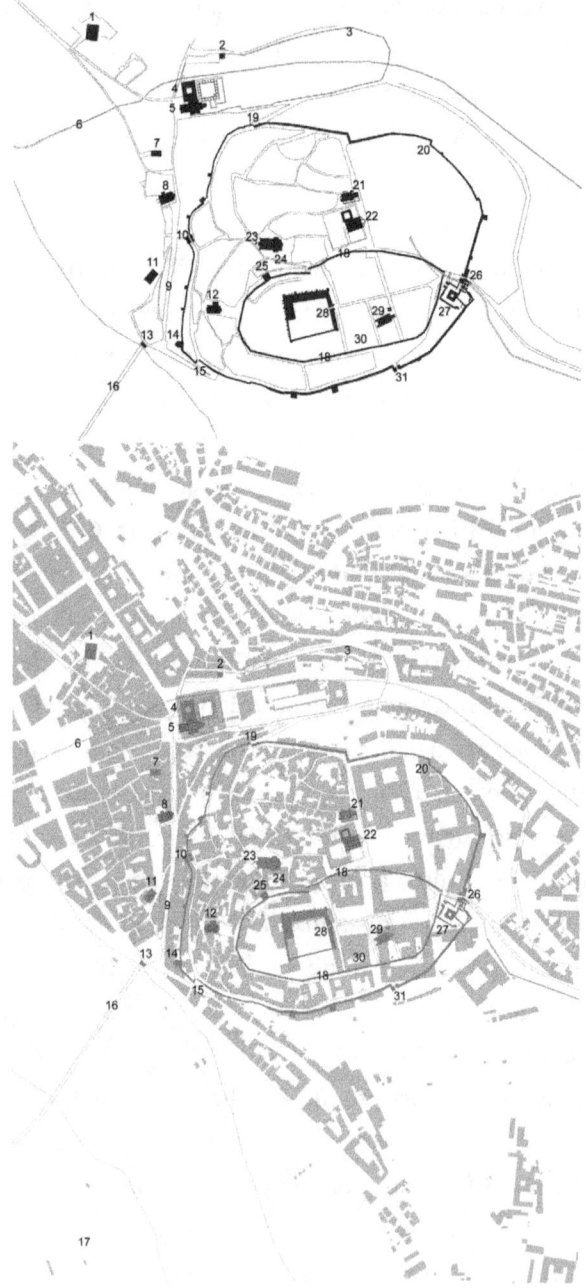

Fig.2: Os elementos edificados mais relevantes da cidade no final do século XII, desenhados sobre as massas edificadas do levantamento georeferenciado atual. Walter ROSSA e Sandra PINTO, *Banco Digital de Cartografia da Evolução Urbanística de Coimbra*. Departamento de Arquitetura da Universidade de Coimbra, 2003.

3ª PARTE: COIMBRA

Legenda:
1 Igreja de Santa Justa
2 Torre dos sinos de Santa Cruz
3 Cerca de Santa Cruz
4 Mosteiro de São João das Donas
5 Mosteiro de Santa Cruz
6 Sulco da Ribela
7 Igreja de São João da Freiria
8 Igreja de São Tiago
9 Rua dos Francos ou das Tendas
10 Porta de Almedina
11 Igreja de São Bartolomeu
12 Igreja de São Cristóvão
13 Portagem
14 Torre da Estrela
15 Porta de Belcouce
16 Ponte
17 Mosteiro de Santa Ana
18 Albacar
19 Porta Nova
20 Muralha
21 Igreja do Salvador
22 Paço do Bispo e igreja de São João de Almedina
23 Casa do Vodo
24 Sé/ Catedral de Santa Maria
25 Torre dos sinos da Sé
26 Porta do Sol
27 Castelo
28 Paço da Alcáçova
29 Igreja de São Pedro
30 Hospital dos Milreus
31 Porta da Traição

O assédio almorávida dirigido por Ali ben Yusuf em 1117 produziu uma considerável destruição na cidade ou, pelo menos, no seu arrabalde, pois alguns autores têm desconfiado da leitura literal do documento que refere que os mouros "que de mistura entrarão em a cidade com os moradores, que se recolhião, a qual estava neste tempo com pouca gente, porque o Conde a tinha levado a uma empresa [...] e na cidade matarão muita gente, e derribarão muitos edificios, e poseram esta See quase por terra"[220].

---

[220] Trata-se de um documento desaparecido, mas que antes foi registado em Pedro Álvares NOGUEIRA (1597), *Livro das vidas dos bispos da Sé de Coimbra*. Coimbra: Arquivo e Museu de Arte da Universidade. 1942: cap. IV, §3º.

No que diz respeito aos edifícios religiosos, se pela data da confirmação papal da independência (1179) não existiam em Coimbra igrejas instaladas em edifícios anteriores a 1064, é seguro que alguns deles tenham sido objecto de duas reformas no século decorrido desde nesse intervalo de tempo. Ou seja, às fundações ou refundações moçárabes sucederam-se, poucas décadas depois, reformas católicas. Era quase inevitável, pois as diferenças litúrgicas impunham dispositivos espaciais diversos. De qualquer das formas sabemos como, na generalidade, as alterações que daí provieram foram sendo paulatinamente introduzidas ao longo de séculos. Em Coimbra foram, digamos assim, feitas de supetão maioritariamente entre as décadas 1140 e 1170. O centro da soberania emergente, de confessa inspiração gregoriano-romana, não podia ter um parque de igrejas que disso dessem uma leitura ambígua, invocando no quotidiano espiritual matrizes culturais obliteradas segundo um processo recente e algo violento.

Bom exemplo é a hoje Sé Velha, a Catedral de Santa Maria sagrada em 1174. Terá sido erguida naquele local pelo menos no primeiro período condal e foi sujeita a reforma, senão mesmo a uma renovação, nas últimas décadas do século XI. Para o tema de hoje pouco importa a polémica entre António de Vasconcelos[221], Nogueira Gonçalves[222] e Pierre David[223] nas décadas de 1930 e 1940, em minha opinião resol-

---

[221] António de VASCONCELOS (1941), "A Catedral de Santa Maria Colimbriense ao principiar o seculo XI. Mozarabismo desta região em tempos posteriors." *Sé-velha de Coimbra, apontamentos para a sua história*, Coimbra: Arquivo da Universidade de Coimbra. 1993: vol. II, 113-140.

[222] A. Nogueira GONÇALVES (1934), "A lanterna-coruchéu da Sé-velha de Coimbra." *Biblos*, ano X. Coimbra: Faculdade de Letras da Universidade de Coimbra. 1934: 260-272; A. Nogueira GONÇALVES (1938), *Novas hipóteses àcerca da arquitectura românica de Coimbra*. Coimbra: Gráfica de Coimbra. 1938; A. Nogueira GONÇALVES (1942), *A Sé Velha Conimbricense e as inconsistentes afirmações histórico-arqueológica de M. Pierre David*. Porto: Tipografia Guedes. 1942; A. Nogueira GONÇALVES (1943), *Evocação da obra dos canteiros medievais de Coimbra*. Coimbra: Sociedade de Defesa e Propaganda de Coimbra. 1944.

[223] Pierre DAVID (1943), *A Sé Velha de Coimbra das origens ao século XV*. Porto: Portucalense Editora. 1943; Pierre DAVID (1942), "La Sé Velha de Coimbra et les dates de sa construction (1140-1180)." *Bulletin des Etudes Portugaises*, 1. Lisboa: Institut Français au Portugal. 1942.

vida por Manuel Real em 1974[224], se o edifício moçárabe foi destruído no ataque almorávida de 1117 ou deliberadamente demolido para ser substituído pelo atual, bem como se a construção foi iniciada em torno de 1140 ou um quarto de século mais tarde, já no bispado de Miguel Salomão. O que interessa é que algumas décadas depois de ter sido renovado foi demolido e substituído por outro, tal como o facto de Afonso Henriques ter contribuído para a sua realização ao ponto de em alguns documentos se apresentar como fundador, o que de todo não é verdade.

Como a Catedral de Santa Maria, as demais igrejas da cidade intramuros (Salvador, São João de Almedina, São Cristóvão e São Pedro) trocaram o seu fácies e estrutura moçárabes por outros católicos durante a governação de Afonso Henriques, a maior parte das quais também sob o bispado de Miguel Salomão. Tal como a catedral foram reformas que em primeira mão se devem ao clero, mas mesmo sem contar com as notícias documentais de alguns apoios expressos do monarca, parece-me óbvio que o sincronismo só é explicável através de um programa político.

A igreja do Salvador a par com a Sé Velha e São Tiago é das únicas que chegou até aos nossos dias. Corresponde a um edifício erguido quando o respetivo território paroquial se urbanizou e estabilizou, pois antes esteve implantada algo a sul, dentro do albacar. Tal facto ocorreu, precisamente, durante o reinado de Afonso Henriques, sendo que o seu portal ostenta como data o ano de 1179. É provável que a construção só tenha sido concluída alguns anos depois.

---

[224] Manuel Luís REAL (1974), *A arte românica de Coimbra (novos dados — novas hipóteses)*. Porto: dissertação de Licenciatura em História apresentada à Faculdade de Letras da Universidade do Porto, 2 vol.s. 1974.

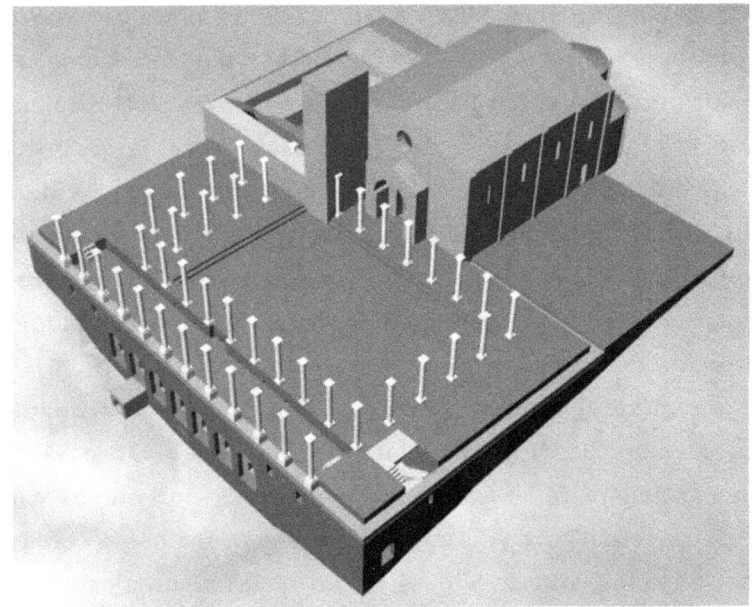

Fig.3: Reconstituição volumétrica da igreja românica de São João de Almedina e sua relação com o criptopórtico do fórum de Æminium.
Walter ROSSA e Sandra PINTO, *Banco Digital de Cartografia da Evolução Urbanística de Coimbra*. Departamento de Arquitetura da Universidade de Coimbra, 2003.

São João de Almedina foi a capela do paço episcopal. O conjunto inicial era dotado de um claustro do qual ainda subsiste um tramo dentro do atual Museu Nacional de Machado de Castro. Foi reformado dando então origem a uma igreja de que com alguma segurança foi possível reconstituir a planta. Em meu entender o seu perímetro coincide com o do templo do fórum de Æminium, dele aproveitando diversos elementos, como as colunas cujas bases ainda hoje se podem observar no local. Isso explicará as suas inusitadas proporções, bem como as das referidas colunas. O mesmo não é possível com a igreja, pois entre 1684 e 1704 foi substituída pela atual cujo eixo rodou 270°. A iniciativa terá também sido do bispo Miguel Salomão.

São Cristóvão inicialmente no arrabalde junto à ponte, antes de 957 foi transferida para dentro de muros, instalando-se num pequeno edifício do qual apenas conhecemos a silhueta em planta inscrita no levantamento ao conjunto feito antes da sua integral substituição em 1857 por um teatro.

Conjunto que era constituído por uma igreja erguida na segunda metade ou até último quartel do século XII, até porque sob os mais diversos aspectos formais era uma redução da Sé. O edifício moçárabe foi sede de um pequeno mosteiro que em 1108 Henrique da Borgonha doou aos Cónegos Regrantes de Santo Agostinho, em mais um ato de intervenção do poder político na reforma gregoriana das preexistências moçárabes.

Também São Pedro sediava um mosteiro, aliás o mais antigo da cidade. O edifício que chegou até à reforma da alta universitária do Estado Novo na década de 1940, era já a resultante da profunda intervenção ordenada pelo bispo-reformador Francisco de Lemos no âmbito da Reforma Pombalina, mas terá sido erguida no último quartel do século XII sobre uma anterior moçárabe. O templo tinha algumas semelhanças com São Cristóvão, designadamente a cabeceira. Cabeceira que, coincidência ou não, tal como as igrejas de São João e do Salvador encostavam ao velho *cardus* romano. Além dessa outra característica comum a todas as igrejas de Coimbra de então era a das torres isentas, das quais persiste apenas a do Salvador. A própria Sé tinha os seus sinos numa torre do albacar, a qual terá hipoteticamente também servido de *minar* da mesquita islâmica.

A par destes templos com intervenção documentada para o período afonsino, existia ainda intramuros um outro, o de São Miguel, fundado por Sisnando Davidis e por ele copiosamente dotado através do testamento que lavrou em 1087. Tinha anexo um hospital com três camas e poderá ter sido a origem, desde logo palatina, do que ainda hoje é a Capela de São Miguel (ou da Universidade). O edifício de hoje é a obra nova em novo local ordenada por Manuel I no início de Quinhentos. Mas nada sabemos acerca de eventuais transformações ordenadas por Afonso Henriques na sua capela palatina de São Miguel.

Também no arrabalde assistimos no período em apreço à renovação integral dos edifícios das igrejas preexistentes. São Bartolomeu e Santa Justa (esta com programa conventual) são exemplos claros, mas também São Tiago, em cujo dia de 1064 ocorreu a reconquista definitiva da cidade aos muçulmanos. Com provável origem num templo dedicado a Santa Cristina, que com aquela ação viu o seu orago mudado, foi a última igreja da cidade a sofrer a reforma arquitectónica gregoriana. Havia mais alguns cuja referenciação aqui pouco adiantaria ao objetivo deste texto.

E assim confirmamos como nas últimas décadas do século XII Coimbra tinha um parque eclesial totalmente renovado segundo os preceitos da liturgia determinada para a Península Ibérica um século atrás. Significativamente, das sete igrejas listadas todas eram sedes paroquiais (o que é um sistema precoce) e tinham colegiada (o que é um exagero). Conjunto em que, apesar do desaparecimento de algumas unidades, é possível ler características comuns (planta, estruturação e expressão dos alçados, escadórios de acesso, torres isentas, etc.) que levaram à identificação e caracterização pelos historiadores da arte de um *românico coimbrão* de clara inspiração franca, o qual foi o conjunto de arquitetura românica mais coerente e concentrado do país. Contudo não é essa a perspectiva, a arquitectónica, a que aqui interessa, mas sim a do programa político e urbanístico de que faz suspeitar e para o qual se me impõe agora juntar confirmações.

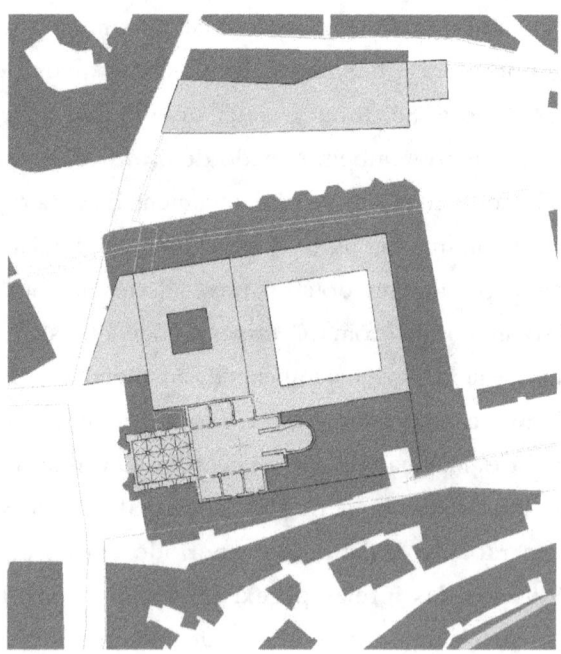

Fig. 4: Reconstituição planimétrica sumária dos elementos essenciais do mosteiro de Santa Cruz de Coimbra nos séculos XII-XIII, com destaque para a base da torre-nártex.
Walter ROSSA e Sandra PINTO, *Banco Digital de Cartografia da Evolução Urbanística de Coimbra*. Departamento de Arquitetura da Universidade de Coimbra, 2003.

O Mosteiro de Santa Cruz é a primeira. Sabe-se como a iniciativa se deve a um conjunto de membros do cabido diocesano que, descontentes por um deles, Telo, não ter sucedido ao bispo Gonçalo precisamente em 1128, dali saíram para em 1131 para fundar uma comunidade. Um dos objectivos era ter um espaço onde a oposição resiliente dos locais aos bispos estrangeiros impostos pudesse seguir o seu curso. Os apoios de Telo eram o bispo que falecera e a condessa nesse ano derrotada pelo filho. Razões óbvias para este prover o lugar em Bernardo, um franco, mas cedo Afonso Henriques reconheceria nele a capacidade de ampliar a conflitualidade latente e em Telo um potencial de liderança unificadora.

Com Telo estavam personagens que se vieram a revelar fundamentais na diplomacia de legitimação do novo reino. Eram cultos e viajados, o que lhes permitiu encontrar em São Rufo de Avinhão um modelo comunitário desalinhado das correntes monásticas em voga: a regra de Santo Agostinho. Tal facto permitiu-lhes obter obediência e tributo exclusivos ao Papa (1135) e, assim, uma inusitada autonomia face a todo o clero da península, designadamente ao próprio bispo. Com tudo isso o apoio de Afonso Henriques só poderia consolidar-se. O modelo — um *máximo denominador comum* das tendências em conflito latente — frutificaria, por exemplo, em São Vicente de Fora logo após a conquista de Lisboa em 1147. O que poderia ter sido o reavivar de um partido moçarabizante, acabou potenciado como inestimável capital no processo autonómico portucalense. Seria em Santa Cruz que Afonso Henriques recrutaria escribas, chanceleres, sacerdotes e bispos. E foi ali, não no castelo ou na alcáçova, que fez recolher a parca existência material do seu embrionário estado, incluindo o tesouro régio.

Ao contrário dos demais edifícios religiosos e em sinal de autonomia, Santa Cruz foi ocupar em ensanche o espaço não urbanizado situado entre a urbe e o núcleo de Santa Justa. O espaço compreendido entre o cenóbio e o rio foi desde logo dinamizado como a primeira urbanização programada portuguesa. Eram propriedades maioritariamente judias situadas ao longo da linha de água que contorna pelo norte a colina de Coimbra. No sítio hoje ocupado pelos Paços do Concelho existiam uns Banhos Régios que foram a primeira doação de Afonso Henriques aos crúzios. A cerca do mosteiro ampliou a da cidade e levou à abertura da Porta Nova, sendo que o conjunto monástico tinha uma forte expressão defensiva. O acesso principal era a sul, lateral, característica que se cruza com um aspecto que para nós é crucial: a solução arquitectónica do que foi 1º panteão régio português. Para além da sepultura de dois reis, reuniram-se as de duas rainhas e sete infantes.

Tal como as demais fundações crúzias em Portugal, em especial para a algo posterior de São Vicente de Fora em Lisboa (1147), a igreja de Coimbra tinha a sua fachada principal conformada por uma torre, neste caso portentosa e rematada por um coruchéu, a qual continha um espaço colunário ao nível do piso térreo no pé da nave. Sobre esse espaço existia uma tribuna, o antecedente do atual coro alto. Não sabemos se a torre tinha acesso direto ao exterior. Provavelmente não, mas isso é aqui irrelevante.

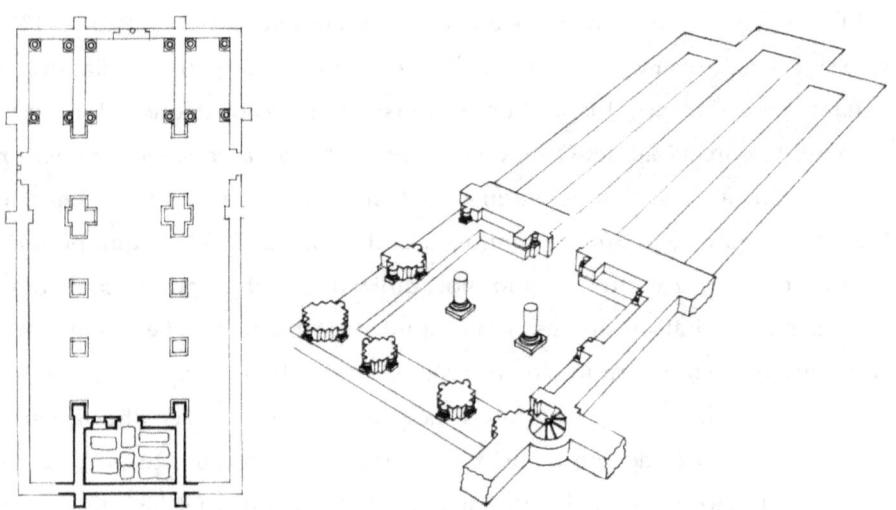

Fig. 5: Plantas da (desaparecida) igreja de Santa Maria de Oviedo (reconstituição de Fortunato Selgas, 1908) e da Colegiada de Santo Isidoro de Leão (Isidro Bango Torviso, 1992), interessando aqui os panteões reais no extremo oposto à cabeceira[225].

---

[225] Isidro G. Bango TORVISO (1992), "El espacio para enterramientos privilegiados en la arquitectura medieval española." *Anuario del Departamento de Historia y Teoría del Arte*. Madrid: Universidade Autónoma de Madrid. vol. IV, 1992: 93-132.

Fig. 6: Abóbadas do Panteão Real da Colegiada de Santo Isidoro de Leão.

Na linha de uma tradição asturiana e também moçárabe (neste caso com expressão formal diversa, em absidíolo) esses espaços tinham uma função cemiterial. No caso de Santa Cruz foi programado com vista à tumulação dos primeiros reis portugueses, sendo determinante que fosse esse o modelo do panteão dos reis em Santo Isidoro de Leão, que por sua vez é uma evolução tipológica do da Igreja de Santa Maria de Oviedo. Há outras coincidências, as quais não cabe aqui referir, mas não posso deixar de chamar a atenção para o facto de o espaço de Santa Cruz ser já uma evolução próxima do que no centro da Europa viria a ser instituído como o modelo das *saint-chapelles*. Em suma, em jeito de legitimação Afonso Henriques terá pretendido emular para a sua monarquia emergente o modelo cemiterial dos seus suseranos. Importa registar que esta opção constituiu uma alteração ao programa inicial feita por alturas do Tratado de Zamora (1143) e, já agora, reforçar o quanto de impacto urbano-paisagístico tinha esse elemento com mais de simbólico que de defensivo.

Fig. 7: Vista de sudeste da maqueta do Núcleo da Cidade Muralhada do Museu da Cidade de Coimbra (instalado na Torre da Almedina), com os elementos edificados mais relevantes da cidade no final do século XII. Walter ROSSA, Sandra PINTO e Nuno SALGUEIRO, Departamento de Arquitetura da Universidade de Coimbra, 2003.

Em tudo quanto acima se disse foi sendo referenciada a existência de um elemento fundamental da urbanidade medieval de Coimbra: a muralha. Além dos aspectos simbólicos, paisagísticos e defensivos, como em todos os casos tinha e continua a ter um papel determinante na morfologia urbana da cidade. Foi possível reconhecer com exatidão todo o seu traçado, bem como as fases e campanhas de obras da sua execução, o que foi vertido num interessante projeto do Museu Municipal de Coimbra, centrado numa maqueta exposta na Torre de Almedina.

À época o perímetro muralhado iniciado pelos romanos estava concluído, até nos trechos onde era topograficamente supletivo. Tinha três portas que com Sisnando Davidis, mas também com a condessa Teresa, sofreram reformas, sendo que junto da Porta do Sol foi então concretizado o perímetro do castelo, situado no ponto topograficamente mais vulnerável e de mais fácil acesso. Nada que se compare com as obras empreendidas pelos governantes seguintes. Iniciavam-se então na Europa as alterações que transformaram os perímetros muralhados em sistemas defensivos com alguma capacidade ativa. É a castelologia dita gótica. Surgem torres e barbacãs, reforçam-se muros e melhoram-se os adarves, criam-se esplanadas para movimentação de engenhos, couraças atingindo pontos estratégicos, como o rio em Coimbra.

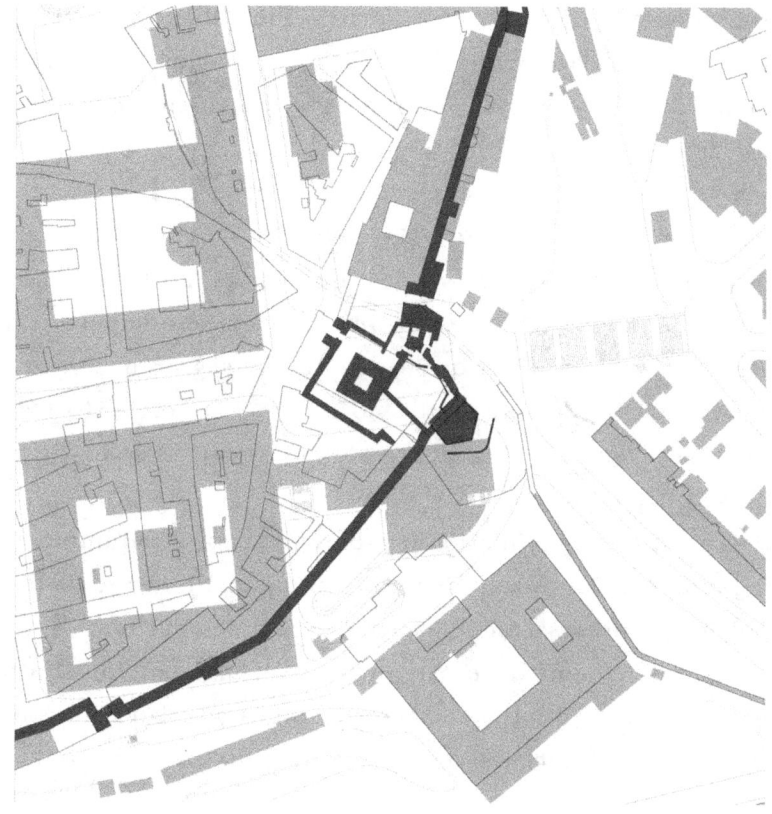

Fig. 8: Reconstituição da planimetria geral do castelo, desenhada sobre as massas edificadas do levantamento georeferenciado atual. Walter ROSSA e Sandra PINTO, *Banco Digital de Cartografia da Evolução Urbanística de Coimbra*, Departamento de Arquitetura da Universidade de Coimbra, 2003.

Dinâmica empreendida por Afonso Henriques em Coimbra, sendo que as principais obras acabaram por ser concretizadas pelo seu sucessor. A Torre de Menagem, erguida sobre uma cisterna, foi a pedra de toque do processo. Em todo o sector poente o percurso de torres e barbacã marcou para sempre o urbanismo e a imagem da cidade. Também relevante foi, na década de 1140, a já referida abertura da Porta Nova, bem como da rua que lhe dá acesso. Provam o desenvolvimento e consolidação urbanística do sector norte da colina por mercê da instalação crúzia então em curso. A primitiva torre sineira do mosteiro era precisamente a nova torre da muralha que protegia aquela porta.

Termino com aquela que será a mais significativa concretização urbanística coimbrã da governação de Afonso Henriques: a ponte. Face à dinâmica de assoreamento do Mondego (que apenas estabilizou em meados do século XIX e decorreu a uma média de 80 centímetros por século) a sua provável antecedente romana estaria então com o tabuleiro ao nível dos aluviões. Mas sobre os seus pegões ou de raiz, sabemos pela *Chronica Gothorum*[226] que em 1132 Afonso Henriques mandou erguer nova ponte. Com um comprimento superior à antecedente, mas também inferior às que se lhe seguiram. Como se lia na inscrição da ponte substituída no século XIX, em 1513 Manuel I "mandou fazer de novo esta ponte até as esperas he reedificar até a cruz de são ffrancisco"[227].

A data e o carácter utilitário do programa têm-me permitido afirmar (numa expressão algo metafórica, evidentemente) tratar-se da primeira obra pública portuguesa. Simbolismo acrescido pelo facto de numa zona então de fronteira unir duas margens de um país em construção por mais um século que, como José Mattoso bem caracterizou, foi composto de opostos que os conceitos de norte e sul sintetizam[228].

---

[226] "Era MCLXX Idem Rex cepit edificare monasterium Sanctae Crucis in suburbiu Colimbrie et pontem fluminis juxta civitaten, anno regni sui quarto" (*Portugaliæ Monumenta Historica*. Lisboa: Academia das Ciências. 1856-1888: I, 12).

[227] No espólio do Museu Nacional de Machado de Castro, Coimbra.

[228] José MATTOSO (1985), *Identificação de um país, ensaio sobre as origens de Portugal, 1096-1325*. Lisboa: Editorial Estampa. 2 vol.s, 1988.

Fig. 9: Vista de noroeste da maqueta do Núcleo da Cidade Muralhada do Museu da Cidade de Coimbra (instalado na Torre da Almedina), com os elementos edificados mais relevantes da cidade no final do século XII.
Walter ROSSA, Sandra PINTO e Nuno SALGUEIRO, Departamento de Arquitetura da Universidade de Coimbra, 2003.

A tudo isto haveria ainda que juntar muitos outros dados, como o corolário jurídico deste processo, o foral promulgado por Afonso Henriques em 1179, o primeiro de iniciativa régia. Porém, face ao que assim sumariamente registei, penso que já não poderá ser considerado exagero afirmar que às inevitáveis alterações urbanísticas da instalação em Coimbra da embrionária corte portuguesa a partir da década de 1130 corresponde um plano. Não algo rigorosamente pré-determinado e arquitetado em documentos desenhados e escritos, mas o desígnio de uma nova ordem na cidade escolhida para albergar o infante que, como todos os sinais indicavam, em breve se tornaria rei.

Uma vez mais se verifica que a afirmação de qualquer processo de transformação estrutural profunda implica e expressa-se numa marca urbanística — uma reforma — no espaço central da atuação política dos seus protagonistas. Coimbra foi assim a primeira cidade portuguesa a sofrer no seu urbanismo a marca dessa nacionalidade florescida no extremo-ocidente ibérico durante o século XII: Portugal.

A SOFIA:
PRIMEIRO EPISÓDIO DA REINSTALAÇÃO MODERNA DA UNIVERSIDADE PORTUGUESA[229]

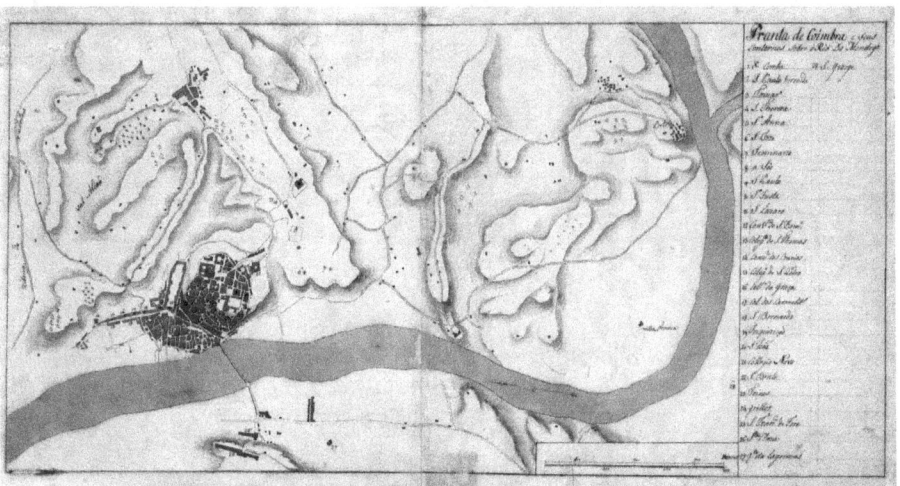

Fig. 1: O impacto morfológico da rua da Sofia cerca de dois séculos e meio depois.
"*Pranta de Coimbra e seus contornos sobre o rio Mondego.*"
Instituto Geográfico Português, 393.

---

[229] Texto encomendado e publicado como: Walter Rossa (2006), "a Sofia: 1º episódio da reinstalação moderna da Universidade Portuguesa." *Monumentos*. Lisboa: Direcção Geral dos Edifícios e Monumentos Nacionais. nº25, 2006: 16-23.

Tem como base a dissertação de doutoramento do autor *DiverCidade: urbanografia do espaço de Coimbra até ao estabelecimento definitivo da Universidade*, apresentada à Faculdade de Ciências e Tecnologia da Universidade de Coimbra em 2001, atualmente em revisão para publicação. No seu nono e último capítulo (pp. 613-819), intitulado "Com (a) *Alta* (e a) *Sapiência*", surgem explanados os dados de contextualização e da ação disponíveis, bem como formuladas com detalhe e fundamento hipóteses interpretativas e prospectivas. Posteriormente e sobre a arquitetura quinhentista de Coimbra saiu, de Lurdes Craveiro, *O Renascimento em Coimbra. Modelos e programas arquitectónicos*, dissertação de doutoramento apresentada à Faculdade de Letras da Universidade de Coimbra, 2002, 2 vols., e a 2ª edição de Rui Pedro Lobo, *Santa Cruz e a Rua da Sofia: arquitectura e urbanismo no século XVI*, numa edição EDARQ (Coimbra,

Fig. 2: Identificação dos colégios da rua da Sofia em pormenor do *Mapa topográfico da Cidade de Coimbra com a divisão das antigas freguesias*, c. 1772-1780.
Instituto Geográfico Português, 392.

A pedra de toque da reforma do ensino empreendida por João III (1521-1557) nas décadas de 1530 e de 1540, foi a criação de um nível propedêutico à universidade para o ensino das Artes. Teve também como desígnio reinstalá-la numa urbe sem o bulício que então prejudicava os *estudos* em Lisboa. Com esses princípios, o ensino universitário

---

2006) do Relatório-Síntese para as Provas de Aptidão Pedagógica e Capacidade Científica no Departamento de Arquitetura da Faculdade de Ciências e Tecnologia da Universidade de Coimbra, concluído em 1999. A abordagem do primeiro destes textos não se orientou no sentido de carrear novas informações e/ou interpretações para a temática que aqui é abordada. Por sua vez, o livro de Rui Pedro Lobo no que diz respeito a este âmbito temático não sofreu revisões ou anotações sobre a sua versão original (1999), pelo que aqui é desnecessário considerá-lo para além do que já foi feito em *DiverCidade*.... Assim, e para todos efeitos, remete-se a contextualização e suporte documental e bibliográfico deste texto para a tese de doutoramento do seu autor, o que aligeira o texto, mas não os seus fundamentos, e não exclui o incontornável contributo dos muitos que, antes de todos nós, proficuamente se dedicaram ao tema (o que se indica detalhadamente na prova académica que aqui é a referência).

propriamente dito foi completamente reformulado, sendo essa apenas uma das consequências de tão revolucionária ação.

De entre elas, as que aqui mais nos interessam foram a transferência definitiva da universidade para Coimbra, formalizada em 1 de março de 1537, e a invasão do então recatado e decadente burgo de cinco mil habitantes por uma *corte universitária* que, num quarto de século, fixou essa cifra em algo como doze mil. Dessa forma, Coimbra adquiria um estatuto único em Portugal e raro em todo o mundo: sede dos únicos *estudos gerais* do Império Português até ao final do Antigo Regime e da Idade Clássica. A mono-funcionalidade urbana daí decorrente também não foi menos rara e prolongou-se até bastante mais tarde.

Em 1527 e após uma visita à cidade, João III iniciara o processo com uma reforma imposta ao Mosteiro de Santa Cruz através de um frade jerónimo, Brás de Barros, que havia concluído graduações em Paris e Lovaina. A estratégia então empreendida consistia no desenvolvimento do polo escolar privado do mosteiro, por forma a que este viesse a comportar estudantes externos e a poder conceder graus. Tudo isso à custa dos enormes recursos económicos e fundiários do cenóbio. Foi o começo do processo que culminaria com o sucesso da transferência, não tanto da instalação, da Universidade em Coimbra.

A gestão da ação coube de facto ao monarca, por vezes em divergência com o administrador que nomeara para Santa Cruz, Frei Brás de Barros. A par dele três pessoas repartiram responsabilidades perante o rei, sendo até mais fiéis executores das suas ordens: Sebastião da Fonseca (desembargador), Vasco Ribeiro (vedor) e Diogo de Castilho (mestre-de-obras, empreiteiro e arquiteto).

As expectativas iniciais de João III sobre o sucesso da reforma cedo foram ultrapassadas, sendo sucessivamente compelido a encontrar soluções para prover a universidade de mais espaços e a cidade de mais acomodações para estudantes e mestres. Ao invés do que antes sucedia em Lisboa, os estudos em Coimbra suscitaram uma enorme e inesperada procura de religiosos e leigos. O monarca não o previra e, bem assim, não prevenira os impactos urbano e urbanístico daí decorrentes.

Por mau planeamento, modesta previsão do sucesso, falta de meios próprios de investimento, falhas na adesão atempada das instituições religiosas regulares e seculares ao sistema colegial almejado, ausência de avaliação cuidada do potencial e disponibilidade para o investimento privado em habitação de rendimento, mudança rápida nos contextos ideológicos hegemónicos e pelo seu grande experimentalismo e inovação, a Reforma Joanina da Universidade Portuguesa acabaria por ter um curso longo traduzido em três grandes momentos: o primeiro, entre 1537 e 1544, cheio de hesitações e incongruências, precedido, aliás, por uma década de iniciativas ainda mais confusas; o segundo, entre 1544 e 1555, caracterizado pela instituição do Colégio das Artes, que corporizou a tradução portuguesa do que num registo humanista laico se fazia nas universidades europeias de vanguarda; o terceiro, correspondendo à entrega desse colégio à Companhia de Jesus (1555) e a concomitante afirmação da hegemonia jesuíta, o que acertaria o passo com o contexto político-ideológico da Contra-Reforma. Nas suas características essenciais assim se manteria o sistema universitário português até à Reforma Pombalina empreendida em 1772.

Numa fase prévia ao primeiro desses momentos, assistimos à consubstanciação planeada das novas instalações universitárias na Baixa de Coimbra dentro e a partir do Mosteiro de Santa Cruz. Depois, já no curso assumido da reforma, esse processo deu lugar ao estabelecimento da universidade em ensanche segundo uma *rua nova*, a da Sofia, mas também à súbita necessidade de se ocuparem estruturas preexistentes na Alta e de para ali se planear a ocupação de terrenos vagos, designadamente em todo o sector nordeste. Em outubro de 1537, meio ano após a transferência de Lisboa para Coimbra, o rei decidiu que, afinal, a universidade propriamente dita (os *estudos* ou os *gerais*) ficavam na Alta e que na *rua nova* da Baixa se fixariam colégios de religiosos e habitações.

No lugar inicialmente previsto para os *estudos,* à cabeça dessa *rua nova*, acabariam por se erguer os colégios crúzios de São Miguel e de Todos-os--Santos, que, em 1544, sofreriam, por sua vez, uma profunda reforma com vista a albergarem unitariamente a instituição propedêutica laica, o Colégio das Artes. Perante o insucesso e a resistência passiva de leigos e religiosos de outras ordens à frequência dos colégios propedêuticos fundados no seio do Mosteiro de Santa Cruz, gerou-se o segundo período da reforma.

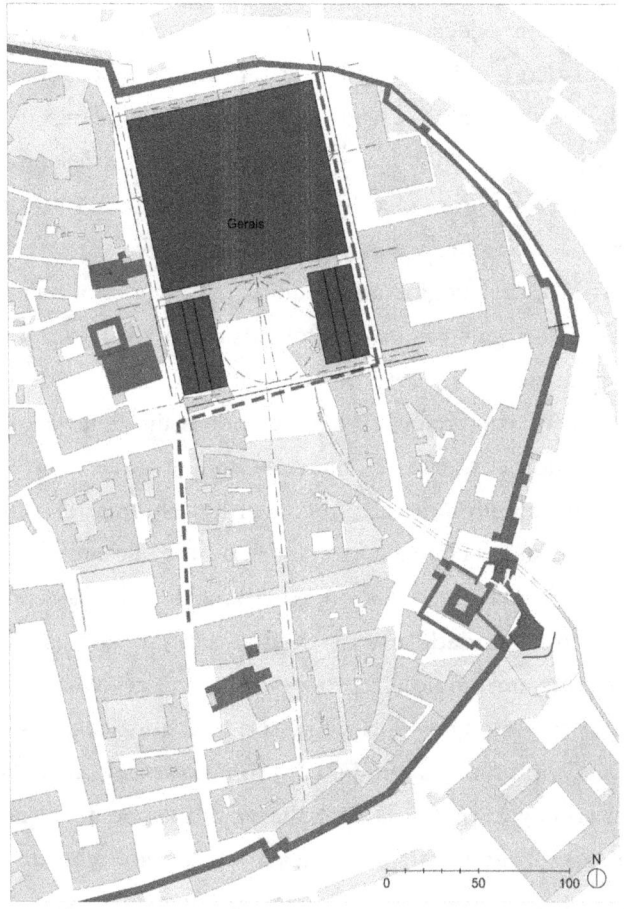

Fig. 3: Alta (hoje Polo 1). Proposta de reconstituição do plano para a instalação do edifício dos Gerais no sector nordeste, após o abandono da opção inicial na rua da Sofia. Feito sobre o levantamento anterior à reforma e às demolições do Estado Novo na década de 1940.

O desenvolvimento e a consolidação do *campus* (*avant-la-lettre*) na Alta, a necessidade de instalações maiores para o Colégio das Artes e a procura de proximidade ao colégio jesuíta, depois de a sua gestão ter sido entregue a esta congregação religiosa (no cúmulo de um processo de desacreditação da matriz laica e humanista fundacionais), acabaram por determinar a mudança do Colégio das Artes da Sofia, primeiro (1566) para o Colégio da Companhia de Jesus, depois para o edifício próprio iniciado em 1568 e tal como aquele junto ao novo Largo da Feira dos estudantes.

Pouco mais de três décadas depois de ter sido concebida como expoente urbano, urbanístico e até ideológico da reforma e concomitante instalação da universidade em Coimbra, e após ter sido reformada em sede dos estudos propedêuticos, a Rua da Sofia acabou relegada para um desempenho urbano distante do conceito e programa de *campus* universitário que a determinara. Com exceção para o Colégio das Artes, que em breve se viu refuncionalizado em Inquisição, os colégios ali erguidos mantiveram a sua função até à desamortização dos bens das ordens religiosas em 1834, mas a universidade já não estava ali de todo. Parte desses edifícios foi ocupada com funções comuns (habitação, comércio, serviços) e apenas um deles acolheu um programa que permitiu conservar as matrizes do seu carácter arquitectónico e programático: o Colégio da Graça, reconvertido em quartel. Contudo a Rua da Sofia desempenhou sempre com eficácia o outro desígnio, mais prosaico, que presidiu à sua abertura: o descongestionamento do acesso norte à cidade.

Em rigor a universidade nunca chegou a estar na Rua da Sofia. Isso faz com que para um qualquer processo de avaliação patrimonial ou de valoração nos domínios da teoria e história urbanísticas, o seu programa original e a sua expressão material atual primeiro se devam isolar para então se lerem em conjugação. A Rua da Sofia vale mais pela sua materialidade arquitectónica e urbanística, pelo seu papel de ensanche de uma cidade atrofiada, pelo seu longo e rico processo de transformação sedimentada, do que pelo frustre plano funcional e ideológico que determinou a sua conformação, mas acabou longe da concretização plena. Importa-nos esse caráter absolutamente controverso da sua história e fundação.

Se a ação política em questão até ao triunfo do integrismo contrarreformista revela uma nova atitude só compaginável com as inovações culturais próprias do humanismo maduro de Quinhentos, a sua materialização inscreve-se numa estável, mas evolutiva, linha de continuidade com relação a práticas de gestão urbanística anteriores, isso quando perspectivada no domínio disciplinar e metodológico da História do Urbanismo, designadamente se tivermos presente os seus mais recentes desenvolvimentos em Portugal.

A primeira referência à intenção de abertura da Rua da Sofia surge numa carta régia, de 17 de abril de 1535, dirigida a Brás de Barros, da qual foi portador Diogo de Castilho. Nela ficou clara a intenção e o partido topográfico-urbanístico da iniciativa. De 20 de março de 1538 é o primeiro documento onde surge a sua designação extensa: *Rua de Santa Sofia*. Trata-se de um dos contratos com que nesse mês e no seguinte se fizeram as cedências para construções de casas na sua frente poente. A conformação da rua arrancava sob um mote toponímico cuja justificação é óbvia, mas que não deixa de ser raro. Não só pela designação incomum, mas pelo facto de ter sido atribuído e não induzido pelo uso, como até então era habitual, o que só reforça a densidade ideológica e normativa da iniciativa. Nesses contratos ficam expressas não só a obrigação de construir num curto espaço de tempo uma *arquitetura de programa* desenvolvida em três pisos, mas também outras normas com vista a assegurar a sua regularidade formal: a *formosura*.

A construção de casas foi lenta, tendo sido frequente a reversão dos lotes e a sua revenda. As hesitações e o florescimento universitário da Alta faziam recear os investidores. Também não foi fácil encontrar prelados ou ordens religiosas que quisessem erguer colégios na Baixa. Só em dezembro de 1541 foram celebrados os primeiros contratos, quiçá motivados pelo adiantado estado de construção dos colégios crúzios de São Miguel e de Todos-os-Santos iniciados em finais de 1536, os quais, menos de uma década depois, viriam a constituir-se como esqueleto do Colégio das Artes. O desígnio inicial de se construírem colégios para leigos e religiosos financiados por prelados diocesanos teve fraca resposta, pelo que acabaram por ser erguidos por ordens religiosas, ou por elas tomados, após o impulso inicial de um bispo, como sucedeu com os colégios de São Pedro e do Carmo. Como é óbvio estes factos são convergentes com a alteração do programa e expressão arquitectónica dos edifícios, que adquiriram uma tipologia ambígua entre o colégio e o convento.

Tanto quanto até hoje foi possível apurar, o plano inicial para a nova rua era bem simples e regular. O seu traçado conjugou as condicionantes impostas pela topografia com um alinhamento sobre a frente colegial do Mosteiro de Santa Cruz, escamoteando a igreja. Algumas décadas depois seria coroado pela implantação na encosta, e sobre aquele mosteiro, do Colégio da Sapiência, designação conclusiva e adesão à Alta da nova e definitiva instalação universitária crúzia.

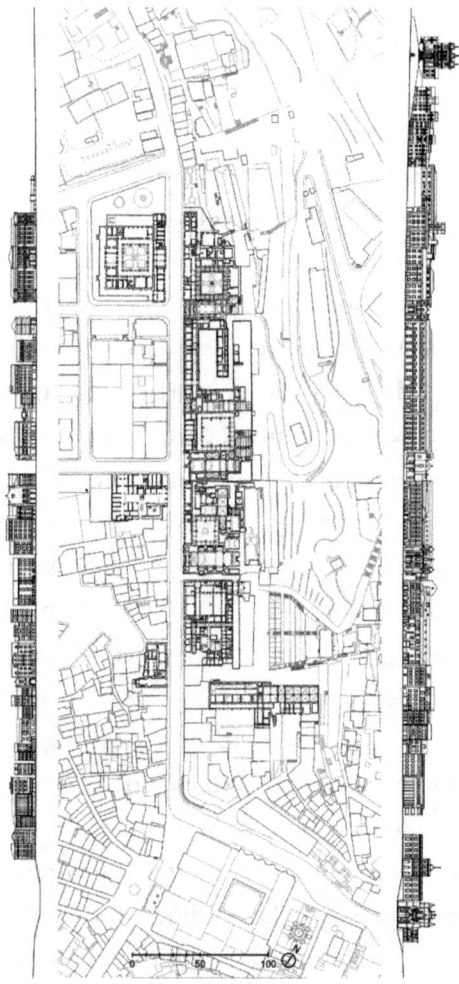

Fig. 4: Rua da Sofia, alçados e planta ao nível inferior das igrejas e claustros do lado nascente na atualidade.

Um dos lados da Rua da Sofia, o nascente arrimado a Montarroio, foi destinado à instalação de colégios, tendo o conjunto consagrado aos *estudos* à cabeça, ou seja, no início da rua e em relação direta com o Largo de Sansão (hoje Praça 8 de Maio), fronteiro ao Mosteiro de Santa Cruz. O outro lado da Sofia destinava-se à construção de casas, prioritariamente para professores, mas também para estudantes e funcionários, regra depois completamente ultrapassada com a construção do Colégio de São Boaventura e a extensa instalação do Convento de São Domingos e correlativo Colégio de São Tomás.

Interessante e disciplinarmente relevante é o rigor geométrico-compositivo com que, tudo o leva a crer, o conjunto foi planeado, ainda que na execução se não tenha caprichado tanto e algumas preexistências tenham imposto desajustamentos. Para tal terá sido usado um módulo quadrado com 6 braças (13,2 metros) de lado. Para cada colégio, num total previsto de cinco, foram deixados cinco módulos de frente e quatro de fundo, o que, com o módulo para a largura da rua, perfaz quadrados de 5x5 módulos (30x30 braças, 66x66 metros). Aos cinco módulos/colégios de 5x4 (30x24 braças, 66x52,8 metros) somavam-se mais dois, num dos quais inicialmente se planeara a construção dos *gerais* da universidade, sendo o outro destinado a espaço simultaneamente de permeio e extensão do Largo de Sansão. Só que o lote destinado à implantação dos *gerais* tinha praticamente o dobro da profundidade dos demais.

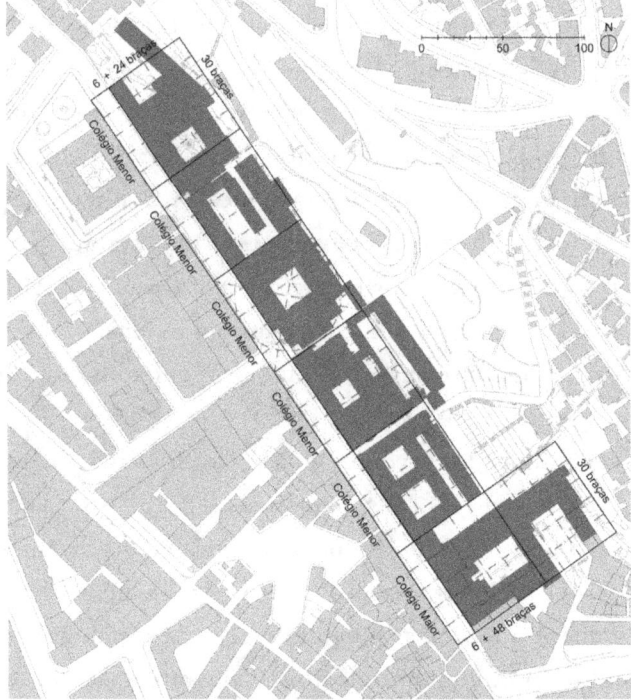

Fig. 5: Rua da Sofia, programa funcional e sistema compositivo sobre levantamento atual.

No fundo, o sistema previra 5+1 propriedades de 5x4 módulos de base 6 braças, tendo uma mais quatro módulos de fundo. Com algumas diferenças ligeiras, cada uma das frentes dos lotes aforados para construção de casas no lado poente da rua eram também submúltiplos de 6 braças. Curiosamente, mas sem que isso possa ser afirmado com igual segurança, a altura dos edifícios também surge medianamente referenciada a cerca de 6 braças de altura. É como se a rua tivesse como regra ter de altura tanto quanto de largura. Quadrados de iguais dimensões estão na base da composição dos alçados das três igrejas colegiais ainda conservadas.

As igrejas eram o interface com o público de três dos quatro colégios que ocuparam os cinco lotes para tal constituídos do lado nascente, pois um deles (o da Graça) acabou por ocupar dois. O Colégio do Espírito Santo era o único cuja igreja não era pública. Com efeito, a topografia obrigou a construir as igrejas contra Montarroio com o pavimento quase um piso acima do nível da rua. Isso ditou a criação de uma plataforma anterior (Graça) ou de nártex (Carmo e São Pedro), o que marca o ritmo dos alçados colegiais da rua. Estas igrejas constituíram-se como um tipo dentro da arquitetura portuguesa.

A Igreja da Graça (1555), cabeça de série em tempo e formas, sintetiza o partido espacial da nave da velha igreja românica do Mosteiro de Santa Cruz com a linguagem própria à sua época. A abóbada de berço com caixotões compostos de acordo com os figurinos tratadísticos clássicos, é a primeira do género em Portugal. Também foi uma novidade o facto de a cobertura da capela-mor se constituir em extensão a igual altura da própria nave, a qual contribui para um surpreendente efeito de unidade e de monumentalidade do espaço.

Talvez o mais inovador e coerente aspecto dos colégios universitários da Rua da Sofia resida nos seus claustros de dois pisos. Neles podemos encontrar a evolução portuguesa para o apuramento de um tipo que já não é o do *horto conclusus* medieval, mas sim o elemento central de composição e de distribuição da arquitetura e da vida comunitária, claramente a meio caminho do que eram os pátios também colegiais de instituições laicas como o do Colégio das Artes, ali ao lado, e os de algumas ordens, ou melhor, congregações religiosas como a Companhia de Jesus e o dependente Colégio das Artes na Alta. Também do ponto de vista estrutural e compositivo, claustros como os dos colégios da Graça, do Carmo ou de São Tomás são o meio caminho para a resolução dos impulsos das abóbadas das alas, tendendo para o abatido sem o recurso a contrafortes aparentes, mas também para o escamoteamento em alçado do plano vazio intermédio que implicam.

Curiosamente, o primeiro dos colégios a ser erguido na Rua da Sofia (o cisterciense do Espírito Santo), tirando partido da posição *sui generis* da sua igreja privada, apresenta uma solução em dois espaços que na realidade são pátios e não claustros. Por esses e outros aspectos, este foi o conjunto religioso da Sofia com características mais vincadamente colegiais, ao invés dos demais que veiculam muito daquilo que era um convento ou mosteiro. Por tal razão, por ter sido o primeiro a ser definido e por confronto com arquétipos estrangeiros, terá por certo sido o colégio que mais se assemelhou ao sistema inicialmente previsto para toda a rua. Também São Tomás disso se aproximou, tirando partido do facto de não necessitar de igreja por ter ao lado o convento da mesma ordem (São Domingos). Ironicamente pouco resta daquilo que deveriam ter sido os principais marcos decorativos e as únicas relações do colégio-arquétipo com a rua (os portais, alguns deles, aliás, deslocalizados).

O Colégio das Artes, que resultou da transformação, por volta de 1547, dos dois colégios crúzios recém-construídos (São Miguel e Todos-os-Santos), acabou dando lugar a um conjunto edificado com um diálogo ambíguo com a Rua da Sofia e a Praça de Sansão, estabelecendo a sua articulação com o exterior também por um espaço próprio arrimado a Montarroio, o futuro Pátio da Inquisição. Era uma estrutura laica e por isso (mas também pelo seu desafortunado destino) da capela pouco se sabe, nem sequer a localização. Restaram dois lanços de um dos pátios, ornados com uma arcaria fortemente caracterizada pela expressão insólita e/ou experimental dos seus capitéis jónicos, rudes e montados na perpendicular à sua posição canónica. Jónicos contudo, como jónica é quase toda a gramática arquitectónica dos colégios da Sofia, opção correcta pois desde Sérlio aconselhada para os recintos do saber.

Não apenas na sua inspiração pedagógica, mas também no seu modelo espacial, o Colégio das Artes ter-se-á inserido na linha evolutiva iniciada com o Colégio Trilingue (1517) da Universidade de Lovaina. O rasto da fulgurante carreira do seu mentor (André de Gouveia) de lá nos conduz pelos Colégios de Santa Bárbara da Universidade de Paris e pelo de Guyenne (Bordéus, 1533), que dirigiu antes de se instalar em Coimbra com alguns mestres também dali originários. É uma linhagem que terá o seu clímax e ocaso no Colégio Trilingue da Universidade Complutense (1557).

Fundada pelo Cardeal Cisneros em 1499 em Alcalá, a Universidade Complutense foi, com a de Salamanca e sob muitos aspectos, um dos principais modelos seguidos por João III para o planeamento da sua reforma. Desde os novos estatutos (apenas) promulgados em 1544 que, com exceção para algumas normas avulsas, foram uma espécie de cópia dos de Alcalá, até ao modelo de estrutura colegial que catalisou o planeamento e lançamento da Rua da Sofia. Com efeito, o modelo universitário de um *colégio maior* à cabeça de cinco *colégios menores* (em Alcalá eram sete) é, a par com a produção para tal de um *ensanche* urbanístico estruturado sobre uma rua a partir de uma das principais praças da cidade, também uma citação direta daquela universidade. Igualmente, as *Escuelas Menores* da Universidade de Salamanca, que entraram em funcionamento em 1533, não podem aqui ter deixado de ser consideradas, pois até a sua dimensão é próxima das dos *colégios menores* da Rua da Sofia. Note-se que mesmo no desígnio, frustrado, de se obter a adesão ao projeto dos prelados diocesanos, parece estar presente o espírito e o modelo complutense. Isso para não listar os muitos mestres ali contratados. A mudança para a Alta dissiparia o modelo formal/urbanístico, mas não tanto o programático e pedagógico. Aqui são evidentes outras citações formais, como a da também então recente Universidade de Granada.

Um dos aspectos que tem sido menos valorizado no processo e na realidade da Rua da Sofia é o facto de a sua abertura ter consistido numa ação urbanística verdadeiramente revolucionária para o urbanismo da cidade, em especial por ter ocorrido no momento em que a lenta, mas inexorável, subida do leito do Mondego ditava uma cada vez mais frequente e perniciosa invasão das margens. Tal facto aumentava consideravelmente o efeito de compressão do espaço de uma urbe centrada na Baixa, para o qual contribuíam a própria colina e as cercas conventuais de Santa Cruz e de São Domingos. Quando as águas invadiam o Arnado, a já de si apertada e única saída norte da cidade, a Rua Direita, ficava intransitável.

A sua abertura e nivelamento implicaram a remoção de um considerável volume de aterro, o reacerto dos acessos a Montarroio, a expropriação por escambo com múltiplos proprietários e o esventramento de uma mole urbana considerável, constituída por parte da antiga Judiaria Nova e do núcleo urbano de Santa Justa. A *rua nova* desde logo se constituiu como novo acesso norte da cidade, vendo erguida no seu extremo torre e porta com funções aduaneiras e de instauração de quarentenas, a Porta de Santa Margarida.

Como muitas outras ruas suas contemporâneas na Europa, mas essencialmente como algumas outras bem anteriores também em Portugal — a Rua da Calçada (hoje Ferreira Borges) de Coimbra, a Rua Nova de Lisboa, a Rua Formosa (hoje Rua do Infante) no Porto, a Calçada Velha de Aveiro, etc. — a Rua da Sofia foi planeada como um sistema urbano de *ensanche* contendo, não apenas o arruamento, mas também o território urbano necessário à sua conformação pela construção de edifícios que se pretenderam o mais possível regulares e repetitivos. A sua largura é, aliás, inferior à maioria desses casos. Curioso é que se tenha vindo a constituir numa dimensão comum para os arruamentos principais de muitos projetos da futura *escola portuguesa*, designadamente as Ruas do Ouro e da Prata da Baixa de Lisboa.

Porém a principal citação, documento e testemunho para o seu estudo é ela própria. É paradoxal como no seu programa específico — o universitário — a Rua da Sofia se apresente como um elemento inovador, o que se traduz nos conceitos, tudo indica, implícitos na sua composição e métrica, mas também na adopção de modelos da vanguarda europeia. Paradoxal, porque no que diz respeito à sua lógica urbanística é na tradição portuguesa tardo-medieval que se filia, o que é particularmente evidente na adopção do tipo *platea* de *rua nova* (ruas, como a Rua da Calçada de Coimbra, a Rua Nova de Lisboa e a Rua Formosa no Porto, cuja largura e, essencialmente, as funções as faziam tender para praça) que patenteia nas suas dimensões, proporção e regulação do loteamento, e na sua consubstanciação como eixo estruturante do crescimento urbano às portas da cidade. Como em tudo o que há de surpreendente no urbanismo português, na Rua da Sofia conjugou-se inovação com tradição, bem como uma ineficácia na execução que muitas vezes (bem ou mal?) se tem justificado como pragmatismo.

A razão urbanística que terá levado à abertura da Rua da Sofia sob o impulso da instalação da universidade (a exiguidade do espaço disponível junto ao centro urbano, a Baixa) acabou por ditar o seu próprio destino quando se constatou a insuficiência da nova estrutura e a impossibilidade do seu crescimento segundo os mesmos princípios de ordem e proporção. Em contrapartida, em adiantado estado de despovoamento a Alta permitiu à universidade e à cidade desenvolverem-se amplamente e em uníssono, segundo um partido contrário ao habitual para as demais cidades portuguesas.

Além de uma monofuncionalidade específica, Coimbra voltou a ocupar o espaço alcandorado e defensivo original, expandindo-se ainda para além dele, a nascente. Entretanto, e pesem embora as possibilidades de desafogo que o desenvolvimento tecnológico oitocentista trouxe à Baixa, a Rua da Sofia continuou a ser uma artéria fundamental do jogo viário, não tanto da vivência, da Baixa. Contudo mantém intacta a sua condição de símbolo não meramente toponímico, mas essencialmente urbanístico, cultural e ideológico de uma reforma que determinou a fixação e a refundação moderna para o Mundo da Universidade Portuguesa.

FUNDAMENTAÇÃO E EXPLICAÇÃO DA PROPOSTA APRESENTADA AO *CONCURSO PÚBLICO DE IDEIAS PARA A REABILITAÇÃO DA RUA DA SOFIA*[230]

polis -

A informação disponível sobre a Rua da Sofia é muita, os objectivos deste concurso claros e o programa vago. Tal como no curso do processo histórico da rua, a nitidez do desafio diminui com a aproximação ao âmago da problemática do concurso, do que decorre a relação inversa da respectiva complexidade. Opacidade e complexidade sedimentadas por um já longo historial de intervenções parcelares ou avulsas, na maior parte dos casos indiferentes à natureza unitária do objecto. Por isso foi com uma quase instintiva percepção da necessidade de clarificação que iniciámos este trabalho. É que, para nós, *clarificação* é sinónimo de *método conducente a uma estratégia*, pois a autenticidade substantiva desta, bem como o seu sucesso, dependem da autenticidade e naturalidade da sua relação com o objecto e a comunidade que servem.

Bem para lá do rotineiro exercício da elaboração de um (ante)plano, este concurso (também por ser de ideias, não ou parcamente remunerado e sem outro horizonte de encomenda que ele próprio) desde logo se impôs como convite ao exercício e gozo de direitos de cidadania, uma oportunidade para operativamente se regenerarem conceitos e sentimentos

---

[230] Como o título torna claro, este texto não é mais do que a memória da proposta apresentada ao referido concurso promovido por Coimbra Capital Nacional da Cultura 2003, a qual, por ter sido distinguida com o 3° lugar, foi publicada na revista *ECDJ*. Coimbra: Departamento de Arquitectura da Faculdade de Ciências e Tecnologia da Universidade de Coimbra. n°8, 2004: 32-43.

de identidade. A abertura de "uma plataforma de reflexão e debate" no âmbito de "um certo desprendimento do real" [in *Objectivo e Programa Preliminar*] opõe-se (ou deverá inspirar/complementar?) à necessidade de, através do realismo, proclamar a possibilidade da mudança e evolução sem rupturas mas com qualidade, integrando em vez de excluir.

Com uma proposta credível é possível e desejável deixar claro que há soluções para os problemas em questão e que é necessária a definição, assunção e implementação de um plano geral segundo uma estratégia de coerência globalizante. Por isso é aqui particularmente importante a percepção da realidade, mas também questionar opções/processos avulsos em curso, ainda que de difícil reversibilidade. Não é que *as propostas desta proposta* sejam fatalmente interdependentes, ou que assim seja relevante uma ou outra não resistirem a dinâmicas externas já em curso.

Efetivamente dá-se o caso (como em todos os concursos) de não podermos dialogar com o cliente, o que aqui é um obstáculo de especial envergadura, pois ele seria uma espécie de colégio constituído pela Câmara Municipal, a Universidade, a Metro Mondego, a Ordem Terceira de São Francisco, etc. Entra então essa componente (neste caso de contornos quase narcísicos) do exercício do direito de cidadania. Não podendo dialogar com as entidades e demais cidadãos, resolvemos interpretar os dados e os sinais disponíveis. Afinal de contas este não é mais do que um exercício sobre a utopia possível, aquela que depende da conjugação de boas vontades. Se da proposta nada puder ser implementado que fique, pelo menos, o método e o modelo. Mas o todo é possível!

Em termos formais esta simulação de um Ante-Plano de Pormenor esbarra com as limitações do espaço e meios de apresentação. De facto não é possível registar, aqui e/ou nos três painéis, todo o manancial de dados que um tal documento requer, como a informação analítica/índices e as regras/regulamento. Mais relevante será a ausência de informação acerca da nossa proposta/leitura do que deverá ser a gestão das intervenções sobre os edifícios anónimos que integram, densificam, complexizam e consolidam a urbanidade da área-objecto. Essas intervenções serão, necessariamente, de iniciativa particular e algo avulsa, mas terão de ser estimuladas e muito controladas pelos poderes públicos através de uma política de projeto, fundiária e de subsídios voluntariosa, eficaz e persistente.

A verdade é que neste domínio será imprescindível a articulação com programas como o *Rehabita* ou, mais concretamente, o *Processo de Recuperação e Renovação Urbana e Social da Baixa de Coimbra* (baseado na promoção de um sistema de *empresas-quarteirão)* que o Pelouro da Habitação da Câmara Municipal de Coimbra recentemente pôs em marcha. Paradoxalmente, pese embora a pobreza do enquadramento legal para a classificação patrimonial dos objetos de natureza/escala urbana e a elaboração de planos ditos *de salvaguarda*, a implementação em Portugal de ações deste tipo tem ao dispor um dos mais avançados sistemas legislativos da Europa, infelizmente mal regulamentado e financeiramente descontextualizado.

A passagem deste Ante-Plano a Plano terá necessariamente de definir de que forma para aqui se lançará mão a medidas como: a declaração de Área Crítica de recuperação e reconversão urbana; a declaração de Utilidade Pública para expropriações; a utilização do Direito de Preferência; os subsídios de renda; etc. Será também imprescindível o enquadramento da forma mais favorável à apresentação de candidaturas a programas nacionais e comunitários. Só assim será possível encontrar mecanismos que suportem financeiramente as operações e permitam a implementação do esquema de deslocalizações aqui preconizado, essencial para a correção dos desequilíbrios funcionais da área.

Contudo, na sua globalidade não será este um *plano de salvaguarda*, pois o que o caracteriza é o estabelecimento de uma estratégia de conclusão e consolidação do sistema urbano criado com a abertura da Rua da Sofia na década de 1530. A pedra de toque desta proposta não é a reabilitação do edificado (que será decorrente), mas a reforma do sistema de acessibilidades, a qualificação do espaço público e a intervenção e a injeção integrada e coerente de equipamento. Para tal seguimos as orientações que o próprio objecto nos deu.

Com uma profundidade superior à requerida por um Plano, mas inferior à de um Programa Base ou Preliminar, para a elaboração do projeto de refuncionalização para cada um dos edifícios (ou seja, nesse nível intermédio que os arquitetos cada vez mais reclamam como necessário) demonstramos como, com a limpeza de elementos espúrios, sem qualquer acréscimo de novos volumes e sem descaracterizar a estrutura funcional e arquitectónica do existente, é possível reutilizá-los de acordo com um programa global e coerente. Acreditamos que essas intervenções gerarão um sinal positivo com potência suficiente para a reabilitação da área de intervenção, a regeneração da Baixa e a projeção da própria cidade de Coimbra enquanto *Cidade Sofia-cidade do conhecimento*.

polis +

À Rua da Sofia sobra em qualidade arquitectónica, valia e significado histórico e cultural o que lhe falta em vida e relação urbana, seja esta formal, social, económica, etc. Parece claro que tal se deve à ainda incompleta consolidação do sistema urbanístico que paulatinamente originou, o que não se pode justificar apenas pelo precoce esmorecimento e lenta agonia do seu programa inicial, nem pelos limites impostos pela natureza e monolitismo fundiários dos seus órgãos principais, os colégios.

No nosso entender tal ficou a dever-se a uma certa ambiguidade nos objectivos fundacionais, pois a Rua da Sofia terá sido aberta simultaneamente como *logradouro* das estruturas universitárias então projetadas (inicialmente a própria Universidade) e como eixo da expansão possível a uma urbe territorialmente asfixiada, do que não houve consequências contemporâneas de monta. Na Rua da Sofia ter-se-á, pois, tentado esboçar um *campus* que, em simultâneo, fosse cidade. Resquício do modelo de cidade-universidade medieval ou ensaio do experimentalismo do Renascimento? A verdade é que se começou como *campus* cedo acabou como cidade, lição precoce da impossibilidade de conciliação desses opostos. Mas a ausência da densidade e complexidade imprescindíveis à urbanidade permaneceu.

Contudo no momento (o do *liberalismo*) em que na Rua da Sofia mais livremente se poderia ter desenvolvido em plenitude essa sua seminal vocação urbana, também a cidade se libertou dos limites impostos pelas cercas monásticas e as destemperadas cheias do rio. Coimbra acabou por crescer segundo eixos e sistemas urbanísticos diversos, nos quais a Rua da Sofia se integrou sem ter afirmado, ainda, as suas potencialidades.

Tudo quanto ainda hoje envolve a Rua da Sofia, ou é dependente do que originalmente existia (os núcleos de Montarroio e de Santa Justa), ou de um crescimento urbano segundo traçados planimétricos regulares sem qualquer regulação ao nível dos programas e da arquitetura: a zona do Arnado. Sobraram, quase íntegras, as cercas colegiais, mas não tanto o respectivo pano de fundo ou *skyline* do Alto da Conchada. Em suma, a Rua da Sofia está integrada na cidade segundo formas e lógicas que renegam a sua natureza e potencialidades. O mais grave é que, na essência, os constrangimentos cuja solução nela deveriam ter encontrado trilho permanecem sob forma e escalas diversas.

As críticas e diagnósticos parcelares que se vão ouvindo sobre a atual situação da rua refletem, na essência, essa sua deficiente integração no tecido da cidade. O comércio da Rua da Sofia não compete com o da Baixinha em qualidade, complexidade, densidade e intensidade. O quartel (Colégio da Graça) e o tribunal (Colégio de São Tomás), cujas transferências se preveem para um médio prazo, induzem uma vivência urbana algo falaciosa e de pendulação diurna própria de uma zona de serviços. O sistema de circulação automóvel transformou a rua numa espécie de canal viário interior (quase um túnel ou eixo de atravessamento), que tão pouco a serve quanto bem a prejudica.

Porém é surpreendente o número de pessoas que circulam entre a Praça 8 de Maio e a Rua João de Ruão, jorrando e imergindo nas perpendiculares de matriz orgânica que a ligam ao Terreiro da Erva e à Rua Direita. Em boa medida esse movimento está ancorado a uma média superfície comercial (um supermercado) instalada na zona, cuja deslocação para o extremo norte (Porta de Santa Margarida) propomos, assim logrando estender o efeito dinâmico e libertar espaço para a inserção de um novo equipamento público num edifício renovado. Pese embora a degradação social e formal dessa zona da cidade (a qual, aliás, aflora na correspondente frente edificada da própria Rua da Sofia), ela contém um potencial de vida urbana que não pode continuar a ser reprimido por ignorância ou simples desprezo. E por certo não serão programas parcelares como o de *reabilitação da Baixa* já referido, ou o do atravessamento pelo *metro de superfície*, que, não integrados numa ação global, resolverão essa ordem de questões.

Essa linha de raciocínio conduz-nos a uma das mais marcantes características da Rua da Sofia: como desde a origem, apesar de regular é simultaneamente assimétrica e charneira. Do lado nascente, arrimados à encosta de Montarroio, Montes Claros e Conchada, situam-se os colégios com as respectivas igrejas. Para além da natureza programática desses imóveis, a sua inserção topográfica não favorece a sua abertura à rua. A forma deficiente como a rua se relaciona com o comércio instalado em alguns dos edifícios colegiais, é uma boa prova disso. Do lado poente, com mais sombra e tirando partido de um cadastro comum e de sedimentação mais longa, a rua encontra outras dinâmicas urbanas. Desse lado, mas para norte, após a frente do sistema Rua Direita/Terreiro da Erva deparamo-nos com um segundo tramo (equivalente à frente do antigo complexo dominicano) no qual o tribunal (Colégio de São Tomás) é o vinco simbólico e funcional mais forte. Também aí a expressão grave da frente colegial continua instalada.

Depois, vencido o limite outrora definido pela Porta de Santa Margarida, segue-se a Rua da Figueira da Foz da qual, pela sua posição eminente, a Igreja de Santa Justa é o foco perspéctico da Rua da Sofia. Aliás, faz o papel que no outro extremo é desempenhado, à cota baixa, pela frontaria da Igreja de Santa Cruz e, no alto, pelo alçado e volume do Colégio de Santo Agostinho. A diferença de escala e de relevância urbanística, arquitectónica e cultural entre os ícones paisagísticos desses dois extremos é, também ela, de sinal assimétrico. Por oposição à descontinuidade do extremo norte introduzida pelo jardim/logradouro do Tribunal e pelo vazio da antiga *remise* dos eléctricos, o ponto de inserção da rua na Praça 8 de Maio junto aos Paços do Concelho é um dos centros nevrálgicos da vivência urbana coimbrã.

Devemos ainda juntar aos tipos de ocupação dos antigos colégios da Rua da Sofia (já aqui identificados como contribuindo para as arritmias e/ou descontinuidades da sua dinâmica urbana) os de apoio/assistência à terceira idade. Em nossa opinião não é apenas esse factor que pesa na conveniência da sua deslocalização, mas também a má adequação dos edifícios e, essencialmente, dos seus acessos para aquele tipo de utentes. Por tais razões e, ainda, demandando a sua maior integração em áreas urbanas com habitação e de maior convivialidade e solidariedade social (orientações cada vez mais preconizadas e assumidas pelas agências que tutelam este tipo de equipamentos), propomos a deslocação destes equipamentos para edifícios cuja construção, renovação ou restauro indicamos na zona do Terreiro da Erva. Em muitos deles será possível a instalação dos idosos em situação de domicílios integrados, ou seja, com apoio domiciliário, articuladas com outras valências de assistência já previstas para aquela zona, nomeadamente centros de dia, creches e ateliers para atividades de tempos livres para todos.

Outras são as deslocalizações funcionais propostas, algumas de menor escala, mas de igual importância. Refiram-se, a título de exemplo e para além das registadas no esquema específico contido no primeiro painel, a Liga dos Combatentes ou a sede do Partido Comunista Português. Tal como algumas outras mais anónimas funções instaladas, poderão aquelas instituições ser realojadas nas construções novas, renovadas ou recuperadas propostas na zona do Terreiro da Erva e para o terreno da antiga *remise* dos eléctricos.

Mas essas são já percepções à escala do microcosmos da rua, o que será retomado um pouco mais adiante. O que desde já nos importa reter é o carácter incompleto da Rua da Sofia, ou melhor, do sistema urbano a que deu origem e que importa voltar a centrar formal e funcionalmente sobre ela. Para tal façamos um breve percurso, partindo dos aspectos gerais desta proposta para alguns dos mais particulares.

polo -

Como por outra forma já aqui se registou, morfologicamente é ainda muito clara a intenção original de com a Rua da Sofia se dotar a cidade de um eixo de crescimento e de saída para o norte, o qual se consubstanciou pelo prolongamento orgânico em que consiste a Rua da Figueira da Foz. Ambas são um eixo concorrencial/alternativo/complementar da precedente Rua Direita e da posterior Avenida Fernão de Magalhães. À cota alta, mas com função idêntica, soma-se-lhes ainda a Rua de Aveiro. Articulando o todo, de todas elas se desprenderam, planeada ou organicamente, ruas, trilhos, escadas e planos inclinados com orientação tendencialmente nascente-poente. Mas é a Rua da Sofia o eixo deste sistema de acessibilidades da área central-norte da Coimbra consolidada, o qual invariavelmente converge no nó viário da Casa do Sal. Também assim se afirma como eixo de assimetria e charneira entre o plano e o alto.

Por razões óbvias e bem conhecidas, a Alta manteve-se intensamente ocupada, o que atualmente onera a cidade com o problema da sua acessibilidade. Solidariamente esse problema reflete-se na Baixa. Ir da Baixa à Alta sem ser a pé, implica a realização de um de vários percursos *em balão*, dos quais o mais interno/curto inclui a Rua da Sofia, daí advindo os já referidos inconvenientes. A solução desse problema passa, pois, pela solidarização e reforço do sistema viário onde se integra. Assim se enquadra a nossa proposta de inserção, a meia encosta, de uma nova artéria (a 5ª!) que em jeito de *bypass* drene o grosso do tráfego automóvel existente entre a banda superior da Baixa, a base da Avenida Sá da Bandeira e o plano inclinado da Rua de Aveiro.

Essa nova via desenvolver-se-á: em túnel no tramo de cerca de 275 metros que medeia entre o sítio da antiga Torre dos Sinos de Santa Cruz e o limite norte da cerca do Colégio do Carmo; em perfil coberto com abertura lateral panorâmica desse ponto até cerca do limite da cerca do Colégio de São Pedro; e em pleno ar livre daí até ao entroncamento na Rua de Aveiro. O seu traçado não implicará a demolição ou risco de ruína para qualquer edifício existente, ainda que nos pareça desejável que dê origem à reformulação do tramo inferior da Rua de Aveiro, nomeadamente no muito degradado sector onde ocorre o seu entroncamento na Rua da Figueira da Foz.

Para além do carácter estruturante e de valorização paisagística da encosta por essa nova via, e das óbvias vantagens de escoamento e desvio de tráfego da e dentro do sistema da Rua da Sofia (por exemplo, note-se como é a única solução para evitar o cruzamento de automóveis com o *metro de superfície*) essa nova artéria viabilizará um novo núcleo de estacionamento para apoio à refuncionalização dos antigos colégios, para além de gerar as sinergias necessárias à há muito premente recontextualização do conjunto monumental do antigo Claustro do Jardim da Manga.

Para tal se propõe a construção de um volume que parcialmente encerre o antigo claustro, no qual se instalarão os serviços municipais que hoje funcionam no Pátio da Inquisição. Também assim se congeminou a proposta de reconstrução da desaparecida Torre dos Sinos de Santa Cruz (agora em Torre Nova). Com ela não só se some o negativo impacto urbano das tradicionais bocas de túnel, como essencialmente repõe, ampliando, no seio da urbe o ícone simbólico de uma torre-carrilhão, cujo Estudo Prévio teve já em linha de conta todos os aspectos técnicos e funcionais.

Articulado com esse novo eixo para os automóveis, propomos a criação de um outro, de uso pedonal que, prolongando o percurso há pouco concretizado a partir do Pátio da Inquisição e Cerca de São Bernardo, se prolongue também até à Rua de Aveiro por trás da Igreja de Santa Justa: será a Azinhaga dos Colégios. Nela confluirão alguns trilhos existentes e outros a criar. A partir dela se poderá, finalmente, tornar de fruição pública e constituir em parque urbano (com cerca de 2 hectares) a abrupta encosta encerrada nas cercas colegiais. Será um percurso de nível em metade do trajeto e com um declive quase constante, na ordem dos 7%, no troço restante; terá um perfil variável e diversos acontecimentos no seu percurso; servirá de articulação entre as novas construções propostas para a encosta, a Rua da Sofia e os equipamentos cuja instalação propomos para os colégios. Lá no alto, encostada ao muro da Conchada, uma longa plataforma de pérgulas e estufas rematará o novo parque.

Com a abertura da nova via automóvel a meia encosta, será viável avançar para a pedonalização parcial ou condicionamento do tráfego automóvel da Rua da Sofia e do tramo inferior da Rua Olímpio Nicolau Fernandes. Sem por em causa o desenvolvimento de estudos especializados que possam apontar para soluções alternativas, o nosso leva-nos a preconizar a utilização desse percurso por tráfego automóvel apenas no sentido norte/sul, sem qualquer hipótese de mudança de direção a não ser para acesso a alguns dos edifícios, nomeadamente aos Paços do Concelho.

Em horário diurno esse tráfego apenas deverá ser permitido para cargas e descargas, transportes públicos, urgências e acesso oficial e de serviço a equipamentos públicos instalados ao longo do percurso. O tipo de pavimento da faixa de circulação e a convivência com o *metro de superfície* (de cuja inserção de imediato se dará conta) será suficientemente desencorajadora para os potenciais prevaricadores. Serão criados pontos de resguardo para veículos em ação de carga/descarga.

Outro aspecto relevante em termos de acessibilidades é o do estacionamento. Felizmente pode dizer-se que a Baixa de Coimbra, com especial incidência para o seu sector norte, dispõe de uma considerável (para alguns até excedentária)oferta de estacionamento público em parques subterrâneos. Como é óbvio as intervenções propostas poderão levar a um sensível aumento das necessidades o qual, contudo, poderá ser bastante amortizado por um eficaz sistema de transportes públicos, nomeadamente o *metro de superfície*.

Apesar de tudo propomos a construção de mais 350 lugares de estacionamento, nomeadamente nos edifícios para habitação e comércio de conformação e colmatação de frentes de quarteirão na zona do Arnado-Terreiro da Erva e no terreno da antiga *remise* dos eléctricos. Já para exclusivo usufruto dos trabalhadores nos novos equipamentos públicos da Rua da Sofia e dos ocupantes dos novos edifícios a erguer na encosta, propomos também a construção de algum estacionamento subterrâneo acessível a partir da nova via a meia encosta.

Com essas matérias se cruza a já polémica travessia da Baixa pelo metro de superfície, a qual é essencial para a sua sobrevivência e dinamização na globalidade do quadro urbano da cidade. O problema reside nas opções do traçado, juntando-nos, sem inibições, àqueles que não aceitam como procedente o argumento de já terem sido erguidos edifícios no *Bota-a--Baixo* que contemplam no seu piso térreo a possibilidade da passagem da linha. Outro argumento inaceitável (baseado, aliás, no relatório de uma peritagem questionável) é o do deplorável estado de conservação dos imóveis a obliterar, pois então não seria necessário demolir a maior parte dos edifícios da cidade consolidada?

Por outro lado, se o metro de superfície é essencial à revitalização da Baixa, não é coerente que, existindo alternativas viáveis, tal se faça à custa de tecido urbano consolidado e com relevância histórico-cultural, ainda que muito degradado. São amplamente conhecidos casos (há-os em Coimbra) em que a degradação serviu de justificação central a *esventramentos urbanos* que, decorridas muitas décadas, permanecem por cicatrizar. Por outro lado, a alegada *modernidade* de tais ações contém um sinal serôdio e de falta de atenção aos sinais culturais da verdadeira vanguarda. Hoje em dia a gestão de áreas consolidadas deve ser feita por inclusão, nunca por exclusão.

Investimos, pois, numa alternativa ao traçado do *metro de superfície* nesta zona da cidade, apesar de cedo termos verificado que a manutenção do traçado já oficialmente adoptado (mas ainda a tempo de ser emendado) não inviabiliza os demais aspectos da nossa proposta, requerendo apenas um redesenho do perfil e pavimento propostos para Rua da Sofia num segmento exemplificativo e com um grau de desenvolvimento apenas ao nível de um Estudo Prévio. Como se pode ver nas peças desenhadas, propomos que o m*etro de superfície* percorra a Rua da Sofia, inflectindo para poente na Rua João Augusto Machado, seguindo pela Rua do Arnado até à linha que, sobre a margem do rio, liga as atuais estações do caminho de ferro. Não há qualquer outra alteração no sistema, apenas a mudança da *Estação da Baixa* para *Estação da Sofia* e a criação da *Estação do Arnado*.

A ideia é tão simples que para a validar tivemos de tentar reconhecer algumas razões para, desde logo, não ter sido adoptada. Não há quaisquer obstáculos de ordem técnica, pois até os raios de curvatura são uma desculpa sem fundamento. Claro que há um aumento do percurso, o que acarreta acréscimo de custo. Claro que não se gera o elevado lucro da operação especulativa, pública e/ou privada, de *esventramento* da Baixa. Mas também nos parece claro que, até à luz do que já foi resumidamente exposto em **polis+**, o traçado adoptado acentua a segregação (se é que não a torna definitiva) do novel e ainda frágil sistema urbano da Rua da Sofia. Afinal de contas o ónus financeiro direto deste outro traçado não é sobejamente compensado pelos amplos benefícios urbanos de um como o que propomos?

Em suma, conforme se pode verificar nas peças desenhadas apresentadas nos painéis, a Rua da Sofia tem condições e necessidade de acolher o *metro de superfície* de forma a tornar a só aparente perturbação em mais valia. Pelo contributo prático, dinâmica, aumento de complexidade e densificação, esse equipamento poderá ser um dos motores essenciais para o incremento da urbanidade do programa global para os equipamentos públicos que de imediato passamos a descrever, mas do qual dão ampla conta as peças desenhadas.

polo +

Desde o início nos pareceu evidente, ou até programaticamente estabilizada, a intenção de dar corpo à Rua da Sofia como *Polo 0 da Universidade de Coimbra*, o ultimamente tão glosado fruste desígnio inicial. À medida que aprofundamos a análise e conhecimento do objecto, foram-se juntando à intuitiva naturalidade desse seminal desígnio programático argumentos que nos levam a considerar ilógica ou menos fundamentada uma qualquer outra orientação programática.

Para a validade deste exercício/simulação, pareceu-nos fundamental estabelecer marcos programáticos bastante para além do simples preconizar de uma ocupação dos antigos colégios pela Universidade. Claro que também isso nos levou à intromissão, por vezes desajeitadamente, em matérias que não são do nosso foro. Por exemplo, não estamos seguros de que a distribuição/agrupamento/criação de funções/valências é a mais recomendável. Porém, se o princípio estratégico global for aceite, é evidente que, caso-a-caso, quer no que a tal diz respeito, quer o destino/uso de cada imóvel ou até do conjunto poderá ser adaptado aos desígnios de quem de direito.

É sob essa grande ressalva que ousamos propor a instalação na Rua da Sofia de um centro universitário para a formação de artistas, ou melhor, de uma Faculdade das Artes (a criar de raiz) e de uma Faculdade de Arquitetura (por *upgrade* do atual Departamento de Arquitetura integrado na Faculdade de Ciências e Tecnologia). Com elas instalar-se-ão outras agências universitárias, de que falaremos mais adiante. Múltiplos factores nos levaram ao apuramento desta proposta, dos quais exporemos parte.

Pese embora os então diversos âmbitos do conceito e do ensino ministrado, a verdade é que o recente reavivar da presença do antigo Colégio das Artes se perfila como uma forte evocação do ensino das Artes no local. Aliás o próprio facto de ali ter sido instalado o Centro de Artes Visuais [CAV] é por si um precedente de grande relevância e significado, clamando por integração. Na mesma linha e ação, assinale-se a intenção de em breve se vir a dar início à construção do Teatro de São Bernardo naquela antiga cerca, por trás do edifício do correlativo Colégio do Espírito Santo.

Por outro lado, pese embora a crescente atividade cultural na cidade, na qual o teatro, a música, a fotografia, a dança e as artes plásticas (para não falar do crescente protagonismo urbano das ações do Departamento de Arquitetura) começa a tornar premente a necessidade de a Universidade de Coimbra chamar a si o ensino dessas valências, até porque tal já foi feito em outras universidades, ainda que não de uma formal global e integrada como aqui se propõe e espacial e contextualmente se viabiliza.

No contexto da atual problemática do ensino superior, onde o decréscimo de estudantes se confronta com a inadequação ou desconexão de muitos cursos com as necessidades do mercado, impõe-se a aposta em cursos novos em áreas cuja procura, num contexto da nova idade dos serviços, do lazer, da imagem e da comunicação, seja crescente e estimulante. Daí que um ensino integrado e de vanguarda nos mais variados domínios das artes pareça fazer sentido na mais experiente e completa universidade portuguesa.

Propomos pois que em alguns dos edifícios dos antigos colégios erguidos na Rua da Sofia sejam instalados o Departamento de Cinema e Fotografia (Colégios das Artes e de São Miguel, aqui por extensão do CAV), o Departamento de Ciências Musicais (Colégio do Carmo), o Departamento de Design e Belas Artes (Colégio da Graça), o Departamento de Teatro e Dança (Colégio de São Pedro) da Faculdade das Artes. A Faculdade de Arquitetura ficará instalada no Colégio do Espírito Santo. Como por observação das peças desenhadas gradualmente se deduzirá, a distribuição nem é aleatória, nem se rege por uma simples disponibilidade de áreas.

Por forma a consolidar e deixar bem clara a viabilidade de cada uma das propostas, apresentamos no terceiro painel uma síntese do desenvolvimento que fizemos dos Programas Preliminares para estes e outros itens programáticos. No segundo painel também evidenciamos a articulação criada entre as valências instaladas nos colégios do Carmo, da Graça e de São Pedro através da construção de uma galeria posterior com ponto de partida na Calçada do Carmo. É um espaço amplo, ventilado e iluminado, susceptível de também ser usado como espaço de estudo/convívio.

Para suporte dessa nova carga universitária propomos a instalação da Cantina Zero numa ala interna e algo incaracterística do central Colégio da Graça, bem como a construção, em cunhas ritmadas contra a encosta, de algumas residências para 120 estudantes. Tirando partido do excelente contexto urbano, propomos ainda a instalação do Círculo Universitário João de Ruão num edifício renovado e num outro reconvertido, ambos erguidos no extremo norte da cerca do Colégio de São Pedro. Este equipamento será, na essência, um clube para os professores da Universidade de Coimbra, que também oferecerá alojamento em 20 quartos e 35 apartamentos familiares a professores convidados. Para o mais modesto colégio ainda em evidência na Rua da Sofia, o de São Boaventura (junto à previsível animação do Terreiro da Erva) propomos a instalação de uma Pousada de Juventude.

Ainda como apoio a este Polo 0/das Artes, mas contribuindo para a imersão universidade/cidade [*polo+polis*], propomos a instalação de uma biblioteca especializada nas diversas artes de acesso público no Colégio de São Tomás. Chamámos-lhe Biblioteca Zero, tal como à extensão da Reitoria a instalar no palacete oitocentista implantado no topo da antiga Cerca de São Bernardo. Esta Reitoria Zero será, no fundo, a sede da Vice-Reitoria da Cultura, que assim ficaria bem mais próxima dos equipamentos que lhe dizem respeito e inserida na urbe que constitui o seu principal campo/objecto de ação/relação. Também nessa linha se insere a instalação no antigo Noviciado do Colégio do Carmo, com acesso a partir dos novos Azinhaga dos Colégios e Parque Urbano, do Instituto Diogo de Castilho, nem mais do que uma réplica do Instituto Pedro Nunes da Universidade de Coimbra, desta feita vocacionado para funcionar como *ninho de ateliers* para jovens artistas.

Como já no final de *polis* + se avançou, a viabilização destas instalações, bem como de outras a que ainda faremos referência, implicará uma série de deslocalizações de que um pequeno esquema no Painel 1 dá conta. Por exemplo, é relevante a proposta de mudança do Centro de Documentação 25 de Abril, cujo projeto de instalação numa ala do Colégio da Graça se encontra pronto. Tal ocorre pela conjugação de dois desígnios: o empenho no processo dos também principais responsáveis pelo Centro de Estudos Sociais da Universidade de Coimbra (CES); o desejo, já formulado por esta instituição de se ver condignamente instalada na Rua da Sofia. Porque não juntar ambas as valências num edifício em que, contudo, seja garantida recíproca autonomia e assim permitindo a manutenção da integridade funcional do Colégio da Graça? A resposta adequada será a ocupação por ambos de um edifício a construir no local do atual supermercado, o qual, por sua vez, será deslocado para o novo edifício de comércio e serviços a erguer no sítio da antiga *remise* dos eléctricos.

Do mesmo tipo e com o mesmo destino é a movimentação proposta para o centro comercial e escritórios instalado naquilo que podemos caricaturar como a *carcaça* da antiga igreja e convento dominicanos. Isso para ali erguer a grande sala de espetáculos de *matriz clássica* que Coimbra não tem e que mesmo com o projeto para São Francisco da Ponte não irá ter, até porque se situa fora do âmago urbano. O Teatro de São Domingos será por excelência a sala de ópera, teatro, dança e música onde Coimbra se poderá encontrar com as expressões artísticas aprendidas e desenvolvidas do outro lado da rua, mas também no mundo cosmopolita no qual, de direito, anseia integrar-se.

Já por diversas vezes e formas aqui se registou a importância que o programa de construção nova, renovada ou reabilitada na zona do Terreiro da Erva ou no terreno da antiga *remise* dos eléctricos tem como forma de viabilização e compensação funcional da proposta. Porém tal programa excede essas necessidades. Será relevante a introdução, com alguma densidade, de alojamento com matriz permanente/habitação e não apenas pendular, isso para além da relevância atribuída à inclusão de mais espaço para comércio.

Na globalidade propomos a construção de cerca de 150 novos fogos de tipologias médias. Paralelamente propomos a criação em edifícios novos ou reconvertidos de cerca de 10.000 m2 para comércio. Parte deste comércio será instalada no piso térreo dos edifícios colegiais, repondo, aliás, o que era comum à data da sua concepção e construção. Ali se poderá instalar comércio vocacionado para as novas funções albergadas pela Rua da Sofia: material de desenho, livros, discos, instrumentos, fatos de palco (aluguer e venda), galerias de arte, alfarrabistas, etc. Em frente, na rua, encontraremos os homens-estátua, os músicos, os trapezistas...

Já para a zona do Terreiro da Erva dever-se-á gerir a ocupação por forma a ali tendencialmente se instalarem atividades de restauração e animação noturna, hoje arredadas da Baixa. A integração e complementaridade de todos os programas gerará o necessário aumento da complexidade da vivência do espaço público. Aliás, é essa implícita interação cidade-universidade uma das metas essenciais a atingir por este anteplano, no qual a *praxis* de funcionamento quase contínuo das *escolas de artes* do Polo Zero Universitário será uma mais-valia fulcral.

zero

Para esta proposta adoptamos a sigla ***polo-zero+polis*** [= polo + polis = nova centralidade = coimbra zero = utopus = ...] não só como expressão da energia simbólica do *zero* como lugar nenhum — o *utopos* de uma futura Universidade e Cidade —, mas também porque *zero* só é expressão de vazio quando não procuramos ver para além da *realidade positiv*[ist]*a*. Ora o exercício profundo deste concurso consiste em tentar vislumbrar o real oposto por trás da cortina das impossibilidades mesquinhas, individuais ou de pequenos grupos. Daí que *zero* seja aqui a verdadeira razão de equilíbrio entre os prós e os contras da realidade e do desejo... o *utopos possível* no ponto zero para a renovação da *universalidade coimbrã*.

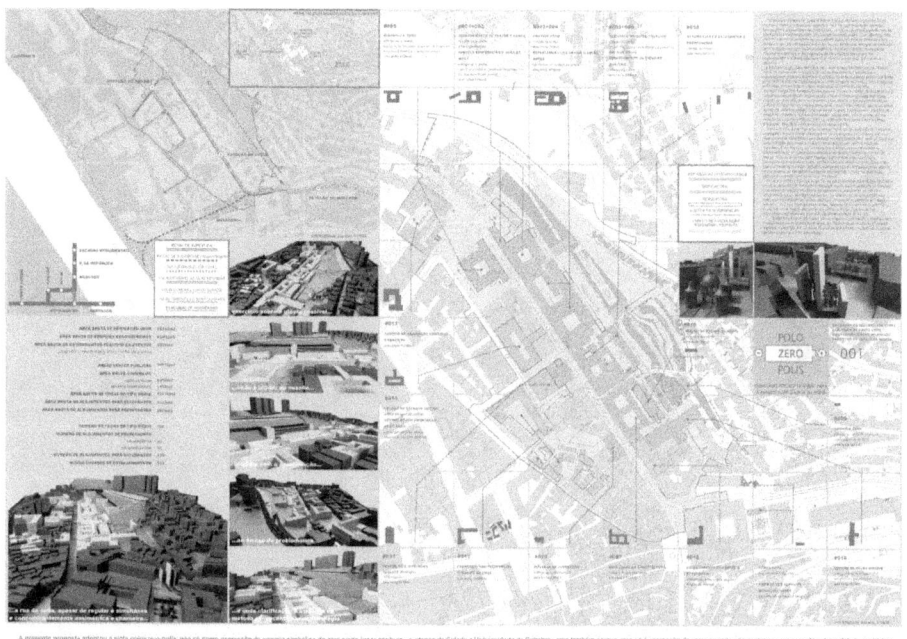

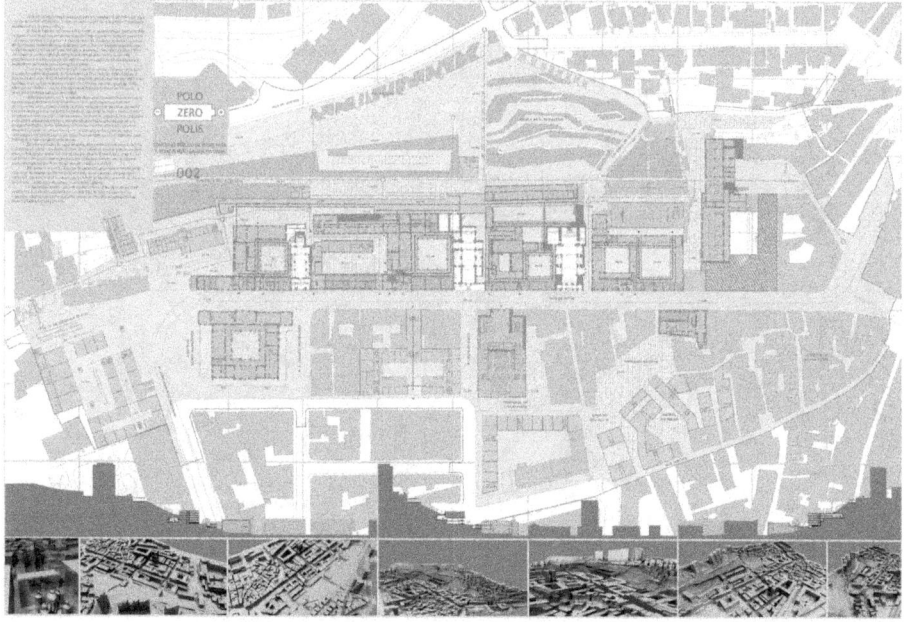

Fig.s 1, 2 e 3: cartazes apresentados ao concurso

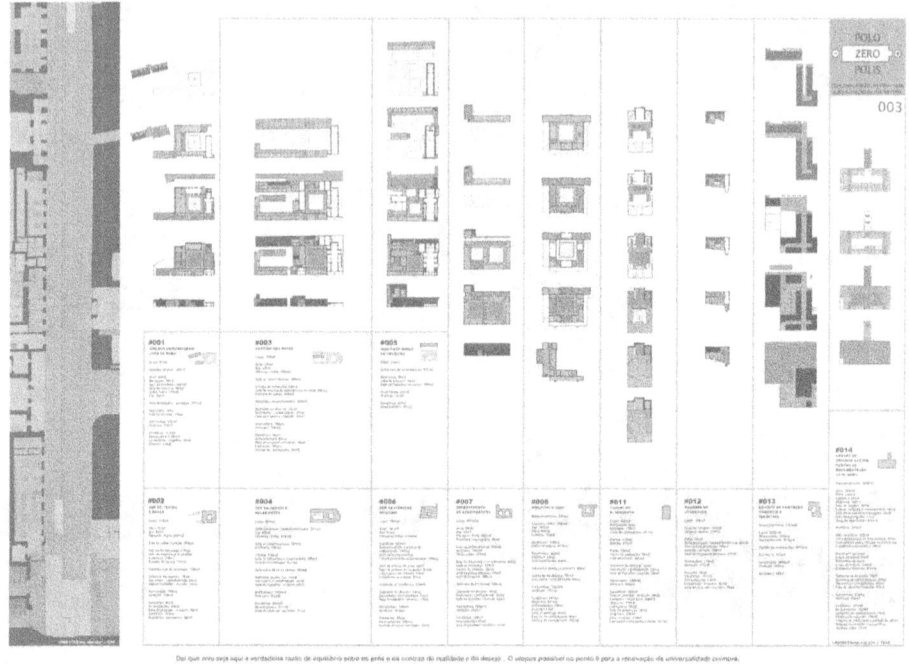

Fig.s 1, 2 e 3: cartazes apresentados ao concurso (cont).

4ª Parte: Lisboa

4ª PARTE: LISBOA

LISBOA QUINHENTISTA, O TERREIRO E O PAÇO: PRENÚNCIOS DE UMA AFIRMAÇÃO DA *CAPITALIDADE*[231]

Este texto surge como desenvolvimento da reflexão subjacente a alguns trabalhos que, de há alguns anos a esta parte, publiquei sobre o urbanismo, o processo de urbanização e a urbanística de Lisboa na Idade Moderna[232]. Trata-se de uma linha de investigação que se fixou sobre o que entretanto considero ter apurado como sendo os principais desígnios urbanísticos para Lisboa na Idade Moderna[233]. No essencial essa reflexão reporta-se à relação entre a ideia-conceito de *capitalidade* e a imagem da cidade, bem como à consciência e empenhamento régios na sua promoção numa dimensão imperial. É que, no contexto das demais capitais da Europa Moderna e atendendo, pelo menos, a dois aspectos peculiares, Lisboa apresenta-se desde logo como um caso de estudo com particular interesse.

Em primeiro lugar porque, com as características transoceânicas e transcontinentais do espaço que *capitalizou*, foi o caso inaugural. Lisboa foi

---

[231] Texto publicado como Walter ROSSA (2002), "Lisboa Quinhentista, o terreiro e o paço: prenúncios de uma afirmação da capitalidade." *D. João III e o Império, Actas do Congresso Internacional Comemorativo do Nascimento de D. João III*. Lisboa: CHAM (Universidade Nova de Lisboa) e CEPCEP (Universidade Católica Portuguesa). 2004, pp. 947-967. Razões óbvias levaram a separá-lo do texto posterior inserido na *2ª Parte* o texto "Capitalidades à Portuguesa: no território de origem," contudo será importante a sua leitura complementar, até porque foi composto segundo uma outra escala.

[232] Walter ROSSA (1990), *Além da Baixa: indícios de planeamento urbano na Lisboa Setecentista*. Lisboa: Instituto Português do Património Arquitectónico. 1998, e Walter ROSSA (1994), "Il terremoto del 1755: una città sotto il segno della ragione." *Rassegna*. Bologna: (Italiano, Português, English) Editrice CIPIA. nº59, ano XVI, setembro/1994: 28-43.

[233] Walter ROSSA (2000), "A imagem ribeirinha de Lisboa: alegoria de uma estética urbana barroca e instrumento de propaganda para o Império." *A urbe e o traço: uma década de estudos sobre o urbanismo português*. Coimbra: Almedina. 2002: 87-121.

de facto a capital do primeiro império de âmbito planetário, o que levou a que então, por diversas vezes, lhe fosse associado o epíteto de *caput mundi*. Como reforço ou prova dessa realidade note-se que Madrid, além de ter obedecido a um florescimento mais tardio, teve uma capitalidade induzida, ou seja, resultante dos processos de unificação e de expansão que estruturaram a Espanha enquanto país de várias nações[234]. Lisboa, para além de ter sido a principal plataforma da expansão portuguesa, já era o centro do processo histórico de Portugal desde a conformação do espaço nacional no continente europeu, ou seja, pelo menos desde a segunda metade do século XIII.

Só em aparente oposição, o segundo daqueles principais motivos de interesse no caso lisboeta consiste na demora e dificuldade óbvias de Lisboa em cristalizar uma expressão física (uma imagem) com as características básicas comuns a qualquer cidade-capital, o que até é acentuado na constatação do elevado grau de fantasia a que, para tal fim, algumas descrições literárias coevas tiveram de lançar mão. Foi de facto de *paisagem urbana* (e de propaganda), não da globalidade das características urbanísticas de uma cidade, que passou a depender a emanação ou não da sua capitalidade, ou se quisermos, do poder ali sitiado.

Se o apuramento do conceito *capital* andou claramente associado ao processo da consubstanciação dos Estados e à gradual e concomitante cristalização das monarquias absolutas europeias[235], o imaginário a tal correspondente formulou-se nos domínios de uma estreita relação entre a arquitetura e o urbanismo ao serviço dos cenários dessa nova fórmula de poder. Cenários novos nos objetos, mas essencialmente na espécie, pois, quiçá de uma forma excessivamente prosaica, podemos afirmar que, pela primeira vez desde a Antiguidade, o Poder se viu fixo, sedentarizado. Tal como a lenta afirmação das monarquias resulta da sublimação do Rei

---

[234] Manuel FERNANDEZ Alvares (1960), *Madrid en el siglo XVI. El establecimiento de la capitalidad en Madrid*, Madrid, 1960; Alfredo ALVAR Esquerra (1989), *El nacimiento de una capital europea: Madrid entre 1561 y 1601*, Madrid, 1989.

[235] Alexandre Le MAÎTRE (1682), *La métropolitée, ou de l'établissement des villes capitales, de leur utilité passive et active...*. Amesterdão: B. Boekholt, pour J. Van Gorp. 1682, terá sido um dos primeiros textos, senão mesmo o primeiro, a tratar do tema.

como instituição liberta do estatuto de *primeiro entre pares*, também o sítio do rei acabou por ter de se elevar a uma *imparidade* dentro dos limites territoriais do país que encabeçava. Na sua essência, o urbanismo da *Europa das capitais*[236] corresponde ao que de forma propositada e programada foi edificado ou reciclado para a sede de cada Estado moderno, isso independentemente da importância das preexistências.

A imagem-arquétipo de capital [obviamente catalisada pela renovação e reestruturação renascentista da Roma clássica e imperial sob a forma de capital da cristandade, no que o plano de Sisto V (ap.1585-1590) de 1588 foi a pedra de toque] consiste fundamentalmente na construção de uma paisagem urbana sob os signos da monumentalidade e da ordem, dinamizada pela centralidade ou nova centralidade de um espaço público conformado por edifícios que simbolizam o poder, sendo o programa destes a habitação do monarca, ou seja, a sede da Corte e demais dependências. Foi a partir desses polos de centralidade urbana, territorial e, fundamentalmente, nacional, que irradiaram novos cenários, sistemas e estruturas urbanísticas de representação do poder, os quais acabam, no seu todo, por corresponder ao objecto central da História do Urbanismo da Idade Clássica.

Ainda no âmbito deste breve preâmbulo, importa deixar evidenciado que a assunção toponímica da capitalidade do centro urbano do poder político é uma aquisição seiscentista, ainda que, sob variantes etimológicas como cabeça ou *caput*, tenha sido vulgarizada no século anterior, precisamente o do florescimento e estruturação do Império Português da Idade Moderna. Assim se justifica o interesse despertado pelas duas características peculiares há pouco indicadas do caso lisboeta, pelo que se impõe indiciar a questão metodológica de síntese para a sua interpretação conjunta: a precocidade da capitalidade imperial portuguesa poderá justificar as dificuldades da sua materialização urbanística?

---

[236] Título da conhecida obra de Giulio Carlo ARGAN (1964), *L'Europe des capitales: 1600-1700*. Genève: Skira. 1964. Ver também: Charles TILLY (ed.), *The formation of national states in western Europe*. Princeton. Princeton University Press: 1975; Charles TILLY e Wim P. BLOCKMANS (ed.), *Cities and the rise of states in Europe, A.D. I000 to I800*. Boulder. Westview Press: 1994; Gérard SABATIER e Rita Costa GOMES (ed.), *Lugares de Poder. Europa. Séculos XV a XX*. Fundação Calouste Gulbenkian. Lisboa: 1998.

Num dos textos atrás referenciados[237], tentei caracterizar os principais parâmetros do que foi o esforço inglório da governação de João V (r.1708-1750) para dotar Lisboa de uma realidade e imagem urbanas correspondentes à importância portuguesa no concerto das nações coevas, sendo particularmente evidente o empenho em fazê-lo para consumo interno, ou seja, para o próprio Império. Ficou então clara a importância fulcral do tenaz combate diplomático joanino pela defesa do Padroado Português na definição desse programa para a renovação urbanística de Lisboa, o qual foi lapidarmente sintetizado na fantasiosa expressão coeva de uma "nova Roma"[238], a qual se reportava, em simultâneo, à Roma Imperial e à Roma Papal. Só com o Terramoto de 1755, num contexto ideológico diferente e com uma expressão material, senão peculiar, pelo menos diversa, Lisboa adquiriria o fácies urbanístico de uma capital europeia, com o incontornável desígnio de o fazer aberta sobre o rio, o oceano, o Império.

Porém, já anteriormente se haviam envidado esforços nesse sentido. Só pode ser essa a interpretação a dar ao considerável investimento material e intelectual de Filipe II (1581-1598) nas transformações que operou no tecido urbano e arquitectónico de Lisboa, nomeadamente no Paço da Ribeira e, concomitantemente, no sistema urbanístico do respectivo terreiro. Essa matéria já se encontra tratada segundo enfoques próprios à História da Arquitetura[239], mas menos no domínio da História do Urbanismo e, por aí, da evolução da imagem da cidade. Embora aguarde o ensejo para o fazer de forma circunstanciada, tal não cabe no âmbito deste congresso.

Mas, segundo este enfoque da imagem de uma *cidade-capital*, qual era a realidade de Lisboa nos reinados anteriores? Ou melhor, qual era a realidade que Filipe II em parte logrou alterar? O que é que na Lisboa de Quinhentos era símbolo visual da sua precoce mas inequívoca capitalidade imperial?

---

[237] Walter Rossa (2000), "A imagem ribeirinha de Lisboa..."

[238] A expressão é de Fernando António da Costa de BARBOZA, *Elogio funebre do Padre João Baptista Carbone da Companhia de Jesus*. Lisboa: 1751: 15.

[239] Ver, entre outros, Nuno SENOS (2000), *O Paço da Ribeira 1501-1581*, Lisboa, Editorial Notícias, 2000 e Helder CARITA (1998), *Lisboa Manuelina e a formação de modelos urbanísticos da época moderna (1495-1521)*, Lisboa, Livros Horizonte, 1999.

Fig. 1: Simão de MIRANDA, *Ulibone Pars*, 1575. Archivio di Stato di Torino.

O interesse pela fixação da imagem urbana de Lisboa foi um facto desde os inícios do século XVI. Se é verdade que devemos considerar isso vulgar no contexto das mais importantes cidades da Europa de então, também não nos podemos esquecer da curiosidade e fascínio que a nova posição de Lisboa como interface comercial entre a Europa, o Oriente e o Novo Mundo deveriam exercer sobre os demais europeus. Isso poderá ajudar a explicar a razão pela qual as poucas representações de Lisboa anteriores ao século XVIII são muito mais que as de outras cidades ou paisagens portuguesas e também porque é que foram maioritariamente feitas por estrangeiros, em especial do norte da Europa[240].

De facto parece que, desde os tempos da *expansão* até aos do Iluminismo, por eles próprios os portugueses não desenvolveram a necessidade e o gosto pela representação dos seus espaços abertos, a não ser por imperativos de ordem política ou militar. Quando tal aconteceu fizeram-no de forma codificada (mapa, planta, esquema, etc.) e raramente através de uma representação pictórica natural ou realista. Estes factos devem também ser conjugados para a determinação da verdadeira preocupação dos portugueses com a imagem material das suas cidades, ou, numa expressão atual, com a sua paisagem urbana.

Só com as pinturas e gravuras do flamengo Dirk Stoop já da década de 1660, Lisboa passaria a ser retratada com mais do que um muito

---

[240] Renata de ARAUJO (1990), *Lisboa, a cidade e o espectáculo na época dos Descobrimentos*. Lisboa: Livros Horizonte, 1990 e José Augusto FRANÇA, "Images of Lisbon through the centuries." *Rassegna*. Bologna: Editrice CIPIA. n°59, setembro/1994: 6-15. Para o estabelecimento de um paralelo actualizado com a situação internacional ver Lucia NUTI (1996), *Ritratti di città: visione e memoria tra Medioevo e Settecento*. Veneza: Marsilio, 1996.

superficial interesse por algo que não fosse a área do Terreiro do Paço, ou a representação da paisagem global da cidade com o observador virtualmente colocado no ou em altura sobre o rio frente àquele recinto. Todas as representações anteriores da paisagem urbana lisboeta ali fixaram o eixo do olhar, enquanto o resto da cidade acabou representado como um emaranhado de casario e espaços públicos estereotipados, por entre os quais emergem, por vezes legendados e fáceis de identificar, alguns dos edifícios públicos mais representativos.

Também só após a conclusão do processo de Restauração da Independência (1640-1668) as vistas de Lisboa passaram a integrar com regularidade aspectos centrados e detalhados de outras zonas da cidade, fazendo-o então com um razoável investimento na verosimilhança e no detalhe, nomeadamente nas suas relações topográficas e paisagísticas. É também significativo que os novos focos de interesse tenham sido Alcântara e, essencialmente, Belém, o que também é o prenúncio de um desígnio urbanístico formulado e empreendido por João V, mas frustrado por outros desígnios.

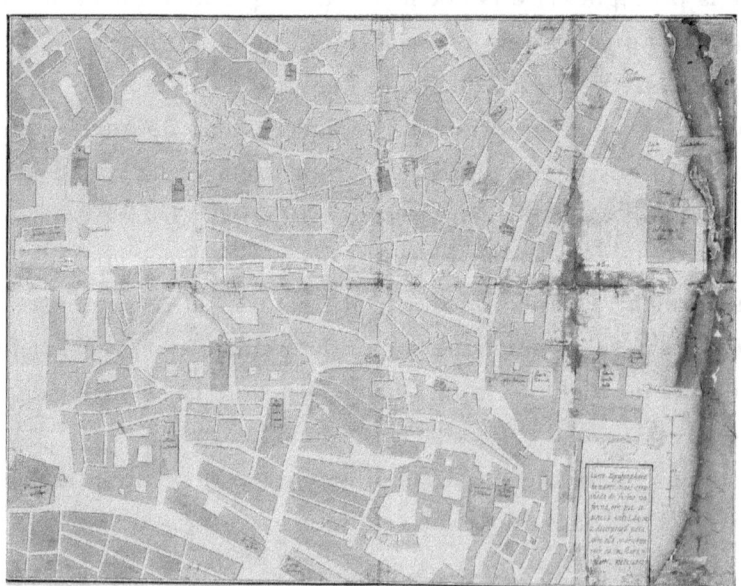

Fig. 2: Manuel da MAIA, *Carta topographica da parte mais arruinada de Lisboa na forma, em que se achava antes da sua destruição para sobre ella se observarem os melhoramentos necessarios*, cópia, c. 1756. Gabinete de Estudos Arqueológicos de Engenharia Militar, 2342-2-16-22.

Essa persistência na utilização do Terreiro do Paço como foco central das representações pictóricas de Lisboa, por certo foi contributo importante para a sedimentação de uma ideia deturpada da própria vivência da cidade. Na realidade não era ali que decorria o essencial do quotidiano de Lisboa, mas em redor (na Rua Nova, no Largo do Pelourinho Velho e na Praça da Ribeira[241]) e para o interior ao longo do eixo (a Rua Nova d'El Rei) que ligava esta zona da cidade ao Rossio. O Terreiro do Paço, quando conformado, acabou sendo muito mais uma esplanada para a exibição passiva (pela simples fruição do espaço) e cativa (festas, entradas régias, etc.) do poder do que um centro de quotidiana interação social. Se formalmente era ali que a cidade se abria ao rio, era imediatamente a nascente, na Praça da Ribeira do outro lado da Alfândega Nova, que ela efetivamente dialogava com a vida portuária, mas sempre por trás de muralhas e baluartes. Aliás, a franqueza e extensão da relação cidade-rio--mar é outro equívoco corrente e não apenas para Lisboa.

Para o entendimento de toda essa realidade é ainda importante tomarmos consciência de que a esmagadora maioria das representações específicas do Terreiro do Paço visaram efetivamente representar o Paço, o seu terreiro ou esplanada de aparato e nada mais. Assim foi desde o início e para o confirmarmos basta-nos o levantamento que Nuno Senos[242] fez das representações daquele espaço anteriores a 1581. Com os melhoramentos então promovidos por Filipe II essa tendência acentuar-se-ia de forma determinante.

Num breve relance passemos agora da "cidade representada" à "cidade descrita"[243]. Os textos mais lisonjeiros sobre a realidade da Lisboa dos *descobrimentos* lidaram essencialmente com os padrões cosmopolitas,

---

[241] Ver, entre outros, Luís Mendes de VASCONCELOS (1608), *Do sítio de Lisboa. Diálogos.* Lisboa: Livros Horizonte: 1990: 133.

[242] Nuno SENOS (2000), *O Paço da Ribeira...*

[243] A expressão integra o título de um trabalho inédito, gentilmente cedido pela autora e essencial para as linhas que se seguem, de Renata de ARAUJO (1990), *A cidade descrita e a escrita da cidade: visões de Lisboa em textos literários e administrativos nos séculos XVI e XVII.* Lisboa: texto policopiado. 1990.

comerciais, funcionais e festivos da sua vida urbana, não com o seu espaço arquitectónico-urbano. Até as referências a edifícios selecionados foram essencialmente orientadas pelos seus significados simbólicos e os seus papéis na governação do império ultramarino.

Como exemplo tomemos a bem conhecida e laudatória *Urbis Olisiponis Descriptio* de 1554, na qual Damião de Góis destacou sete edifícios[244]. Só um desses "monumentos" era uma igreja (a da Misericórdia, um edifício de dimensões correntes em "estilo" *manuelino*) o mesmo sucedendo com um palácio, o Paço dos Estaus, a pequena e inexpressiva residência de cortesia para visitantes eminentes, mas amiúde ocupada pelos monarcas, erguida no Rossio na primeira metade do século XV. Os restantes edifícios correspondiam a infraestruturas comerciais e de navegação, com exceção para o Hospital de Todos-os-Santos, talvez o único item dos sete que, em termos arquitectónicos e urbanísticos, merecia de facto uma atenção especial (o que se também se comprova pelo facto de ter sido o único a usufruir de representações pictóricas específicas ou de enquadramento).

Por razões óbvias a exclusão do Paço da Ribeira da lista de edifícios notáveis elaborada por Damião de Góis, em oposição ao que enuncia como o que "ocupará o oitavo lugar nas belezas da cidade e arrebatará, de certo, a palavra a todos os demais monumentos" (a Alfândega Nova, então ainda em construção) acaba por ser o seu dado mais revelador e importante.

Essa visão de Lisboa, globalmente coincidente com a esmagadora maioria dos textos congéneres, contrasta com as contundentes críticas apresentadas por Francisco d'Holanda (1517-1585) a Sebastião I (r.1568-1578) em 1571 na sua *Da Fabrica que falece ha Cidade De Lysboa*[245]. As propostas do desencantado e amargurado Holanda consistem essencialmente numa lista ilustrada de monumentos que resultariam de profundas remodelações ou de novas construções que, pela sua escala, linguagem arquitectónica,

---

[244] Damião de GÓIS (1554), *Descrição da Cidade de Lisboa*. Lisboa: Livros Horizonte. 1988.
[245] Francisco d'HOLANDA (1571), *Da Fábrica que Falece à Cidade de Lisboa*. Lisboa: Livros Horizonte: 1984.

função e inserção urbanística, teriam transformado a imagem de Lisboa em algo correspondente à sua relevância, senão mundial, pelo menos europeia. Claro que o arquétipo era, e continuaria a ser, Roma, uma outra *caput mundi* que, aliás, em breve sofreria a reestruturação urbanística promovida por Sisto V (ap.1585-1590).

Como Góis, Holanda era um humanista viajado, mas essencialmente um artista dedicado ao culto das imagens pelo desenho e foi nessa condição que, três décadas antes, visitou demoradamente Itália. Sabemos como durante a sua vida interveio com propostas, pareceres, críticas e/ou sugestões em múltiplas ações levadas a cabo pela Coroa, mas (todos os estudos assim o têm concluído[246]) quase sempre como aquilo que hoje designaríamos como insinuantes exercícios de cidadania, ou seja, sem consequências práticas diretas. Já Damião de Góis era, para além de um diplomata, um artista da escrita literária e musical.

Outra diferença estrutural entre esses dois vultos da intelectualidade portugueses da Renascença, era a de que Francisco d'Holanda nunca esteve em nenhuma grande cidade mercantil do Norte da Europa como Dantzig ou Bruxelas, Roterdão ou Antuérpia, que por certo eram as principais referências urbanas de Damião de Góis. Esse facto torna bastante clara a inspiração real do entusiasmo deste com Lisboa. Colocando a evidente divergência de opiniões numa questão formalmente simplista, estamos perante um padrão de urbanidade comum ou face a uma oposição entre modelos liberal-mercantil (de Damião de Góis) e artístico-clássico-erudito (personificado por Francisco d'Holanda)?

---

[246] A personalidade, vida e obra de Francisco d'Holanda há muito que suscitam o interesse de curiosos e investigadores nacionais e estrangeiros, sendo assim muito vasta a correspondente bibliografia. Para uma aproximação mais actualizada ver, entre outros: Sylvie DESWARTE (1973), "Contribution à la connaissance de Francisco de Holanda." *Arquivos do Centro Cultural Português*. vol. VII. Paris: Fundação Calouste Gulbenkian, 1973: 421-429; John BURY (1979), "Francisco de Holanda, a little known source for the history of fortification in the sixteenth century." *Arquivo do Centro Cultural Português*. n°14 Paris: Fundação Calouste Gulbenkian. 1979: 163-202; John BURY (1981), *Two notes on Francisco de Holanda*. London: Warburg Institute, University of London. 1981; Sylvie DESWARTE (1983), *As imagens das idades do mundo de Francisco de Holanda*. Lisboa: INCM. 1987; Rafael MOREIRA (1982-83), "Novos dados sobre Francisco de Holanda." *Sintria*. n°I-II(1). Sintra: 619-692; John BURY (1995), "The Italian contribution to sixteenth-century Portuguese architecture, military and civil." *Cultural links between Portugal and Italy in the Renaissance*. New York: Oxford University Press, 2000:77-107.

Igual questão se põe, de novo, no que diz respeito às representações pictóricas, as quais, apesar de tudo, não são tão equívocas quanto os textos. Enfim, a imagem que a História produziu sobre a Lisboa de então, foi essencialmente inspirada na sua efervescente catividade urbana e notória relevância mundial, não na sua grandiosidade artística ou monumental modernas. Como um todo a *Lisboa dos Descobrimentos* era espacialmente e esteticamente desinteressante para os intelectuais italianizados, não exibindo qualquer sector com expressão relevante. A sua capitalidade, então necessariamente arcaica, exprimia-se pela pujança do comércio e da navegação, sendo a sua lógica urbanística ainda de sinal (tardo)medieval, nisso se incluindo muitas das empresas de edificação então promovidas. De facto não podemos considerar como ações urbanísticas *modernas* iniciativas de estrito âmbito arquitectónico, isto se é que as houve na Lisboa dos três primeiros quartéis de Quinhentos.

O remoçamento de sinal renascentista da arquitetura e do urbanismo da Coroa Portuguesa a partir dos finais da década de 1530 não teve tempo, nem espaço, nem sequer impulso para tão cedo se exprimir numa cidade continuamente dilacerada por catástrofes sanitárias e sísmicas, como as que marcaram essa década. Tal levou a Corte a ausentar-se da cidade durante uma meia dúzia de anos e deu origem à ideia de um eventual desígnio de deslocação da capitalidade para Évora, o qual se relaciona com a ideia de uma pretensa má vontade de João III com relação a Lisboa[247]. Acabou por também ser em Évora, mas essencialmente em Coimbra nas ações decorrentes da fixação da Universidade a partir de 1537, que no território português europeu ocorreram então os primeiros ensaios conducentes a uma evolução

---

[247] Maria de Deus Brites MANSO (1990), *Évora, capital de Portugal 1531-1537. Itinerários de D. João III*. 2 vol.s. Lisboa: dissertação de mestrado apresentada à Faculdade de Letras da Universidade de Lisboa. 1990 e também o capítulo IX da Segunda Parte ("A Caminho da Sedentarização") de Paulo Drumond BRAGA (2002), *D. João III*. Lisboa: Hugin. 2002: 79-88. Também Rafael Moreira, no capítulo 3 da sua dissertação de doutoramento (com uma parte intitulada, precisamente, "Évora, capital do Reino"), versa muito directamente este tema [Rafael MOREIRA (1991), *A Arquitectura do Renascimento no Sul de Portugal: a Encomenda Régia entre o Moderno e o Romano*. 2 vol.s. Lisboa: dissertação de Doutoramento apresentada à Universidade Nova de Lisboa. 1991: 233 e seg.s].

global para uma nova conceptualização, estruturação e espacialidade da *cidade portuguesa*[248].

Por trás dessas condicionantes conjunturais que afectaram o urbanismo lisboeta, prefiguram-se outras de maior relevo, as quais se resumem, no essencial, ao facto de à data do início do reinado de João III (1521) estar em pleno curso a concretização de uma série de empreendimentos promovidos pelo pai, destacando-se entre os demais, a conformação da plataforma e perímetro do Terreiro do Paço e a evolução do próprio Paço da Ribeira. Para João III, personagem de decisão difícil[249], não teria sido sensato, nem viável, reformar profundamente a profunda reforma do reinado anterior. Também não haviam ainda amadurecido, mesmo no contexto internacional, alguns factores de âmbito cultural para tal indispensáveis.

Trabalhos recentes sobre o Paço e a Ribeira[250], atualizaram e referenciaram internacionalmente o que de mais importante para nós já haviam constatado eminentes olissipógrafos como Júlio de Castilho e Augusto Vieira da Silva[251]: a) que a instalação de um novo paço régio na Ribeira foi iniciada nos primeiros anos de Quinhentos ao cabo da Rua Nova numa relação espacial e construtiva algo promíscua com os armazéns do empório comercial ultramarino; b) que se encontrava então em curso, por aterramento, a conquista ao rio do futuro espaço do terreiro, erguendo-se uma ponte sobre arcaria que, a meu ver, para além de ligar as dependências palatinas a um cais privativo, serviu essencialmente para ajudar a estabilizar a área aterrada e para dotar o paço de uma varanda de

---

[248] Walter ROSSA (2001), *DiverCidade: urbanografia do espaço de Coimbra até ao estabelecimento definitivo da Universidade*. Coimbra: dissertação de doutoramento apresentada à Faculdade de Ciências e Tecnologia da Universidade de Coimbra, 2001.

[249] Sobre o carácter de João III ver, por outros, a "Primeira Parte" de Paulo Drumond na obra referenciada na nota 247.

[250] Nuno SENOS (2000), *O Paço da...*; Helder CARITA (1998), *Lisboa Manuelina...*; e Carlos CAETANO (2000), *A Ribeira de Lisboa: na época da expansão portuguesa, séculos XV e XVIII*. Lisboa: Pandora. 2004.

[251] Júlio de CASTILHO (1893), *A Ribeira de Lisboa*. 5 vol.s. Lisboa: Câmara Municipal de Lisboa. 1940-44; Júlio de CASTILHO (1884-90), *Lisboa Antiga*. 7 vol.s. Coimbra: Imprensa da Universidade. 1884-90; A. Vieira da SILVA (1900), *As muralhas da Ribeira de Lisboa*. 2 vol.s. Lisboa: Câmara Municipal de Lisboa. 1987.

exibição do poder[252]; c) que o crescimento do paço sobre esta estrutura e a ocupação inicial do espaço a poente com jardim foi feito gradualmente, sem uma orientação geral perceptível; d) que a vivência do paço se dava essencialmente em função do interior da cidade, por oposição à margem do rio; e) que a implantação dos restantes edifícios do novo terreiro obedeceu a orientações de tipo semelhante; etc.

Fig. 3: João Nunes TINOCO, *Planta da Cidade de Lisboa*, cópia, 1650.
Gabinete de Estudos Olisiponenses, MP 54.

Note-se, por exemplo, como na *Planta da Cidade de Lisboa* desenhada por João Nunes Tinoco em 1650, as legendas inscritas sobre o conjunto palatino ainda revelam uma percepção dos "Paços Reaes" implantados no interior, ou seja, a norte do estreito espaço a céu aberto designado

---

[252] Sobre esta função de balcão ou varanda primeiro desempenhada pelo volume que depois se constituiria como a *ala filipina* do Paço da Ribeira, ver Nuno SENOS (2000), "D. Manuel e o Paço da Índia." *História*, n°26. Lisboa. 2000: 28-35.

por "Entrada da Capella", a sul do qual se desenvolve o "Eirado da Casa da Índia" que tem no extremo sul a "Torre," que mais não é que o torreão mandado erguer por Filipe II sobre o antigo Baluarte da Ribeira. Em suma, quando já se encontrava consumado o lançamento para o rio do paço erguido ao fundo da Rua Nova contra a "Calcetaria" (a matriz do que é hoje a Calçada de São Francisco) um destacado engenheiro ao serviço da Coroa ainda considerava que a essência dessa extensão eram os armazéns da Casa da Índia e não a ala filipina que articulava o núcleo central do paço com o torreão. Curiosamente seria este o cenário que, escassos anos depois, Dirk Stoop fixaria para a eternidade como *a imagem* do Paço da Ribeira.

Essa espécie de *incidente iconográfico* da autoria de João Nunes Tinoco impõe-nos ainda lembrar que no tempo do fundador daquele paço (Manuel I) o Paço da Ribeira era significativamente designado por Paço da Índia. Como bem o fez notar Nuno Senos[253], Paço da Índia e não da Alcáçova, dotado de uma Capela de São Tomé e não de São Miguel e que cedo ganhou uma varanda que mais se destinava a ser vista do que a ver. Tudo isto porque os tempos e desígnios eram outros, embora os programas e as formas não fossem inovadores.

A propósito importa também aqui fazer notar que nada na documentação ou descrições coevas relativas ao Paço da Ribeira permite afirmar o que de há muito se aceitou como verdade adquirida, a saber: aquela morada foi erguida com o intuito de vir a ser fruída como *a* habitação central da monarquia portuguesa. A verdade é que, mais que o próprio Manuel I, os seus sucessores até Filipe II alternaram caprichosamente o local de poiso durante as suas estadias em Lisboa (Estaus, Xabregas, Alcântara, Alcáçova, etc.) chegando a lançar mão de uma das mais odiadas prerrogativas dos mais altos dignitários da nação durante a Idade Média: o direito de aposentadoria[254].

No decurso desta lembrança da vivência ainda medievalizante da Lisboa de Quinhentos pelos monarcas portugueses dos *descobrimentos*,

---

[253] Nuno SENOS, (2000), "D. Manuel ..."
[254] Ver nota 247.

constata-se como eles não implementaram e nunca terão concebido um plano (ou tão só a consciência da sua pertinência) para a monumentalização da sua capital, pelo menos sob a forma como o entendemos desde os alvores da modernidade. Promoveram sim ações e reformas para a melhoria do nível sanitário, regularam a expansão, clarificaram o centro, implementaram a concretização de alguns trechos urbanos regidos por traçados reguladores e, gradualmente, dotaram a cidade das infraestruturas portuárias que o desenvolvimento do processo expansionista ultramarino foi exigindo, medidas que, em conjunto, nada tiveram de ideológica ou até metodologicamente inovador e ruptura em relação à Idade Média.

Os dois mais representativos espaços públicos da cidade (o Terreiro do Paço e o Rossio) acabaram consubstanciados segundo processos que resultaram de uma sucessão de atitudes independentes, ou seja, sem integrarem um plano, desenhado ou não. É evidente que na determinação do lugar para a construção do Paço da Ribeira não estiveram presentes quaisquer ensejos de monumentalidade. Ao longo do reinado do seu próprio fundador, Manuel I, o edifício não parou de sofrer ampliações e melhoramentos, substituindo-se paulatinamente a função inicialmente implantada no local, a Casa da Índia, ou seja, algo como um complexo de armazéns. O desígnio de exibição e irradiação do poder a partir daquele foco desenvolveu-se a par com o Império e, assim, tão celeremente que acabou por se desenvolver a percepção falsa de um grande desígnio inicial de monumentalidade[255].

---

[255] Diversos autores têm chamado a atenção para os paralelismos formais e simbólicos existentes entre o Mosteiro de Santa Maria de Belém e a ala do terreiro do Paço da Ribeira. Claro que enquanto o corpo do dormitório daquele mosteiro foi desenvolvido ao longo da margem do rio e na sequência do corpo da igreja (opção rara e que se poderá explicar pelo desígnio de aparato, mas também pela possibilidade de criação de espaços de aluguer nas arcadas ao longo da praia para funções da faina marítima), enquanto no Paço da Ribeira a posição é oposta, ou seja, na perpendicular ao rio. A verdade é que por razões de espaço não poderia ser outra. Mas ambos os corpos dos edifícios (o dormitório no mosteiro e as varandas no paço) são estrutural e formalmente *pontes*, aliás erguidas numa cronologia muito próxima. Curiosamente em ambos os casos as hesitações e alterações no programa, na monumentalidade e na obra foram uma constante. Tal como o Paço da Ribeira a fábrica do Mosteiro de Santa Maria de Belém cresceu a par com o célere desenvolvimento do Império. [Sobre os aspectos urbanísticos e paisagísticos de Belém ver Walter ROSSA (1989), "Elementos da estrutura urbana de Belém até ao século XVIII."

De tudo isso é particularmente revelador o episódio da frustrada construção da Igreja de São Sebastião ocorrido em torno de 1571, a qual encerraria parte da frente fluvial do Terreiro do Paço abrindo-se para norte sobre ele. Nada de surpreendente se tivermos em linha de conta que algumas décadas depois se ergueria em toda essa frente fluvial uma muralha abaluartada que, apesar de baixa, quartou a dinâmica visual entre aquele recinto e o rio[256]. Aliás, em toda a frente ribeirinha da cidade não houve espaço público qualificado e/ou de interação social efetivamente aberto ao rio antes da reforma decorrente do Terramoto de 1755, com exceção para o pouco que se realizou dos desígnios e projetos de João V.

Inicialmente e em resposta ao que cria ter sido a determinante intervenção de São Sebastião no debelar da fortíssima epidemia que se abateu sobre Lisboa em 1569, Sebastião I ordenou a construção de uma igreja a ele dedicada na Mouraria, precisamente no local onde já existia um templo cujo orago era aquele mártir. Não se sabe bem porquê, essa ideia evoluiu e volvido pouco mais de uma ano a iniciativa foi transferida para o Terreiro do Paço[257]. A obra foi cerimoniosamente lançada em 19 de abril de 1571. Os caboucos e o embasamento foram erguidos rapidamente, mas o resto do processo foi penoso.

A urbe e o traço: uma década de estudos sobre o urbanismo português. Coimbra: Almedina. 2002: 46-51].

[256] A. Vieira da SILVA (1900), *As muralhas da...*

[257] Este assunto nunca foi devidamente investigado e é bem provável que ainda exista ignorada documentação detalhada sobre ele. Os dados/relatos escritos conhecidos sobre a construção desta igreja estão essencialmente concentrados em : a) Diogo Barbosa MACHADO (1736-1751), *Memorias para a historia de Portugal, que comprehendem o governo del Rey D. Sebastiaõ, unico em nome, e decimo sexto entre os Monarchas Portuguezes*. 4 vol.s., nº9. Lisboa: Academia Real: 1736-1751: 148-155, 218 e 320-321; b) Pero Roíz SOARES (1565-1628), *Memorial...* Coimbra: Universidade de Coimbra: 1953: 48-49; c) Nicolao de SANTA MARIA (1668), *Chronica da Ordem dos Conegos Regrantes do Patriarcha S. Agostinho*. 2 vol.s. Lisboa: Officina de Joam da Costa: 1668: Parte 2, Livro 8, Cap. 13, §5, p.149.

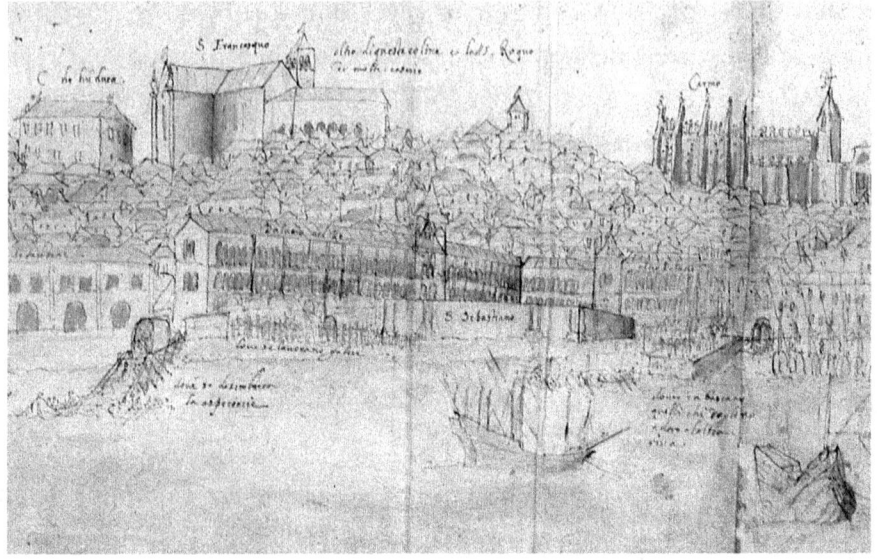

Fig. 4: Simão de MIRANDA, detalhe com a zona do Terreiro do Paço da *Ulibone Pars*, 1575. Archivio di Stato di Torino.

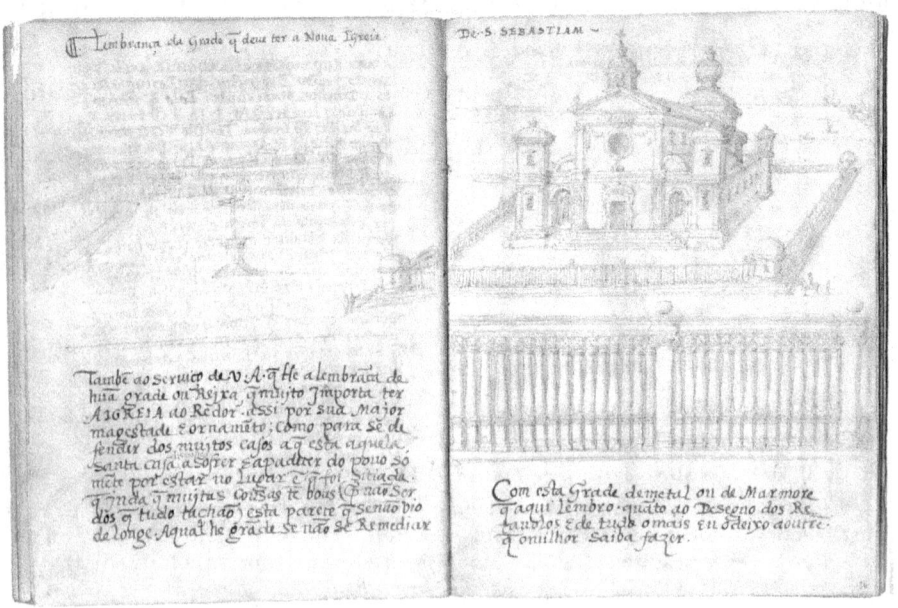

Fig. 5: Francisco de HOLANDA, "Lembrança da grade q deve ter a Nova Igreja de S. Sebastiam," *Da Fabrica que falece...*, c. 1571.

A vista de Lisboa de Simon de Miranda, datada de 14 de maio de 1575[258], representa claramente a obra no ponto em que se encontrava concluído o embasamento, o que significa que em quatro anos foi apenas isso que se fez. Tal facto leva também a concluir que o desenho de Francisco d'Holanda do capítulo 10° da *Da Fabrica que falece...* (obra dedicada ao rei precisamente no ano do lançamento da fábrica daquela igreja) não representa o edifício em construção, mas a proposta de uma imagem a pretexto de um conselho sobre a necessidade de se prever a construção de uma grade de vedação. Isso entre outras "lembranças" feitas apenas por escrito[259].

Para além de o edifício estar então ainda apenas no início, tudo leva a crer que não poderia ter sido encomendado e concebido com o partido arquitectónico sugerido no desenho de Holanda. O conhecimento que temos das empresas arquitectónicas promovidas pela Coroa no reinado de Sebastião I, e do arquiteto indicado para traçar e dirigir a obra do edifício a erguer na Mouraria (Afonso Álvares[260]) assim o fazem pensar. Note-se, porém, que nada se conhece que permita afirmar ou infirmar que com a mudança de local se tenha mantido o arquiteto. Mas a verdade é que mais do que uma proposta, o desenho de Francisco d'Holanda é uma critica ao que então estava em curso.

Sobre a obra concentrava-se uma fortíssima carga simbólica. Pelo longo e sinuoso processo do seu martírio, São Sebastião era também considerado como um vencedor da morte e, por isso, eficaz contra a peste (seria também esse um dos atributos que levaram a acreditar no regresso do rei após Alcácer Quibir). A verdade é que depois da chegada a Lisboa da relíquia constituída pelo lenho de um dos braços daquele santo (oferecido pelo Imperador Carlos V que o obtivera em 1527 no

---

[258] Archivo di Stato de Turim, Architettura Militare, vol. II, fol. 75. A propósito deste desenho ver Aurora SCOTTI (1980), Una veduta di Lisbona nel 1575. *Belas Artes* (separata). Lisboa: Academia Nacional de Belas Artes. 1980.

[259] Tenha-se em linha de conta tudo quanto já acima resumidamente se referiu acerca de Francisco d'Holanda.

[260] Carta de Sebastião I ao Senado da Câmara de Lisboa datada de 28 de dezembro de 1569, publicada por Diogo Barbosa MACHADO (1736-1751), *Memórias...*154-155.

saque a Roma) a devastação causada pela peste em curso regrediu até zero, assim se mantendo durante quatro décadas[261].

Bem além dessa miraculosa ajuda, a nação acreditava que fora por intervenção daquele santo-mártir que no dia 20 de Janeiro de 1554, data da sua festa, tinha sido concedida ao reino a graça do tão desejado herdeiro: Sebastião I. Com efeito, enquanto durou o longo trabalho de parto da princesa a cidade mobilizou-se em preces e procissões cujo fulcro foi aquela relíquia[262]. O pai estava defunto há dezoito dias.

São Sebastião terá sido um belo cavaleiro romano e, por isso, além de ser considerado por alguns como o êmulo cristão de Apolo, foi ainda em vida declarado pelo Papa Caio como *defensor da Igreja*[263], epíteto amiúde reclamado pelos monarcas portugueses a partir do processo da expansão. Tal qual como se veio a julgar e se fez descrever Sebastião I. Parece pois ter havido um S. Sebastianismo a preceder o

---

[261] A este propósito (e entre muitas outras referências), Francisco d'Holanda em *Da Fabrica que falece...* capítulo 10º registou o seguinte: "São Sebastião, por que além das altíssimas mercês que por meio do seu braço e relíquia Nosso Senhor tem feito a Lisboa, depois que a ela veio, guardando-a quarenta anos da peste e depois de agora ferida e castigada, restituindo-lhe tão milagrosamente a primeira saúde, o que não podia fazer senão a mesma mão poderosa de Deus que a tinha castigado, de que seja infinitamente louvado, pelo meio do seu santo que foi nisso nosso intercessor: somos-lhe todos em grandíssima obrigação por que nos tem dado de seu glorioso e novo nome tão milagrosamente a vós, Senhor e Rei Nosso Dom Sebastião, como um bastião e castelo forte contra nossos inimigos; e por isso, somos e seremos sempre obrigados a reconhecer e agradecer esta dívida a este vosso santo, e novo protector dos portugueses ante a divina majestade."

[262] São também esclarecedores os excertos seguintes de Frei Bernardo da CRUZ (c.1579), *Chronica de ElRei D. Sebastião*. Lisboa: Galhardo e Irmãos. Lisboa: 1837: vol. II, 8 e 10: [perante a notícia de Princesa Joana ter entrado em trabalho de parto à meia noite] "logo de noute se ordenou huma devota procissão de toda a cleresia e religiões, da Sée a são Domingos, levando nella o braço do martir são Sebastião, o qual foi trasido a este reino de Portugal do saco de Roma, em tempo de Clemente septimo" [e assim o príncipe foi baptizado ao oitavo dia] "e lhe pozérão nome dom Sebastião, e foi o primeiro deste nome, por nacer no dia de saõ Sebastião, a que o povo portugues era mui obrigado por devoção, por Deos haver levantado a cruel e frequente peste destes reinos com a vinda do seu braço." Veja-se ainda o que sobre isto escreveu Diogo Barbosa MACHADO (1736-1751), *Memórias...*, 9: "e como era o dia consagrado ao invicto Martyr S. Sebastião, cuja protecção sempre favoravel experimentara o nosso Reyno, para que lhe assistisse mais propicio na occasião presente, foy levado debaixo do pallio o braço daquelle sagrado Athleta, que fora extrahido de Roma no saco, que padeceo no tempo de Clemente VII. pela sacrilega impiedade de Carlos de Borbon, e o tinha mandado Carlos V. a seu Cunhado D. João o III."

[263] Louis RÉAU (1955), *Iconographie de l'art chrétien*. Paris: Presses Universitaires de France. 1988.

D. Sebastianismo, o qual, como este, desde logo se afigura ligado a uma dinâmica imperial com uma proto-legitimação teológica e de, pelo menos, ténue conexão romana.

É fácil conjecturar que a igreja iniciada no Terreiro do Paço se destinava a irradiar o poder místico do santo e do rei homónimos *urbi et orbi*, ou seja, pelo Império. Daí o seu partido arquitectónico proposto por Francisco d'Holanda, já que do projeto em execução nada sabemos para além do ensejo da construção de uma galeria elevada entre a igreja e o paço noticiado por Pêro Roíz Soares[264]. Enfim mais uma varanda que desta feita deveria fazer o ângulo entre a *ponte* e o templo. É também evidente que este desígnio de *capitalidade* e de capitalização de fortuitas coincidências, não é compaginável com uma estratégia urbanística para a cidade e, muito menos, com um posicionamento estratégico sobre o que hoje é para nós a urbanística da Idade Moderna. Mas insere-se inequivocamente na linha da construção de um imaginário imperial cujo polo de irradiação era o Paço da Ribeira e o seu Terreiro[265].

De certo por razões bem mais evidentes e pragmáticas, logo que foi coroado Rei de Portugal e visitou Lisboa no Verão de 1581, Filipe II resolveu libertar-se do grande incómodo diplomático, político, psicológico e urbanístico que constituía a presença da fábrica da Igreja de São Sebastião no Terreiro do Paço. Rezam as crónicas que na ocasião os cónegos de São Vicente de Fora, à guarda de quem estava a relíquia do santo, fizeram notar a indigna ruína em que se encontrava o seu mosteiro. Foi quanto bastou para que Filipe II lograsse escamotear a recente relevância da proteção divina conferida pelas relíquias sebásticas sob as mais

---

[264] Pero Roíz SOARES (1565-1628), *Memorial...* 48-49.

[265] A este propósito recordem-se as palavras do Padre Amador REBELO (1613), "Relaçaõ da vida d'ElRey Dõ Sebastiaõ o primeiro deste nome, e deçimo sextto dos Reys de Portugal, na qual se trata do seu naçimento, criaçaõ, governo, das idas que fez a Africa, da batalha que deu a Moleymaluco, do fim e socesso della." *Revista da Faculdade de Letras de Lisboa*. Lisboa: 1977: ano II, 34: "Em tres lugares onde tinha seus paços reaes, costumava ordinariamente residir" [Almeirim no Inverno, Sintra no Verão e] "O terceiro lugar, e onde residia o mais do tempo, era nesta Cidade de Lisboa Metropole do Reyno, e como notorio, das grandes e insignes da Xpãnd.e e e o mayor e mais famoso Império de todo o mundo."

vetustas, integrais e alfacinhas relíquias de São Vicente. Dito por outras palavras: mandou sanear, na íntegra, tudo quanto dizia respeito à Igreja de São Sebastião do Terreiro do Paço e ao decidir-se pela renovação do conjunto Agostinho de São Vicente de Fora, determinou que se dedicasse o novo templo a ambas as evocações. Sabia que o olvido venceria, isso apesar das múltiplas confrarias e capelas votivas de São Sebastião que proliferaram e persistiram pela cidade.

Prontamente os Cónegos Regrantes de Santo Agostinho desmontaram o edifício e acarretaram os salvados para o estaleiro da sua obra[266]. Verdade é que do episódio lucrámos o novo conjunto edificado de São Vicente de Fora, pelo menos um marco na *paisagem capitolina* de Lisboa. Poderá ser essa a forma mais cordata de interpretar a ação dos *filipes* a este respeito?

Não cabe aqui dissertar sobre a capitalidade de Lisboa no amplo xadrez do Império dos Habsburgos, mas é correto partirmos do princípio que Filipe II (dos seus filho e neto pouco haveria para dizer no que respeita ao nosso tema) cedo terá encarado Lisboa como uma das suas capitais, ou melhor, como a alternativa ou complemento marítimo-portuário de Madrid. Aliás, através de um ambicioso projeto do engenheiro italiano Giovani Batista Antonelli, planeou ligá-las pela via fluvial Tejo-Manzanares. Era difícil e revelou-se impossível, mas pelo menos mármores de Estremoz assim chegaram ao Escorial[267].

Só como esforço para uma afirmação de capitalidade se pode interpretar o considerável investimento material e intelectual de Filipe II nas transformações que operou no tecido urbano e arquitectónico de Lisboa, nomeadamente no Paço da Ribeira e, concomitantemente, no sistema urbanístico do respectivo terreiro. Essa matéria já se encontra razoavelmente tratada segundo alguns dos enfoques próprios à História

---

[266] Haverá em São Vicente de Fora pedra originalmente lavrada para São Sebastião do Terreiro do Paço?

[267] Jorge GASPAR (1970), "Os portos fluviais do Tejo." *Finisterra, Revista Portuguesa de Geografia*. Lisboa: Centro de Estudos Geográficos da Universidade de Lisboa, 1970, nº10, vol. V; J. Romero de MAGALHÃES (1993), *História de Portugal* (dir. José Mattoso), Lisboa: Círculo de Leitores, 1992-: vol. III, 325.

da Arquitetura[268], mas não tanto no domínio da História do Urbanismo e, por aí, da evolução da imagem da cidade.

Num breve resumo podemos aqui registar que Filipe II ficou desagradavelmente surpreendido com as descrições que o Duque de Alba lhe enviou do Paço da Ribeira, quando aqui arribou para preparar a sua entrada triunfal em 29 de junho de 1581[269]. Para além de determinar o despejo imediato de todos os particulares e armazéns que ocupavam dependências nesse arcaico complexo palatino, ordenou a Filipe Terzi a elaboração de um profundo plano de reforma. Foi segundo esse projeto que se construíram várias dependências, nomeadamente uma capela e, sobre o baluarte manuelino, o famoso torreão que, finalmente, estabeleceu um elo monumental e qualificado entre o Paço, o terreiro e o rio. O Torreão do Paço da Ribeira, concretizou também a primeira frente urbanística, ou melhor, a primeira fachada de aparato de Lisboa, como o prova a fortuna pictórica (aquilo que hoje designaríamos por *fotogenia*) que de imediato teve e de que já atrás se deu conta.

Fig. 6: Terreiro do Paço antes do Terramoto de 1755 num painel de azulejos. Lisboa: Museu da Cidade de Lisboa, AZU.PF 0031.

É muito interessante que, com tais obras e a remoção do que deveria ter vindo a ser a Igreja de São Sebastião, o terreiro do Paço da Ribeira tenha

---

[268] Nuno Senos (2000), *O Paço da...*

[269] A melhor síntese sobre esta *surpresa* encontra-se em Fernando Bouza ÁLVAREZ (org.) (1998), *Cartas para Duas Infantas Meninas: Portugal na Correspondência de D. Filipe I para as Suas Filhas (1581-1583)*. Lisboa: Publicações Dom Quixote, 1998.

vindo a adquirir uma configuração plástica, funcional e morfológica idênticas à do terreiro fronteiro ao Real Alcazar de Madrid, o qual assim estava então a ser conformado[270]. Note-se o paralelismo formal, compositivo e de posicionamento morfológico do torreão lisboeta com a Torre Dorada projetada por Juan Bautista de Toledo logo que regressou a Madrid de uma viagem de estudo a Itália. Igual acontecia no que respeitava ao corpo adjacente e central de ambas as fachadas, sendo ainda de considerar o lanço do paço lisboeta que se prolongava ao longo de parte do limite norte do terreno.

A exploração e confirmação destas pistas de investigação excede o presente contexto, remetendo-me, por conseguinte, para um trabalho ainda por desenvolver. No entanto, e para concluir por agora este assunto, é importante aqui citar uma frase de um dos mais recentes trabalhos sobre o Palácio Real de Madrid de então: "Muchos estudiosos del pasado de la Villa [...de Madrid han olvidado...] que lo que el rey [Filipe II] elige no es tanto una ciudad como capital, cuanto un palacio como residencia. Y en ese sentido sí que no hay duda, el palacio madrileño no tenía en aquel momento rival en tierras castellanas."[271] Afinal de contas para Filipe II terá ou não existido a necessidade de uma ou mais capitais? Para o bem e para o mal Lisboa era então uma grande cidade, enquanto Madrid era ainda uma realidade urbana em formação, o que também ajuda a compreender melhor a última das frases da citação.

Esta proposta de comparação entre os Paços Reais filipino de Lisboa e de Madrid leva-me ainda a aqui deixar enunciadas algumas das questões de carácter morfo-tipológico que nos levantam ambos os terreiros, pois surgem-nos como espaços residuais algo informes até na própria origem, segregados em relação ao todo da fluidez viária das malhas urbanas adjacentes, enfim algo encerrados como pátio/logradouro externo destinado ás permanentes exibições do Poder.

---

[270] Veronique Gerard (1984), *De Castillo a palacio. El Álcazar de Madrid en siglo XVI*, Bilbao, Xarait, 1984; Virginia Tovar Martin (1994), "El Palacio Real de Madrid en su entorno" in *El Real Alcazar de Madrid. Dos siglos de Arquitectura y coleccionismo en la Corte de los Reyes de España*, Madrid, Comunidad de Madrid & Nerea, 1994, pp. 60-79

[271] José Manuel BARBEITO Díez (1996), "El Alcázar de Madrid." *Palacios Reales en España: Historia y arquitectura de la magnificiencia*. Madrid: Fundación Argentaria, 1996: 54.

Enfim, foi nesse cenário que se movimentaram os demais reis, vice-reis e governadores espanhóis, os restauradores da Independência e os primeiros Braganças coroados, bem como as respectivas consortes recém chegadas de outras casas reais europeias. Mas foi apenas com João V que se voltaram a verificar alterações de vulto, apesar de tudo pálidas face à fogosidade do desígnio, planeamento e programação urbanísticos daquele monarca. Esse seu empenho tinha como fito dotar Lisboa de uma realidade e imagem urbanas correspondentes à importância portuguesa no concerto das nações de então. É também indispensável aqui recordar como tudo isso teve como principal motivação o desígnio de afirmação da *imparidade* portuguesa no âmbito do universo católico, a qual foi concebida com base na emulação urbanística e simbólica de Roma.

Mas dessa feita a parada foi alto demais e Lisboa acabou vendo adiada a concretização cabal da sua imagem de capital até à inevitabilidade proporcionada pela catástrofe do Terramoto de 1755. De João V não restou qualquer memória honorífica na cidade para a qual chegaram a projetar-se diversas praças do tipo *Place Royale*, isso para além de um *trajânico farol* honorífico a erguer no Tejo frente a Santos[272].

Algo de similar ocorreu com João III cujo reinado foi, essencialmente, um período de longas e transições estruturantes. Nele se deu a lenta passagem da urbanística medieval à urbanística moderna, num processo que só Portugal e Espanha puderam realizar experimentalmente. A rede urbana europeia já então estava estabilizada, sendo rara a oportunidade de criação de novos núcleos urbanos, o que, de todo, não acontecia nos novos territórios das potências ibéricas. Enquanto as demais urbanísticas europeias evoluíam no papel e em pequenos sistemas urbanos, as ibéricas faziam-no em grande escala no terreno extraeuropeu.

À data da subida ao trono de João III, já contava algumas décadas o momento experimental *pré-moderno* que, com matriz e formulação castiças, a arquitetura, a engenharia militar e o urbanismo portugueses viviam na

---

[272] Como logo no início se disse, o desenvolvimento do tema para esta cronologia foi actualizado em Walter Rossa (2000), "A imagem ribeirinha de Lisboa..."

sua globalidade. Faziam-no algo alheados do conhecimento formal das inovações e novos modelos e imagens que, essencialmente vindos de Itália e, em boa medida, por renovado desígnio régio, em breve chegariam.

Essa transformação, cuja data de referência convencional costuma aceitar-se como fixada pela simultaneidade do regresso de Itália de Francisco d'Holanda, e o encontro entre a castiça (ou ingénua) engenharia militar portuguesa e o italiano Benedetto da Ravenna (ocorridas no início e na Primavera de 1541 e ambas convergentes na inovadora experiência da fortificação de Mazagão[273]) resulta, é certo, da curiosidade e necessidade que esse movimento experimental naturalmente acabou por exprimir. Tratava-se não apenas de um processo de aprendizagem e constituição de quadros, mas essencialmente de um apuramento de meios, depois de passados os primeiros anos sobre o final do período mais efetivo dos *descobrimentos*.

É preciso ter presente que, por exemplo, nos cinco anos durante os quais em Coimbra (1536-1541) se definiu e rasgou a Rua da Sofia, Portugal recebeu e instalou a Inquisição, enfrentou os primeiros reveses sérios em Marrocos (queda de Santa Cruz de Cabo Guer e abandono de Safim e Azamor), sofreu na Índia os primeiros sérios embates (primeiro cerco de Diu), se viu a braços com a necessidade de ocupar o Brasil antes que outros dessem curso à usurpação já iniciada (por exemplo, na Baía da Guanabara). Tudo quanto isso exemplifica catalisou uma súbita e algo dramática ascetização e militarização do regime e a territorialização do Império, ou seja, a sua verdadeira entrada no período colonial, mas também na Contra-Reforma e naquilo a que, presunçosa ou caricaturalmente, poderemos considerar ser o seu *período clássico*.

A par com os desenhos e as experiências *in situ* de Francisco d'Holanda[274] chegavam então até nós, impressos, os primeiros manuais e tratados de arquitetura e engenharia militar. No domínio da urbanística tomava-se, quase em simultâneo, conhecimento da síntese produzida

---

[273] Ver os textos de John Bury referenciados na nota 246.

[274] Dos quais se destacam os do conjunto entretanto publicado como Francisco d'HOLANDA (1538-40), *Álbum dos Desenhos das Antiqualhas*, Livros Horizonte, Lisboa, 1989.

por Leon Baptista Alberti (1486) (a ideologização da urbanidade burguesa tardo-medieval com o formalismo e monumentalidade da cidade da Antiguidade) com as propostas desenhadas das *cidades ideais* (castrenses) do Renascimento Italiano[275]. É de facto necessário analisar o pensamento albertiano na diversidade das suas vertentes. Se nos planos puramente éticos e estéticos já em meados da década de 1530 era bem conhecido na Corte eborense, em muito pouco podia já ter contribuído para a evolução do urbanismo português. Nesse plano tudo se passará um pouco mais tarde, quando se passou a assistir a uma mais intensa edição de obras sobre a matéria[276]. E no que diz respeito a realizações, em especial a profundas reformas/reestruturações urbanísticas, só nas últimas décadas de Quinhentos é que elas começaram a ser pensadas e promovidas.

Enfim, assim se comprova como o *modo urbano* do Terreiro do Paço anterior a Filipe II (a expressão imagética da capitalidade imperial lisboeta) não pode dever demasiado a uma cultura urbanística europeia e moderna que, note-se bem, ainda titubeava nas suas diversas origens por entre inovadoras concepções mais específicas da arquitetura que do urbanismo. No auge e imediato declínio da *Era* da Dinastia de Avis

---

[275] Para uma abordagem actual ver a este propósito Donatella Calabi (2001), *La città del primo Rinascimento*. Roma: Laterza. 2001 e Robert TREVISOL (2002), *Sforzinda e dintorni*. Firenze: Alinea Editrice. 2002.

[276] Em 1541, por exemplo, dando cumprimento a uma ordem do rei, Pedro Nunes traduziu para Português o *De Architectura* de Vitrúvio. Também em 1541 pela primeira vez se imprimia em Portugal um tratado de arquitectura, o de Diego de Sagredo (1526), o qual necessitou de uma reedição logo no ano imediato. Ainda nesse mesmo recheado ano, terá chegado a Lisboa na bagagem de Francisco de Holanda o exemplar do *Livro IV* de Sebastiano Serlio (*Regole Generali di Architettura*) oferecido pessoalmente pelo autor, que o havia publicado em Veneza em 1537 e também ali reeditado três anos depois [curiosamente o *Livro III* havia sido editado em Veneza também em 1540. Seguir-se-iam em 1545 os *Livros I e II* em Paris e em 1547 o *Livro V*, também em Paris]. Já o *De Re Aedificatoria* de Leon Baptista Alberti (1486) apenas despertaria o interesse de uma tradução por André de Resende em 1550, também e ainda às ordens de João III. Dois anos volvidos era Isidoro de Almeida quem trabalhava na tradução do entre nós influente e retardante tratado de engenharia militar de Albrecht Dürer (1527). Acrescente-se a tudo isso o facto de, com a importante excepção de Francisco d'Holanda, contrariamente ao que aconteceu em outras áreas da cultura, só após a morte de João III se documentar "a ida além-Alpes de portugueses com fins exclusivos de instrução nas artes, tratando-se muito mais de consequência a mudança de conjuntura estilística do que da sua causa" [Rafael MOREIRA (1983), Arquitectura. *Os Descobrimentos Portugueses e a Europa do Renascimento*, XVII Exposição Europeia de Arte, Ciência e Cultura Lisboa, 1983, vol. Arte Antiga I: 307-308].

(de Manuel I ao Cardeal Henrique) a imagem da capitalidade imperial lisboeta foi tão arcaica quanto o próprio conceito de capital, o que, por certo, se terá oferecido como campo experimental para a sua evolução.

Assim nos quedamos com algumas propostas de respostas para as questões inicialmente formuladas e, essencialmente, com a proposta de uma metodologia para o entendimento da imagem e do papel de reciprocidade entre Lisboa e o Império na passagem da fase da expansão para o período colonial, ou seja, ao longo da profunda mudança estrutural protagonizada pelo monarca cujo cinquentenário natalício hoje aqui se celebra.

4ª PARTE: LISBOA

O ELO EM FALTA: JUVARRA, O SONHO E A REALIDADE DE UM URBANISMO DAS CAPITAIS NA LISBOA SETECENTISTA[277]

resumo

As biografias de Filippo Juvarra referem de forma muito abreviada a sua passagem por Lisboa. Porém a sua presença na capital do império português na primeira metade de 1719 foi de grande produtividade, tendo apenas permanecido oculta por uma conjugação nefasta de factores, entre os quais: o conflito diplomático entre Portugal e a Santa Sé, que

---

[277] Texto publicado como Walter ROSSA (2011), "L'anello mancante: Juvarra, sogno e realtà di un'urbanistica delle capitali nella Lisbona settecentesca." *Filippo Juvarra (1678--1736): architetto dei Savoia, architetto in Europa.* Roma: ed. Paulo Cornaglia, Andrea Merlotti, Contanza Roggero, Elisabeth Kieven e Cristina Ruggero, Campisano Editore. 2 vol.s, vol. 2, 2013: 183-196.

Baseia-se numa série de trabalhos do autor já publicados relativos à evolução urbanística de Lisboa durante o século XVIII, tendo como pedra de toque a reconstrução/ renovação da cidade após o Terramoto de 1 de novembro de 1755. Por isso todos os dados, teses e argumentos contidos nesses textos constituem o suporte fundamental deste. Passo assim a referir os quatro que considero mais importantes, por forma a evitar a sua excessiva menção ao longo do texto, limitando-me a reportar em nota as referências das citações mais diretas: Walter ROSSA (1990), *Além da Baixa: indícios de planeamento urbano na Lisboa Setecentista.* Lisboa: Instituto Português do Património Arquitectónico. 1998; Walter ROSSA (2000), "Lisbon's waterfront image as allegory of baroque urban aesthetics." *Circa 1700: Architecture in Europe and the Americas.* Washington: ed. Henry A. Millon, (Studies in the History of Art, 66) National Gallery of Art. 2005: 160-185 [também publicado em Walter ROSSA (1989-2001), *A urbe e o traço: uma década de estudos sobre o urbanismo português.* Coimbra: Almedina: 2002]; Walter ROSSA (2008), "No 1º Plano." *Lisboa 1758: o plano da Baixa Hoje, catálogo da exposição.* Lisboa: coord. Ana Tostões e Walter Rossa, Câmara Municipal de Lisboa. 2008: 24-81 (último texto desta coletânea); Walter ROSSA, (2008), "Il piano per Lisbona dopo il terremoto del 1755." *Terremoti e ricostruzioni tra XVII e XVIII secolo, atti dei seminari internazionali (Lisbona 10 ottobre 2008, Noto 24 ottobre 2008).* Palermo: Maria Giuffrè e Stefano Piazza (ed.), Edibook Giada. 2012: 87-94.

terá levado ao impedimento do seu regresso para continuar os processos de obra começados; o Terramoto de Lisboa de 1 de novembro de 1755; a *damnatio memorie* que, em parte e por diversas circunstância, caiu sobre o seu mecenas português, o rei João V.

De uma investigação dirigida aos processos de reforma urbanística de Lisboa no século XVIII, que culminou com uma prova académica em 1990 e a sua publicação em 1998, resultou clara a relevância material que teria hoje o trabalho de Juvarra em Lisboa caso os seus projetos tivessem sido concretizados, mas também como o seu contributo foi fundamental para o que foram as reformas então empreendidas e para as opções fundamentais assumidas para a reconstrução de Lisboa após 1755. Esse trabalho foi posteriormente desenvolvido, dando origem a mais algumas publicações, estando hoje consolidado o reconhecimento do papel de Juvarra no urbanismo de Lisboa. Permanece no entanto desconhecido para um público menos especializado e fora de Portugal.

Na realidade a arquitetura portuguesa do período em questão é plena de citações de Juvarra. Exemplo maior é o Palácio Real de Mafra, sendo vários os que ali identificam detalhes seus. Esta obra prima da arquitetura barroca portuguesa, que não é de todo da autoria do mestre siciliano, resulta contudo de diversos contributos (na sua esmagadora maioria indiretos) de artistas formados, como ele, na escola de Carlo Fontana e no círculo da Academia de São Lucas.

O convite feito a Filippo Juvarra para ir a Lisboa em 1719 resultou de um criterioso processo de seleção. O rei e a corte ficaram rendidos, agraciaram-no e despediram-se dele na expectativa de que em breves meses regressaria com equipas de pedreiros qualificados para desenvolver os projetos que deixou, pelos menos um deles em obra. Tal não aconteceu, mas foi o rei português quem década e meia depois o recomendou a Filipe V que o convidaria para em Madrid projetar e dirigir a construção do Palácio Real, o que não correu conforme planeado pois Juvarra morreu pouco tempo depois de ali chegar.

É pois propósito deste texto dissertar sobre o papel desempenhado por Filippo Juvarra no urbanismo de Lisboa e, assim, propor a sua inscrição definitiva na biografia daquele arquiteto messinense com genealogia e currículo ibérico relevantes. E a esse propósito adensar o conhecimento sobre os antecedentes de um dos principais momentos da urbanística portuguesa, o Plano de Lisboa de 1758.

texto

Em Janeiro de 1719 Filippo Juvarra (1678-1736) chegou a Lisboa a convite do rei João V (r. 1707-1750). Permaneceu na corte portuguesa durante cerca de meio ano, tendo partido cheio de distinções régias e com planos de regresso. Como já ficou dito no resumo, razões diversas levaram a que este episódio da vida do arquiteto siciliano de formação romana, mas cuja obra o ligou para sempre a Turim, permanecesse na obscuridade. O facto de, aparentemente, Juvarra não ter deixado obra em Portugal, será a principal justificação. Contudo deixou, sendo porém árduo fazer a prova e, assim, seguir o raciocínio necessário.

Comecemos pelo contexto principal, o qual é o da política régia de reafirmação de Portugal no quadro das nações e casas reais europeias depois do fim da União Ibérica, ou seja, do resgate do Reino de Portugal da monarquia espanhola pelo processo da *Restauração da Independência* desenrolado entre 1640 e 1668. Além das perdas territoriais sofridas pelo 1º Império português durante a governação dos Habsburgos, também o Padroado Régio sofrera perdas consideráveis perante a ação da Congregação para a Propagação da Fé criada em 1622, mas com um antecedente direto em funcionamento irregular desde 1572, a Comissão Cardinalícia de Propaganda Fide.

Em boa medida pode dizer-se que esta agência da Santa Sé foi criada para refrear o domínio religioso autónomo que a coroa portuguesa desenvolvera com a expansão ultramarina, sendo também verdade que, desde cedo e face à sua extensão, aquela não conseguia dar resposta aos desígnios de expansão do catolicismo sobre o mundo aberto ao Ocidente pelos portugueses. É uma questão complexa que aqui só nos interessa pelo facto de, após a Restauração da Independência, a devolução ao Padroado do seu antigo esplendor ter sido a pedra de toque da diplomacia portuguesa. Não terá sido por acaso que a última instância internacional a reconhecer a independência de Portugal foi, em 1669, a Santa Sé.

Além de uma conspícua política de casamentos entre os infantes da Casa de Bragança e os príncipes das principais casas reais europeias, Portugal concentrou grandes esforços e meios junto da corte papal. Muito à maneira da época, a *restauração* do Padroado Português teria de ocorrer não apenas por via documental, mas também simbólica e retórica, pelo que a diplomacia portuguesa se bateu pela obtenção de uma série de reconhecimentos e distinções papais, entre as quais o título de *majestade fidelíssima* para os monarcas portugueses e de *patriarca metropolita* para o arcebispo de Lisboa, bem como a utilização de um conjunto de atributos papais por este, tudo numa óbvia lógica de emulação do Papa pelo titular do catolicismo português. Acresça-se ainda a prerrogativa régia da nomeação dos núncios e a resolução de um problema teológico de fundo, o dos *Ritos Chineses*, matéria à qual, desta feita e compreensivelmente, o Vaticano nunca deu a solução desejada.

É de facto evidente a intenção da coroa portuguesa de promover a ascensão do máximo prelado português (no fundo controlado pelo rei) a um estatuto especial e próximo do do próprio Papa, o que se justificava pela relevância do Padroado, tendo-se chegado a insinuar a secessão de uma igreja portuguesa que, pelo menos em extensão geográfica, era parte muito considerável de todo o catolicismo. A participação determinante de Portugal desde 1716 na armada que no ano seguinte venceria a turca em Matapan, e a entrada oficial e triunfal em Roma do embaixador português naquele mesmo ano, foram o clímax das ações portuguesas dirigidas à concessão papal de um primeiro conjunto desses requisitos. Pressão que se manteria até ao final do reinado, tendo inclusive levado ao corte de relações diplomáticas entre Portugal e Santa Sé de 1728 a 1732.

Ao revés da fama coeva maliciosamente construída, não se tratou de enaltecer ocamente a figura dos monarcas portugueses, mas sim de repor e elevar o prestígio imperial da coroa na sede do catolicismo e da concertação internacional, binómio que, como sabemos, catalisou a dinâmica artística romana, pelo menos desde o Renascimento. A atuação diplomática portuguesa em Roma teve, por isso mesmo, de se desenvolver também pela via das artes, o que gerou um grande fluxo artístico entre Roma e Lisboa.

Nesse âmbito teve papel determinante Rodrigues de Sá Almeida e Meneses (1676-1733), terceiro Marquês de Fontes e primeiro Marquês de Abrantes, cuja cultura geral e artística foram já bem traçadas, tal como a sua sólida formação e desempenho como engenheiro militar e, por extensão, capacidades como arquiteto. O que lhe terá valido para bem cedo se tornar no principal conselheiro artístico, mas também diplomático, de João V, que no final de 1708 o designou embaixador especial e plenipotenciário junto da Santa Sé. Apesar de ainda jovem, era o homem certo para defender e desenvolver em Roma as pretensões áulicas e espirituais da monarquia portuguesa. Note-se, porém, que foi uma tarefa na qual trabalhou arduamente uma equipa, designadamente o embaixador ordinário, André de Melo e Castro (1668-1753), Conde de Galveias[278].

O processo da embaixada de Fontes a Roma foi extraordinariamente lento, o que em grande medida se ficou a dever a uma planificação cuidada, caraterizada por uma extraordinária atenção aos detalhes, como garante de exibição de máxima magnificência. Recordem-se apenas algumas datas: Em Janeiro de 1712 partiu para Roma, onde chegou em maio. Em abril do ano seguinte fez a sua primeira aparição pública, num cortejo de visita ao Papa composto por cento e vinte carruagens. Mas não foi ainda esse o memorável episódio da entrega formal das credenciais já acima referido, o qual ocorreu apenas em 8 de julho de 1716 e constituiu a apoteose da sua embaixada. Em abril de 1718 Abrantes regressou a Lisboa com uma bagagem *especializada*.

---

[278] Sobre a diplomacia portuguesa em Roma neste período ver: G. BORGHINI e S. VASCO (ed.) (1995), *Giovanni V di Portogallo (1707-1750) e la cultura romana del suo tempo*. Roma: Àrgos Edizioni. 1995; Angela DELAFORCE, (2002), *Art and Patronage in Eighteenth-Century Portugal*. Londres: Cambridge University Press. 2002; Eduardo BRASÃO (1937), *D. João V e a Santa Sé. As relações diplomáticas de Portugal com o Governo Pontifício de 1706 e 1750*. Coimbra. 1937; Eduardo BRASÃO (1942), *Subsídios para a história do patriarcado de Lisboa: 1716-1740*. Porto. 1942; Eduardo BRASÃO (1973), *Relações diplomáticas de Portugal com a Santa Sé*. Lisboa. 1973; Eduardo BRASÃO (1938), *Relações externas de Portugal: reinado de D. João V*. Porto. 1938; De BELLEBAT (1709), *Relation du voyage de Monseigneur André de Mello de Castro a la Cour de Rome, en qualité de Envoye Extraordinaire*, Paris, 1709. No texto de 1937 de Eduardo Brasão foram publicadas as disposições do rei para o Marquês de Fontes, bem como outros documentos sobre a sua ação em Roma.

Fontes instalara-se na cidade papal com uma verdadeira corte artística, que ao longo dos seis anos que ali esteve lhe granjeou uma fama e estatuto inusitados. Isso enquanto os cortesãos lisboetas se exasperavam com tantos gastos e demora no cumprimento do que entendiam ser a sua verdadeira missão. É uma matéria conhecida, que tem sido frequentemente revisitada e atualizada por múltiplos autores, essencialmente em obras coletivas, mas também de síntese individual.

Só que a missão de Fontes tinha uma outra componente, uma consequência lógica, que é fundamental para os propósitos deste texto: traçar e desenvolver um plano para a renovação de Lisboa à imagem de Roma, aliás, de uma "nova Roma", conforme então se dizia. Apesar de ser óbvio o papel que o ilustrado embaixador desempenhou, também é claro o quanto nisso estava envolvido o rei. Não era uma ideia meramente retórica, mas de concretização arquitectónica e urbanística, essencialmente no sentido paisagístico-cenográfico do termo, e não tanto em domínios estruturais e infraestruturais.

Não era um projeto secreto ou pessoal, mas desenvolvido no terreno em estreita articulação com a missão diplomática em Roma. Numa carta de 5 de novembro de 1716, o 11º Conde de Redondo, manifestou ao rei a sua opinião em "quam conveniente seria, se fosse possivel, fazer--se nessa Corte a obra, q na de Roma, com tanto applauso executou Domiciano" [279]. Referiu-se ainda ao facto de se aguardar a aprovação papal para a divisão de Lisboa em duas circunscrições eclesiásticas, Lisboa Oriental e Lisboa Ocidental, sendo que na última a capela real seria elevada à dignidade de catedral. A bula papal, *In supremo apostolatus solio*, seria emitida dois dias depois.

Servia a carta para remeter à aprovação do rei o levantamento então feito de toda a cidade e zona envolvente, no qual ia traçada a proposta daquela divisão. Enquanto Lisboa Oriental, a "cidade velha", continuava sediada na velha catedral românica, Lisboa Ocidental, a "nova", teria como centro o palácio e capela reais, situados no lado poente do Terreiro do

---

[279] Biblioteca da Ajuda, 54-XI-38 (2). Publicado em Walter ROSSA, *Além da Baixa...*: 160-161.

Paço. Era um conjunto edificado composto aditivamente desde o início de Quinhentos, com muitos edifícios originalmente erguidos para outros fins. Nele pontuava o torreão erguido sobre o rio por ordem de Filipe II (r.1580-1596) no final desse mesmo século. Fora até então o último esforço concreto para dar a Lisboa o rosto de capitalidade que o seu estatuto de *caput* de um império de escala mundial reclamava[280].

Pese embora essas iniciativas de Filipe II, na sua globalidade e por razões óbvias o período da União Ibérica (1580-1668) e, em consequência, das Guerras da Restauração, acabaram por impedir que em tempo próprio se cumprisse tal aspiração de monumentalização de Lisboa. Daí que pouco tempo depois tenha surgido uma nova tentativa para se alcançar esse objetivo, mais precisamente quando em 1680 se contratou o casamento de Vittorio Amadeo II de Saboia com a primogénita do então regente e futuro rei Pedro II, Isabel Luísa de Bragança. O contrato não seria cumprido, pois as precárias condições de saúde da princesa acabariam por levar a que a sua morte se lhe antecipasse. Contudo o facto de Vittorio Amadeo II ter estado para ser o sucessor de Pedro II, tem, como veremos adiante, alguma relevância para o tema central deste texto. Mas para já importa-nos o seguinte.

Esse contrato foi pretexto para, uma vez mais, se pensar na reforma e ampliação do Palácio da Ribeira. O programa consistiu em colocar à disposição do futuro herdeiro do trono uma residência em Lisboa digna de si. O Palácio da Ribeira encontrava-se num adiantado estado de degradação, ao ponto de o então regente residir no palácio que fora dos Corte Real, situado também sobre o rio, mas a poente[281].

---

[280] Por entre diversos textos, o meu "Lisbon's waterfront image..." referido na nota 277 aborda esta questão. Consulte-se ainda "Capitalidades à Portuguesa...", publicado na *2ª parte* e "Lisboa Quinhentista, o terreiro e o paço..." também aqui inserido.

Já depois do envio para publicação da versão original deste texto, surgiu um estudo aprofundado das intervenções deste período no Paço da Ribeira, o qual deverá merecer a maior atenção de todos quantos pretendam aprofundar e documentar o assunto: Miguel SOROMENHO (2012), "O Paço da Ribeira à medida da Corte: de Filipe I a D. Pedro II." *Do Terreiro do Paço à Praça do Comércio. História de um espaço urbano*. Lisboa: Imprensa Nacional Casa da Moeda. 2012: 37-71.

[281] Este palácio passou a pertencer à Coroa depois da Restauração da Independência, pois o seu proprietário, o Marquês de Castelo Rodrigo, ficou do lado espanhol, ou seja,

No espaço compreendido entre os dois palácios deveria ter sido erguida uma ala de ligação, o que não só se oferece como a solução óbvia para a desejada e necessária ampliação — além do Terreiro do Paço era o único espaço disponível —, como será o programa para outros projetos posteriores, entre os quais e como veremos adiante, o que Juvarra delineou em Roma em 1717 a convite do Marquês de Fontes, ou seja, antes de conhecer Lisboa. Outra alternativa então considerada foi a de reordenar e ocupar parte do Terreiro do Paço, erguendo a nascente do terreiro e segundo uma arquitetura de programa, uma réplica em espelho da ala poente e torreão sobre o rio, bem como uma outra ala a norte, formando o conjunto um "U" aberto ao rio. Como é evidente este partido é o antecedente direto (e até agora desconhecido) do que veio a ser adotado após o Terramoto de 1755, quando o terreiro passou a ser uma praça, a do Comércio[282].

Como prova de tudo isso temos a carta do embaixador espanhol em Lisboa, dirigida em 28 de agosto de 1679 ao seu Conselho de Estado: "depuesto el primer pensamiento de fabricar la dilatada Galeria y nuebo quarto por donde se comunicase con el de los Marqueses de Castelo Rodrigo en que al presente biue el Principe como tambien otra planta que posteriormente se tubo ideada de ensanchar el Palaçio cortando con nuebo edifiçio la mitad de la plaza que llaman el terrero con dos lienzos el uno à mano jzquierda y el otro en frente de su frontispiçio de la propria arquitectura hasta el mar, y leuantar en su remate otra torre en correspondençia de la que mui hermosa mandó leuantar el Señor Rey Don Phelipe Segundo tambien sobre el mar, hauiendo se omitido uno y otro jntento en la consideraçion de la jmportancia de los grandes gastos."[283] O tesouro real estava de facto exaurido e com o falhanço do projeto matrimonial da herdeira da coroa a obra não se realizou.

---

a residir em Madrid. O Palácio Corte Real passou então a ser como que uma extensão do Palácio da Ribeira, frequentemente usado pelos monarcas.

[282] Face à importância deste dado, surgido com a pesquisa feita para a redação deste texto em 2011, introduzi-o na versão revista para esta coletânea de "No 1º Plano "com o qual encerra.

[283] Archivo General de Simancas, Estado, legajo 7056, documento nº 85. Esta informação foi-me prestada por Pedro Cardim, a quem não só dou o crédito, mas também muito agradeço.

Para tornar mais explícitos os propósitos de João V para o complexo arquitetónico palatino da Ribeira, voltemos de novo à carta escrita pelo Conde de Redondo ao rei em 1716. A sua referência ao que Domiciano (g.81-95) fizera no Palatino em Roma como modelo de ação, torna claro como a intensão central desse vasto plano era a renovação desse conjunto. O novo Palácio Real e Patriarcal (designação pela qual o projeto passou a ser conhecido) seria a pedra de toque para a renovação, ou melhor, a construção dessa nova Lisboa cujo modelo, por todas as razões, teria de ser Roma.

No cumprimento desse objetivo, durante a sua estadia em Roma o Marquês de Fontes foi enviando ao rei sugestões de alguns arquitetos, bem como inúmeras descrições dos mais diversos aspetos da cidade papal. Descrições escritas e desenhadas, bem como maquetas. E, como já acima referi, quando regressou a Lisboa mais trouxe consigo. Menos de um ano depois chegava a Lisboa Filippo Juvarra, resultado de uma cuidada seleção, por certo feita por ele e pelo rei.

Todos os arquitetos recrutados em Roma para servir João V, mesmo depois deste episódio e tendo ou não chegado a estar em Lisboa, provieram do ciclo da oficina de Carlo Fontana (1638-1714), o que encontra raízes no facto de desde o reinado anterior aquele mestre romano e arquiteto papal ter sido nomeado arquiteto régio, aliás agraciado com o título de cavaleiro da Ordem Militar de Cristo, a mais alta distinção honorífica portuguesa. Foi, aliás, Fontana o autor da decoração e, em especial, do catafalco armados em setembro de 1707 na Igreja de Santo António dos Portugueses em Roma pela morte do rei Pedro II[284].

---

[284] *Funerale celebrato nella chiesa di Sant'Antonio dei Portoghesi a Roma per la morte del Re di Portogallo. Don Pietro Secondo l'Anno MDCCVII*. Roma, 1707.

Fig. 1: Filippo Juvarra, *Per il funerale del Re di Portogallo Pietro I*, 1707. Biblioteca Nazionale Universitaria di Torino, Inv. Ris. 59/4, fol. 104. Obs. A referência ao rei está obviamente errada, pois trata-se de Pedro II.

A iconografia daquele catafalco (descrevendo a imensidão do império português) revela, de forma inequívoca, o quanto já então se apostava em Roma na recuperação do esplendor de outros tempos e, bem assim, do Padroado. Conhecemo-la por descrição mas também pelo desenho de Juvarra, então assistente de Fontana, que se encontra na Biblioteca Nazionale di Torino (59/4, fol. 104) e que tem como título *Per il funerale del Ré di Portogallo, Piero I*. Foi a primeira conexão (conhecida) entre Juvarra e Portugal.

A morte de Fontana em 1714 criou um vazio na liderança dos arquitetos da Arcádia Romana, o que se refletiu no concurso do ano seguinte para o projeto da nova sacristia de São Pedro. Os discípulos do ciclo de Fontana que ali apresentaram propostas (Juvarra, Tomazo Mattei e Antonio Canevari) de seguida viriam a estar envolvidos no projeto palatino de Lisboa, sendo que Mattei acabaria por nunca a visitar e Canevari (em Lisboa entre 1727-1732) se viu envolvido numa intriga na obra do Aqueduto das Águas Livres, que o levou a regressar precocemente, não sem antes deixar alguma obra em Coimbra e Lisboa.

No ano imediato ao do cumprimento das suas ordens diplomáticas junto do Papa, ou seja, em 1717, o Marquês de Fontes enviou para Lisboa pelo menos dois estudos para o novo palácio e patriarcal, um da autoria de Tomazzo Mattei e outro de Juvarra. Na carta de 22 de junho pela qual o rei respondeu ao seu embaixador sobre a proposta de Mattei, percebe-se como aquela não lhe terá agradado, mas também como pretende que ele regresse a Lisboa para discutir essa matéria, no fundo a execução do passo seguinte do plano. Se sobre a proposta de Mattei nada mais sabemos, da de Juvarra sabemos algo mais, mesmo assim muito pouco.

Pelo testemunho de Vieira Lusitano[285] (um pintor português então a estagiar em Roma), mas essencialmente pela conhecida biografia anónima de Juvarra[286], ficamos a saber que em 1717 Fontes lhe pediu para desenvolver em perspectiva "un modello di sua invenzione" para um novo palácio real e patriarcal em Lisboa. Esse modelo foi passado para um quadro a óleo por Gaspar Van Wittel, irmão do famoso, mas então jovem, pintor Luigi (Vanvitelli), o qual foi enviado para o rei. Seria, por conseguinte, mais uma imagem sugestiva do potencial arquitectónico e cenográfico do arquiteto, do que um projeto propriamente dito. Lamentavelmente não se conhece o quadro e a hipótese de

---

[285] Francisco Vieira de Matos (Vieira LUSITANO) (1780), *O insigne pintor e leal esposo*. Lisboa, 1780.

[286] Pubblicata in Vittorio VIALE (ed.), *Mostra di Filippo Juvarra architetto e scenografo, catalogo dell'esposizione*. Messina, 1966.

identificação colocada por Lavagnino[287] só contribuiu para tornar tudo ainda mais confuso.

Porém é certo que os desenhos de Lisboa da coleção vanviteliana de Caserta[288] são relativos a esse episódio, e por isso mesmo não podem ser da autoria de Juvarra ou de Vanvitelli. Se por um lado representam com bastante certeza aspetos de Lisboa que eles não haviam visitado, por outro têm uma qualidade de traço muito inferior às suas capacidades. Tudo leva a acreditar que foram elementos que lhe foram fornecidos pelo embaixador português, para poder inspirar e enquadrar a proposta de Juvarra de construção de uma nova ala palatina, com a implantação aproximada da que já em 1679 fora projetada para unir os palácios Real da Ribeira e dos Corte Real.

---

[287] Emilio LAVAGNINO (1940), "Gli artisti in Portogallo." *L' opera del genio italiano all'estero*. Roma, 1940.

[288] Palazzo Reale di Caserta, inv. nn. 204, 131. Desenhos publicados por Walter VITZTHUM, "Gaspar van Wittel e Filippo Juvara." *Arte Illustrata*, maio-junho de 1971: 5-9; e por Jörg GARMS, "Luigi Vanvitelli (1700-1773). Studi per vedute di Lisbona." *Giovanni V di Portogallo (1707-1750) e la cultura romana del suo tempo, catalogo dell'esposizione*, Gabriele Borghini e Sandra Vasco (ed.). Roma, 1995: 54-55. Os mesmos desenhos foram ainda reunidos e publicados em Cesare de SETA, *Luigi Vanvitelli*. Napoli, 1998: 179 e Jörg GARMS (ed.), *Disegni di Luigi Vanvitelli nelle collezioni pubbliche di Napoli e Caserta*, Napoli, 1974.

Enquanto Garms sustenta que Luigi Vanvittelli participou no processo como assistente do seu irmão mais velho, Vitzthum afirma que foram "tirados do natural", o que implica que Juvarra, Gaspare ou Luigi Vanvitelli possam ser considerados autores. Mesmo assim Garms levanta a dúvida em torno do facto de Luigi ter então apenas 17 anos.

Fig.2: Filippo Juvarra, *Pensiero para a renovação e ampliação do Palácio Real da Ribeira (Lisboa)*, 1719.
Biblioteca Nazionale Universitaria di Torino, album Ris. 59,6, fol. 31bis–v.

Já depois de ter encerrado a versão inicial deste texto, Giuseppina Raggi publicou um texto[289] no qual identifica num esquisso de Juvarra (publicado por Tommaso Manfredi como sendo de Mafra[290]) o Palácio dos Corte Real[291]. Além do palácio vê-se o ensaio para a inserção de uma igreja a norte, e vislumbra-se uma ala edificada a nascente ao longo do rio, ligando assim ao Palácio da Ribeira. Tudo leva a crer (o caráter de *veduta*, a autoria inequívoca, a coleção a que pertence, etc.) que esse desenho foi feito por Juvarra já em Lisboa ou depois de ali ter estado no primeiro semestre de 1719.

---

[289] Giuseppina RAGGI (2012), "La circolazione delle opere della stamperia De Rossi in Portogallo." *Studio d'Architettura Civile: gli atlanti di architettura moderna e la diffusione dei modelli romani nell'Europa del Settecento*. Roma: ed. Aloisio Antinori, Quasar. 2012: 144-146. Antes a autora teve a amabilidade de me dar a conhecer e discutir o desenho comigo, deferência que aqui quero agradecer.

[290] Tommaso MANFREDI (2011), "«Roma communis patria»: Juvarra and the British." *Roma Britannica. Art Patronage and Cultural Exchange in Eighteenth-Century Rome*, ed. D. Marshall, S. Russel, K. Wolfe. London, 2011: 219, nota 13 e tabua 15.4.

[291] Filippo JUVARRA (1719), *Pensiero para a renovação e ampliação do Palácio Real da Ribeira (Lisboa)*. Turim: Biblioteca Nazionale Universitaria, album Ris. 59,6, fol. 31bis–v.

Esclareça-se então que mais nenhum elemento gráfico do episódio de 1717 em Roma chegou até nós ou, pelo, menos, como tal foi identificado, o mesmo sucedendo com todos os elementos sobre a arquitetura romana enviados para Lisboa, de que a documentação e alguns cronistas dão notícia. A explicação mais óbvia e simples é a de que terão sido destruídos pela catástrofe desencadeada com o Terramoto de 1 de novembro de 1755, a qual incluiu vários abalos, tsunamis e um incêndio que durou seis dias, até porque tudo estaria no paço, um dos locais mais expostos a tudo isso. Haverá por certo outras explicações.

Tudo o que se sabe resulta do que se apura de diversas informações escritas, mesmo assim filtradas, uma vez que a dado momento o assunto passou a ser diplomaticamente sensível, em especial para o Vaticano. Logo em inícios de 1717 o núncio, com alguns indícios de preocupação, informava Roma de que estava em discussão o projeto[292]. Obviamente o crescendo sumptuário da chefia do Padroado avolumava os riscos de secessão do catolicismo português.

Uma das características maiores da obra de Juvarra é a sua força cenográfica, a construção de paisagens edificadas monumentais, urbanas ou não. O que se por um lado invalida a hipótese de projetar para locais onde não tenha estado, terá sido determinante na sua escolha para autor do novo complexo palatino, o que coroaria a estratégia de engrandecimento áulico da monarquia portuguesa pela via da rentabilização política e simbólica do seu Padroado, ou seja, através da modernização da imagem da sua capital.

As antigas ligações à Casa de Saboia terão facilitado as autorizações necessárias para que Juvarra pudesse ter viajado para Lisboa em janeiro de 1719, uma vez que desde 1714 era arquiteto de Vittorio Amadeo II. Foi recebido primorosamente, como uma grande figura, tratamento que se manteve durante a sua estadia e adquiriu especial expressão quando em julho partiu para Turim por um périplo europeu, que primeiro o conduziu a Londres. Além de um chorudo pagamento e de algumas prendas, foi, como Fontana fora, agraciado com a Ordem Militar de

---

[292] Archivum Secretum Vaticanum, Portogallo, Seg. 74, fols 44r.

Cristo, o que não só comprova como o seu desempenho agradou, como se pretendeu que funcionasse como garantia de que, conforme o planeado, regressaria para acompanhar o desenvolvimento dos projetos que deixara gizados e cuja construção se iniciou dois dias antes da sua partida. Mas Juvarra não regressou e os trabalhos acabaram por ser interrompidos *sine die*.

Não terá sido por impedimento do seu patrono sabaudo que esse regresso não se concretizou, pois por carta de 14 de outubro de 1719 declarou ao seu congénere português ter-lhe concedido a necessária autorização[293]. Continuamos à procura da razão para tal, pois as que foram surgindo parecem-me demasiado óbvias e simples. Mas para já há mais notícias sobre o que fez enquanto esteve em Lisboa.

No seu despacho para Roma de 18 de julho de 1719 o núncio (que desde a chegada do arquiteto em janeiro, até setembro foi relatando o que se passava) refere que Juvarra deixou "dele bellissime piante, e disegni magnificentissimi" [294]. Já no seu despacho de 14 de fevereiro tornara claro tratar-se de "una gran chiesa, e Palazzo Patriarcale, unito ad altro Regio di struttura all'uso di Roma"[295]. Mas o biógrafo anónimo de Juvarra foi mais longe declarando que se tratava de "un disegno di tanta magnificenza e beleza da promettere una fabbrica non puré seconda, ma uguale alla gran mole di S. Pietro, degna della grandeza di quel re". Não seria coisa agradável de ouvir em Roma. Sabemos ainda que a obra foi iniciada durante a sua presença em Lisboa e que levou como encargo contratar na Lombardia meio milhar de pedreiros para a executar.

Inicialmente tinha-se em vista a renovação do conjunto palatino da Ribeira, ou seja, estar-se-ia na sequência do que de Roma havia sido enviado. Era essa a opção imediata e tinha entre os apoiantes o próprio Fontes. Contudo algo ou alguém (provavelmente o próprio Juvarra e/

---

[293] Leonarda Masini (1920), *Atti della Società Piemontese di Archeologia e di Belle Arte*. Torino: 1920: vol. IX, fac. 2, 283.

[294] Archivum Secretum Vaticanum, Portogallo, seg. 75, fol. 175r.

[295] Archivum Secretum Vaticanum, Portogallo, seg. 75, fol. 26r.

ou o rei) acabou por decidir encontrar outro local, para o que houve um período em que foram frequentes os passeios do rei e Juvarra de carruagem pelos arredores da cidade, bem como de barco no rio. Como nos relata o biógrafo anónimo "Per trovare un sito adeguato a tanto edifício si durò fatica tre mesi". Os argumentos referidos na documentação referem essencialmente a necessidade de encontrar um local mais desimpedido e salubre, o que se confirma pela escolha feita, na qual, aliás, participaram os médicos e físicos da corte: o topo e encosta de uma colina aberta sobre o rio, área então designada por Buenos Aires, ou seja, bons ares.

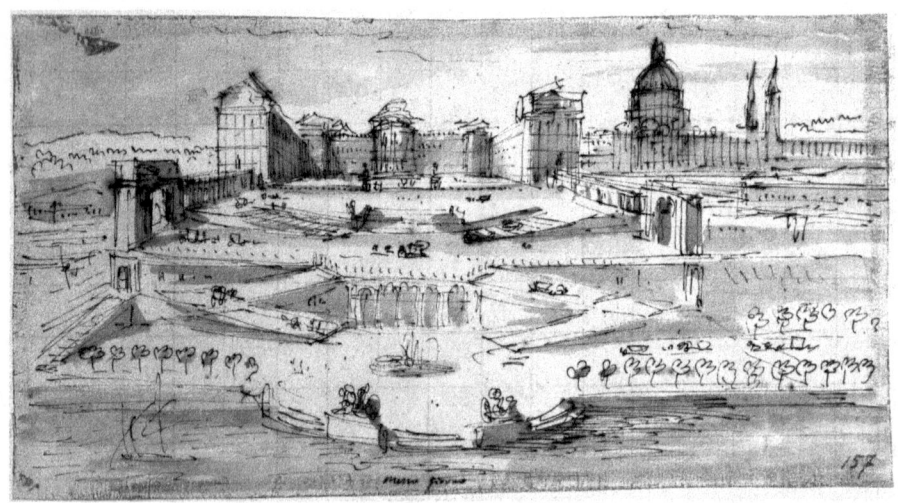

Fig.3: Filippo Juvarra, *Pensiero para o palácio real e patriarcal de Lisboa*, 1719. Museo Civico di Torino, Inv. 1859/DS, vol. I, fl. 97, D157.

Fig. 4: Filippo Juvarra, *Pensiero para o palácio real e patriarcal de Lisboa*, 1719. Museo Civico di Torino, Inv. 1860/ DS, vol. I e fl. 98, D158.

Fig. 5: Filippo Juvarra, *Pensiero para o palácio real e patriarcal de Lisboa*, 1719. Museo Civico di Torino, Inv. 1706/DS, vol. I, fl. 4, D7.

As opiniões dividiram-se, mas foi adoptada a segunda hipótese. Nada do projeto em si chegou até nós. Conhecemos apenas três *pensieri* de Juvarra da coleção do Musei Civico di Torino que devem ser relativos a esta fase do processo e que terá levado na sua bagagem de regresso[296]. Representam um conjunto palatino com igreja desenvolvido sobre uma encosta lançada sobre um rio a sul. Não sou o primeiro a neles encontrar citações de alguns dos projetos que Juvarra tinha então em execução em Turim, bem como também algumas outras citações romanas, como as suas fantasias sobre a Roma Antiga, outras como a cúpula para a patriarcal, talvez de planta centrada, que rivalizaria com a de São Pedro.

Com efeito, numa outra passagem da biografia anónima de Juvarra lemos que o rei "ordinógli che facesse un disegno del palazzo reale, della cheisa patriarcale, del palazzo per il patriarca e della canónica, con questa ingiunzione che quella fabbrica dopo la rinomata gran mole di S. Pietro di Roma, tenesse il primo posto." A encomenda régia não podia ser mais claramente expressa, mas através de mais um despacho do núncio, o de 28 de março de 1719[297], sabemos ainda que incluía "Giardino e Zappada per animali silvestre, si è molto bello e salutifico, sopra la collina cha domina la città e scopre l'entrata del mare sia li due castelli di San Giuliano e del Bugio, e tutta la Bayra fuori".

Fig. 6: Filippo Juvarra, *Pensieri para farol monumental frente à Rocha do Conde de Óbidos* (Lisboa), 1719. Biblioteca Nazionale Universitaria di Torino, Inv. Ris. 59/I, fl.s 22-23 (C. 17 nel disegno)

---

[296] Museo Civico d'Arte Antica e Palazzo Madama di Torino, Inv. 1859/DS, vol. I, foglio 97, disegno 157, Inv. 1860/DS, vol. I, foglio 98, disegno 158 e Inv. 1706/DS, vol. I, foglio 4, disegno 7.

[297] Archivum Secretum Vaticanum, Portogallo, seg. 75, fol. 63r.

É essa a deixa perfeita para um quarto *pensieri* de Juvarra para Lisboa, que tive oportunidade de identificar no acervo da Biblioteca Nazionale Universitaria di Torino[298]. Trata-se do farol monumental que o biógrafo anónimo refere como tendo sido "La prima ordinazione che ricevette fu quella di un disegno per il fanale del porto; per il quale avendo ideato una colonna sullo stile antico ad imitazione di quelle che si vedono in Roma, con l'arme del re in mezzo retta da due fame, ed in cima un gran fanale [...] per imitare le opere degli antichi imperatori". No coroamento teria uma estátua do rei e a meio as armas reais o que, com o seu desenvolvimento vertical, se me afigura como citação óbvia da Coluna de Trajano, mas também não deixa de fora o Farol de Alexandria, na Antiguidade uma das poucas cidades sede de patriarcado. Ao fundo vê-se a silhueta do Palácio da Ribeira.

O monumento-equipamento, que teria como pódio um fortim, situar-se-ia sobre a margem norte do rio, antes do novo conjunto palatino, mas bem depois da Torre de Belém. Ou seja, algo entre Alcântara e Santos, frente à Rocha do Conde de Óbidos (sobre a qual hoje está o Museu Nacional de Arte Antiga) e no sopé do novo complexo palatino. Como já referi, este estava a ser pensado para a área então designada como Buenos (o Boinos) Ayres, compreendendo o que hoje é a Estrela, Alcântara e Santos. Provam-no a toponímia atual, mas também algumas referências coevas, entre as quais desenhos e levantamentos da época, mas também do processo de reconstrução da cidade depois do Terramoto de 1755[299].

Durante a sua estadia em Lisboa Juvarra terá sido solicitado para outros projetos, designadamente para estruturas efémeras, sendo referida

---

[298] Biblioteca Nazionale Universitaria di Torino, Inv. Ris. 59/I, fl.s 22-23 ("C. 17" no *pensieri*).

[299] *Planta dos terrenos de Boinos Ayres*, Arquivo Histórico Militar, PT/AHM/Div.3/47/AH3-1/18439; Francisco António Ferreira, *Mapa topográfico dos Terrenos que medeião entre a Pampulha e a Calçada da Estrela...*, Biblioteca Nacional de Portugal, D101R; José Monteiro de Carvalho, *Planta da Nova Freguezia de N.S^a da Lappa*, Torre do Tombo, Casa Forte 153; Filipe Rodrigues de Oliveira, Manuel Alvares Calheiros, Pedro Gualter da Fonseca, Lourenço José Botelho, Tomás Rodrigues da Costa, *Planta que compreende os terrenos das partes contiguas de Lisboa [...] em 6 de Abril de 1756*, Museu da Cidade (Lisboa), DES 982. Veja-se ainda João Baptista de Castro, *Mapa de Portugal antigo, e Moderno*, Lisboa, (1762)1962, III, 193.

a sua muito provável participação na procissão do Corpus Christi desse ano. No entanto, ao nível da arquitetura portuguesa o seu contributo mais importante foi dado indiretamente, pois parece evidente o quanto nos detalhes a obra de Mafra tem de linguagens e atributos juvarrianos. Notem-se, num só exemplo, as escadas do sector conventual.

O processo de construção do Real Palácio e Convento de Mafra, com antecedentes que remontam a 1712, foi oficialmente iniciado em 1717, sendo que depois do abandono do projeto palatino de Lisboa sofreu um considerável incremento, em meios e programa. A direção geral da obra esteve a cargo de Frederico Ludovice (1670-1752), um alemão que em 1700 chegara a Portugal como ourives, depois de também passar pela oficina de Carlo Fontana. O que se conhece de obra sua com autoria comprovada tem levantado reservas quanto à capacidade para poder ter sido o autor único ou do plano geral de Mafra.

Ludovice foi uma das personalidades consultadas sobre a localização da *régia* de Juvarra para Lisboa, o que torna viável a utilização de alguns dos elementos desse projeto em Mafra, até porque o abandono do primeiro terá disponibilizado recursos e empenhamento no segundo. Na realidade o grau de conexão entre um e outro projeto está ainda por estabelecer. Atente-se, por exemplo, no facto de encontrarmos na direção técnica de alguns aspetos da obra de Mafra pedreiros lombardos como Carlos e António Baptista Garbo. Seriam do contingente que Juvarra ficara de contratar para Lisboa?

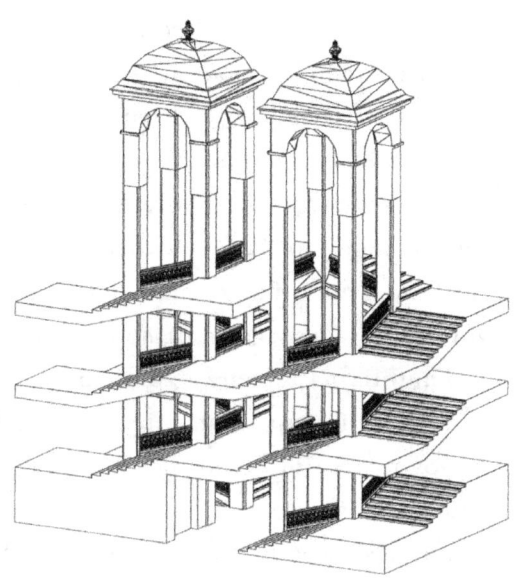

Fig. 7: Pedro Miguel Costa RODRIGUES, *Escada principal da zona conventual do Palácio de Mafra*. Trabalho pedagógico no Departamento de Arquitetura da Universidade de Coimbra, 2002.

Regressando à capital, fixemo-nos agora na influência que Juvarra terá acabado por exercer no seu desenvolvimento urbanístico, por certo o seu legado mais importante a Lisboa. Nisso foi determinante a estreita relação de trabalho que manteve com o engenheiro militar Manuel da Maia (1678-1763). Com efeito foi Maia quem dirigiu o levantamento da cidade e envolvente, que serviu de base à divisão da cidade e ao projeto palatino. De seguida vemo-lo no grupo de personalidades convidadas para dar parecer sobre a localização do complexo. Por último temos também a notícia de ter sido ele quem ficou encarregue de dirigir as obras (essencialmente de movimentação de terras e realização de infraestruturas) até ao regresso do italiano.

Provavelmente Manuel da Maia dirigiu outros trabalhos complementares na cidade, aos quais uma vez mais se refere o núncio, desta vez numa carta de 12 de dezembro de 1719, já depois da partida de Juvarra. "Persisitindo Sua Maesta nell'intenzione della gran Fabrica della Patriarcale, fa prendere varij disegni per aprire per la città lunghe strade, e larghe che conduchino direttamente sino al sito di essa"[300]. Isso aconteceu porque em 1718 Manuel da Maia tinha preparado a proposta de traçado para uma estrada unindo "as cidades de Lisboa Ocidental e Oriental à cidade de Mafra"[301].

Apesar de um cronista[302] quatro décadas depois relatar a abstenção de Juvarra no momento da votação pela localização do novo complexo palatino, é óbvio que a sugestão da opção pela sua construção numa zona de expansão terá sido, em primeira mão, dele. De facto foi uma hipótese que só surgiu com a sua chegada a Lisboa e não nos esqueçamos da sua então recente autoria na terceira expansão de Turim, a qual em 1756 Manuel da Maia referiria expressamente com seguinte expressão: "acrescentar Turim novo a Turim velho, fazendo em hum sítio plano contiguo a Turim, hum aditamento a Turim". O único outro caso a que então também se refere nesse seu texto é o da reconstrução de Londres após o incêndio de 1666[303].

Até ao final do reinado e, particularmente, após a conclusão da régia de Mafra, João V desenvolveu diversas iniciativas na sua capital, como o Aqueduto das Águas Livres (1728), o Palácio e Convento das Necessidades (1742), o núcleo manufatureiro da Fábrica das Sedas ao Rato (1734), uma marginal ao longo do Tejo entre o centro da cidade e o complexo palatino de recreio de Belém (1733), etc. Tudo no espaço rural a poente e noroeste da cidade. Já na década de 1740 e segundo projeto de Frederico Ludovice, teve ainda o ensejo de construir naquela área (mais precisamente onde hoje é o Jardim do Príncipe Real) uma nova Igreja Patriarcal, mas mais uma vez o projeto não teve consequências imediatas.

Entretanto, mais segundo uma sucessão e reformas dirigidas que através de um projeto geral de renovação, Ludovice desenvolveu consideravelmente em programa, conforto e monumentalidade o velho complexo palatino

---

[300] Archivum Secretum Vaticanum, Portogallo, Seg. 75, fols 208v-209.

[301] Manuel da MAIA (1718), *Carta topografica que comprehende todo o terreno desde as cidades de Lisboa Occidental e Oriental té a vila de Mafra, com todos os lugares, q. contem na sua extenção*. Real Academia de la Historia de Madrid, R. 196, Sign. C/Ic2p.

[302] João Baptista de CASTRO (1762), *Mapa de Portugal antigo, e Moderno*, Lisboa: 1962, III, 193.

[303] Manuel da Maia "Dissertação..." *Manuel da Maya e os engenheiros militares portugueses no Terremoto de 1755*, Lisboa, 1910: 33-40.

da Ribeira, de que se destacam a ampliação e renovação da antiga capela real — na prática a Basílica Patriarcal —, as instalações residenciais do cardeal patriarca e uma torre sineira, esta da autoria de António Canevari. Essa orientação foi continuada pelo rei seguinte, José I (r. 1750-1777), destacando-se a construção de um teatro real. Cinco anos após a sua coroação, a catástrofe que se abateu sobre a cidade no dia 1 de novembro de 1755 converteu-se na oportunidade para se concretizar o sonho da renovação de Lisboa. O seu ministro Sebastião José de Carvalho e Melo (1699-1782) [que ficaria para a história com o título de Marquês de Pombal (1769)] percebeu-o e em estreita conjugação com Manuel da Maia assumiu-o e desenvolveu-o.

Manuel da Maia (que foi o mais próximo e prático colaborador português de Filippo Juvarra) apesar de nesta data contar já 77 anos, era o Engenheiro Mor do reino, consagrando-se como o estratega da reconstrução, o urbanista da Lisboa Pombalina, seguido por um magnífico conjunto de executantes como Eugénio dos Santos (1711-1760) e Carlos Mardel (1695-1763). Além do acima descrito, entre outras funções, Maia fora também um dos traçadores do aqueduto, na realidade projetado para abastecer as novas áreas da *nova Lisboa* que, apesar do abandono da construção do Palácio Real e Patriarcal em Buenos Aires, a coroa nunca terá deixado de querer concretizar.

Não só no relatório de apuramento da estratégia para a reconstrução intitulado *Dissertação...*[304], que desenvolveu entre novembro 1755 e abril de 1756, mas também no plano que em maio de 1758 foi promulgado, bem como em toda a legislação de enquadramento e desenvolvimento, é bem claro como está na sua base o debate sobre o desenvolvimento urbanístico de Lisboa espoletado pela visita de Juvarra 36 anos antes. Com o centro destruído, obviamente era no centro que se deveria reconstruir com prioridade. Porém foi decido que o palácio real (que com a mudança do rei já não necessitava de ter o do patriarca e respetiva

---

[304] Manuel da Maia (1755-1756), "Dissertação..." *Manuel da Maya e os engenheiros militares portugueses no Terremoto de 1755.* ed. Christovam Ayres de Magalhães Sepúlveda. Lisboa. 1910.

catedral) deveria erguer-se sensivelmente no local escolhido por João V e Juvarra. No centro, nos edifícios que conformariam a praça aberta ao rio com a estátua equestre do monarca, ficaria o Estado, ou melhor, o Comércio. Foi o recuperar da hipótese colocada em 1679 de que acima se deu notícia. Entretanto o local do palácio permaneceu reservado durante por mais de um século, mesmo depois da construção, também inconclusa, do Palácio Real da Ajuda.

Lisboa tornara-se, finalmente, uma capital moderna, mais para consumo do Império do que a Roma do patriarcado metropolitano régio sobre os oceanos. Isso sobre escombros que integravam não apenas os projetos, mas também consideráveis iniciativas de João V. Algo disso era também espólio de Filippo Juvarra. Como em 1995 escreveu Eduardo Lourenço "Il re Magnanimo fu indubbiamente la maggiore vittima tra tutte quelle causate dal famoso terremoto di Lisbona del 1755" [305]. Pelo contrário, sem aquela catástrofe a ação do messinense em Lisboa não teria surtido qualquer efeito. Contra tudo Filippo Juvarra acabou por regressar.

---

[305] *Giovanni V di Portogallo (1707-1750) e la cultura romana del suo tempo, catalogo dell'esposizione*, ed. Gabriele Borghini e Sandra Vasco. Roma, 1995: 1.

DA FÁBRICA URBANÍSTICA DO BAIRRO DAS ÁGUAS LIVRES[306]

A par da comemoração dos 15 anos da abertura ao público da Fundação Arpad Szenes-Vieira da Silva, celebram-se também os 250 anos do plano que deu origem ao bairro onde se implanta. Com efeito, em 14 de março de 1759 foi promulgado o alvará para a construção do Bairro das Águas Livres (nome com que então era designado o atual Bairro das Amoreiras), do qual para aqui transcrevo o mais significativo e se publica o desenho nele referido:

"Sendome presente, que a nova regularidade ,que fui servido dar á Real Fabrica das Sedas estabelecida no sítio do Ratto, tem de tal modo acrescentado o numero dos bons Fabricantes, que alguns delles, devendo já passar á graduação, e exercicio de Mestres, o não podem conseguir por falta de teares e outros pelo mesmo motivo, trabalhão em Aprendizes depois de estarem habeis para officiáes de tecidos: E tendo consideração à grande utilidade, de que he para estes meus Reino, o augmento destas manufacturas; o qual, com tudo, se não, pode conseguir sem que haja edifícios na vezinhança da mesma Real Fábrica, positivamente construidos com as comodidades propias p.ª este trafico: Sou servido, que no Bairro das Aguas Livres [...] Se edifiquem somente cazas proporcionadas ao uzo dos Teáres de Seda, e á cómoda habitação dos Fabricantes, e das suas famílias na forma da Planta do refferido Bairro, que com este baixa assignada por Sebastião Joseph de Carv.º e Mello, do meu cons.º e Secret.º

---

[306] Texto publicado como Walter ROSSA (2009), "Da fábrica urbanística do Bairro das Águas Livres / About the urban fabric of the Bairro das Águas Livres." *Património e Biografia, Vieira da Silva e o Jardim das Amoreiras, catálogo da exposição*. Lisboa: Fundação Arpad Szenes-Vieira da Silva. 2009: 19-35 e 84-88.

de Estado dos Negócios do Reino: Para a referida construção de Edificios terão preferencia, em todo o caso os Proprietários, ou Foreiros do Solo, e na falta delles poderá edificar qualquer outra Pessoa, [...] Em nenhuma das refferidas moradas de cazas se poderá exceder o alluguel de quarenta e oitp mil rey de renda em cada hum anno, e p.ª os seus arrendam.^{tos} terão sempre preferencia os Artifices das Sedas de matrizes, encorporados na mesma Real Fabrica; sem que m.^{to} menos, possão ser dellas expulsos, nem ainda pelos Proprietários, em q.^{to} não constar, que tem faltado aos pagam.^{tos} devidos: [...]e pelo que pertence á formalidad.^{e} dos Edificios, alinhamento das Ruas, e Situação das Praças q devem haver no refferido Bairro, Servirá de governo a Planta, q mandei fazer pelo Then.^{e} Cor.^{el} Engenh.º Carlos Mardel, a q.^{m} sou servido nomear p.ª Director, e Inspector das referidas obras, e em cuja Caza se farâ publica a demarcação, e Planta do referido terreno. Exceptûo porem da geral liberd.^{e} de edificar em qualquer dos Sitios, que nelle vão comprehendidos, as Ruas, q fazem frente ao Portico, e largo das Aguas Livres, nas quaes tenho ordenado aos Directores da Real Fabrica das Sedas, que fação construîr sessenta moradas de Cazas por conta da mesma Real Fabrica para habitação dos artífices, e estabelecimentos de teares do mesmo genero.[...]"[307]

---

[307] Arquivo Histórico do Ministério das Obras Públicas, Ministério do Reino 7, 1º vol., fl.s 20v-22.

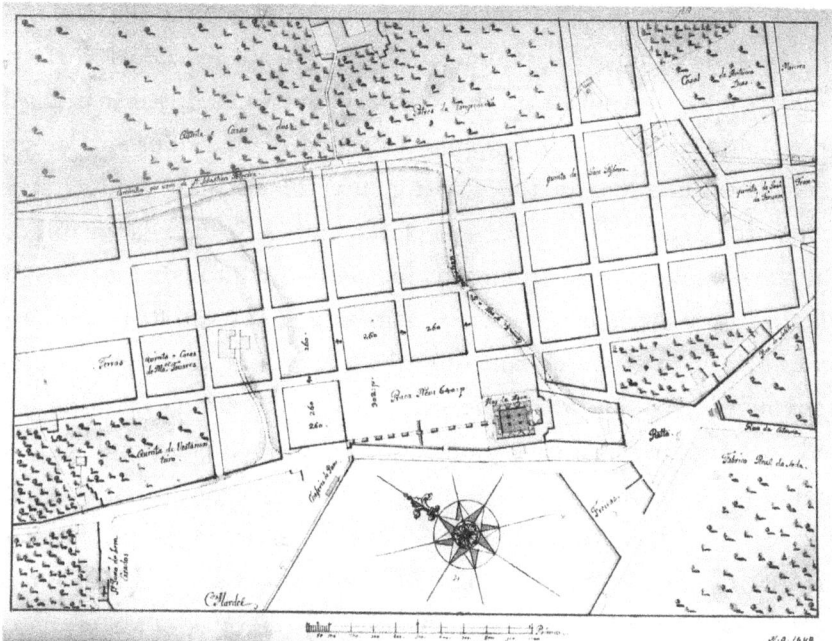

Fig. 1: Carlos MARDEL, *Plano do Bairro das Águas Livres-Amoreiras*, 1759. Museu Nacional de Arte Antiga[308].

A determinação patente nesse alvará foi confirmada num conjunto de três despachos datados de 22 de maio seguinte, pelos quais a direção da Real Fábrica das Sedas foi encarregue da construção das 60 casas com as quais se pretendeu dar início ao processo de urbanização. No fundo, esses quatro documentos (com especial destaque para o último) correspondem àquilo a que hoje, em gíria técnica, chamamos *programa de execução e plano de financiamento*, peça indispensável a qualquer instrumento de gestão territorial, pois nela se demonstra a viabilidade e giza a engenharia económico-financeira da operação planeada. Dado o seu extraordinário interesse para a abordagem em apreço, mas também levando em linha de conta a sua extensão, são publicados em anexo[309].

---

[308] Junto ao documento referenciado na nota anterior existe um outro exemplar deste desenho, bem como do que se lhe segue.

[309] Estes documentos, bem como, com mais desenvolvimento, quase tudo o que neste texto se relata, foram publicados em Walter ROSSA (1990), *Além da Baixa: indícios de pla-*

Menos de um ano antes havia sido publicado o Plano da Baixa, com base no qual se lançou a operação de renovação do centro de Lisboa, catalisada pela destruição produzida pela catástrofe dos primeiros dias de novembro de 1755, o *Terramoto*. Salvaguardada a diferença de escalas, o procedimento é metodologicamente semelhante, sendo que nos documentos acima referidos é até claramente referida a aplicabilidade de algumas medidas e instrumentos legislativos então criados[310]. Não se pode dizer que, material e institucionalmente, a Casa do Risco das Obras Públicas já então estivesse constituída e que, assim, este plano ali fosse desenvolvido, mas não deixa de ser esse o contexto. O facto de o documento acima parcialmente transcrito tornar ainda claro que "pelo que pertence á formalidad.e dos Edificios, alinhamento das Ruas, e Situação das Praças q devem haver no refferido Bairro, Servirá de governo a Planta, q mandei fazer pelo Then.e Cor.el Engenh.º Carlos Mardel, a q.m sou servido nomear p.ª Director, e Inspector das referidas obras, e em cuja Caza se farâ publica a demarcação, e Planta do referido terreno", não o invalida. Sabemos, por exemplo, o quanto a casa de Eugénio dos Santos (1711-1760) serviu como gabinete público, no âmbito das diversas ações que desenvolveu, enquanto arquiteto-engenheiro urbanista, no processo da renovação de Lisboa após o Terramoto.

De facto, se não se pode dizer que a urbanização das Águas Livres integrou a reconstrução de Lisboa depois do Terramoto ou que, sem ele, não teria ocorrido, a verdade é que essa iniciativa, tal como essa reconstrução, é uma ação integrada na profunda reforma urbanística de Lisboa que a governação pombalina então implementava. Ação que, neste caso, surge inscrita no âmbito da reforma do sistema das manufaturas do Reino, o que constitui um bom exemplo do quanto o urbanismo foi um instrumento fundamental, não só de afirmação do poder, como

---

neamento urbano na Lisboa Setecentista. Lisboa: IPPAR. 1998. Tal facto liberta-me de aqui inserir um pesado aparato de referenciação dos dados carreados e afirmações produzidas.

[310] Por ocasião da efeméride dos 250 anos, a Câmara Municipal de Lisboa promoveu a realização de uma exposição na qual, para além da revisita ao acervo de desenhos, se actualizaram os conhecimentos sobre o processo. De tudo isso dá conta o catálogo: Ana TOSTÕES e Walter ROSSA (coord.) (2008), *Lisboa 1758: o plano da Baixa Hoje*. Lisboa: Câmara Municipal de Lisboa. 2008.

também da consubstanciação do pragmatismo iluminista que regeu o vasto impulso reformista pombalino. Vejamos, de forma sinóptica, o essencial do seu contexto.

Com alguns antecedentes peculiares, uma atividade manufactureira imberbe e quase inconsequente, e como corolário de um longo processo de solicitações, em 13 de fevereiro de 1734 João V acolheu, finalmente, a intenção de um técnico e investidor francês, Robert Godin, de instalar em Lisboa uma unidade de produção de tecidos, especialmente sedas. Após ter apresentado e reunido, numa sociedade constituída em 5 de outubro, um conjunto de investidores, em 13 de dezembro daquele mesmo ano Godin recebeu finalmente o alvará régio com a autorização e um conjunto alargado de privilégios, de entre os quais avultava o monopólio, para além das pequenas (ou insignificantes) unidades de produção já existentes. Embora com prazos de vigência diversa, no seu todo os privilégios esgotavam-se decorridos 22 anos, ou seja, no final de 1756. Privilégio foi também a autorização para o uso do brasão e do título "real".

À instalação provisória da Real Fábrica das Sedas na Fonte Santa, sucedeu a instalação definitiva em edifício erguido para o efeito ao Rato, mais precisamente no lado poente do extremo norte da atual Rua da Escola Politécnica. O edifício, da autoria de Carlos Mardel e concluído em 1741, ainda hoje ali está com óbvias adulterações que, contudo, não prejudicam a sua leitura geral. O mesmo sucede nas imediações com um conjunto de casas então erguidas para os principais artífices, designadamente as que conformam a frente sul do Largo do Rato. Na obra para a fábrica despendeu-se mais de metade do capital da sociedade, o que desde logo originou conflitos e dificuldades de tesouraria. Tudo leva a crer que o principal mentor da fábrica, Godin, fora avesso à solução. Também Sebastião José de Carvalho e Melo (1699-1782), futuro Marquês de Pombal e então embaixador em Londres, criticou essa opção, informando como em Inglaterra, então à beira da Revolução Industrial, se encaravam os requisitos dos edifícios para a indústria[311].

---

[311] "Carta de 24 de setembro de 1741 a Marco António de Azevedo Coutinho" [Secretário de Estado dos Negócios Estrangeiros e da Guerra], publicada por José Barreto em Sebastião

O malogro económico foi, de facto, a sina da Real Fábrica das Sedas na sua fase privada. A situação de insolvência declarada em finais de 1749, ditou a sua expropriação e integração nos próprios da Coroa. As medidas então adoptadas melhoraram a situação, mas sem sustentabilidade e com imensos conflitos entre a administração e os trabalhadores. Por alvará de 6 de agosto de 1757, o futuro Marquês de Pombal integrou a manufactura na tutela da recém criada Junta do Comércio (um ancestral do atual Ministério da Economia), o que implicou uma profunda alteração no seu estatuto e propósitos. Aos conhecimentos que por outras formas reunira e personalizara na sua carreira como diplomata, o Secretário de Estado associava o contato direto com a realidade industrial inglesa e com o movimento manufatureiro ainda de cariz mercantilista do Império Austro-Húngaro.

Mantendo e desenvolvendo o seu objectivo inicial de produção têxtil, a Real Fábrica das Sedas passou então a integrar outra produção manufactureira, incluindo unidades espalhadas pelo país, algumas das quais também então reabilitadas ou criadas. Mas o essencial estava ali, ao Rato. Era aquilo que o Marquês de Pombal veio frequentemente a designar como Real Colégio das Manufacturas do Rato, assunto verdadeiramente apaixonante pois integrou na zona a produção de tinturaria e calandragem, cutelaria, pentes, caixas de papelão, vernizes, relógios, limas, botões, louça, fundição, etc. Assim nasceu em 1768 a famosa Fábrica de Loiça do Rato. No final da governação pombalina trabalhavam nestas unidades de produção quase 3.600 pessoas[312].

José de Carvalho e Mello, *Escritos Económicos de Londres (1741-1742)*, Biblioteca Nacional, Lisboa 1986: pp. 127.

[312] Estes aspectos, bem como outros relativos ao evoluir do processo, à vivência e transformações urbanas ao longo destes dois séculos e meio, não podiam caber nos propósitos e espaço deste texto. Encontram-se, contudo, bem relatados em inúmeras publicações, das quais aqui registo as mais antigas: Gustavo de Matos SEQUEIRA (1916), *Depois do Terramoto. Subsídios para a história dos Bairros Ocidentais de Lisboa*. Lisboa: Academia das Ciências de Lisboa. 4 vol.s, 1916; José Acúrcio das NEVES (1821), *Memória sobre alguns acontecimentos mais notáveis da Administração da Real Fábrica das Sedas desde o ano de 1810 e sobre os meios do seu restabelecimento*. Lisboa: 1821; e José Acúrcio das NEVES (1827), *Noções Históricas, Económicas e Administrativas sobre a produção e manufacturas de sedas em Portugal e particularmente sobre a Real Fábrica do Subúrbio do Rato e suas anexas*. Lisboa: 1827.

Contudo para o propósito deste texto é mais importante noticiar a reabilitação de Robert Godin e a adopção do modelo de produção que o industrial formulou e apresentou em petição dirigida ao rei (anexo V). Nele Godin defendia a produção manufactureira em pequenas unidades confundidas com a habitação dos artífices, enquadradas por uma estrutura geral que financiasse a instalação doméstico-manufatureira, fornecesse as matérias primas e fiscalizasse, recepcionasse e comercializasse a produção.

A fábrica que saiu dos estatutos e regimento de 1757 deixou de ter "artífices" e passou a ter "fabricantes". Cada mestre poderia ter até quatro teares e outros tantos aprendizes, que depois se autonomizariam aumentando exponencialmente a produção. Previu-se a criação de um montepio, não só para assistência aos fabricantes, mas também para a sua atualização e reciclagem. O financiamento concedido para a instalação dos fabricantes era amortizado à razão de 20% sobre o valor da respectiva produção. Não era, pois, utópico pensar que com um impulso inicial de 60 unidades de produção-habitação, a renovada Fábrica das Sedas pudesse dar origem a um novo, ordenado e extenso bairro de Lisboa. Onde?

Em trabalhos anteriores tornei bem claro o quanto e o como a escolha do sítio do Rato para a instalação da primitiva Fábrica das Sedas por volta de 1740, não fora ao acaso[313]. No meio de tudo avulta o facto de estar então em implantação nas proximidades o conjunto de entrada na cidade do novo sistema de abastecimento de água, a Obra das Águas Livres, iniciada em 1728. A implantação da respectiva Mãe de Água, bem como a monumentalidade de todo o conjunto final em que se integra e a que dá o tom, ditava a modernidade da zona e o seu potencial urbanístico como nova porta da cidade, materializada no próprio arco monumental sobre a rua que, do Rato, já então subia a Campolide, a atual Rua das

---

[313] Além do livro referido na nota 309: Walter ROSSA (1994), "Episódios da evolução urbana de Lisboa entre a Restauração e as Invasões Francesas." *Rassegna*. Bologna: Editrice CIPIA. n°59, vol. XVI, setembro/1994: 28-43; Walter ROSSA (2000), "Lisbon's waterfront image as allegory of baroque urban aesthetics." *Circa 1700: Architecture in Europe and the Americas*. Washington: ed. Henry A. Millon, (Studies in the History of Art, 66) National Gallery of Art. 2005: 160-185, publicado em português como "A imagem ribeirinha de Lisboa: alegoria de uma estética urbana barroca e instrumento de propaganda para o Império." *A urbe e o traço: uma década de estudos sobre o urbanismo português*. Coimbra: Almedina. 2002: 86-121.

Amoreiras. Estabeleci também a relação que essa obra e a sua implantação tinham com uma ideia de renovação urbanística de Lisboa por ensanche da cidade para ocidente, área por urbanizar para a qual a nova infraestrutura estava vocacionada e direcionada em detrimento do velho centro urbano. Foi este um desígnio que atravessou todo o reinado de João V e do qual as principais concretizações desapareceram com o Terramoto.

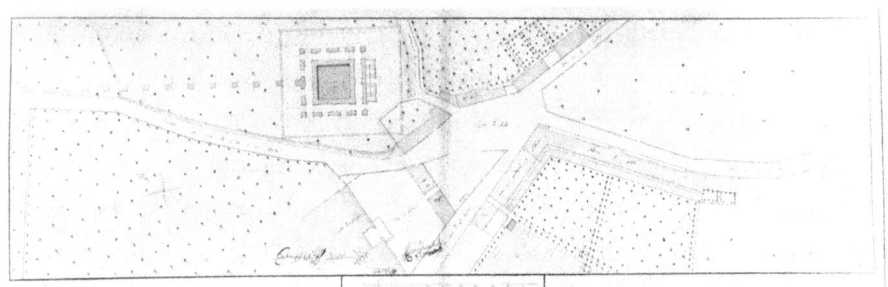

Fig. 2: Carlos MARDEL, *Versão inicial para a implantação da Mãe de Água*, c. 1740. Museu da Cidade de Lisboa, 475.

À imagem de outras encruzilhadas da periferia, a par com a obra da Mãe de Água e Arco das Amoreiras, o Largo do Rato recebeu então um arranjo urbanístico centrado no novo chafariz integrado na rede das Águas Livres. Mesmo do ponto de vista estrito do desenho urbano, a implantação da fábrica não ficou indiferente a tudo isso, sendo aliás todos esses projetos da mão de um só arquiteto, Carlos Mardel (1695-1763). Se já então contava com algumas construções, designadamente o convento das Trinas, só então o Largo do Rato adquiriu fácies urbano. A montante desenvolviam-se algumas quintas, as quais viriam a ser ocupadas de forma provisória após o Terramoto, não apenas pela sua disponibilidade, mas essencialmente por esta área ter sido, dentro do perímetro urbano definido para a cidade, uma das que menos foi afectada.

A principal daquelas unidades fundiárias era a Quinta do Vale do Pereiro, dos padres da Congregação do Oratório de São Filipe Nery. A respectiva casa é ainda bem visível na cartografia urbana da zona anterior à implementação dos planos de extensão das últimas décadas de Oitocentos. Tal como na morfologia urbana atual é também ainda muito claro, e muito curioso, como o próprio Plano do Bairro das Águas Livres incorporou no seu quarteirão mais a sudeste um pequeno e anárquico conjunto de edifícios, provavelmente resultantes da já acima referida ocupação de emergência pós-Terramoto, o que deu origem a uma série de medidas visando impedir a consolidação dessa ocupação sem planeamento prévio.

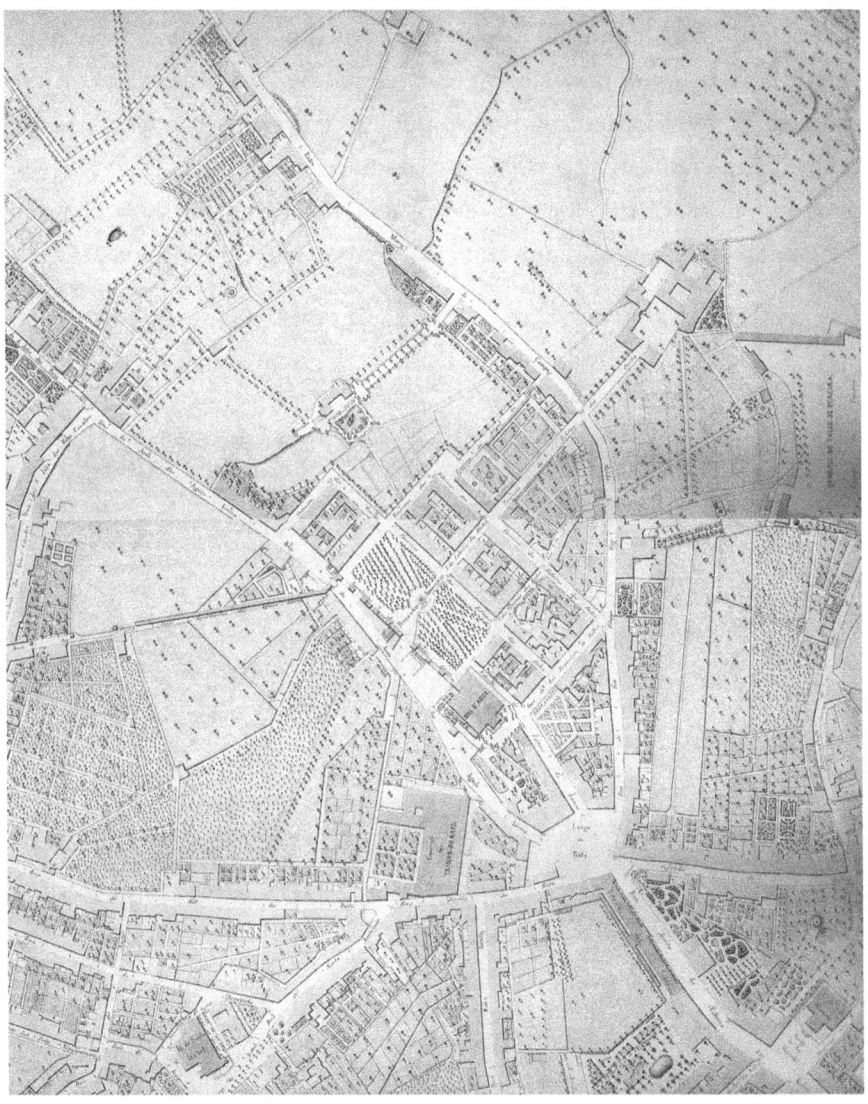

Fig. 3: Filipe FOLQUE (dir.), *Atlas da Carta Topographica de Lisboa*. Lisboa 1856-1858: fol.s 18 e 26 (montagem).
Arquivo Municipal de Lisboa.

Já antes do Terramoto os oratorianos haviam iniciado o aproveitamento imobiliário da sua propriedade, para o que abriram a rua que, partindo do Largo do Rato, ainda hoje detém o seu nome. Também a atual Rua das Amoreiras cedo se viu ladeada de casas até ao Largo de Campolide, a plataforma em culminava a sua subida. Pelas ruas de São Bento, da Cotovia (hoje Escola Politécnica) e do Salitre, já a urbanização se vinha estendendo do centro da cidade em direção ao Rato. Após o Terramoto, dentro do limite urbano definido pela Linha Fundamental de Fortificação, foi proibida qualquer construção antes de serem publicados planos que a ordenassem. Sob formas meramente especulativas e segundo grandes escalas, esse planeamento foi desenvolvido a par com o plano da reconstrução da Baixa, sendo os desenhos-plano mais significativos, precisamente, de 1756 e 1757[314].

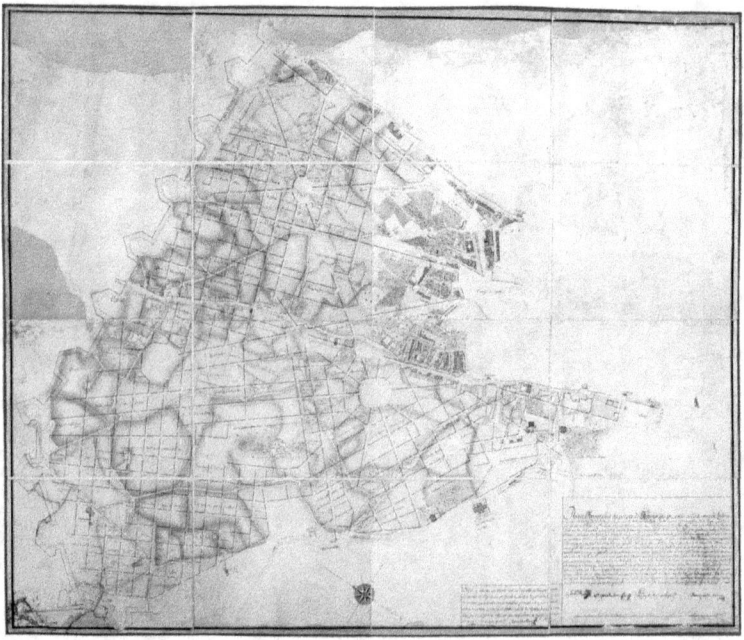

Fig. 4: Carlos MARDEL, Eugénio dos SANTOS, Elias Sebastião POPPE e Carlos ANDREIS, "*Planta da topográphica da porção do Terreno que jaz entre os Extremos de Lisboa edificada, e alinhamento da sua Fortificação...*", 1757. Museu da Cidade de Lisboa, 981.

---

[314] Um é o que aqui se reproduz, o outro de Filipe Rodrigues de Oliveira, Manuel Alvares Calheiros, Pedro Gualter da Fonseca, Lourenço José Botelho, Tomás Rodrigues da Costa, *Planta que compreende os terrenos das partes contiguas de Lisboa desde...*, 1756. Museu da Cidade (Lisboa), DES. 982.

Um outro facto que não pode ser ignorado é o da decisão relativa à implantação do novo Palácio Real em São João dos Bem Cazados, cujo alvará foi promulgado em 2 de julho de 1759, ou seja, escassos meses depois da implementação do novo bairro fabril. A delimitação dos terrenos a ele afectos ao primeiro não pôde deixar de ter em conta o segundo. Coincidindo no tempo e sendo contíguos/complementares no espaço, uma e outra urbanizações não podem ser consideradas isoladamente, fora de um mesmo contexto e desígnio de planeamento. A Igreja Patriarcal estava para ser erguida relativamente perto, no espaço hoje ocupado pelo Jardim do Príncipe Real. Ainda que em madeira, vincando o seu carácter provisório, tratava-se de um edifício com alguma sumptuosidade e aparato.

A verdade é que as opções fundamentais para a implantação dos elementos da Obra das Águas Livres, das quais o Engenheiro-Mor do Reino Manuel da Maia (1678-1763) já então (obviamente com patente e cargo inferiores) fora o principal estratega, estavam finalmente a produzir os seus efeitos. Resultavam, aliás, do desígnio geral do reinado anterior acima referido, de expansão da cidade para Ocidente. A situação em plataforma desafogada e virada a sul, conjugada com o enquadramento criado pelo tramo final do aqueduto — a dezena de arcos compreendidos entre o arco monumental sobre a Rua das Amoreiras e a Mãe de Água, o "pórtico" de que falam os documentos aqui transcritos — tornavam irresistível o seu aproveitamento enquanto elemento enquadrador de uma nova praça, a Praça das Águas Livres hoje Jardim das Amoreiras.

Na primavera de 1759, quando ainda se procedia a demolições, aterros, avaliações, escambos, alinhamentos e outras operações preparatórias na Baixa, iniciava-se de forma célere a urbanização do novo bairro destinado a albergar as oficinas-residências dos oficiais, aprendizes e respectivas famílias da renovada Real Fábrica das Sedas. A sede mantinha-se no edifício do Rato.

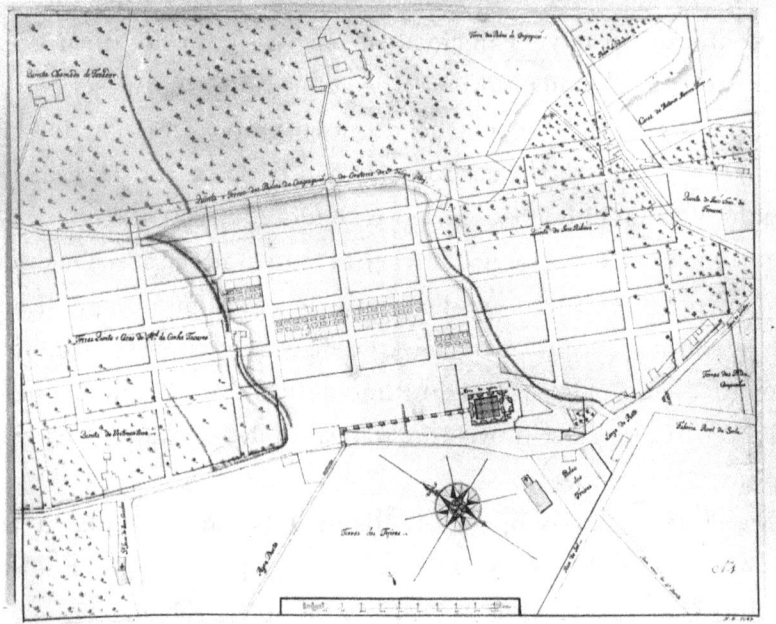

Fig. 5: Reinaldo Manuel dos SANTOS (atrib.), *Plano do Bairro das Águas Livres-Amoreiras*, 1759. Museu Nacional de Arte Antiga.
É uma versão alternativa ao da Fig. 1.

O desenho de implantação subscrito por Carlos Mardel que acima se reproduz, teve uma alternativa de autoria desconhecida que também aqui importa publicar. Não há grandes diferenças estruturais, mas tão só a composição dos quarteirões segundo uma retícula e não em quadrícula, conforme foi opção final. Contudo a integração no local e a conjugação com os elementos do aqueduto é bem menos conseguida. Curiosamente, a célula base, os lotes, são idênticos entre ambos os desenhos, ou seja, o tradicional lote estreito e comprido que conforma a esmagadora dos núcleos urbanos europeus, já desenvolvido pela *escola portuguesa* numa versão próxima do seu expoente máximo: o adoptado em Vila Real de Santo António cerca de década e meia depois.

Esse lote estreito e comprido, com casa à frente e logradouro privado (quintal?) atrás, dita uma estruturação e direccionamento da malha urbana segundo um esquema hierarquizado de ruas e travessas que, mesmo quando, como no caso em apreço, se opta pela quadrícula e uma secção de via uniforme de 40 palmos, não deixa de se manifestar na vivência e na própria toponímia. De facto, a quadrícula do Bairro das Águas Livres, que tem ruas e travessas segundo esse princípio, inicialmente tinha as casas apenas viradas para as ruas e a ilharga dos quarteirões dava para as travessas.

Um dos aspetos mais importantes revelados por ambos os desenhos é o partido aberto, extensivo, do plano. Ou seja, definia-se uma faixa sensivelmente sudeste-noroeste segundo a qual se implantava a respectiva malha a partir do Largo do Rato, com o estabelecimento de uma praça frente ao último tramo de arcos do aqueduto. mas deixava-se o limite norte por demarcar. No fundo, se tudo tivesse corrido de acordo com o desígnio inicial, expresso nos anexos I a IV, o bairro dos fabricantes da Fábrica das Sedas ter-se-ia estendido até Campolide, quiçá até à Linha Fundamental de Fortificação que definia o limite o urbano de Lisboa. E, com tudo isso, veja-se a importância deste plano, não apenas raro para a época, mas também inovador em muitas das suas propostas e partido programático.

A ordem de serviço dada a Carlos Mardel incluía, como já acima se viu, a definição da arquitetura dos edifícios. No contexto das realizações urbanísticas de iniciativa régia de então, a articulação/integração perfeita entre urbanismo e arquitetura tornara-se, um preceito comum. Na gíria chamamos a isso, ou melhor, à regularidade e repetição modular que daí resulta, *arquitetura de programa*. No Bairro das Águas Livres a arquitetura de programa é, digamos assim, despojada, mas erudita. Tem paralelos nas demais realizações da Casa do Risco, desde a Baixa-Chiado de Lisboa a Vila Real de Santo António, passando por instalações de recreio da Corte como a Quinta Real do Pinheiro (Alcácer do Sal) ou os então novos anexos do Paço de Salvaterra (casas ainda existentes na praça). Tem ainda claros antecedentes, já de difícil leitura, nas próprias casas para artífices da Fábrica das Sedas na sua fase privada, bem como no edifício fabril em si, erguidos na década de 1740, no Largo do Rato. Com exceção para a nova urbe algarvia, tudo quanto acabo de listar foi projetado por Carlos Mardel.

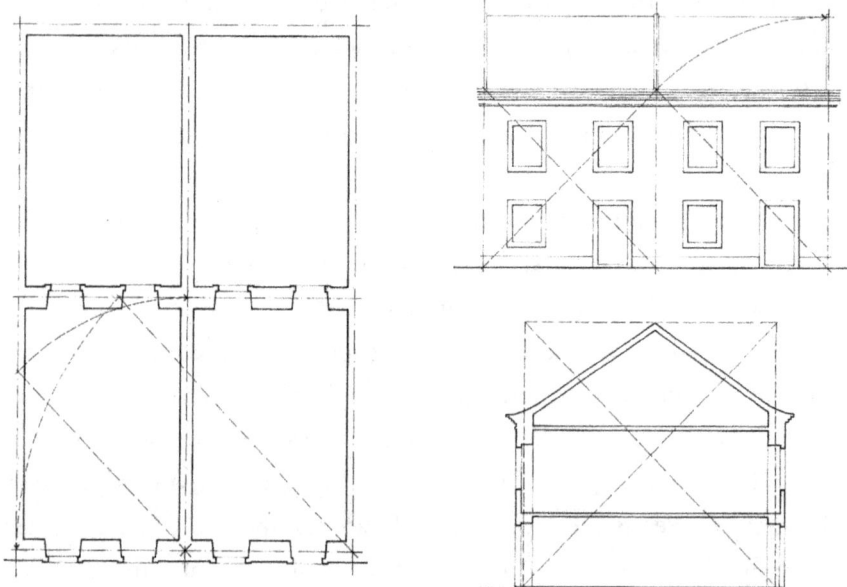

Fig. 6: Princípios compositivos do edificado nos lotes do Bairro das Águas Livres.

É uma arquitetura cuja composição baseada no quadrado e na sua diagonal rebatida (proporção $\sqrt{2}$) surge manipulada de forma rigorosa, dando origem, por exemplo, a sequências modelares das peças que guarnecem os vãos. Estes, aliás, apresentam uma proporção e dimensionamento até então inusitado na arquitetura portuguesa, em especial em edifícios de arquitetura civil fora de programas palacianos. Com efeito, habituámo-nos tanto às proporções da arquitetura saída do reformismo pombalino (não só na Baixa de Lisboa, mas também no Porto, em Coimbra e noutras zonas do país), que não nos apercebemos da profunda alteração proporcional e dimensional que veiculou. Para disso podermos fazer uma melhor ideia, compare-se com a arquitetura que então ainda se fez em ações privadas ilegais, como a urbanização das Trinas (a comunidade de freiras do Convento de Nossa Senhora da Soledade da Ordem da Santíssima Trindade) que deu origem ao atual núcleo central do Bairro da Madragoa[315].

---

[315] Este caso é tratado com todo o detalhe em José Sarmento de MATOS (1994), *Uma Casa na Lapa*. Lisboa: Fundação Luso-Americana e Quetzal Editores. 1994.

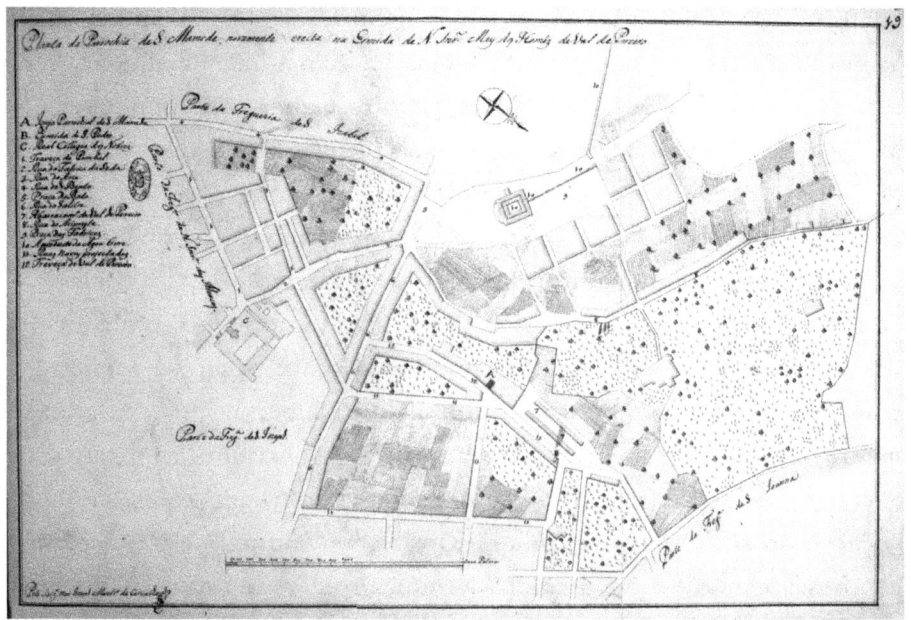

Fig. 7: José Monteiro de CARVALHO, "Planta da Parochia de S. Mamede...",
Livro de plantas e descrições das Freguesias de Lisboa após a reforma paroquial de 1770. Torre do Tombo, Caixa Forte 153.

As casas erguidas nos lotes do Bairro das Águas Livres (prontas em 1769) compunham edifícios paralelepipédicos com cobertura de quatro águas que constituíam a frente de quarteirão para cada uma das ruas. Os topos eram cegos para as travessas. Um fogo-oficina ocupava dois módulos ou vãos, ou seja, uma porta e uma janela em cada um dos dois pisos. No piso de baixo, e com extensão para o logradouro privado, funcionava a oficina. No piso superior estava a habitação. Nada indicia o aproveitamento do desvão do telhado. Os interiores e cómodos eram extraordinariamente modestos e acanhados, mas bem ventilados e iluminados por amplas janelas com caixilhos com abertura em guilhotina, ao que parece então uma novidade em Portugal. Até no desenho dos caixilhos o sistema de composição modular se verificava. Os cunhais dos edifícios foram guarnecidos com blocos de lioz, que também contribuíram para o fecho estático do contínuo edificado.

Exprimo-me no passado porque a dinâmica urbana, a centralização da zona em relação ao todo urbano, a alteração radical dos padrões de conforto e higiene e, essencialmente, o menosprezo a que habitualmente as instituições responsáveis pela salvaguarda do património cultural votam este tipo de realizações, ditas de *arquitetura menor*, tornaram inevitável a considerável adulteração das quase seis dezenas de unidades erguidas. Mais grave é que parte considerável dessa adulteração tenha ocorrido já após a identificação e estudo do conjunto há cerca de duas décadas atrás. Mas nem tudo quanto transformou adulterou.

Em 1771 o próprio Marquês de Pombal plantou na praça a primeira das 331 amoreiras que até 1863 sombrearam o espaço, sucedendo-lhe então o jardim romântico que hoje ali usufruímos e que, paradoxalmente, adoptou a designação das árvores que destruiu. A iniciativa do Secretário de Estado de José I foi uma medida obviamente integrada na vocação do sítio. Na sua quinta de Oeiras também promovera a plantação dessa espécie fundamental à produção de seda natural. Três anos antes da pragmática arborização da praça, ficara concluída a ermida de Nossa Senhora de Monserrate, implantada sob o pórtico do aqueduto, a eixo da nova praça templo que, embora não tivesse sido previsto desde o início, acabaria por surgir face ao peso da colónia catalã na comunidade fabril.

Alguns dos edifícios acolheram unidades fabris, o que influenciou a toponímia e fez com que gradualmente as pessoas identificassem a Fábrica das Sedas naquele local e não no edifício sede original. Disso é emblemática a fotografia da metade de um edifício virado para a praça, por integrar no reboco do seu alçado um longo letreiro onde se lia "FÁBRICA DE TECIDOS DE SEDA". Arquitetonicamente este meio edifício surge ainda íntegro, com exceção para o soco pintado numa cor mais escura. Note-se o ritmo dos vãos, as guarnições, o desenho dos caixilhos. Degradou-se, mas felizmente foi comprado para nele se instalar a Fundação Arpad Szenes-Vieira da Silva. Na reabilitação era inevitável que o interior sofresse uma reestruturação profunda. O que, aliás, não afeta o valor patrimonial específico do edifício, o qual reside essencialmente a sua dimensão urbanística. Para tal a reabilitação do alçado deveria ter sido mais criteriosa. Mas são apenas 15 anos dos 250 do bairro.

Fig. 8: J. BENOLIEL, *Edifício na Praça das Águas Livres*, c. 1910. Arquivo Fotográfico da Câmara Municipal de Lisboa

Anexo I

"Por Decreto de que baixa a Copia, fui servido mandar publicar o plano de hum Bairro na vezinhança da Real Fabrica das Sedas, para habitação dos Fabricantes, e estabelecimento de Teares do mesmo genero; e porque serâ justo, e necessario, que se de exemplo â edificação do referido Bairro, fundandose nelle por conta mesma Real Fabrica as primeiras moradas, que tambem farão mais perceptivel a ideya da Planta: Sou servido, que nas Ruas que fazem frente ao Portico, e Largo das Aguas Livres se mandem levantas secenta Edificios na forma do referido Plano, e da Planta das mesmas Ruas, que com este baixa assignada por Sebastião de Carvalho e Mello do meu Conselho e Secret.º de Estado dos Neg.ᵒˢ do Rei.º fazendose a despeza pelo Cofre da mesma Real Fabrica, a que ficão pertencendo os novos Edificios, co seu rendimento.

Para a administração da refferida Obra nomeyo os Directores da Real Fabrica das Sedas, os quaes terão Livre, e independ.^{e} disposição, quanto á formalidade do ajuste com os Empreiteiros, e sendolhe necessario fazer demolir alguns Edificios, ou desimpedir o refferido terreno, poderão recorrer ao Dez.^{or} Pedro Gonçalves Cord.º Pr.ª, q serve de Reg.^{or} na forma do refferido Decreto. A Mesa da Direcção da Real Fabrica das Sedas o faça assim executar com a brevid.^{e} possível. N.ª S.ª da Ajuda a 14 de M.ço de 1759. Com a Rubrica de S. Mag.$^{e"}$ ^{316}

Anexo II

"Por Decreto da data deste fui servido ordenar aos Directores da Real Fabrica das Sedas, que fação edificar por conta da mesma Real Fabrica, sessenta moradas de cazas, apropriadas p.ª as acomodaçoens de Teares, e de Fabricantes de Seda no Sitio da Calçada do Ratto, a que faz frente o Portico das Aguas Livres; e para se dar principio ás refferidas Obras: Sou servido que a Junta de Commercio destes Reinos, e seus Dominios mande entregar por emprestimo, aos mesmos Directores até a quantia de vinte contos de reys q serão carregados em divida á mesma Real Fabrica, e extrahidos do Cofre geral dos quatro por cento com as declaraçoens refferidas. A mesma Junta o tenha assim entendido, e o faça executar com as Ordens necessarias. Nossa Senhora da Ajuda 14 de Março de 1759. Com a Rubrica de S. Mag $^{e"}$ ^{317}

Anexo III

"Por Decreto de quatorze de Março do corrente anno, fui servido ordenar ao Desembargador Pedro Gonçalves Cordeiro Pereira, do meu Conselho,

---

^{316} Este caso é tratado com todo o detalhe em José Sarmento de MATOS (1994), *Uma Casa na Lapa*. Lisboa: Fundação Luso-Americana e Quetzal Editores. 1994.

^{317} Arquivo Histórico do Ministério das Obras Públicas, Ministério do Reino 7, 1º vol., fl. 22.

que serve de Regedor, mandasse terraplenar a Praça immediata aos Arcos das Agoas Livres, no sitio do Ratto, e desempedir todo o mais Terreno, em que se há de edificar o novo Bairro dos Fabricantes de Seda, na forma da Planta do Tenente Coronel Engenheiro Carlos Mardel. E para que essa minha Real Determinação tenha logo o seu devido cumprimento: Sou outro sim servido, que a Junta do Comercio destes Reinos, e seus Domínios mande fazer a referida obra pela Direcção do sobred.º Tenente Coronel Engenheiro, pagandoa do Cofre geral dos quatro por cento por emprestimo, que hade ser satisfeito pela primeira remessa, do que vier de qualquer dos portos do Brasil, a entregar á mesma Junta por Conta da Real Fazenda. A sobred.ª Junta do Comércio o tenha assim entendido, e faça executar. N. Sr.ª da Ajuda a 22 de Mayo de 1759 Com a Rubrica de S. Mag.^{de}" [318]

Anexo IV

"Plano da Edificação do Bairro das Aguas Livres p.ª o estabelecim.^{to} dos Artífices, q trabalhão em sedas de matizes, incorporados na Real Fabrica do Rato, conforme os Estatutos da sua fundação."

Pelo que pertence á fundação dos Edificios, ou Cazas dos Artifices

Tomandose por hora sómente para elles o Terreno, que confina pelo Sul com a Rua que corta pela parte Septentrional da Quinta de Joseph Ribeiro, pelo Nascente com a Rua que passa pela Quinta dos Padres da Congregação O.ª São Sebastião da Pederira; pelo Norte com outra Rua, que corta pela extremidade Meridional da Quinta do Vestimenteiro; e della pelo meyo das Terras, e Quinta de Manoel da Cunha Tavares; e pelo Poente com a Rua, que vem de São João dos Bem cazados para o Largo do Mosteiro do Ratto; se comprehendem nesse Terreno sette Ruas, que cortão de Nascente a Poente, com seis, que cortão do Norte p.ª Sul; e nellas vinte e douys quadrados grandes de sezasseis moradas cada hum, e quinze piquenos de oito moradas, que fazem ao todo quatro centas

---

[318] Arquivo Histórico do Ministério das Obras Públicas, Ministério do Reino 7, 1º vol., fl. 22.

e settenta e duas habitaçoens de quatro Teares cada huã, edificadas na forma do Plano; e por necessaria consequencia mil oitocentos e oitenta e oito teares grandes, ou Matizes.

Pelo que toca á despeza que se deve fazer com a edificação do referido Bairro.

Primeiramente se deve publicar o Plano dandose nelle liberdade aos donos dos Predios para edificarem nelles na conformidade da Planta, assim pelo que pertence ao alinhamento das Ruas como a estructûra dos edificios, taixandose o preço de quarenta e oito mil reis de renda por cada huma das ditas moradas, que vem a ser a doze ,mil reis cada Tear, o que he preço muito acomodado: Dandose sempre a preferencia aos referidos donos, e na falta delles liberdade a quem quizer edificar daquela sorte para fazer rendimento com o chão aforado na forma da Ley das edificaçoens, e com o foro avaliado pelo que as Terras valião ao tempo em que sucedeo o Terramoto.

E porque será justo, e necessario darse exemplo á edificação do referido Bairro; fundandose nelle as primeiras Ruas por conta da referida Fabrica: Sendo estas as que fazem frente ao Portico, e largo das Aguas Livres, que comprehendem sessenta habitaçoens, será o seu custo, e pagamento o seguinte.

Pela vizinhança da pedra, cal agoa, e outros matereais, se achão Mestres, que se offerecem a fazer por dous mil cruzados cada huma das ditas habitaçoens, vindo assim a custar todas juntas, quarenta e oito contos de reis
48:000$ r

Destes se devem adiantar a os ditos Mestres p.ª os matriaes vinte contos de reis -
20:000$ r

Vem a restar vinte e oito -
28:000$ r

Anno de 1759

Hão de produzir as sessenta moradas de cazas a razão de quarenta e oito mil reis cada huma -
2:880$ r

Produzem mais a quatro Teares cada morada, duzentos e quarenta Teares; e estes a quatro pessoas por anno cada hum, novecentas, e sessenta pessoas, as quáes a quarenta covados cada huma fazem trinta e oito mil, e quatrocentos covados.

E como o menos que se pode ganhar em cada covado he hum cruzado, importa este lucro em -
15:360$000
Soma   18:240$000
Sendo pois a divida acima de vinte e oito contos de reis, cos seus juros a cinco por cento hum conto, e quatro centos mil reis, que fazem -
29:400$000
Resta para pagar -
11:160$000

Anno de 1760
Hão de produzir os alugueres, e lucros dos referidos edificios, e seus Teares na forma acima declarada -
18:240$000
Achãose em divida onze contos e cento e sessenta mil reis, que vencem de juros, quinhentos e cincoenta e oito mil reis, importando tudo -
11:718$000
Sobra do pagam.^{to} dos Mestres -
6:522$000
Donde resulta, que se podem ajustar com estes Mestres, completarse--lhe o pagamento em dous annos.

Anno de 1761
Pelo que a Fabrica avança a os ditos Mestres deve-
20:000$000
Pelo que hade produzir em alugueres, e lucros na forma acima declarada, dezoito contos, duzentos, e quarenta mil reis -
18:240$000
Pela sobra que acresceo do anno precedente -
6:522$000

24:762$000//24:762$000

Restão deste pagam.^to -

4:762$000

Os quáes podem servir para se descontarem largamente nos alugueres das Cazas, que se Não acabarem até o fim deste presente anno, e para outros similhantes discontos.

Acresce, que do d° anno de 1761 em diante fica a Fabrica com desoito contos e duzentos e quarenta mil reis de renda daquelles edificios, que sendo empregados na edificação dos outros, que se seguem farão vinte e duas moradas por anno, que he o que verosimilmente lhe será necessario para acomodar os Artifices, que se forem formando acrescendo ao mesmo tempo as mais cazas, que os Particulares hão de edificar por sua conta" [319]

Anexo V

"Não consiste o firme estabelecimento de hua Fabrica na arrogancia e notavel grandeza do edeficio, mas sim na boa ordem, e governo, com que deve ser dirigida, para o que percizam.^te se há de attender á ciencia, e capacid.^e de hum experiente Director, que tenha pleno conhecimento das outras Fábricas da Europa, e do methodo, com que são governadas pellos seus mestres cujas direcçoens se devem ter por mais solidas, como fundadas nas largas experiencias, que observarão para esse fim.

Como hua Fabrica de Seda requer grande n° de pessoas, e teares para o seu lavor, não pode produzir utilidade a quem a sustenta sendo unida em hum só Corpo, como bem mostra a experiencia; Por exemplo: Hua Fabrica de 500 teares occupará no seu interior mais de 1200 pessoas; este grande n° de gente estando junta sempre occaziona confuzoens, e desordens; e por causa das varias parcealidades hé quezi impossivel governarse com

---

[319] Arquivo Histórico do Ministério das Obras Públicas, Ministério do Reino 7, 1° vol., fl.s 23-26.

boa direcção, como tambem motiva exorbitantes despezas; porque alem da Caza dos teares requer hum dormitorio para 200, ou 300 aprendizes com suas Camas, e roupa sufficiente, hum refeitorio, Cizinha despença para os mantimentos, hua Capella, hua Infermaria com seus pertencentes à boa assistencia dos infermos, Medico, Cirurgião, Botica, c/hum nº de Creados para Serv.º da mesma Caza; e alem disto facim.^te por qualquer descuido pode haver hum incendio, e consumir de improvizo todo o Capital assim unido. Por este respeito as outras Naçoens não tem as suas Fabricas unidas em hum só Corpo de Caza, mâs as conservão destribuidas pellas Cazas dos officiaes; e para esse fim os decretos dos Soberanos, e determinaçoens das Cidades, onde há estes estabelecimentos, obrigão, que as Cazas do povo em certos bayrros ás Fabricas determinados tenhão os ultimos andares de uma certa largueza, tal altura, e tantaas genelas; o qual modo de estabelecimento hé tãobem mais util aos officiaes, porque tendo os teares nas suas proprias Cazas assistem com mais comodid.^e ao trabalho, e cazando como convem a Monarquia, são ajudados de suas milheres, e familia, com o que adiantão as obras, que se lhes entregão, e sustentão luzidamente as suas cazas; o que não acontesse pello contrário, por que sendo obrigados a ir trabalhar fora gastão o tempo no Cam.º não tem a referida commod.^e e por consequencia, não lucrando para se sustentarem com decencia vão tratar de outras occupaçoens, e deixão a Fabrica deserta.

E porque o melhor methodo de dirigir qualquer Fabrica hé seguir as maximas das outras Naçoens, será mais conveniente a esta Fabrica de Lisboa, que todos os teares pequenos, que se achão armados, o os que pello tempo de armarem, em que se fazem Librés, Fitas, Galões, Mantos, Sarjas, Setins, Tafetás, Pelucas, Gorgoroens, e outros estofos lizos, como tambem os de meyas de seda, que não ocupão mais lugar, que os de panos de linho, fossem destribuidos com suas armaçoens, pellas cazas dos officiaes, a cada hum dous, ou tres destes teares com a condição de se lhe abater hum tanto do preço ajustado p.^lo feitio de cada pessa até que Sua Mag.^e ou a Fabrica, seja embolçado do capital, que emportarem os ditos teares, obrigando os mesmos officiaes a trabalharem por conta desta Fabrica, seguir as ordens, que por ella lhe forem determinadas, e conservar os ditos teares com o cuid.º e zelo possível, o que facilmente farão com a esper.ça de serem seus, e que brevemente virão a ficar por património de suas familias, por que se pello contrário o official interessa na conservação do seu tear por negligencia o deixa destruir, e arruinar, e p.ª ser outra v´s reformado fás notavel despeza.

Fazendo-se assim a destribuição dos teares pequenos bem se poderão accomodar (200)[320], até (300)[321] 120 teares grandes no interior dessa Caza da Fabrica, que se acha estabelecida, com os quaes somente ella pode ficar subsistindo como principal Cabeça e Seminario das outras Fabricas repartidas pellas ditas Cazas dos Officiaes, dandolhes por conta e pezo a seda, e materiaes para elles trabalharem; para cujo fim se conservará hum L.º em que sejão assentados os nomes dos d.os Officiaes, Citios, em que morão, e tudo o que se lhes entregar p.ª o seu labor; E para que tudo seja governado com boa ordem na forma das outras Naçoens, que tem semelhantes estabelecimentos, os Contramestres da Caza principal serão obrigados a vizitar com frequencia aquelas Cazas dos d. os officiaes, e examinar como elles procedem na conservação dos seus teares, e fabricão as obras, que se lhes entregão. A estes mesmos officiàes estabelecidos se pode permitir, que tomem aprendizes, aos quaes ensinarão para fazer trabalhar os teares, que tiverem á sua conta, do que resultará em muito poucos annos haver hum grande nº de operários desta Arte com utilid.e e argumento deste neg.º tão conveniente ao bem comum; E no que resp.ta ás direcçoens, e observancias, que se devem ter na destribuição dos d.os teares, na arrecadação da fazenda e dinh.ro de sua Mag.e e nos L.os que se devem conservar para este fim, o Sup.e a seu tempo as dará Se Sua Mag.e Se dignar haver por bom este methodo, tão aprovado e seguido das outras naçoens em semelh.tes estabelecimentos.

Seguindose esta direcção, que o exemplo, e boa experiencia mostra ser a melhor, Não preciza Sua Mag.e despender quinhentos, ou seis centos mil cruzados com obra de pedra e cal, escuzada, e q serve de mais perjuizo, que utilid.e ao augmento da Fabrica como o Sup.e protesta, ao mesmo tempo, que só se deve cuidar em armar teares pellos armazens, q

---

[320] Riscado.
[321] Riscado e sobre ele é que aparece o nº 120.

se achão desocupados, e em fazer provimento de seda, e outros materiais precizos p.ª fazer trabalhar os teares, que se achão sem lavorar, pois de oitenta, que lavoravão no tempo da Comp.ª só hoje lavorão (sessenta)[322] 50; mâs hé desgraça grande deste neg.º que em lugar de augmentarse, vai diminuindo por falta de Capacid.ᵉ no Director, ou por não zelar o augmento de hua Fabrica, que o Sup.ᵉ creou com tanto disvelo, e grandes trabalhos, pellos quaes em lugar de premio, se acha agora com seu credito ultrajado, vendose della expulço, talves por cauza de alguas Cinistras informaçoens, que os seus Concelos darião a Sua Mag.ᵉ com cuja Real Piedade, e just.ª o mesmo Sup.ᵉ confia o restabelecimento do seu Credito."[323]

---

[322] Riscada e sobre ela o nº50.
[323] Arquivo Histórico do Ministério das Obras Públicas, Junta do Comércio 14, 2º maço.

4ª PARTE: LISBOA

DISSERTAÇÃO SOBRE *REFORMA E RENOVAÇÃO* NA CULTURA DO TERRITÓRIO DO POMBALISMO[324]

parte primeira: "esta nova Roma"

Desde a década de 1980, graças ao labor de um escol de investigadores em boa parte formados na escola de historiadores de arte criada por José Augusto França na Universidade Nova de Lisboa, ficou estabelecido o quadro através do qual é hoje possível desenvolver a interpretação sobre a formação, metodologia e pensamento dos atores técnicos da reconstrução de Lisboa após o Terramoto de 1755: os engenheiros militares.

Com enfoque específico e numa sucessão de trabalhos já publicados[325], coube-me estabelecer a teia de relações que permite afirmar que, além da cultura e capacidade técnica desses personagens, a rapidez da resposta pombalina é o resultado direto, senão mesmo a concretização ínvia, de um desígnio de reforma urbanística de Lisboa esboçado, pelo

---

[324] Texto originalmente publicado como Walter ROSSA (2005), "Dissertação sobre a reforma na cultura do território do pombalismo." *O Terramoto de 1755: impactos históricos.* Lisboa: org. A. C. Araújo, J. L. Cardoso, N. G. Monteiro. J. V. Serrão e W. Rossa, Livros Horizonte. 2007: 379-393.

[325] Walter ROSSA (1990), *Além da Baixa: indícios de planeamento urbano na Lisboa Setecentista.* Lisboa: IPPAR, 1998; Walter ROSSA (1994), "Episódios da evolução urbana de Lisboa entre a Restauração e as Invasões Francesas." *Rassegna.* Bologna: Editrice CIPIA. nº59, ano XVI, setembro/1994: 28-43; Walter ROSSA (1995), "A cidade portuguesa." *História da Arte Portuguesa.* Lisboa: Círculo de Leitores. 3 vol.s, vol. III, 1995: 233-323; Walter ROSSA (2000), "Lisbon's waterfront image as allegory of baroque urban aesthetic." *Symposium Circa 1700: Architecture in Europe and the Americas.* Washington: National Gallery of Art. 2005: 160-185. Com exceção para o primeiro, os demais textos encontram-se reunidos em Walter ROSSA (1989-2001), *A urbe e o traço: uma década de estudos sobre o urbanismo português.* Coimbra: Almedina. 2002.

menos, no início do século XVIII. Trata-se de um dos aspectos mais fascinantes e representativos da, ainda, mal-amada governação de João V (r. 1707-1750).

Não é este o lugar para (re)desfiar o conjunto de alegações que no meu âmbito disciplinar (o da História do Urbanismo) me levam a tal afirmação. Porém, para a melhor compreensão do argumento que aqui trago importa registar o facto de, durante todo o seu longo reinado, ser muito claro o desígnio de plasmar na materialidade urbanística e monumental de Lisboa a relevância da sua capitalidade, "uma Roma sobre as águas, ou seja, a cabeça do *patriarcado metropolitano régio* sobre os oceanos."[326]

Após as precoces, mas ténues, reformas de Manuel I (r. 1495-1521)[327] e já a par com alguns gestos de Filipe II (r. 1580-1596)[328], a cidade evoluíra sem um desígnio global. Tal facto é particularmente significativo se tivermos em conta a ocorrência, sem qualquer reflexão e prevenção posterior, de vários episódios de destruição maciça, sendo marcante o do terramoto, seguido de maremoto, de 1531, ao que parece ainda mais violentos que os de 1755[329]. Cada um desses episódios produzia alte-

---

[326] Walter ROSSA, 2000: 116. Como boa ilustração deste facto veja-se o seguinte: "[Portugal] é mais uma província que um reino. Pode-se dizer que o rei de Portugal é um potentado das Índias que habita terras européias. Os Estados vastos e ricos sob sua soberania no Novo Mundo, como o Brasil, Rio de Janeiro, Bahia de Todos os Santos, Goa, a Madeira na África e os Açores na Europa, tornaram-no um príncipe considerável e colocaram-no entre as grandes potências marítimas europeias, se considerarmos o valor das suas possessões." ("Extraite du journal de la campagne des vaisseaux du roy en 1755 par le Chevalier des Courtils." *Bulletin des Études Portugaises*. Lisboa: Institut Français au Portugal. ano XXVI, 1965: 159).

[327] Hélder CARITA (1990), *O Bairro Alto: tipologias e modos arquitectónicos*. Lisboa: Câmara Municipal de Lisboa. 1994; Hélder CARITA (1998), *Lisboa Manuelina e a formação de modelos urbanísticos da época moderna (1495-1521)*. Lisboa: Livros Horizonte. 1999; Carlos CAETANO (2000), *A Ribeira de Lisboa: na época da expansão portuguesa, séculos XV e XVIII*. Lisboa: Pandora. 2004.

[328] Walter ROSSA (2002), "Lisboa Quinhentista, o terreiro e o paço: prenúncios de uma afirmação da capitalidade." *D. João III e o Império, Actas do Congresso Internacional Comemorativo do Nascimento de D. João III*. Lisboa: CHAM (Universidade Nova de Lisboa) e CEPCEP (Universidade Católica Portuguesa). 2004: 947-967 (primeiro texto desta parte da colectânea).

[329] José da Silva TERRA (1978), "De João de Barros a Jerónimo Cardoso. O terramoto de Lisboa de 1531." *Arquivo do Centro Cultural Português*. Lisboa: Fundação Calouste Gulbenkian. Ano XXIII, 1978 e M. C. HENRIQUES, M. T. MOUZINHO e N. M. FERRÃO (1988), *Sismicidade em Portugal: o Sismo de 26 de Janeiro de 1531*. Lisboa: Comissão para o Catálogo Sísmico Nacional. 1988.

rações topo-morfológicas de monta, mas as respostas de reconstrução foram sempre de cerzidura, colmatação, reparo. Paradoxalmente a Baixa e o Chiado não pararam de adensar-se a par com diversas iniciativas de saneamento e racionalização urbanística, mais frequentes a partir da segunda metade do século XVII.

Ultrapassadas as difíceis conjunturas da União Ibérica e da Restauração, no contexto da afirmação dos estados e monarquias também pelo urbanismo e monumentalidade das suas capitais[330], cumpria à Coroa Portuguesa ultrapassar um tal estado de coisas. Só com a disponibilização de recursos surgida na passagem entre os séculos XVII e XVIII, é que tal se começou a afigurar viável. No âmbito de uma complexa teia de ações externas de afirmação da soberania e do Império, o jovem João V acabou protagonizando esse desígnio de fazer de Lisboa uma "nova Roma"[331], o que é particularmente evidente nas primeiras duas décadas do seu governo. Numa pálida repercussão do que então se chegou a projetar fazer, não são de outro sinal nem de outro contexto obras como:

1. As reformas no complexo palatino da Ribeira. Entre outras intervenções de menor monta, a Capela Real foi radicalmente transformada numa opulenta Igreja Patriarcal[332] e dotada de uma monumental torre sineira. Em frente da basílica e de outras dependências palatinas, um considerável conjunto de casas foi comprado e demolido,

---

[330] Ver, entre outros, Giulio Carlo ARGAN (1964), *The Europe of the capitals: 1600-1700*. Genève: Albert Skira. 1964 e Leonardo BENEVOLO (1975), *Diseño de la ciudad*. Barcelona: Gustavo Gili. 5 vol.s, 1982: 131-206.

[331] A expressão é de Fernando António da Costa de BARBOZA (1751), *Elogio funebre do Padre João Baptista Carbone da Companhia de Jesus*. Lisboa. 1751: 15. Ver também Angela Delaforce (1993), "Lisbon, «This New Rome»: Dom João V of Portugal and Relations between Rome and Lisbon." *The Age of the Baroque in Portugal*. Washington: ed. Jay Levenson, National Gallery of Art / Yale University Press. 1993: 49-80 (52). Ver ainda Angela DELAFORCE (2002), *Art and Patronage in Eighteenth-Century Portugal*. Cambridge: Cambridge University Press. 2002; G. BORGHINI e S. VASCO (ed.) (1995), *Giovanni V di Portogallo (1707-1750) e la cultura romana del suo tempo*. Roma: Àrgos Edizioni. 1995; e ROSSA, 2000.

[332] Marie Thérèse MANDROUX-FRANÇA (1989), "La Patriarcale du Roi Jean V de Portugal." *Colóquio-Artes*. Lisboa: Fundação Calouste Gulbenkian. n°83, 1989; Marie Thérèse MANDROUX-FRANÇA (1995), "La Patriarcale del Re Giovanni V di Portogallo." *Giovanni V di Portogallo (1707-1750) e la cultura romana del suo tempo, catalogo dell'esposizione*, Gabriele Borghini e Sandra Vasco (ed.). Roma, 1995: 81-92. Ver também Paulo Varela GOMES (1989), "Três Desenhos Setecentistas para a Basílica Patriarcal." *Boletim Cultural da Póvoa do Varzim*. Póvoa do Varzim: Câmara Municipal da Póvoa do Varzim. Ano XXVI/2, 1989: 663-687.

assim se conformando a Praça da Patriarcal ao fim da Rua Nova. No início do reinado seguinte foi inaugurada a Casa da Ópera.

2. A inserção, aqui e ali, de novos monumentos e artérias urbanas, bem como a reconformação de algumas praças e ruas[333]. Curiosamente parecem ter falhado todas as tentativas para se erguerem estátuas, inclusive uma equestre, de João V[334]. Como declara Eduardo Lourenço: "Il re Magnanimo fu indubbiamente la maggiore vittima tra tutte quelle causate dal famoso terremoto di Lisbona del 1755."[335]

3. O novo sistema de abastecimento de água a Lisboa, mais conhecido como Aqueduto das Águas Livres. Esta empresa espoletou a construção de vários chafarizes, o que implicou a reforma urbanística dos espaços públicos onde foram implantados. A arcaria do aqueduto foi também usada como pretexto de monumentalização de dois dos seus arcos (às Amoreiras e a São Bento) que atravessavam ruas importantes da então periferia da cidade já em processo de ensanche.

4. Outros equipamentos públicos foram (re)construídos sob iniciativa ou patrocínio régios, tendo o Senado da Câmara um papel relevante: a Alfândega do Tabaco, a Casa da Pólvora, o novo açougue, diversos cais, o Lazareto, etc.

Muito dessas ações integrava um dos conceitos-chave da era barroca, o *movimento*, na sua consequência urbanística: a mobilidade. A construção e reforma de infraestruturas viárias para a circulação de carruagens acabou por quase se transformar numa obsessão, o que levou à gradual demolição das portas medievais da cidade e ao alargamento das vias estruturantes que a elas afluíam. Em 1718 o jovem engenheiro militar

---

[333] Sobre estas intervenções e também para os novos equipamentos ver ainda Helena MURTEIRA (1994), *Lisboa: da Restauração às Luzes*. Lisboa: Presença. 1999.

[334] Ayres de CARVALHO (1995), "Lisbona Romana all'epoca di João V." *Giovanni V di Portogallo (1707-1750) e la cultura romana del suo tempo, catalogo dell'esposizione*, Gabriele Borghini e Sandra Vasco (ed.). Roma, 1995: 3-17.

[335] Eduardo LOURENÇO (1995), Tra l'oro e l'incenso. *Giovanni V di Portogallo (1707-1750) e la cultura romana del suo tempo, catalogo dell'esposizione*, Gabriele Borghini e Sandra Vasco (ed.). Roma, 1995: 1.

Manuel da Maia (1678-1768) traçou uma estrada ligando "as cidades de Lisboa Ocidental e Oriental à cidade de Mafra"[336].

Alguns anos depois igual sucedeu com a ligação de Lisboa às quintas reais então adquiridas em Belém. A ligação Lisboa-Belém mais prática era pelo rio, mas o rei e os cortesãos sonharam com uma festiva alameda ao longo do rio, a qual também serviria como marachão contra as inundações. Em 1727 foi feito o levantamento[337] e seis anos depois ficou concluído o projeto para essa *promenade* de 12 quilómetros, da autoria do recém-chegado Carlos Mardel (1695-1763)[338]. Era uma iniciativa com força suficiente para unificar a imagem de Lisboa. Alguns dos seus troços foram construídos, mas o terramoto e o maremoto de 1755 e as sucessivas reformas e aterros obliteraram o que quer que pudesse ter restado como testemunho material dessa iniciativa.

No entanto o sonho fora bem maior. Idealizara-se uma ampla operação de ensanche urbanístico para Ocidente, da qual era pedra de toque a construção na atual zona da Lapa/Campo de Ourique de um magnificente complexo palatino, compreendendo uma nova basílica patriarcal capaz de rivalizar com São Pedro do Vaticano. Para tal e essencialmente através do embaixador extraordinário a Roma, o Marquês de Fontes, foram solicitados estudos e projetos a diversos discípulos de Carlo Fontana (1638-1714), o que teve como corolário a vinda a Lisboa no primeiro semestre de 1719 do arquiteto Filippo Juvarra (1678-1736). Com ele se discutiram opções, se desenvolveram planos e se puseram em marcha as obras do grande Palácio e Patriarcal, então dito como a Boinos Aires. Deixara-se de lado a hipótese de renovar integralmente o complexo da Ribeira. As obras foram inicialmente dirigidas por Manuel da Maia,

---

[336] Manuel da MAIA (1718), *Carta topografica que comprehende todo o terreno desde as cidades de Lisboa Occidental e Oriental té a vila de Mafra, com todos os lugares, q. contem na sua extenção*, Madrid: Real Academia de la Historia de Madrid: R. 196, Sign. C/Ic2p.

[337] *Planta Topographica da marinha de Lisboa Occidental, e Oriental, desde o Forte de S. Joseph de Ribamar té o Convento do Grilo feita no anno de 1727*. Lisboa: Museu da Cidade: 1387.

[338] Carlos MARDEL (1733), *Projecto do Cais Novo de Belém ao Cais de Santarém*. Lisboa: Arquivo Histórico do Ministério das Obras Públicas: D27C. Sobre a personagem ver Walter ROSSA (1992), "Carlos Mardel." *Congresso Internacional de História da Arte*. Lisboa: Associação Portuguesa de Historiadores da Arte. 1992. Publicado em Walter ROSSA 1989-2001: 52-69.

as quais na expectativa frustrada do regresso do arquiteto siciliano se ficaram pelo embasamento.

Nas discussões e decisões que para tal tiveram lugar participaram técnicos e cortesãos. Manuel da Maia, que também havia feito o levantamento das áreas em questão, via-se posicionado no trilho que culminaria com o seu crucial desempenho na reconstrução pós-terramoto, então como Engenheiro-Mor do Reino. Seria o radioso corolário de uma brilhante carreira de meio século de esforços em prol do saneamento, em *moderno*, dos constrangimentos urbanísticos da cidade. Carreira que se confunde com o processo de reforma urbanística de Lisboa em *Capital do Império*.

parte segunda: **opções urbanísticas fulcrais para a *Lisboa renovada***

No *plano-piloto* da Baixa-Chiado de Lisboa consubstancia-se um momento alto da urbanística da *escola portuguesa de urbanismo e engenharia militar*, mas também um potencial de concretização que raia a utopia, até nos propósitos de planeamento de toda a área compreendida dentro do limite urbano da cidade de então: a velha Linha Fundamental de Fortificação depois a primeira circunvalação da cidade[339]. Parte da incomensurável energia dissipada pela a catástrofe acabou aplicada na fusão de propósitos e métodos, entre os desígnios ideológicos do poder político emergente e a luz do saber aplicado da engenharia militar. Se a reconstrução de Lisboa após a catástrofe de 1755 é um paradigma das atividades governativas de Pombal, também os engenheiros militares ali se depararam com a oportunidade de subir o patamar mais elevado da sua utopia corporativa como elite do Estado[340].

---

[339] Walter ROSSA (2004), "Do plano de 1755-1758 para a Baixa-Chiado." *Monumentos*. Lisboa: DGEMN. n°21, 2004: 22-43.

[340] Não ainda é este o lugar para expor algumas das conclusões de uma linha de pesquisa cuja pedra de toque é o texto Manoel de Azevedo FORTES (1720), *Representação feyta a S. Magestade sobre a forma e direcçam que devem ter os engenheyros*. Lisboa: Of. Mathias Pereyra da Silva. 1720. Porém vejam-se: Roberta Marx DELSON (1995), "O início da profissionalização do Exército Brasileiro: os corpos de engenheiros do século XVII." *Colectânea de Estudos: Universo Urbanístico Português 1415-1822*. Lisboa: CNCDP. 1998:

4ª PARTE: LISBOA

A razão cartesiana do raciocínio urbanístico de Manuel da Maia sobre o problema que se colocava, exposta ao longo dos três momentos da sua *Dissertação*[341], é a ata dessa nova realidade: urbanista e déspota em diálogo convergente para uma solução tão inovadora quanto reformista. Gradualmente Manuel da Maia foi apurando e aprovando o conceito base para a resolução de um problema urbanístico novo. Não seria o projeto para uma cidade *ex-nihilo* a causar-lhe embaraço maior, hipótese com que avançou no "5º modo" por entre os cinco da primeira parte da *Dissertação* datada de 04 de dezembro de 1755, indicando para o efeito a zona compreendida "desde Alcântara até Pedrouços." Assim discorreu sobre as zonas de expansão. Era o género de problema com que a engenharia militar portuguesa há muito lidava em todo o Império, ainda que segundo outras escala e sem tão forte pressão e simbolismo. Programar e resolver ensanches para Lisboa era precisamente aquilo em que Manuel da Maia sempre trabalhara, ainda que sem grandes resultados práticos.

Também não seria complexa nem nova a programação e implementação de qualquer um dos três primeiros "modos" propostos, na essência intervenções de reposição do tecido urbano preexistente com índices diversos de correção e densidade. Mas o "modo" preferido e escolhido era o 4º (*Dissertação*, I, §6), o qual tinha implícito um desafio novo. A opção e questão urbanística nova que Manuel da Maia se auto-colocara, era a de produzir um plano que, fazendo tábua rasa do tecido urbano destruído, respondesse a um programa e a um partido formal de intervenção que também tinha de formular. E tudo isso tinha componentes com fortes implicações políticas e raízes ideológicas. O problema novo não era a

---

205-223; Roberta Marx DELSON (1997), "Para o entendimento da educação colonial: o papel das academias militares no Brasil colónia". *Colectânea de Estudos: Universo Urbanístico Português 1415-1822*. Lisboa: CNCDP. 1998: 225-242; Roberta Marx DELSON (1999), "Military engeneering and the «colonial» project for Brazil: agency and dominance." *Colóquio Internacional Universo Urbanístico Português 1415-1822, Actas do*. Lisboa: CNCDP. 2001: 905-917; Renata de ARAUJO (2000), *A urbanização do Mato Grosso no século XVIII: discurso e método*. Lisboa: dissertação de Doutoramento apresentada à UNL. 2 vol.s, 2000; Renata de ARAUJO (2005), "Com régua e compasso: Lisboa, os engenheiros militares e o desenho do Brasil." *O Terramoto de 1755: impactos históricos*. Lisboa: org. A. C. Araújo, J. L. Cardoso, N. G. Monteiro. J. V. Serrão e W. Rossa, Livros Horizonte. 2007.

[341] Publicada por Christovam Ayres de Magalhães SEPÚLVEDA (1910), *Manuel da Maya e os Engenheiros Militares Portugueses no Terremoto de 1755*. Lisboa: Imprensa Nacional, 1910.

frente ribeirinha, o Terreiro do Paço ou a solução para o próprio paço, mas tão só a mole urbana que colapsara imediatamente a norte e na colina a noroeste. O caso de Londres após o incêndio de 1666, que também cita, não lhe servia de exemplo, pois o sistema político-económico ali vigente (liberal e protetor dos direitos dos proprietários) não permitira a implementação de nenhum dos planos então elaborados, mas tão só a imposição de algumas regras de construção consubstanciadas nas *Act of Rebuilding City*[342].

Ao ler a primeira parte da *Dissertação* verifica-se como a escolha do "4º modo" é claramente induzida pelo Engenheiro Mor que, para além de lhe expor as virtudes, as procura enquadrar de forma detalhada no contexto das suas principais dificuldades: os direitos e expectativas dos proprietários. Pela negativa Londres era uma lição, sendo necessário proteger a execução do futuro plano com medidas legislativas e regulamentares, tanto mais extremadas quanto a radicalidade do desenho.

A isso dedicou a segunda parte da *Dissertação*, numa espécie de proposta de perequação *avant-la-letre*, mais tarde sistematizada e vertida no alvará com força de lei de 12 de maio de 1758. Foi a peça legislativa básica de todo o processo da reconstrução, pois regulou o sistema fundiário no âmbito da execução do *plano-piloto* promulgado pelo alvará de 12 de junho seguinte. Outra peça legislativa urbanisticamente fundamental (ainda que sem a fortuna desejada) foi o despacho real de 2 de julho de 1759 pelo qual se estabeleceu com rigor a implantação do palácio e do bairro destinado à "residência, que a Nobreza, e Pessoas ocupadas no meu Real serviço devem fazer."

A segunda das duas principais preocupações que atravessam e até estruturam a primeira parte da *Dissertação*, é a que se relaciona com todo o tipo de medidas tendentes a melhorar o comportamento das edificações em outras situações análogas e, essencialmente, a aumentar as possibilidades de evacuação e refúgio. É através dela que se justificam diversas disposições de desenho cujo resultado seria uma drástica diminuição da

---

[342] Elizabeth MCKELLAR (1999), *The birth of modern London: the development and design of the city, 1660-1720*. Manchester: Manchester University Press. 1999.

densidade e uma radical imposição de racionalidade. Este facto, dirimido com a evocação dos horrores recentes, constituiu-se como um argumento definitivo para a imposição de um modelo de intervenção fortemente lesivo dos interesses imediatos dos ainda atónitos proprietários.

Formalmente Manuel da Maia constituiu como decisão crucial para o partido a adoptar pelo plano, a decisão relativa ao local de implantação do Palácio Real. Contra a alternativa de Belém — com a qual ficaria "o modo n° 5° infalivelmente adoptado e preferido a todos os outros" (*Dissertação*, I, §14) — não deixa de apontar o sítio que hoje designamos Campo de Ourique como ideal para tal fim. No parágrafo seguinte encontram-se já propostas aquelas que serão as linhas de força do programa funcional da futura Praça do Comércio, bem como a decisão implícita de o rei *largar* aquele local.

Como já vimos a decisão de deslocalização do Palácio e da Patriarcal para noroeste do centro urbano, na Cotovia[343] ou numa plataforma sobre a então paradisíaca e navegável Ribeira de Alcântara, estava suspensa há mais de três décadas, tendo-se entretanto produzido grandes melhorias no complexo palatino da Ribeira. Por certo que já então se entendera, como Manuel da Maia (*Dissertação*, I, §15), que "por serem os pr.ºs fundam.tos dos reaes subsídios quasi todos da marinha [...] largará S. Mag.e o seu Palácio antigo [...] e poderá também formarse a caza da bolça do neg.º e tudo com as direcçoens, e formalid.es [...]"

Em suma foi Manuel da Maia quem apenas 33 dias depois da catástrofe apresentou ao poder o conceito e linhas de força do que viria a ser o *plano-piloto* para a renovação da zona central da cidade, a única que fora

---

[343] No local do atual Jardim do Príncipe Real (cujo excelente posicionamento paisagístico de então não é hoje tão evidente) encontravam-se então os cabouços patinados do que deveria ter sido o Palácio do Conde de Tarouca. Revelando um decréscimo nas expectativas, mas mantendo a essência do conceito, na década de 1740 João V ordenou ao arquiteto Frederico Ludovice (1670-1752) que para ali projetasse a nova Igreja Patriarcal [Museu Nacional de Arte Antiga (Lisboa), Fundo Antigo Inv. 1682, 1682A e 1862B]. Mas só após o terramoto se concretizaria ali um tal programa, dessa feita em madeira e segundo o projeto do filho daquele arquiteto alemão, João Frederico Ludovice (1701-1760). O edifício acabaria consumido por um incêndio pouco tempo depois. A última tentativa de aproveitar os alicerces lançados pelo Conde de Tarouca foi protagonizada no final de Setecentos com o início das obras para o Erário Régio projetado pelo arquiteto Costa e Silva. Ver ROSSA, 2000: 112-113.

sucessivamente fustigada e destruída pelo terramoto, pelo maremoto e pelo incêndio que durou 6 dias. Por tudo quanto aqui já se disse e pelo peso próprio que apresenta naquele texto, não foi a solução para o terreiro e para o paço o que mais o demorou, mas sim as novas questões relacionadas com os problemas da prevenção contra novas catástrofes, da propriedade e do cadastro.

No parte do texto que acompanha as propostas em planta (*Dissertação*, III), Manuel da Maia deixa bem claro dever ser Eugénio dos Santos (1711--1760) e Carlos Mardel a implementarem o plano. À planta desenvolvida pelo primeiro juntou outra, mais radical, traçada por Elias Sebastião Poppe (act.1749-1760). Como mentor de todas elas, Manuel da Maia torna bem claro o que distinguia uma da outra: a de Santos fora feita "sem attenção á conservação de sítios de templos" ainda que a "vermelho [mostra] o que se conserva do antigo"; a de Poppe fora feita pura e simplesmente "sem attender á conservação dos sítios antigos."

Afinal, o partido escolhido integrava memória, questão que tem vindo a ser versada de diversas formas, designadamente no que respeita a persistências de estruturas e partes de edifícios, reaproveitamento de materiais e de elementos decorativos, etc. Porém o mais interessante é como o próprio traçado, sem dúvida racional e como se sobre tábua rasa, reinventou uma série de elementos topológicos essenciais para um processo de recuperação da identidade e confiança num palco do quotidiano brutalmente destruído. Mas os detalhes desta questão são contas de outra fiada deste rosário[344].

Na visão personalizada de Jacome Ratton, no plano de Lisboa renovada "se conservaram as praças e largos quasi com as mesmas dimensoens que dantes tinham, alargando-se, endireitando-se as ruas que eram nimiamente estreitas e tortuosas;" da "fedorenta cidade de Lisboa"[345]. Para além

---

[344] Entre outros, esta matéria surge abordada por mim (ROSSA, 2005: 38-39), mas foi tratada com especial enfoque no trabalho de graduação de Rita CURICA (2005), *Lisboa 1755: a estratégia da memória. Indícios de continuidade no processo de renovação*. Coimbra: Prova Final de Licenciatura em Arquitetura apresentada à Universidade de Coimbra. 2005, desenvolvido no âmbito do *Seminário de Cultura do Território* que então lecionava.

[345] Jacome RATTON (1813), *Recordações de...sobre occurrencias do seu tempo em Portugal, durante o lapso de sesenta e tres anos e meio, alias de Maio 1747 a Setembro de*

dessa visão de continuidade, obviamente exagerada, nessas *recordações* é também significativo que o discurso sobre a reconstrução seja não tanto centrado em edificações, mas no espaço público, que por essa forma surge considerado como a entidade e identidade urbanística.

Foi, claro, influência do próprio plano urdido por Manuel da Maia. Na *Dissertação* a cidade é sempre entendida, não como um traçado ou composição por vezes em mero registo abstracto — o que até então se fizera e se continuaria a fazer *ad-nauseam* para o território brasileiro —, mas como um organismo global e de espaço público, não residual nem descontínuo. Como há algumas décadas atrás escrevia Pedro Vieira de Almeida "na sua definição particular, a arquitectura Pombalina é uma arquitectura não de articulação de objectos mas de articulação de espaços exteriores [...]"[346]. Nisso se constitui a memória em operador determinante, não deixando de ser curioso fazer notar o anacronismo ou vanguardismo do facto. Françoise Choay numa obra seminal para a compreensão dos mecanismos do património e da memória nas sociedades contemporâneas, afirma a dada altura: "Jusqu'au XIXe siècle compris, les monographies érudites qui racontent les villes n'abordent leur espace que par la médiation des monuments, symboles dont l'importance varie selon les auteurs et les siècles"[347].

Tudo isto e bem mais faz da *Dissertação* de Manuel da Maia um texto tão rico quanto o facto de ainda não ter sido devidamente exaurido das lições que encerra. É a ata de um método de apuramento de uma solução — a procura da *razão urbanística* — absolutamente inovador e justificação única para que aquela também o seja. Quanto mais não seja pela capacidade iluminada de conciliar inovação com memória, como se sem memória se não pudesse ter renovação. Não fora a reflexão que, seguindo igual metodologia, ele próprio escrevera a propósito das obras de abastecimento

---

1819... *accompanhadas de algumas reflexoens suas, para informaçoens de seus proprios filhos*. Lisboa: Fenda. 1992: §65.

[346] Pedro Vieira de ALMEIDA (1973), "A arquitectura do século XVIII em Portugal: pretexto e argumento para uma aproximação semiológica." *Bracara Augusta*. Braga: Câmara Municipal de Braga. n°64/76, ano XXVII, tomo II, 1973: 451-464 (456).

[347] Françoise CHOAY (1992), *L'allégorie du patrimoine*. Paris: Éditions du Seuil. 1992: 138.

de água a Lisboa[348], seria sem dúvida o primeiro texto português no domínio da *urbanística*. É, contudo, o seu documento *princeps*.

parte terceira: **a novidade da *reforma* e alguns dos antecedentes**

A catástrofe criou a oportunidade para a reforma há muito desejada. Por trás de um cenográfico Terreiro do Paço sem paço, mas com a primeira e única estátua real de Lisboa, alinhou-se, numa alegórica representação da parada do Poder, uma polis em corte ordeira e uniforme secundando o seu monarca em apoteose equestre. A monarquia não foi dali evacuada, sendo sim o seu único protagonista de aparato. Superou-se até, num regalismo sem precedentes, qualquer alusão simbólica à união entre monarquia e igreja, pois evacuada foi a Patriarcal.

A decisão final sobre o partido urbanístico do *plano-piloto* foi superior, mas corroborou as propostas, também de forte pendor político, do Engenheiro-Mor do Reino. Durante dois anos trabalhar-se-ia de forma solidária e síncrona na prancheta de desenho, na mesa do legislador e com o território da catástrofe com vista à promulgação e lançamento do *plano-piloto* da Baixa-Chiado. Além da relevância finalmente assumida pela engenharia militar no *Estado* absolutista, o impacto prático e indelével de tudo isto registou-se na fortuna da ação urbanística da engenharia militar portuguesa e nas ações reformistas de grande escala empreendidas durante o *consulado pombalino*. Daí em diante o reformismo então instalado como instrumento e método da ação governativa, será também um processo comum à ação urbanística da *escola portuguesa de urbanismo e engenharia militar*.

---

[348] Manuel da MAIA (1731), *Considerações sobre o projecto da conducção das Aguas; chamadas Livres, ao Bairro Alto; e explanacões sobre as mesma considerações, offerecidas ao S.r D. João 5º....* Lisboa: Biblioteca Nacional da Ajuda: 49-XI-20. Este texto tem antecedentes diretos, também inéditos, de relevo: João Nunes TINOCO (1671), *Roteiro da Agoa Livre e....* Lisboa: Biblioteca Nacional: Cod. 427, que é uma colectânea de relatórios sobre a matéria, com particular destaque para o de Pêro Nunes Tinoco, datado de 1620. São três preciosidades da pré-urbanística portuguesa desenvolvidas no âmbito de um desígnio de renovação da capital.

Até então as ações urbanísticas consistiam essencialmente na fundação de cidades novas ou na definição e desenvolvimento de processos de ensanche. As ações de reforma dentro de tecidos urbanos consolidados pautavam-se por intervenções pontuais, por regra desinseridas de desígnios sistémicos, à escala global da cidade. *Alargamento, regularidade e alinhamento* são preceitos de reforma urbanística praticados um pouco por todo o lado desde a Idade Média e correspondem a uma ideia global e intemporal de modernização. Os casos mais marcantes resultavam da inserção ou renovação de equipamentos e dos espaços de significação ou exibição do poder a eles associados. Disso é bom exemplo a conformação do próprio Terreiro do Paço a partir de inícios de Quinhentos. Mas até então nenhuma dessas ações tinha como escopo a transformação global de uma paisagem urbana preexistente num cenário sob os signos da monumentalidade e da ordem.

Salvaguardando as distâncias decorrentes dos choques civilizacionais, não havia sido essa a situação nas cidades coloniais sobrepostas ou desenvolvidas a partir das urbes ocupadas. No Magreb ou na Índia portugueses, ou mesmo nas cidades coloniais espanholas estabelecidas a partir de urbes pré-colombianas, os processos foram de apropriação e transformação gradual, por reforma pontual ou apropriação orgânica.

Em Lisboa não se tratou de *inovar* ou *restaurar*, mas tão só de produzir a simultaneidade desses atos: *renovar*. De facto é essa a expressão que nos surge hegemonicamente nos textos da ação, designadamente na *Dissertação* de Manuel da Maia.[349] Por vezes fala-se também de *reedificação*[350], *que assim deve ser entendida como voltar a edificar, mas sem qualquer conotação de reposição. É renovação a palavra de ordem.* Esses termos tinham então significados muito próximos dos de hoje, os quais, como sabemos, são amplamente explorados na literatura e doutrina

---

[349] As três partes começam por frases onde o termo é recorrente: 1) "Reconhecida, e observada a destruição da cid.e de Lix.ª he preciso intentar-se a sua renovação..."; 2) "Visto parecer que vai tendo algua aceitação a 1.ª p.te da minha Dissertação sobre a renovação da Cd.e de Lix.ª..."; 3) "No § ultimo da segunda parte da Dissertação sobre a renovação de Lisboa,..." Também no aditamento de 19 de abril de 1756 ambas as plantas são, caso a caso, "p.ª a renovação..."

[350] Por exemplo nos alvarás de 12 de maio e de 12 de junho de 1756.

internacional relativa à recuperação, reabilitação e salvaguarda do património edificado.

Não querendo aborrecer com a exaustão, detenhamo-nos apenas no *Vocabulário Portuguez e Latino* de Bluteau[351] e retenha-se o facto de Santa Rosa de Viterbo não contemplar qualquer um destes termos no seu *Elucidário* (o que apenas significa que continuaram o seu uso comum)[352]. A definição de Bluteau para *restauração* é a seguinte: "Restituição ao primeiro estado"[353]. Já para *renovar* a formulação é um pouco mais ambígua: "Fazer alguã cousa de novo, ou como de novo. Darlhe nova forma." Melhora com *renovado* que troca por "Feyto de novo." *Reforma* ou *reformação* acabam por significar o mesmo, ou seja "A nova fórma, que se dà, com a emenda dos erros," também se entendendo como "Restituir à primeira forma" ou "Dar a algua cousa hua nova forma." No fundo enquanto *restauro* nos remete para algo a restituir, *reforma* e *renovação* reportam-nos para uma ação de correção segundo uma nova forma, inovação em continuidade, poder-se-á dizer. Como vimos, era por *renovação* (uma nova forma e não uma *cidade nova*) que se batia Manuel da Maia.

É bem claro para onde aponta este exercício de significados: uma vez mais para a confluência das visões estratégicas do Poder e da engenharia militar num Estado então também ele *renovado* ou *refundado* — se quisermos utilizar um termo mais vincado e comum na terminologia do pombalismo — pela implantação de um regime que, por excelência, se inscreveu na História pelo seu estrutural escopo reformista. A especificidade e novidade do problema da renovação da Baixa de Lisboa dissertada por Manuel da Maia, também introduziu na praxis urbanística da engenharia militar portuguesa o tema da *reforma/renovação*. Simbioses, sincronismos e *impactos históricos*...

---

[351] Raphael BLUTEAU (1712-28), *Vocabulario Portuguez, e Latino*.... Coimbra: Colégio das Artes. 1712-28.

[352] Joaquim de Santa Rosa de VITERBO (1798/9), *Elucidario das palavras, termos, e frases, que em Portugal antiguamente se usárão e que hoje regularmente se ignorão*.... Lisboa: 2 vol.s, 1798/9.

[353] Já no domínio político *restaurar* (como a Restauração de 1640) significa um regresso à forma legítima, uma restituição, dar o seu a seu dono.

Além das ações sobre o território — numa segunda fase do pombalismo de pendor fisiocrático legível em toda uma nova lógica para o Império — o reformismo da *cultura do território* pombalina integrou o urbanismo como instrumento de ação e significação política. A experiência reformista/renovadora inaugural do centro da capital reproduziu-se em outras intervenções que, em muitos casos, são hoje o símbolo material mais evidente de ações de monta, como a reforma dos vinhedos do Alto Douro (1756), a reforma do ensino e o seu corolário superior na Universidade de Coimbra (1772), a restauração do Reino do Algarve e a consequente criação da Companhia Geral das Reais Pescarias do Algarve (1773), isso para não irmos longe, como a Goa (1774).

A precoce reforma urbanística impropriamente conhecida como *Porto dos Almadas*, foi consequência forçada de uma reação popular. O processo desenrolou-se cronologicamente a par com o de Lisboa, por isso não tendo dele beneficiado como os demais[354]. O caso de Coimbra, extraordinariamente importante e significativo no que diz respeito ao projetado, mas bem menos no concretizado, dizia respeito a um programa, território e casco urbanos extraordinariamente complexos. Mesmo com as dificuldades externas que se lhe levantaram, revela uma grande maturidade processual e um apurado sentido urbanístico e de consciência histórica[355].

Mas o corolário do inovador reformismo urbanístico da *escola portuguesa de urbanismo e engenharia militar* encontra-se em Vila Real de Santo António, a cidade-fábrica erguida de um jacto segundo o projeto e processo mais próximos das utopias que então grassavam nas

---

[354] Bernardo José FERRÃO (1985), *Projecto e transformação urbana do Porto na época dos Almadas: 1758/1813*. Porto: Faculdade de Arquitetura da Universidade do Porto. 1989 e Joaquim Jaime B. Ferreira ALVES (1988), *O Porto na época dos Almadas: arquitectura. obras públicas*. Porto: dissertação de Doutoramento apresentada à Universidade do Porto. 2 vol.s, 1988-1990.

[355] Maria de Lurdes CRAVEIRO (1988), Guilherme Elsden e a introdução do neo-classicismo em Portugal. *IV Simpósio Luso-Espanhol de História da Arte*. Coimbra: Instituto de História da Arte da Universidade de Coimbra. 1992: 503-519; Maria de Lurdes CRAVEIRO (1990), *Manuel Alves Macomboa: arquitecto da Reforma Pombalina da Universidade de Coimbra*. Coimbra: Instituto de História da Arte da Universidade de Coimbra. 1990; Luísa TRINDADE (1998), A Reforma Pombalina. *Monumentos*. Lisboa: DGEMN. 1998: 52-57.

urbanísticas europeias. O que dela aqui mais nos importa é o facto de, apesar de ter sido projetada e erguida sobre o nada, oficial, simbólica e retoricamente corresponder a uma refundação, a ressurreição de um povoado quinhentista desaparecido: Santo António de Arenilha[356].

Em todos esses casos a renovação como processo e ação converteu-se, pelo menos episodicamente, em doutrina. Doutrina do Iluminismo com todos os conteúdos para a evocação de uma *idade de ouro* — a *manuelina* — o que ocorre de forma literal no coroamento do elemento central da composição de Vila Real de Santo António: a esfera armilar que remata o obelisco no centro da praça. No pedestal José I (r. 1750-1777) é cognominado *restaurador*. Assim nos deparamos de novo, redundantemente e aqui em pura abstração, com os temas da *celebração da memória* e da renovação como escopo, não como mero processo.

Se a renovação urbanística foi para a *escola portuguesa* uma novidade, tê-lo-á sido a nível internacional? A verdade é que o impacto externo causado pelo terramoto ainda aguarda o equivalente no que respeita à solução urbanística para a reconstrução. Quiçá porque o grau extremo de apuramento de operações de renovação urbanística como a de Lisboa ou, se alinharmos na retórica coeva, a de Vila Real de Santo António, têm dificuldade de encontrar paralelos.

A ação promovida por Sisto V em Roma a partir de 1588 foi o primeiro caso em que uma ação de renovação urbanística global aconteceu de forma integrada. A *cidade eterna* era então um burgo disperso, entre o semiarruinado e o semidevoluto, juncada da persistência de um conjunto de venerados monumentos antigos. A estruturação então encetada consistiu também no traçar de uma *cidade nova* sobre uma cidade arruinada. A ruína era resultante da patine dos tempos e alguns dos elementos faróis para a composição monumental e paisagística da *cidade nova*. Questões como as da propriedade tiveram um peso diminuto.

Além de Roma e do frustre caso londrino, operações desse âmbito e escala escasseavam, constituindo razão de fundo para tal a ausência de

---

[356] José Eduardo Horta CORREIA (1984), *Vila Real de Santo António: urbanismo e poder na política pombalina*. Porto: FAUP. 1998.

pretexto. Era sempre mais simples acrescentar, como em Turim, sendo inúmeros os casos de intervenção para renovação pontual. Para além de situações em que surgiram planos com escassa ou nula concretização como em Toulouse, em Rennes e Bordéus [curiosamente com a intervenção de um mesmo arquiteto, Jacques-Jules Gabriel (1667-1742)] encontramos as situações mais interessantes e convergentes com o caso de Lisboa[357].

A primeira deve-se, uma vez mais, a uma catástrofe, o incêndio de 1720. A segunda ao empenho do intendente Boucher, que entre 1726 e 1743 espoletou uma série de transformações com clímax na Praça Real, cujas obras tiveram início em 1731.

A Praça Real de Bordéus tem bastantes pontos de contacto formais e programáticos com a Praça do Comércio de Lisboa. Entre outros: bolsa, alfândega, torreões, arcarias, abertura ao rio, estátua equestre do monarca, etc. Mas é de uma outra escala e âmbito e o sistema de acesso condicionado por uma diferença crucial: os ângulos chanfrados, uma citação da parisiense Place Vendôme. O sucessor de Boucher, De Tourny (adm. 1743-1757), empenhou-se na construção de uma cintura de boulevards e na abertura de um conjunto de vias internas, o que, mais que o simbolismo da praça, revela um desígnio concreto de renovação urbanística e prenuncia aquilo que, após o final do Antigo Regime, será levado a cabo nas principais cidades europeias. Seguir-se-ia um programa de equipamento e monumentalização, o qual cai cronologicamente fora do nosso enfoque. Apesar do vigor e forte pendor renovador, o processo de Bordéus pela escala e ausência de destruição maciça, não poderia ter gerado uma paisagem urbana com o rigor formal e a força simbólica da Baixa de Lisboa.

---

[357] Foi em França que este tipo de operações tiveram mais fortuna, verificando o interesse precoce da Coroa em promover reformas urbanas nas mais diversas cidades do reino. Além de surgirem referenciadas nos manuais e de síntese sobre o urbanismo europeu da época [p.e. Pierre LAVEDAN; HUGUENEY; Philippe HENRAT (1959), *Histoire de l'Urbanisme, Renaissance et temps Modernes, XVIe- XVIIIe sciècles*. Genève: Droz. 1982; Paolo SICA (1976), *Storia dell'urbanistica - Il Settecento*. Bari: Laterza. 1985; A. E. J. MORRIS (1979), *Historia de la forma urbana: desde sus orígenes hasta la Revolución Industrial*. Barcelona: Gustavo Gili. 1998] a bibliografia específica é vasta. Para uma primeira abordagem veja-se, por todas, Jean-Louis HAROUEL (1993), *L' embellissement des Villes*. Paris: Picard. 1993 e também (por oposição) Antoine de ROUX (1997), *Villes Neuves: urbanisme classique*. Paris: Rempart. 1997.

Em Rennes, devido à catástrofe que catalisou o processo (um incêndio que durou uma semana consumindo todo o centro da cidade) a situação é bem mais próxima e o resultado, apesar das diferenças de escala e de estatuto político-territorial, poderia ter sido equiparável ao de Lisboa. "L'incendie éteint, il apparut qu'il fallait profiter de la situation pour rendre la ville plus belle, les rues plus larges et plus droites"[358]. Era essa uma das duas linhas de orientação para a reconstrução. A outra, quiçá mais importante, residia na necessidade de renovar a cidade de acordo com uma série de regras urbanísticas e construtivas que obviassem a repetição da catástrofe: distâncias entre construções, materiais, distribuição de funções, etc.

Uma e outra linha de pensamento não eram de forma alguma incompatíveis entre si, mas sim com o estatuto de propriedade e o cadastro. Como em Londres, esse tipo de obstáculos, desta feita corporizados por ávidos construtores, deram lugar à discórdia e o processo sofreu inflexões e atrasos consideráveis, sendo já na década de 1740 que o sistema central da operação de renovação — o do poder — ficou concluído. O plano adoptado, racional (claro) é, no entanto, uma evidência de compromissos. Até o sistema central de duas praças revela torções, hesitações e desproporções que não teriam ocorrido caso o poder tivesse logrado impor regras e desenho aos proprietários e construtores. Pese embora a situação de catástrofe do incêndio urbano, dele não resultou impulso suficiente para a promoção de ações urbanísticas de renovação de radicalidade (*Luz*) superior. Tal papel estava reservado aos terramotos e demais processos de destruição deles decorrentes, como em Lisboa.

Mas não só. São diversos os sismos com grande impacto destruidor nas décadas anteriores na bacia do Mediterrâneo, em especial em Itália e no Reino das Duas Sicílias (sob dominação espanhola). A região de Roma, Nápoles, a Calábria e, em especial, a Sicília foram flageladas. De entre todos esses momentos de destruição maciça quiçá o mais marcante tenha sido o duplo terramoto ocorrido em 9 e 11 de janeiro de

---

[358] Claude NIÈRES (1972), *La reconstruction d'une ville au XVIIIe siècle: Rennes 1720--1760*. Rennes: Institut Armoricain de Recherches Historiques de Rennes. 1972: 59.

1693 naquela ilha, com especial impacto a sudeste, no Vale de Noto. Pelo menos foi e é o que maior fortuna crítica teve. Todas as cidades daquele vale ficaram reduzidas a escombros. Igual sucedeu um pouco mais a norte com a cidade implantada numa suave encosta entre o mar e o cone do vulcão Etna: Catânia. Em 1669 uma erupção inundara de lava e cinzas parte considerável desse núcleo urbano, mas coube àquele terramoto concluir a destruição maciça.

Da reconstrução saíram um conjunto de cidades urbanística e monumentalmente interessantes, algumas delas (Noto, Avola, Grammichele) refundadas em outro local, as duas últimas segundo grelhas geométricas que decorrem da aplicação direta, quase abstracta, dos sistemas urbanísticos da tratadística militar do Renascimento. Já Noto deu origem a uma nova cidade cujo partido urbanístico é bem diverso, imperando a gestão espacial do barroco. A deslocalização era, de facto, um recurso frequente, procurando-se zonas menos fustigadas ou a convicção disso. Se em 1755 se colocou a hipótese de refundar Lisboa na zona de Belém sem consequências diretas, já o mesmo não sucedeu, por exemplo, com Ourém. A mais importante das cidades destruídas pelo terramoto siciliano de 1693, Catânia, teve fortuna diversa, pois acabou reconstruída. Contudo melhor será dizer renovada. Por isso o seu caso muito nos interessa.

A reação das autoridades espanholas foi imediata. O Vice-Rei sediado em Palermo despachou para o local com plenos poderes Giuseppe Lanza, Duque de Camastra (1630-1708) que teve uma atuação esclarecedoramente caracterizada na seguinte citação: "Nessuna velleità illuministica sembra esser presente peraltro nel vicario generale, ma soltanto il clássico pragmatismo del militare: vedere, decidere, agire"[359]. O duque já há uma década atrás empreendera a fundação da sua pequena vila de Santo Stefano di Camastra, à qual impusera um rígido e criativo traçado geométrico. Sem ser o autor material do plano, inúmeros documentos demonstram o seu papel nas decisões basilares, designadamente no estabelecimento dos três principais eixos da nova composição urbanística.

---

[359] Liliane DUFOUR e Raymond HENRY (1990), *Dalle baracche al barocco: la ricostruzione di Noto. Il caso e la necessità*. Palermo: Arnaldo Lombardi Editore. 1990: 42.

Não é especificamente o desenho o que aqui mais nos interessa, mas tão só a atitude e as medidas adoptadas. É absolutamente reveladora a seguinte frase inscrita na ata da reunião do Senado de Catânia de 28 de junho de 1694 (na qual se definiram as regras básicas da ação), por conseguinte ano e meio depois: "intersecare l'isole delle case passando tanto sopra le estrade antiche quanto sopra caseleni"[360]. Tal como em Lisboa sessenta e dois anos mais tarde, a catástrofe permitia por em prática medidas extremas com relação às preexistências e, em especial, ao direito de propriedade. No entanto, e também como em Lisboa, basta olhar para a abstração morfológica final para se verificar que, mesmo inconscientemente, a renovação foi feita integrando memória.

Dois dos investigadores que mais têm trabalhado a reconstrução após aquele terramoto já há alguns anos verificaram que "le texte du dècret de l'Alvara du 12 mai 1758 qui precise les fins et les moyens de la reconstruction de la capitale portugaise, fait de la modernisation de l'espace urbain une sorte de doctrine qui n'est pas fondamentalement différente de celle du Senat de Catane en 1694 [...] il est troublant de constater, que sur le plan de l'espace urbain, les procédures administratives et juridiques préconisées à Lisbonne par l'Alvara de 1758, ressemblent beaucoup à celles adoptees à Catane en 1694"[361].

Em articulação com as soluções jurídico-administrativas outras foram adoptadas. Como Manuel da Maia defenderia, considerou-se fundamental construir o mais baixo possível (o que o mercado imobiliário cedo ultrapassou) e entendeu-se ser fundamental a conformação de espaços públicos dimensionados por forma a permitirem a evacuação e refúgio fora do alcance de elementos construtivos e materiais em desagregação durante o terramoto, bem como nos incêndios que se lhe seguem. Um

---

[360] Citada por Giuseppe DATO (1995): L'urbanistica della ricostruzione settecentesca a Catania... *Le città ricostruite dopo il terremoto siciliano del 1693. Tecniche e significati delle progettazioni urbane*. Roma: a cura di Aldo Casamento e Enrico Guidoni, Kappa. 1997: 126-132.

[361] Liliane DUFOUR e Raymond HENRY (1995), Val di Noto: histoire des idées ou histoure des mentalités. *Le città ricostruite dopo il terremoto siciliano del 1693. Tecniche e significati delle progettazioni urbane*. Roma: a cura di Aldo Casamento e Enrico Guidoni, Kappa. 1997: 66 e 67.

outro dado comum e marcante de ambas as composições urbanísticas foi a definição de uma hierarquização viária, a qual, cria-se, melhor permitiria o rápido fluxo e o refluxo dos maremotos, pois diminuindo-se as resistências diminuem-se as possibilidades de destruição.

Todo o saber científico é precedido de empirismo e assim foi com a tecnologia antissísmica. Catástrofes como a de Lisboa fizeram correr rios de tinta em conselhos empíricos dos mais celebrados eruditos coevos, mas do saber empírico vernacular, quiçá mais eficaz, ainda não foi feita a história[362]. Mais interessante para os nossos propósitos são aqueles que, para além de medidas antissísmicas, propõem novas disposições urbanísticas num apelo claro à oportunidade para a renovação. O caso do *Tratado da conservação da saúde dos povos...* de Ribeiro Sanches é, quiçá, o mais relevante[363].

O terramoto da Sicília de 1693 é um dos mais conhecidos da história europeia. Como com o de Lisboa tal facto ficou a dever-se não tanto ao grau de destruição e morte, mas muito especial à reação regeneradora a que deu origem. Claro que do ponto de vista da urbanística e da arquitetura as soluções são tão diversas quanto as escalas, as culturas e as cronologias, mas...

Além destas constatações circunstanciais, tudo isto (Bordéus, Rennes, Catânia e um ou outro caso mais) serve para quê? Para especularmos sobre o que conduziu a engenharia militar portuguesa ao apuramento de um partido urbanístico novo, a *reforma*, o qual depois de Lisboa foi aplicado noutras situações e é hoje uma situação comum. Já em outras ocasiões tive oportunidade de pôr em causa a ideia que Manuel da Maia induz na sua *Dissertação* sobre o seu eventual desconhecimento do que acontecia na Europa[364]. Não vou repetir os argumentos, mas tão só alinhar alguns outros, agora diretamente relacionados com o mote deste texto.

---

[362] Além de diversas outras contribuições do presente volume ver Grégory QUENET (2005), *Les tremblements de terre aux XVIIe et XVIII siècles. La naissance d'un risque*. Seyssel: Champ Vallon. 2005.

[363] Ver Ana Cristina ARAÚJO (2000), Medicina e utopia em Ribeiro Sanches. *Ars interpretandi - diálogo e tempo: homenagem a Miguel Baptista Pereira*. Porto: separata, Fundação Engenheiro António de Almeida. 2 vol.s, 2000.

[364] Walter ROSSA, 2004: 36-38.

Atente-se, por exemplo, no seguinte trecho do (*Dissertação*, I, §15): "[...] e poderá também formarse a caza da bolça do neg.º e tudo com as direcçoens, e formalid.es não só segundo as not.as das outras Cortes, mas com as melhoras q ocorrerem, e o bom discurso alcançar." Não se pode dizer que se trata de uma referência indireta ao caso de Bordéus, mas na realidade era em tempo real que chegavam a Lisboa notícias sobre os mais diversos acontecimentos na Europa e no mundo. Basta percorrer as edições da *Gazeta de Lisboa*, editada a partir de 10 de agosto de 1715. Igual sucedia com o demais conhecimento veiculado em letra impressa.

Tal como João V se empenhara na obtenção de desenhos e modelos dos mais diversos edifícios de Roma, constituindo um verdadeiro museu de arquitetura no Paço da Ribeira[365], e encomendara a uma casa de gravadores franceses (os Mariette) uma impressionante coleção de imagens dos mais variados aspectos do globo[366], também os arquitetos e engenheiros militares de serviço em Portugal possuíam nas suas pequenas bibliotecas itens da mais recente produção teórica e teórico-prática especializada, na qual soluções como a de Bordéus e a de Rennes figuram como exemplos[367]. Igual sucede com as bibliotecas públicas portuguesas, ainda que seja impossível determinar a data da entrada no país ou até de incorporação da maior parte dos espécimes.

Manuel da Maia queixa-se de não ter à mão os seus livros e papéis destruídos pela catástrofe, mas lembrou-se de muita coisa que descreve

---

[365] Francisco Xavier da SILVA (1750), *Elogio funebre, e histórico do... D. João V*. Lisboa, 1750. Uma boa síntese em Ângela DELAFORCE, 1993: 61-62.

[366] Entre vários da mesma autora, ver Marie-Thérèse MANDROUX-FRANÇA (1983), *L'image ornementale et la litterature artistique importées du XIe au XVIIIe siécle: un patrimoine meconnu des bibliothéques et musées portugais*. Porto: Câmara Municipal do Porto, 1983; Marie-Thérèse MANDROUX-FRANÇA (1986) "La politique artistique européenne du Roi Jean V de Portugal en direction de Paris." *Histoire du Portugal, histoire européenne*. Paris: Fundação Calouste Gulbenkian - Centre Culturel Portugais, 1987. Estes textos convergem na recente publicação de Pierre-Jean MARIETTE (s/d), *Catalogues de la collection d'etampes de Jean V roi de Portugal*. dir. Marie Therese Mandroux-França, Fundação Calouste Gulbenkian, Bibliothèque National de France, Fundação da Casa de Bragança, 3 vol.s. Lisboa e Paris: 1996-2003.

[367] Horácio Manuel Pereira BONIFÁCIO (1990), *Polivalência e contradição. Tradição seiscentista, o barroco e a inclusão de sistemas ecléticos no séc. XVIII. A segunda geração de arquitectos*. Lisboa: dissertação de Doutoramento apresentada à Universidade Técnica de Lisboa. 1990: 297-310.

[como o perfil das ruas de Inglaterra (*Dissertação*, III, §14° e 15°.)] e, provavelmente, de outras que decidiu omitir ou não necessitou declarar. Claro que dessa forma se não faz História, mas há um facto que não podemos continuar a ignorar.

Durante a estada de Filippo Juvarra em Lisboa no primeiro semestre de 1719, Manuel da Maia manteve uma relação profissional bastante próxima com ele. Juvarra contava então 41 anos. Aos 15 estava na sua terra natal, Messina, quando ocorreu o grande terramoto já atrás referido, que destruiu as cidades sicilianas do Vale de Noto, designadamente a de Catânia situada a escassos 80 quilómetros de Messina. Só em 1704 Juvarra trocaria Messina por Roma onde ficaria até 1714, quando passou ao Piemonte como arquiteto da Casa de Sabóia[368]. Sendo uma vocação precoce, Juvarra por certo não deixou de se interessar pelos processos de reconstrução das diversas cidades afectadas por aquele sismo. Seria ainda mais estranho que disso se não lembrasse e não dissertasse quando em Lisboa se lhe colocavam problemas de renovação e ensanches urbanos.

Verdade é que Lisboa não ficara na ignorância dessas catástrofes. A publicação em Lisboa logo em 1758 de uma pretensiosa, mas sistemática, *História Universal dos Terramotos...*[369] é a mais significativa das edições até então dados à estampa sobre o tema. Vejam-se, por exemplo: a *Notícia da destruição de Palermo...*[370] editado no próprio ano do terramoto de 1726; a *Notícia do fatal terramoto succedido no reyno de Napoles...*[371]

---

[368] Ver, entre outros: Gianfranco GRITELLA (1992), *Juvarra: l'architettura*. Modena: Franco Cosimo Panini Editore. 2 vol.s, 1992; *Filippo Juvarra, Architetto delle Capitali da Torino a Madrid 1714-1736*. Torino: Fabbri Editori. 1995.

[369] Joachim Joseph Moreira de MENDONÇA (1758), *Historia universal dos terremotos, que tem havido no mundo, de que ha noticia, desde a sua creação até o seculo presente. Com huma narraçam individual do terremoto do 1 de Novembro de 1755, e noticia verdadeira dos seus effeitos em Lisboa, todo Portugal, Algarves e mais partes da Euro...*. Lisboa: Offic. de António Vicente da Silva. 1758.

[370] José Freire de Monterroio MASCARENHAS (1726), *Noticia da destruição de Palermo, cabeça do Reino de Sicilia, causada pelo horrivel terremoto que padeceo na noite do primeiro de Setembro do anno de 1726, causada pelo horrivel terremoto que padeceo na noite do primeiro de Setembro do anno de 1726*. Lisboa: Off. de Pedro Ferreyra. 1726.

[371] José Freire de Monterroio MASCARENHAS (1733), *Noticia do fatal terramoto succedido no reyno de Napoles em 29 de Novembro do anno de 1732: tirada de cartas fidedignas escritas de Italia*. Lisboa: Offic. Pedro Ferreira. 1733.

também do ano do sucedido, 1733; ou a descrição em rima em 1693 dos terramotos de 1693 na Sicília[372]. Em suma, o conhecimento era imediato, obtido através de cartas, designadamente entre o clero[373] que investia na intervenção divina.

Sendo impossível aqui traçar um quadro geral, atentemos sumariamente no que nos revela um conjunto de, pelo menos, cinco cartas do acervo da Biblioteca da Ajuda, trocadas entre João de Sousa (1647-1710) e alguns seus correspondentes em Roma e Pádua[374]. João de Sousa foi bispo do Porto a partir de 1684, de onde ascendeu a arcebispo de Braga, passando finalmente para o arcebispado de Lisboa em 1703. Teve a nómina de cardeal, mas faleceu em 1704 antes de poder receber a púrpura. Não era, pois, um prelado qualquer e nessas cartas revela um grande interesse em tempo real por tudo quanto dizia respeito aos terramotos mais violentos então ocorridos em Itália, designadamente o de 1703 em Roma e todo o centro de Itália[375]. Ainda não logrei estabelecer a ligação dessas cartas com uma outra datada de 12 de maio de 1703, onde dá conta da necessidade de se proceder à reparação dos estragos causados por diversos abalos sísmicos na capela-mor da Sé de Lisboa, nem com a oração que em 08 de abril de 1704 fez sobre esses grandes terramotos[376].

A verdade é que já então a terra tremia com frequência em Lisboa, tendo continuado a tremer durante mais meio século até à grande catástrofe de 1755. Os lisboetas interessavam-se pelo assunto, tentando saber o que lhes poderia e estava guardado. Homens como Manuel da Maia não

---

[372] Pedro Vaz REGO (1693), *Noticia em oytava rima dos terremotos, que succederam neste anno de 1693 em Sicilia*. Évora: Oficinas da Universidade. 1693.

[373] Fernando Rodríguez la TORRE (1995), *Spanish sources concerning the 1693 earthquake in Sicily*. Annali di Geofisica. Compositori. n°5-6, ano XXXVIII, 1995: 523-539.

[374] Biblioteca da Ajuda
51-IX-38, f.12 (1688/09/24)
54-V-27, n°4 (1703/02/1703)
54-VIII-12, n°75 (1703/03/03)
51-IX-30, fl.180-180v (1703/04/05)
54-VIII-14, n°384 (1703/05/26).

[375] Os terramotos de janeiro e fevereiro de 1703 centrados na Umbria e Abruzzo foram para a Itália central uma das mais significativas sequências sísmicas do último milénio.

[376] Biblioteca da Ajuda 54-VIII-18, n°8 e 51-VI-10, fl.s185-185v.

podiam deixar de estar a par de experiências como as de Catânia. Falta ainda prová-lo de forma cabal, mas toda a sua Dissertação, em especial a primeira parte produzida em menos de um mês, apresenta um conjunto de preocupações e de soluções ali apuradas sete décadas atrás. Homens como Manuel da Maia sabiam, mas não precaviam, pois a inércia do sistema político, legislativo, simbólico, etc. só poderia ser vencida pela aplicação violenta de uma energia superior.

Alguns acontecimentos surgem-nos hoje como premonição da grande catástrofe. Apenas citando incêndios no curto espaço de tempo compreendido entre a subida ao trono de José I e o Terramoto temos: em 10 de agosto de 1750 o Hospital Real de Todos os Santos foi destruído; em 17 de julho de 1751 deflagrou fogo no Paço da Ribeira; em 10 de outubro de 1754 um incêndio no bairro da Ribeira Grande causou avultados prejuízos; em 18 de fevereiro de 1755 a Rua do Príncipe foi destruída pelo fogo. Seria o fogo que durante seis dias se seguiu ao Terramoto de 1 de novembro de 1755 o seu principal agente da destruição.

Desde 31 de julho de 1750, dia da morte de João V, que o subsolo da cidade tremeu com frequência. Segundo um enfoque meramente simbólico, poder-se-á dizer que o velho centro da cidade não suportava mais mudanças aleatórias ou, pelo menos, pontuais. Impunha-se uma reforma urbanística global e irreversível, numa iluminada fixação do passado como plataforma estável para uma capitalidade com futuro.

NO 1º PLANO[377]

Nota prévia

Neste texto viso a produção de um balanço sobre a formação da consciência do valor e modernidade do plano para a renovação do centro de Lisboa promulgado na primavera de 1758, bem como do conjunto que integrou para o todo urbano — o *1º Plano de Lisboa* ou, pura e simplesmente, o *Plano* — no seu âmbito disciplinar específico, o urbanismo. Suscito pois uma reflexão metodológica sobre esse instrumento de gestão urbana e o processo que o originou e a que deu origem para, em consonância, se poder evoluir na promoção do seu futuro. É uma forma de registar o que catalisou a montagem da exposição para cujo catálogo este texto foi escrito e das duas primeiras partes do discurso que nela se montou. Evito, contudo, uma abordagem descritiva, disponível nas diversas obras listadas na bibliografia, bem como a repetição de argumentos apresentados e desenvolvidos em outros textos meus sobre a temática.

---

[377] Texto publicado em Ana TOSTÕES e Walter ROSSA (org.) (2008), *Lisboa 1758: o plano da Baixa Hoje*. Lisboa: Câmara Municipal de Lisboa. 2008. Importa referir que, conforme anunciei na apresentação desta coletânea, apesar de a versão original ter sido publicada sem imagens impressas num volume que é acompanhado por um disco que contém uma exaustiva coleção de imagens sobre o tema, me levou a optar por aqui continuar a não incluir nenhuma. Seria impossível uma seleção minimamente expressiva e útil ao acompanhamento de um texto que para tal não foi redigido. Outra especificidade deste texto em relação a todos os outros, é o facto de conter uma bibliografia na qual se baseiam as referências bibliográficas em sistema autor-data.

A tomada de consciência

os modernistas e a Baixa

Em 4 de outubro de 1947 o arquiteto Porfírio Pardal Monteiro (1897--1957) proferiu uma conferência em Madrid cujo título, *Os portugueses precursores da arquitectura moderna e do urbanismo*, não revela o tema, mas deixa-nos muito curiosos. Ainda antes da sua publicação (Monteiro, 1947) bisou-a a convite da Câmara Municipal de Lisboa numa versão mais apurada (Monteiro, 1948) cujo título esclarece um pouco mais: *Eugénio dos Santos precursor do urbanismo e da arquitectura moderna*. Pela primeira vez foi assim feita por um português formal, pública e internacionalmente, uma chamada de atenção sobre a relevância cultural internacional e a atualidade do Plano da Baixa de 1758, e do processo de reconstrução do centro da cidade de Lisboa após a catástrofe catalisada pelo primeiro sismo da manhã do 1º de novembro de 1755, o Terramoto.

A opinião geral, mas não de todos, sobre essa ação de planeamento desde sempre fora muito negativa, e não deixa de ser significativo que, por Decreto-Lei de 16 de junho de 1910, apenas a Praça do Comércio tenha sido classificada como Monumento Nacional[378], estatuto que de uma forma operativa se confirmou quando em 1929 recebeu uma operação de recuperação do Cais das Colunas e da sua plataforma central (retiraram-se as árvores e os quiosques), a par com a reconstrução da ala nascente, há muito vítima de um incêndio. Contudo nas décadas seguintes a Baixa foi sendo alvo de debate, o qual no verão de 1934 levou a Câmara Municipal de Lisboa ao lançamento de um concurso para o "melhoramento estético do Rossio"[379]. Não são da conta deste texto os contos e implicações desse episódio, que na realidade colocou em risco aquela praça, mas importa vincá-lo como ponto mais baixo da sequência de acontecimentos e ações

---

[378] Para uma leitura circunstanciada do processo que levou do quase total desprezo ao reconhecimento da valia patrimonial da Baixa além da Praça do Comércio, veja-se LEAL (2004). De uma forma mais detalha contamos ainda com SILVA (1997).

[379] Sessão da Câmara Municipal de Lisboa de 23 de agosto de 1934.

que conduziram ao atual contexto de valorização da Baixa como bem patrimonial, bem como do plano que lhe deu forma e viabilidade.

Impõe-se também fazer notar como de toda a área objeto da intervenção final do plano que, grosso-modo, integrou a Baixa, o Chiado e Remolares-São Paulo, apenas a Baixa tenha sido objeto de continuada crítica e posterior ensejo de *melhoramento*. Talvez se explique pela sua centralidade e relevância simbólica, mas também porque a maior flexibilidade do desenho e da execução do *Plano* nas outras áreas lhes conferiu uma feição menos dogmática e, assim, menos sujeita a críticas. Ao invés, o *tabuleiro* da Baixa é o expoente máximo da cultura urbanística que presidiu ao planeamento global da cidade e, mais especificamente, à reconstrução *ex-novo* de Lisboa, só suplantada em 1774, porque *ex-nihilo*, com a concretização de Vila Real de Santo António no extremo sudeste do país (Correia, 1984 e Horta, 2006).

O Rossio (aliás Praça de D. Pedro IV e desde há muito o centro do pulsar quotidiano de Lisboa) emergira da renovação pós-Terramoto como inexplicável parente pobre do outro espaço público de referência, a Praça do Comércio, antes (e para sempre) Terreiro do Paço. Para além do mais, mercê de novos requisitos do comércio, o Rossio sofrera diversas intervenções pontuais que todos consideravam ter afectado a sua unidade e (apenas para alguns) monumentalidade, o que então se entendia como irreversível e decorrente da sua falta de capacidade de adaptação a novidades. Não fora isso e talvez tivesse sido tolerável a "monotonia que gela"[380] do ainda mais rígido reticulado intermédio.

Com efeito, nas décadas de 1930 a 1950 e como clímax de quase dois séculos de uma relação difícil entre os intelectuais portugueses e a Baixa — mas também por mercê da forma então corrente de se encarar e intervir no património edificado — esta esteve em risco eminente de ser objeto de uma profunda descaracterização programada, sendo muito curioso que tenha partido de um arquiteto modernista, Pardal Monteiro, a primeira grande chamada de atenção internacional e específica para a genialidade e vanguardismo do bem.

---

[380] Esta celebrada expressão é de Cyrillo Volkmar Machado num inédito de 1793 (GOMES, 1988: 125).

E, segundo ele, como? Pela percepção da sua modernidade expressa na desornamentação, na recusa da monumentalidade, no abandono de eixos privilegiados, na racionalidade do traçado e do desenho, na estandardização, na pré-fabricação e construção em série, na economia, na subordinação dos detalhes aos princípios gerais, na antecipação e antevisão do planeamento ao crescimento urbano, etc. Pardal Monteiro argumenta que "resultam para a chamada Arquitectura Pombalina extraordinárias afinidades com a Arquitectura moderna, em todo o Mundo. [...] O carácter da Arquitectura Moderna deriva de causas muito sérias, como aconteceu no século XVIII em Portugal." E continua referindo-se explicitamente ao paralelismo com a reconstrução pós-guerra então em curso (Monteiro, 1948: 19).

Mas antes faz também notar que o novo traçado urbano foi composto "segundo um sentido novo, ordenado, bem diferente das arbitrárias concepções medievais, ou das complicadas composições do Barroco [...] consideradas, para o caso, mesquinhas umas e impróprias outras" (Monteiro, 1948: 12-13). E quando anota algo sobre os planos de expansão produzidos em simultâneo, considera-os "uma solução concebida em obediência às doutrinas de hoje, tão correntes são agora estas ideias, até então nunca postas, de ordenação e de expansão urbanas" (Monteiro, 1948: 13). Aliás o tom geral é este, o da celebração de "um primeiro exemplo duma nova técnica que [...] hoje denominamos «urbanismo» [...e que...] pode ser apontada como um modelo clássico, pois encerra o grupo de ideias que só nos nossos dias se tornaram correntes" (Monteiro, 1948: 13).

Além do interesse que o tema ia suscitando em Portugal, a tudo isso poderá também não ser alheia a publicação quinze anos antes em Viena de um clássico da arquitectónica moderna: *Von Ledoux bis Le Corbusier; Ursprung und Entwicklung der Autonomen Architektur* de Emil Kaufmann[381]. Pela primeira vez de forma sistematizada ali se dá conta da precursora modernidade das propostas arquitectónicas utópicas de alguns arquitetos franceses do final do século XVIII, matéria posteriormente

---

[381] Emil KAUFMANN (1933), *De Ledoux a Le Corbusier : origen y desarrollo de la arquitectura autónoma*. Barcelona: Gustavo Gili. 1985

desenvolvida por outros autores, em especial por Joseph Rykwert[382]. Note-se também a quase perfeita sincronia entre o aparecimento da obra de Kaufmann (1933) e o lançamento do concurso para o Rossio (1934). A verdade é que, tendo ou não conhecimento de *Von Ledoux bis Le Corbusier...*, década e meia e 2ª Guerra Mundial depois, Pardal Monteiro vislumbrou no resultado do Plano da Baixa características e qualidades que só alguém com um olhar modernista poderia valorizar, mas que nem todos os seus pares haviam percepcionado. De entre os colegas que foram ao concurso para o Rossio de 1934 — algumas personalidades importantes da arquitetura portuguesa de então, como Norte Júnior, Rodrigues Lima, Tertuliano Marques, Cottinelli Telmo, Cassiano Branco, Veloso Reis Camelo — apenas Carlos Ramos (1897-1969) apresentou propostas que, apesar de advogarem uma grande intrusão, teriam respeitado e mantido a essência do dito pombalino como pombalino.

A reação mais imediata ao equívoco ensejo de monumentalização do Rossio foi a de lhe conferir a linguagem mais comum na arquitetura europeia da sua época: o barroco já na sua evolução rococó. Como bem sintetizou Paulo Varela Gomes "Confrontados com o pombalino, os arquitectos modernos portugueses (com excepção de Carlos Ramos) produziam ideias barrocas" (Gomes, 1988: 124). O mesmo autor evidenciou ainda o facto de essa opção, quase colectiva, no sentido do pastiche barroquizante, se inserir na linha de inflexão neoacadémica que conduziria às expressões arquitectónicas dos regimes totalitários europeus e, entre nós, ao universo ideológico, cultural e arquitectónico do qual a Exposição do Mundo Português (1940) foi um expoente.

Um dos membros do júri, o arquiteto Paulino Montez (1897-1988), era há muito crítico da situação a que tinha chegado o Rossio e tinha também ele um projeto de reforma, o qual obviamente não pode ser apresentado

---

[382] Joseph RYKWERT (1980), *The first moderns: the architects of the eighteenth century*. Cambridge/London: MIT Press. 1980.
Para acompanhamento desta matéria em outras vertentes, ver ainda Antoine PICON (1988), *Architectes et Ingénieurs au siècle des Lumières*. Marseille: Parenthèses. 1988 e Antoine PICON (1992), *L' Invention de L'Ingenieur Moderne: L'Ecole des Ponts et Chaussées 1747-1851*. Paris: Presses de L'École Nationale de Ponts et Chaussées. 1992

a concurso (Montez, 1935: 73-75), pois além de jurado fora um dos seus principais instigadores. A iniciativa coube contudo a Luís Pastor de Macedo, como vereador do município, além de olisipógrafo[383]. O Rossio "já não é praça monumental [...] o Rossio setecentista já não tem razão de ser" opinara Paulino Montez em artigo de primeira página do *Diário de Notícias* de 5 de janeiro de 1925.

Seria depois do concurso, na sua *Estética de Lisboa* (ensaio dirigido à criação de uma metodologia para o planeamento de Lisboa, que também estava na ordem do dia), que a opinião de Montez surgiria de forma ainda mais clara: "as sucessivas alterações a que teve de sujeitar-se a praça [...] destruíram todo o seu interesse". Augurava-lhe, por razões de mobilidade, a necessidade de alterações radicais, mas concluía que "Depois dessas transformações, o Rossio ficará ainda com o que mais vale da sua traça: as proporções" (Montez, 1935: 46-48). É, talvez, uma das primeiras declarações públicas de valorização patrimonial do desenho urbano de 1758 face à arquitetura que o consubstanciou, embora com isso pretenda tornar admissíveis ações aos olhos de hoje extraordinariamente intrusivas. Significativamente, com o passar do tempo e a evolução do processo, em 1954 Paulino Montez acabaria por ser um dos protagonistas da primeira iniciativa para a classificação patrimonial da Baixa enquanto conjunto, ainda que apenas numa parte[384].

Concomitantemente, o concurso para o Rossio do Verão de 1934 teve como consequência imediata a realização em novembro da primeira exposição sobre o tema organizada por um conjunto de olisipógrafos no

---

[383] Primeiro e como veremos, nesse ano de 1934 enquanto co-organizador da primeira exposição sobre o Terramoto, depois com uma publicação específica, ainda que de pouco interesse para o estudo do processo (MACEDO 1938).

[384] Ver em Miguel TOMÉ (1998), *Património e Restauro em Portugal (1920-1995)*. Porto: FAUP. 2002: 292-297, o parecer datado de 9 de setembro de 1955 que Paulino Montez elaborou, enquanto vogal relator para o efeito da 1ª Subsecção da 6ª Secção da Junta Nacional de Educação (entidade do Ministério da Educação que era então quem tinha a competência de salvaguarda do património cultural). O processo em questão, que visava a classificação como Imóvel de Interesse Público de uma parte da Baixa, teve origem na ação de reforma da Praça da Figueira quando desta se retirou o mercado, e configura explicitamente um caso de conflito de tutela sobre património edificado entre o Estado e o Município de Lisboa, estando em jogo a determinação e a fiscalização da aplicação de regras para as alterações admissíveis. A Câmara Municipal de Lisboa propunha-se fazer uma intervenção de renovação quase radical.

Pavilhão de Festas do Parque Eduardo VII[385]. O brevíssimo prefácio de Gustavo de Matos Sequeira (1880-1962) demonstra já um conhecimento aprofundado e uma consciência clara sobre os aspectos mais relevantes do processo da reconstrução e da sua valia, incluindo a percepção de que uma nova sociedade saíra da reconstrução[386], tema magistralmente tratado três décadas depois por José Augusto França (1962), como veremos.

Ainda em 1934 assistiu-se à publicação por Frazão de Vasconcelos (1889-1970), em segunda edição, de um opúsculo com alguma documentação inédita sobre Eugénio dos Santos, sem contudo acrescentar algo de relevante ao seu desempenho profissional pós-Terramoto (Vasconcelos, 1930). Três anos depois Raul Couvreur (1879-1959), publicou um artigo com um título apelativo: "Um Plano de Urbanização de Lisboa de 1756" (Couvreur, 1937). Contudo refere-se apenas ao que teria sido a execução de um desenho, hoje de paradeiro desconhecido, de um dos planos para as zonas periféricas da cidade[387], sendo essencialmente curiosa a forma como o designa.

É de facto interessante notar como esses dois autores (o primeiro um historiador notabilizado pelos seus trabalhos sobre a ciência náutica e os Descobrimentos Portugueses, e o segundo um numismata) surgiram pontualmente a tratar esta temática. É que, como estamos a ver, nos anos centrais da década de 1930 o tema da reconstrução pós-Terramoto esteve na ordem do dia, situação catalisada pelos constrangimentos urbanísticos que a Baixa começava a apresentar face ao desenvolvimento, e pelos desígnios de transformação que tal situação despertava. Como se verá, estava também em curso pleno o início do lançamento de um novo ciclo, moderno, de planeamento urbanístico para Portugal e a sua capital.

---

[385] *Catálogo da Exposição comemorativa do Terramoto de 1755*. Lisboa: Câmara Municipal de Lisboa. 1934. Os organizadores foram Luís Pastor de Macedo, Augusto Vieira da Silva, Gustavo de Matos Sequeira, Luís Chaves e Joaquim Leitão.

[386] Gustavo de Matos Sequeira publicara em 1916, de forma algo desordenada é certo, um enorme conjunto de dados sobre a Lisboa que saíra do Terramoto (SEQUEIRA, 1916).

[387] Era uma cópia, do acervo do Ministério das Obras Públicas, representando apenas a metade ocidental do desenho de Carlos Mardel, Eugénio dos Santos, Elias Sebastião Poppe e Carlos Andreis, *Planta da topográphica da porção do Terreno que jaz entre os Extremos de Lisboa edificada, e alinhamento da sua Fortificação...*, 1757. Museu da Cidade (Lisboa), Des. 981.

Antes de Pardal Monteiro também Francisco Keil do Amaral (1910-1975) (outro destacado arquiteto português que, aliás, acabaria por desenvolver ideias na linha do que viria a ser designado *regionalismo crítico*) considerara o pombalino como "constituindo uma das mais sólidas e portuguesas expressões de arquitectura", na qual "a real beleza dos conjuntos fazia esquecer certa pobreza de pormenores". Ressaltou ainda "essa verdadeira lição de colectivismo, demonstração prática de como a resolução correcta de um problema de interesse geral pode fazer mais e melhor pela Arquitectura do que o gosto e a fantasia individuais e a abundância de dinheiro"[388]. Temos pois que, em ensaios críticos de 1942, 1947 e 1948, dois marcantes arquitetos do modernismo português (Keil do Amaral e Pardal Monteiro) abriram perspectivas de valorização do conjunto que resultou do processo de reconstrução do centro da cidade destruído pela catástrofe de novembro de 1755. Sempre pelo precursor modernismo que veicularia.

Nessa época, pese embora a inexistência de um estudo monográfico do processo, já há algum tempo que estavam disponíveis publicações através das quais era possível dele construir uma ideia geral correta. Isso é claro nos dois textos de Pardal Monteiro nos quais, para além de tudo e ao invés dos demais, é evidente ter dedicado algum tempo a investigar. A sua leitura vai, obviamente, no sentido da valorização da urbanística implícita, destacando o facto de ser prévia ao próprio florescimento do conceito. Com exceção para a excessiva centralização do protagonismo decisório e criativo na personalidade de Eugénio dos Santos — o que na essência se terá ficado a dever à leitura acrítica da descrição do processo de Jácome Ratton (1736-1820) nas suas *Recordações...* (Ratton, 1813: §65) — pode-se afirmar que tudo o que ali se lê tem vindo a ser confirmado, constituindo, por assim dizer, uma leitura atualizada.

os urbanistas e a Baixa

Como seria natural num ambiente desse tipo, a opinião favorável e, assim, de valorização do conjunto foi-se desenvolvendo. Em convergência

---

[388] Francisco Keil do AMARAL (1942), *A Arquitectura e a vida*. Lisboa: Cosmos. 1942: 98-99.

a olisipografia, então em plena fase de consolidação, coligia e publicava dados sobre o processo, embora na generalidade os seus autores se mantivessem críticos em relação ao resultado (Leal, 2004). Mas não terá sido com base nesse conhecimento que em 1941 surgiu uma notícia razoavelmente desenvolvida, ainda que apenas sobre a área da Baixa, naquela que é a primeira das grandes obras de síntese sobre o urbanismo europeu da idade clássica, a *Histoire de l'Urbanisme, Renaissance et temps Modernes* do historiador de arte Pierre Lavedan (1885-1982) (Lavedan, 1941: 329-331 e 408-413).

As notícias de Lavedan são, mais precisamente, sobre a Praça do Comércio num capítulo sobre as *Places Royales,* e sobre a Baixa noutro sobre a evolução das capitais europeias. Tal como a planta que publica, as referências de Lavedan são parcas e cheias de equívocos. Com uma única exceção, o que cita são fontes escritas publicadas[389], desconhecendo qualquer original do processo, designadamente desenhos. Será que o interesse que revela e algum do conhecimento descritivo que veicula, lhe foi transmitido pelos dois arquitetos-urbanistas, docentes do Institut d'Urbanisme da Universidade de Paris, que entre 1932 e o final da década seguinte trabalharam em Portugal, designadamente em Lisboa?

Entre muitos outros trabalhos sobre Lisboa, em 1935 Alfred Agache (1875-1959) estudou e apresentou três propostas algo radicais para a solução do estrangulamento de tráfego já então notado na Rua do Arsenal (Lôbo, 1993: 61-66), o que conduziria à construção do que hoje é a Avenida da Ribeira das Naus. Étienne de Gröer (1882-1952), no âmbito da elaboração do *Plano Director de Urbanização de Lisboa* (1946-48), debruçou-se mais seriamente sobre a Baixa, propondo uma solução de correção cirúrgica, quarteirão a quarteirão, para saneamento e mobilidade, mas sem pôr em causa a cércea e o traçado. Já dez anos antes avançara com outras propostas com igual desígnio (Lôbo, 1993: 98-99).

Prova cabal do verdadeiro e peculiar interesse de Étienne de Gröer pela Baixa é o facto de em 1936 (antes de ter trabalho como urbanista

---

[389] LISBOA (1758); CASTRO (1810); MACHADO (1823); VITERBO (1899-1922).

em Portugal, o que apenas ocorreu em 1938[390]) ter publicado um artigo intitulado "Lisbonne, example d'urbanisation au XVIIIe siècle" na revista *La Vie Urbaine* (Gröer, 1936). Esta revista era editada pelo já referido Institut d'Urbanisme onde leccionara antes de se fixar em Portugal, fugindo aos nazis. Na notícia sobre a Baixa que acima se referiu, Pierre Lavedan (1941: 412) cita esse artigo, embora vá bem mais longe[391]. Apesar de tudo deve-se assim a um urbanista que, segundo os critérios patrimoniais de hoje, planeou descaracterizá-la, o primeiro impulso conhecido e bem sucedido para a divulgação internacional da valia da Baixa, século e meio depois de se ter gorado a tentativa de inscrever uma notícia sobre a reconstrução pós-Terramoto na *Encyclopédie Méthodique*[392].

Nas décadas de 1930 e 1940 temos pois a discutir a Baixa, a par de alguns olisipógrafos, historiadores e alguns dos mais relevantes arquitetos portugueses, os mais destacados arquitetos-urbanistas estrangeiros atuantes em Portugal. Tal como a maioria dos arquitetos e da própria elite cultural portuguesa, os dois franceses (veículos privilegiados das propostas urbanísticas do ciclo que ficou para a história, teoria e em tecidos urbanos como da cidade jardim*)* não poderiam então ter deixado de ver na Baixa uma premente necessidade de renovação. Tinham já disponível um conjunto apreciável de informação e opinião, parte dele produzido precisamente enquanto estavam em Lisboa. Entretanto a Baixa transformava-se, mas ao sabor da evolução do próprio quotidiano, com uma ou outra intervenção pública a reboque de necessidades pontuais, sem desígnio.

É pois um facto que a chamada de atenção de Pardal Monteiro sobre a Baixa e os seus arquitetos teve antecedentes e não foi inocente, até porque, como vimos, estava então em curso a elaboração do *Plano Director*

---

[390] Terá passado por Lisboa nas suas viagens para o Rio de Janeiro, onde trabalhou com Agache no planeamento da cidade antes de iniciar a sua colaboração com o Município de Lisboa.

[391] Note-se que de 1942 a 1965 Pierre Lavedan foi o diretor do Institut d'Urbanisme, apesar de a sua formação original ser em história da arte, ao que não deverão ser estranhos os factos de aquele instituto ter como raiz não apenas a Faculdade de Direito, mas também a de Letras, e de que até então dedicara toda a sua carreira à história do urbanismo.

[392] FRANÇA (1962: 154); José Correia da SERRA (1781), "Réponse de [...] au nom de L'Académie des Sciences de Lisbonne à Didier Robert de Vaugondy e Catherine Petit (1974). Notice Inédite sur Lisbonne en 1781." *Bulletin des Études Portugaises et Brésiliennes*. Lisboa: Institut Français au Portugal, 1974-1975, vol. XXXV-XXXVI: 102-120 e 93-100, respectivamente.

de Urbanização de Lisboa no qual Étienne de Gröer para ali propunha uma profunda transformação. Formado pela Academia Imperial de Belas Artes de São Petersburgo, aquele arquiteto-urbanista tinha uma posição muito crítica em relação aos princípios modernistas expressos na *Carta de Atenas* (1933) e por Le Corbusier na sua *Ville Radieuse* de 1935, em especial no que dizia respeito à verticalização[393]. Tudo leva a crer que viu na Baixa não a necessidade de inovar, mas sim de potenciar as suas características urbanas, sendo para tal necessário intervir, corrigindo[394], à luz daquilo que então eram consideradas necessidades prementes (higiene, mobilidade, etc.) (Lôbo, 1993: 220).

Fica por determinar o que Pardal Monteiro e outros como Keil do Amaral pensavam sobre aquelas propostas, pois então e como vemos em Étienne de Gröer, o reconhecimento de interesse não significava a luta por uma preservação integral. A verdade é que a valia do bem não estava caracterizada e determinada, e o paradigma de património cultural vigente não abrangia conjuntos e, menos ainda, o urbanismo na sua genuína componente imaterial. Em ambos os textos Pardal Monteiro em parte alguma opina o que quer que seja acerca da preservação ou

---

[393] Étienne de GRÖER (1935), "Le Gratte-Ciel est-il necessaire?" *La Vie Urbaine*. Paris: Institut d'Urbanisme. n°25, 1935; Étienne de GRÖER (1945), "Introdução ao Urbanismo." *Boletim da Direcção Geral dos Serviços de Urbanização*. Lisboa. n°1, 1945-1946. Note-se como no primeiro texto está em resposta direta ao livro publicado por Le CORBUSIER nesses mesmo ano (*La ville radieuse: éléments d'une doctrine d'urbanisme pour l'équipement de la civilisation machiniste*. Paris: Éditions de l'Architecture d'Aujourd'hui. 1935), o qual formula o pensamento que desenvolveu desde as propostas *Ville Contemporaine* e *Plan Voisin* e do livro *Urbanisme*. de 1924.

[394] O termo que o francês habitualmente usou para tais casos foi *curetage* (termo cirúrgico relativo à limpeza por raspagem de uma cavidade, algo como lancetar), o qual nos remete para um outro, desta feita italiano, *diradamento* (ação de desbastar, de retirar excessos), de outro urbanista e teórico cuja doutrina foi consubstanciada numa obra publicada em 1931, a qual só nas últimas décadas encontrou o merecido eco: Gustavo GIOVANNONI (1931), *Vecchie città ed edilizia nuova*. Milão: Città Studi. 1995. São vias concorrentes de uma atitude matricialmente similar de intervenção nos tecidos antigos, por forma a que estes possam responder às necessidades contemporâneas, considerando a cidade, por mais antiga que seja, como um organismo vivo e, por isso, sempre susceptível de evolução.

É muito curioso como a sua proposta de associação dos quarteirões em pares, constituindo assim uma espécie de logradouros abertos, ser morfologicamente muito próxima da solução original em quarteirões abertos que Ildefonso Cerdà propôs no seu plano para o ensanche de Barcelona, a qual acabou profundamente descaraterizada. A propósito ver Ildefonso CERDÁ (1867), *Teoría general de la urbanización, y aplicación de sus principios y doctrinas a la reforma y ensanche de Barcelona*. Madrid: Instituto de Estudios Fiscales. 3 vol.s, 1968.

da transformação, apenas exalta a modernidade[395], a não ser quando se refere ao sistema construtivo[396].

o livro de França

O debate e as publicações portuguesas das décadas de 1930 e de 1940 sobre a Baixa não terão tido repercussão internacional, mas as notícias de 1941 de Lavedan sim. Como conta José Augusto França (1922-)[397], quando em 1959[398] se apresentou a Pierre Francastel (1900-1970) com dois temas alternativos para a realização da sua dissertação de doutoramento em história (segundo a perspectiva da sociologia da arte) na École des Hautes Études en Sciences Sociales (Paris), ele contrapôs-lhe imediatamente o tema que veio a tratar sob o título *Une Ville des Lumiéres: la Lisbonne de Pombal*.

Numa das hipóteses França pretendia abordar a mudança social e estética entre o Portugal barroco e neoclássico, Francastel sugeriu-lhe que tratasse a charneira dessa ruptura: o Terramoto e as suas consequências, demandando uma urbanística do Iluminismo[399]. Como declarou França,

---

[395] É significativo o seguinte trecho (MONTEIRO, 1948: 11): "... se os conhecimentos da Arqueologia, o culto das coisas antigas e a paixão pelo pitoresco de certos trechos das velhas povoações, fossem nesse tempo o que são hoje, não só talvez tivesse havido muita e séria polémica sobre o caminho a seguir, como também a reconstrução da cidade se não houvesse feito tão ràpidamente, nem com tão audaciosa, moderna e larga concepção."

[396] "...conceberam um esqueleto, a chamada «gaiola» pombalina, estrutura totalmente de madeira, elástica, que até à poucos anos se empregava, ainda, nas construções de Lisboa e desapareceu completamente da técnica actual, com grave perigo para a população da cidade. / Nos nossos dias, a técnica nacional, com recursos prodigiosos para defender a população lisboeta sempre ameaçada, esqueceu-se já de tudo isto e deve estar à espera de nova catástrofe para, novamente de luto, voltar a pensar, precipitadamente, no caso.." (MONTEIRO, 1948: 16).

[397] No início da entrevista gravada em 02 de maio de 2008 para a exposição em cujo DVD do catálogo também está inserida [Ana TOSTÕES e Walter ROSSA (org.) (2008), *Lisboa 1758: o plano da Baixa Hoje*. Lisboa: catálogo, Câmara Municipal de Lisboa. 2008]. Relato semelhante, ainda que menos explícito, encontra-se em José Augusto França (2004), "Uma experiência pombalina." *Monumentos*. Lisboa: Direção Geral dos Edifícios e Monumentos Nacionais. n°21, 2004: 18-21.

[398] Coincidência ou não, neste ano Pierre LAVEDAN reeditou não apenas a sua *Histoire de l'Urbanisme, Renaissance et temps Modernes* de 1947, onde se encontram (sem alterações) as duas notícias sobre a Baixa, como também *Géographie des villes*. Paris: Gallimard. 1959, cuja primeira edição é de 1935.

[399] França dá conta disso em diversos locais, mas é o próprio Francastel quem, no prefácio da obra de França (1962: 7-10), declara como num colóquio que naquele ano

isso primeiro afigurou-se-lhe como "½ tese", mas feitas algumas sondagens viu que não e que poderia contar com um imenso e fantástico manancial de material inédito, para além de três estudos publicados que veio a confirmar como seminais[400].

Para além desses, da obra de Gustavo de Matos Sequeira (1916) e de toda a produção das décadas de 1930 e 1940 já aqui referenciada, em 1955 tinha-se realizado a *Exposição iconográfica e bibliográfica comemorativa da reconstrução da cidade de Lisboa depois do terramoto de 1755*, da qual resultou mais um catálogo e, bem mais importante, a maqueta de Lisboa antes do Terramoto, feita por Ticiano Violante sob a direção de Gustavo de Matos Sequeira, que hoje pertence ao acervo do Museu da Cidade. Recordemos ainda o facto de, com a intervenção direta de Paulino Montez, no ano anterior se ter assistido ao diferendo entre a Junta Nacional de Educação e a Câmara Municipal de Lisboa em torno da classificação parcial da Baixa, versus renovação da Praça da Figueira[401]. Tudo isso também terá contribuído para a inspiração do interesse de José Augusto França e o desenvolvimento da sua investigação.

Em 1962, dois anos e pouco depois da definição do tema, a tese de José Augusto França foi defendida, sendo publicada em Francês e em Português em 1965 (França, 1962) e em italiano em 1972. Em 1967, a convite da Câmara Municipal de Lisboa, José Augusto França iniciou os primeiros trabalhos conducentes à classificação e proteção global do bem, o que só veio a ocorrer em 12 de setembro de 1978, trinta anos após a conferência de Pardal Monteiro no Salão Nobre dos Paços do Concelho de Lisboa.

Quatro anos depois comemorou-se o segundo centenário da morte do Marquês de Pombal, tendo-se para tal realizado diversos eventos e

---

realizara em Nancy (Pierre FRANCASTEL (coord.), *Utopie et institutions au XVIIIe siècle: le pragmatisme des Lumières*. Paris: Mouton & Co. 1963) se tornara evidente a necessidade de um estudo sobre a expressão urbanística das *luzes*. Aliás na própria *Introduction* dessas atas (p. 10), já publicadas após França ter defendido a sua tese, Francastel dá conta do facto e da decisão de publicar o trabalho de França pela própria escola.

[400] LISBOA (1758); SOUSA (1909); SEPÚLVEDA (1910). A obra de Francisco Luís Pereira de Sousa de 1909 foi depois completada (SOUSA, 1919-1932), mas é à primeira versão que José Augusto França sempre se refere.

[401] Ver nota 385.

saído do prelo algumas obras. De entre elas foi fundamental o catálogo da exposição *Lisboa e o Marquês de Pombal* organizada pelo Museu da Cidade sob a direção de Irisalva Moita. Para além da inventariação, quase exaustiva dos desenhos originais, o seu texto (Moita, 1982) é uma boa síntese dos factos do processo que aqui nos motiva. A história que se lhe seguiu é conhecida e cai fora do âmbito deste texto.

A consciência

evolução de valores e conceitos

Depois de cerca de dois séculos de desamores com os resultados do *Plano* o que mudara? Demasiado para que aqui possa ser referido. Invoquemos para já as profundas transformações decorrentes do processo de reconstrução do pós-guerra, com especial enfoque para a articulação evidente entre a crítica ao Movimento Moderno, a valorização patrimonial dos conjuntos e sítios e não apenas dos edifícios[402] e o regresso a um interesse geral pelos centros urbanos, que daria origem a ações como a *Campanha Europeia para o Renascimento das Cidades* lançada em 1980 pelo Conselho da Europa.

O livro de José Augusto França organizou os dados e tornou legíveis, fundamentadas e legítimas, não apenas as qualidades estéticas da Lisboa saída do Terramoto, mas também as do processo desenvolvido para atingir tal fim e, muito em particular, o facto de dos escombros ter brotado uma nova sociedade de matriz essencialmente burguesa, tendencialmente

---

[402] Não sendo tão relevantes quanto formalmente o pareçam, alguns diplomas e convenções internacionais dão-nos um pouco o ritmo desta evolução: a *Lei Malraux* (francesa) e a criação do ICOMOS em 1962; a *Recomendação para a Protecção Nacional do Património Cultural e Natural* produzida pela Convenção do Património Mundial e a *Carta Italiana del Restauro*, ambas de 1972; a Recomendação de Nairobi de 1976 (*Recomendação para a Salvaguarda e Papel Contemporâneo de Áreas Históricas*), subscrita pelos países da UNESCO; a revisão em Moscovo em 1978, pelo ICOMOS, da *Carta de Veneza* de 1964 e em 1987 em Washington a promulgação da *Carta das Cidades Históricas e Áreas Urbanas*; etc.

liberal[403], no fundo "*uma nova era cidadã*"[404]. Com isso tornou evidente como o tempo dos acontecimentos e dos resultados não era sincrético com o tempo comum do Ocidente. Quero com isto dizer que não é possível afirmar que a resultante seja estilisticamente barroca ou neoclássica, que a sociedade portuguesa da segunda metade do século XVIII ainda seja uma sociedade tradicional do Antigo Regime, mas também que não o é, etc. Afinal o Terramoto produzira mesmo uma perturbação nos tempos, um verdadeiro efeito de pós-guerra.

Importante é ainda o facto de, mercê da realidade histórica do processo, do legado material e da solicitação de Pierre Francastel, José Augusto França ter estabelecido que o bem em questão é "essencialmente um fenómeno urbanístico" (França, 1962: 173), ainda que segundo um enfoque matricialmente artístico e sociológico. Passou também a ser evidente — posso forçar e dizer que na linha de Emil Kaufmann e de Pardal Monteiro — como há ali algo de pré-moderno, isso apesar dos também evidentes atavismos. Acerca de tudo isso não deixa ainda de ser curioso como o próprio Francastel considerou o resultado aquém do objectivo demandado, ou seja e simplificando ao extremo, como o pragmatismo e a formação castrense dos projetistas (ou melhor, o facto de não serem arquitetos-artistas) se ressentiu na qualidade artística, fazendo com que esta não esteja ao nível da época, do Iluminismo[405], o que de certa forma contraria a própria tese de França.

---

[403] Faço aqui uma óbvia referência, não apenas ao sugestivo título, mas essencialmente à síntese do conteúdo do texto "*Burguesia pombalina, nobreza mariana, fidalguia liberal*" de José Augusto França (inserido em SANTOS, 1982). Outro relevante texto de síntese do autor onde aflora esta temática é José Augusto FRANÇA (2005), "Mutações pombalinas ou o pombalismo como mutação." *O Terramoto de 1755: impactos históricos*. Lisboa: org. A. C. Araújo, J. L. Cardoso, N. G. Monteiro. J. V. Serrão e W. Rossa, Livros Horizonte. 2007: 7-18. Ver ainda SUBTIL (2006).

[404] *Catálogo da exposição comemorativa do Terramoto de 1755*. Lisboa: Câmara Municipal de Lisboa. 1934: 7. Sugestivamente, nesse prefácio de Gustavo de Matos Sequeira lê-se ainda: "Das ruínas da velha cidade indisciplinada, surgiu, em parte, uma povoação nova e, com ela, novos aspectos sociais, uma outra atmosfera, um cenário diferente para a comédia das suas ruas..."

[405] É o sentido geral do prefácio de Pierre Francastel a FRANÇA (1962: 7-10). Esta questão deu, aliás, origem a uma crítica contundente de Eduardo LOURENÇO (1968), "José Augusto França e a sociologia da arte em Portugal." *Colóquio: revista de artes e letras*. Lisboa: Fundação Calouste Gulbenkian. n°47, 1968. Também em ROSSA (2004) são feitas algumas considerações sobre aquele prefácio.

De uma forma ou de outra tornou-se pois clara a dimensão anacrónica do processo e do *Plano* em relação ao curso da história do urbanismo no Ocidente, estigma que tem tornado difícil a compreensão e arrumação do caso nas mais divulgadas obras de síntese da história do urbanismo. Ausente em muitas delas[406], com erros ou mal referido em outras[407], são ainda muito raros os casos onde surge de forma correta, breve[408] ou desenvolvida (Sica, 1976: 153-161). Mas ainda nunca lhe foi dado o devido destaque, pois a sua dimensão inovadora não se encontra totalmente estabelecida e divulgada.

A valorização modernista e dos críticos do modernismo ocorreu, como vimos, essencialmente sobre a Baixa e muito à conta das suas expressões arquitectónicas. Só Pardal Monteiro deu relevância ao planeamento além dela, ao processo e ao modelo ideológico e de gestão implícito. Seguir-se--lhe-iam, com outra dimensão, enfoque e interesses, José Augusto França e, entre outros e mais recentemente, alguns textos meus[409].

No período em causa (décadas de 1930 a 1950) Portugal dava os primeiros passos no estabelecimento de um sistema de planeamento urbano como hoje o entendemos. Foi o período de produção dos *planos-imagem* no qual objectivo e método se regiam pela "disposição e manipulação dos espaços adaptados, ocupando-se da disposição das ruas e edifícios, dos jardins e parques, da relação entre a volumetria das construções, fazendo apelo a um modelo físico que pudesse desenhar-se de forma idêntica à de um edifício" (Lôbo, 1993: 219). A crítica à sua rigidez e inadaptabilidade a contingências emergentes, provocaria o volte-face para os *planos de gestão* das décadas seguintes. É um processo que decorre em sincronia com a generalidade dos países europeus.

---

[406] Leonardo BENEVOLO (1975), *Diseño de la ciudad*. Barcelona: Gustavo Gili. 5 vol.s, 1982; Benedetto GRAVAGNUOLO (1991), *La progettazione urbana in Europa. 1750-1960*. Bari: Laterza. 1997; A. E. J. MORRIS (1979), *Historia de la forma urbana: desde sus orígenes hasta la Revolución Industrial*. Barcelona: Gustavo Gili. 1998. No último destes casos há uma estranha notícia sobre Lisboa (pp. 275-277) cujas três imagens dizem respeito à Baixa, mas da qual o texto não dá conta, remetendo para a história antecedente.

[407] Veja-se o caso de Charles DELFANTE (1997), *Gran historia de la ciudad: de Mesopotamia a Estados Unidos*. Madrid: Abada. 2006: 268-270.

[408] Donatella CALABI (2001), *Storia della città: l'età moderna*. Venezia: Marsilio. 2001: 268-271. É significativo o facto de surgir mesmo no final da obra, quase sem contexto.

[409] ROSSA (1990); ROSSA (1994); ROSSA (2003b); ROSSA (2004); ROSSA (2005).

4ª PARTE: LISBOA

Inevitavelmente a par (e por vezes confundindo-se) com o amadurecimento da institucionalização e corpus do planeamento, ocorreu a afirmação gradual da autonomia disciplinar do urbanismo. Na realidade, pese embora o facto do texto inaugural de Cerdà[410] ser de 1867 e de já muito antes existir reflexão específica sobre o que viria a ser essa nova disciplina, só depois da 1ª Grande Guerra Mundial se assistiu ao seu desenvolvimento pleno, sendo o ambiente intelectual e técnico francês um dos seus cadinhos mais destacados e a construção simultânea da sua historiografia uma necessidade óbvia[411]. Em Portugal seria precisamente o estudo de José Augusto França a marcar o arranque da historiografia do urbanismo português, o que só viria a ter repercussões significativas cerca de duas décadas mais tarde.

Com tudo isso concorre a já referida valorização patrimonial dos centros urbanos e, mais recentemente, o desenvolvimento da ideia do urbanismo na sua dimensão conceptual e disciplinar — a *urbanística* — como uma categoria de património cultural autónoma, o *património urbanístico*. É o corolário ainda provisório de um percurso que podemos acompanhar desde Gustavo Giovannoni (1873-1947)[412] até nós[413]. *O património urbanístico* é uma componente imaterial da cidade, aquela que necessitou do edificado e das vivências para ganhar corpo[414].

Falo do plano ou dos planos, dos desígnios formalizados ou não, que foram balizando a materialização de qualquer núcleo urbano e a

---

[410] Ildefonso CERDÀ (1867), *Teoría general de la urbanización, y aplicación de sus principios y doctrinas á la reforma y ensanche de Barcelona*. Madrid: Imprensa Española. 2 vol.s, 1867.

[411] É muito peculiar a relação de dependência estrutural que o urbanismo enquanto área do Conhecimento tem com a sua própria história. São desta época os textos inaugurais da história do urbanismo de Marcel Pöete e de Pierre Lavedan, produzidos precisamente no contexto académico parisiense. Sobre esta matéria ver, entre outros, Françoise CHOAY (1980), *La règle et le modele. Sur la théorie de l'architecture et de l'urbanisme*. Paris: Éditions du Seuil. 1980 e Donatella CALABI (1997), *Parigi anni Venti. Marcel Poëte e le origini della storia urbana*. Venezia: Marsilio. 1997.

[412] Gustavo GIOVANNONI (1931), *Vecchie città ed edilizia nuova*. Milão: Città Studi. 1995.

[413] É significativo o facto de que, tal como para o desenvolvimento disciplinar a partir de Cerdà, tenham sido necessárias décadas para que necessidade igual se tenha registado a partir das as propostas de valorização patrimonial dos contextos urbanos de Giovannoni. Quem disso nos dá boa conta é Françoise Choay na brevíssima "Prefazione" de GIOVANNONI (1931: VII-VIII).

[414] Sobre o conceito *património urbanístico* vejam-se alguns textos da *1ª Parte: Planeamento e Património Urbanístico* desta colectânea.

sua transformação. De facto é necessário ter em linha de conta essa valência dinâmica do urbanismo, a margem de transgressão do plano pela gestão, para se entender a sua dimensão plena e por excelência de *arte da sociedade* (Rossa, 2000b). É que um plano não é um projeto, embora um projeto tenha sempre implícito um plano. Um plano é sempre algo abrangente, utopicamente universal, enquanto um projeto, como o próprio étimo o determina, é algo bem definido cuja concretização se arremessa (como um projétil) para o futuro. Claro que no tempo do plano que aqui tratamos não existia ou não era usada com o mesmo significado esta terminologia, muito em especial os próprios conceitos de *plano* e de *urbanismo*.

Não foi pois por acaso que a realidade materializada do *1º Plano de Lisboa* teve de aguardar pelo modernismo e pela desenvolvimento da urbanística para ser valorizada. E só com a maturação de ambos nos é agora possível ir ensaiando a leitura plena do seu alcance disciplinar e cultural, até para que de uma vez por todas se saiba o que preservar e o que deixar transformar. Mas teriam os agentes do *Plano* consciência desse salto de vanguarda? Poderemos nós colocar nas suas mentes o que só hoje se consegue interpretar? Não fazendo uso da terminologia, teriam consciência do conceito? É difícil ou mesmo impossível e desonesto responder afirmativamente.

o engenheiro militar e o *Plano*

Como último contributo que de facto foi o primeiro, é ainda necessário aqui introduzir um que tem sido basilar para a articulação do pensamento de todos os protagonistas até aqui invocados: o opúsculo de Christovam Ayres de Magalhães Sepúlveda (1851-1930) intitulado *Manuel da Maya e os engenheiros militares portugueses no Terremoto de 1755* (Sepúlveda, 1910). Este oficial de cavalaria dedicou parte da sua vida à história militar, sendo dele a monumental *História Orgânica e Política do Exército Portuguez*, publicada em 17 volumes entre 1896 e, precisamente, 1910. Mas é o texto sobre 1755 que aqui se nos impõe.

Convém esclarecer logo que o autor não esconde a sua perspectiva corporativa, ou seja, que a valorização do papel da engenharia, em especial a militar, é um dos seus objectivos. Fá-lo, no entanto, eivado pela clareza e relevância do documento que o incentivou à redação do texto, a até então inédita *Dissertação* do Engenheiro-Mor do Reino à data do Terramoto, o Brigadeiro Manuel da Maia (1678-1763). Este texto, de que nos iremos ocupando daqui em diante, é a memória reflexiva do processo de apuramento da solução estratégica para a reconstrução de Lisboa após a catástrofe dos primeiros dias de novembro de 1755. Com base na *Dissertação*, bem como em alguns documentos já então disponíveis, Sepúlveda estabeleceu o papel central de Manuel da Maia como o estratega do processo da reconstrução em tudo o que disse respeito ao planeamento urbanístico.

Fá-lo explicitamente face às informações prestadas por Jacome Ratton (1813: §65). Como por outra forma já acima se fez notar, no que diz respeito ao desempenho das personalidades de topo do processo, como espectador privilegiado Ratton descreve e elogia o papel de quem fez e desenhou projetos e atuou no terreno, designadamente os chefes da Casa do Risco das Obras Públicas: Eugénio dos Santos (1711-1760) de 1756 a 1760, Carlos Mardel (1695-1763) de 1760 a 1763, Reinaldo Manuel dos Santos (1731-1791) de 1770 a 1789 e Manuel Caetano de Sousa (1742--1802). Significativamente omite Miguel Ângelo de Blasco (-1771) que, de forma obscura, desempenhou o cargo de 1763 a 1770.

Ratton apenas se recordava de quem se tornara publicamente visível. Por isso de entre todos ressalta o desempenho de Eugénio dos Santos, decerto não apenas pelo seu enorme empenho, mas por ter sido o primeiro e o autor material da planta do Plano da Baixa, ou seja, por aparentemente ter sido quem definiu os princípios da reconstrução, quando de facto não se pode considerar como *o* autor. Esta leitura contagiaria, entre outros e como vimos, Pardal Monteiro, mas ainda hoje continua a surtir os seus efeitos.

No seu opúsculo de 1910 Sepúlveda relativizou o papel de Eugénio dos Santos tornando evidentes duas realidades insofismáveis: 1) a relevância da hierarquia, da disciplina e do trabalho de equipa numa estrutura militarizada; 2) o papel crucial da definição estratégica antes da planificação e projeção da ação. Como é evidente, ninguém melhor que um militar para vislumbrar a relevância de tudo isso para a correta interpretação histórica dos factos e, assim, dos diversos papéis e protagonistas. Face ao documento que ali estuda e publica, claro que o seu herói era Manuel da Maia, pois para além de ser a mais alta patente em campo, tornava-se óbvio — no discurso direto da *Dissertação*, mas também em documentos oficiais complementares — o seu papel central na definição dos princípios estratégicos da ação. Os dados que nos informam do seu curriculum, que estuda na medida do possível, contribuem também para consolidar essa convicção. Contudo Sepúlveda não descura nem desmerece os demais, sendo a sua conclusão a valorização do corpo, um verdadeiro escol de engenheiros militares do qual, quiçá pela primeira vez, se dá conta e de cujo estudo só há escassas décadas uma historiografia da especialidade começou a florescer no universo académico português.

Era também militar, desta feita da arma de engenharia, quem então investigava e estava a publicar sobre as causas, efeitos e prevenção do Terramoto, Francisco Luís Pereira de Sousa (1870-1931). Com os seus *Efeitos...* de 1909, a *Memória...* de Amador Patrício de Lisboa de 1758 e o *Manuel da Maya...* de Sepúlveda de 1910, estamos em presença, como antes vimos, das três obras que José Augusto França considerou fundamentais para a construção da sua tese e para qualquer estudo ou ensaio que sobre esta vasta temática hoje se faça. O meu não é sobre o Terramoto ou a arquitetura pombalina, mas sobre o *Plano* e por isso é essencialmente o último o que mais nos vai valer, em especial através do documento que pela primeira vez publicou.

Pese embora a frequente acusação de medíocre qualidade literária da *Dissertação*, a verdade é que de um ponto de vista objectivo se trata de um texto claro e profundo nos dados e ensinamentos que encerra. Tanto que de cada vez que se analisa se vão encontrando coisas novas, dependendo isso do avanço do conhecimento e, assim, da nossa capacidade de formulação de questões. Como qualquer texto, a *Dissertação* é um espelho, uma projeção da personalidade do autor. Se ambos não são literariamente eruditos, são pelo menos técnica e politicamente sábios, revelando grande discernimento e uma enorme clarividência. Perante isso impõe-se-nos questionar: para além do cargo, quem é, melhor, o que representa em termos profissionais[415] Manuel da Maia?

A resposta leva-nos aos antecedentes do Terramoto e da reconstrução, pois Manuel da Maia não só era à data do Terramoto a mais alta patente da engenharia militar portuguesa, como estivera presente em todos os episódios de reflexão e ação sobre o urbanismo de Lisboa ocorridos durante a sua longa carreira. Em novembro de 1755, com 77 anos, o Engenheiro Mor do Reino não só estava a par, como simbolizava, os antecedentes de contextos diversos que explicam a reação ao Terramoto que foi a célere formulação do *Plano*.

Os contextos

Lisboa em Terramoto face à condição de capital

A catástrofe, composta pelo terramoto (com diversas réplicas), tsunamis e incêndio da primeira meia dúzia de dias de novembro de 1755 a que simplesmente chamamos *Terramoto*, não foi uma novidade para Lisboa. As reações sim. Catástrofes similares e até mais violentas, como a de 26 de janeiro de 1531, nem despertaram a comoção internacional, nem a intempestiva montagem de um sistema de proteção civil e, muito menos, um processo de reconstrução organizado como o de 1755.[416]

---

[415] Para estes e outros aspectos da sua vida (o cargo de guardião da Torre do Tombo, o seu papel no sistema da Inquisição, etc.) ver, entre outros, SEPÚLVEDA (1910) e VITERBO (1899-1922) onde se encontram coligidas e publicadas as principais fontes sobre a sua vida. Não tendo ainda sido produzida uma monografia, encontramos sínteses sobre Manuel da Maia nas diversas publicações sobre a reconstrução pós-Terramoto, de que se podem dar como exemplo a adicionar à bibliografia aqui coligida, a entrada de José Eduardo Horta CORREIA (1988) "Manuel da Maia." *Dicionário da Arte Barroca em Portugal*. Lisboa: dir. J. F. PEREIRA e org. P. PEREIRA, Presença. 1989: 277-280.

[416] Sobre a sismologia em Portugal e em Lisboa, o Terramoto, as medidas imediatas e as suas consequências, o desenvolvimento da ciência sismológica e do conceito de risco a partir daquele acontecimento, etc. são inúmeros os trabalhos publicados, sendo impossível aqui referi-los a todos. Para além das obras clássicas já citadas [em especial LISBOA (1758), SOUSA (1909) e SOUSA (1919-1932)] e de entre a prolixa produção atualizada saída

Desde 1531 muito tinha mudado. As condições, a celeridade e o âmbito da divulgação de acontecimentos eram maiores, o que tornou o Terramoto um facto pelo menos Europeu e do império do qual Lisboa era a cabeça política e simbólica. O pensamento e o conhecimento científico tinham evoluído ao ponto de, pela primeira vez, se ter podido estabelecer um debate que foi decidindo pelas causas naturais deste tipo de catástrofes, em detrimento das tradicionais teses de castigo divino. Alguns consideram mesmo que este terramoto marca o nascimento da sismologia moderna e do conceito de risco.

As transformações urbanísticas também eram sensíveis. Não tanto na realidade espacial de Lisboa, que evoluíra, é certo, mas bem mais no pensamento que sobre ela se produzira. Há muito que se desejava e planeava uma mudança radical e muito já havia sido feito nesse sentido. A afirmação de Lisboa como cabeça (*caput*) de Portugal ocorreu em paralelo com a consolidação das fronteiras e um primeiro ordenamento do espaço português nos séculos XIII e XIV, mas o aparecimento de preocupações com a sua imagem enquanto tal surge apenas no século XVI, a par com o império.

Diversos conjuntos edificados, novos ou renovados, foram pontuando de qualidade uma cidade que estruturalmente resistia à mudança, mas muito crescia. De logradouro à porta da cerca urbana, o Rossio consolidou-se como a praça da cidade, mas a imagem mítica de Lisboa construiu-se a par e passo com a lenta consubstanciação do Terreiro do Paço, ganho em aterro ao rio. A morada real que lhe deu o nome era o Paço da Ribeira que, aliás, precedeu e catalisou o terreiro. Da sua posição recuada no limite oeste da Rua Nova e crescendo para o rio delimitando por poente o terreiro, o palácio evoluiu sobre a Casa da Índia e a arcaria que inicialmente o ligava ao baluarte-cais sobre o rio[417].

---

a propósito da passagem dos 250 anos em 2005, permito-me apenas, e de forma assumidamente injusta, referir o livro saído de um colóquio também realizado em 2005 e em cuja organização estive envolvido: ARAÚJO, A. C.; CARDOSO, J. L. Cardoso; MONTEIRO, N. G.; SERRÃO, J. V. Serrão; ROSSA, W. (org.) (2005), *O Terramoto de 1755: impactos históricos*. Lisboa: Livros Horizonte. 2007.

[417] Sobre estes espaços e o respectivo edificado ver Hélder CARITA (1998), *Lisboa Manuelina e a formação de modelos urbanísticos da época moderna (1495-1521)*. Lisboa:

Em 1571, com *Da Fábrica que falece à Cidade de Lisboa*[418], o cortesão e artista Francisco de Holanda (1518-1584) estabeleceu o primeiro marco de uma visão crítica sobre a ausência de monumentalidade da sede político-económica do primeiro império de âmbito mundial. Diversas descrições escritas e desenhadas da cidade permitem-nos confirmar a justeza dessa posição. Lisboa era uma cidade com tanto de extraordinariamente vivo, variado e cosmopolita, quanto de caótico, violento, sujo e feio. Reerguera-se das catástrofes como sempre fora.

Filipe II (r.1580-1596) logrou espoletar o processo de qualificação da imagem e monumentalidade de Lisboa, do que o principal testemunho foi o torreão que mandou erguer sobre o baluarte-cais. No lado oposto do Terreiro do Paço, a nascente, haviam surgido a alfândega e outras estruturas relacionadas com o trato do Império. Mas o ícone da imagem de Lisboa era a ala poente do paço e, muito em especial, aquele Torreão.

Vasto e versátil espaço de interação social e de representação do poder aposto sobre o rio ao tecido urbano tradicional da cidade, o terrapleno frente ao palácio real de Lisboa não era uma praça, mas tão só o Terreiro do Paço, a imagem possível da capitalidade. A sua excepcionalidade no âmbito do urbanismo português encontra razão no facto de ter tido réplica nas outras capitais do Império: Goa e Rio de Janeiro. Também em Vila Viçosa (sede da Casa de Bragança) encontramos *terreiro do paço*.

Reflexão e ações ante-Terramoto

Estimulada pelo surgimento do conceito de *capital* associado a grandes campanhas de renovação e ensanche urbano nos principais reinos europeus, mas também pela necessidade de reposição de Portugal no lugar que lhe cabia no quadro das nações europeias do Antigo Regime, após

---

Livros Horizonte. 1999, e Nuno SENOS (2000), *O Paço da Ribeira 1501-1581*. Lisboa: Editorial Notícias. 2002. Sobre a questão da capitalidade ver o texto "Lisboa Quinhentista, o terreiro e o paço: prenúncios de uma afirmação da capitalidade" que abre esta parte da coletânea.

[418] Francisco de HOLANDA (1571), *Da Fábrica que Falece à Cidade de Lisboa*. Lisboa: Livros Horizonte, 1984.

o processo de Restauração da Independência (1640-1668), a Monarquia cedo procurou intervir no urbanismo de Lisboa.

Além do estabelecimento de um plano relativo à fortificação do qual resultou a *Linha Fundamental de Fortificação*, a Coroa e o Senado empenharam-se no saneamento do centro da cidade através de um vasto conjunto de pequenas intervenções. Ruas alargadas, portas e troços da muralha medieval derribados, conjuntos edificados renovados, por vezes verticalizando e recorrendo a sistemas construtivos mais elaborados. O próprio terreiro e o paço sofrem contínuas campanhas de obras[419].

Graças à melhoria financeira proporcionada pela descoberta de jazidas de ouro e diamantes no Brasil, João V (r.1707-1750) pôde dar pleno curso à estratégia diplomática de seu pai. Estabeleceu como meta a mudança radical da imagem e do urbanismo de Lisboa, sendo mote a ideia de Lisboa como uma *nova Roma*, referência clara à relevância que o Padroado conferia à Monarquia e ao Império portugueses[420].

Além do mecenato que desenvolveu em Roma, de lá importou cultura artística, arquitectónica e urbanística. Também alguns projetos e arquitetos. O momento alto ocorreu com a vinda no primeiro semestre de 1719 de Filippo Juvarra (1678-1736), com o qual o rei, os seus técnicos e conselheiros traçaram um plano de renovação da capital por ensanche para Ocidente. O território urbano foi dividido em Lisboa Oriental e Lisboa Ocidental. A *nova Lisboa* surgiria em torno de um Palácio Real integrando a residência do Patriarca e a própria Igreja Patriarcal na atual encosta da Lapa-Madragoa-Santos. A obra foi iniciada, mas por razões ainda por certificar cedo abandonada.

Do projeto restam apenas alguns esquissos, bem como um outro relativo a uma coluna-farol-baluarte honorífica, encimada por uma estátua do rei, a erguer sobre o rio em Santos. Mais importantes foram os contributos para a arquitetura em geral e os resíduos da estratégia estabelecida. O incremento que então sofreu a obra de Mafra foi uma resultante, mas

---

[419] Sobre estas transformações ver ROSSA (1990), ROSSA (1994) e Helena MURTEIRA (1994), *Lisboa da Restauração às Luzes*. Lisboa: Presença. 1999.

[420] Esta temática foi por mim enunciada em ROSSA (1990) e posteriormente monografada em ROSSA (2000a), pelo que daqui em diante se dispensa a sua notação específica.

também o núcleo palatino-cortesão que se desenvolveu em Belém de 1726 em diante, bem como o projeto e início de concretização de uma marginal ligando o Terreiro do Paço a Pedrouços, passando por um novo arsenal a instalar em Alcântara, tudo seguindo um projeto geral de 1733 da autoria de Carlos Mardel.

O Aqueduto das Águas Livres (iniciado em 1728)[421] é, sem dúvida, o grande ícone e deste processo de reforma. Todo o seu planeamento se pauta pela monumentalidade e pela infraestruturação do território urbano ainda pouco denso a Ocidente. Entre outros exemplos e tal como ele sobrevivendo ao Terramoto, também o Real Palácio, Convento e Tapada das Necessidades (iniciados em 1742)[422] são uma resultante do processo.

Face à dificuldade em erguer um novo Palácio Real integrando a residência do Patriarca e a própria Igreja Patriarcal, João V empenhou-se numa profunda reforma do Paço da Ribeira, sede da Lisboa Ocidental, a *nova*. Não sem que em meados da década de 1740 tenha ainda encomendado a Frederico Ludovice (1670-1752) o projeto de uma Patriarcal a erguer no espaço do atual Jardim do Príncipe Real, sobre o embasamento de um palácio iniciado pelo Conde de Tarouca. Nesse local e segundo um projeto adaptado daquele pelo filho do autor, João Pedro Ludovice (1701-1760), viria a ser erguida depois do Terramoto uma Patriarcal em madeira, a qual em breve seria destruída por um incêndio (1769).

O Paço Real da Ribeira viu a sua Capela Real consideravelmente ampliada e reformada em Patriarcal. O largo que rematava a poente a Rua Nova dos Mercadores e que tivera origem na implantação inicial do paço, transformou-se em praça, a Praça da Patriarcal e matriz da atual Praça do Município. Os aposentos régios foram profundamente reformados, tornando-se opulentos. O filho de João V, José I (r. 1750-1777), cedo equipou o complexo com uma casa de ópera, a Ópera do Tejo (inaugurada a 31 de março de 1755). Tudo pereceu no Terramoto.

---

[421] Entre as diversas publicações disponíveis sobre esta empresa, destaco aqui o catálogo da exposição Irisalva MOITA (org.), *D. João V e o abastecimento de água a Lisboa*. Lisboa: Câmara Municipal de Lisboa. 2 vol.s, 1990.

[422] Leonor FERRÃO (1992), *A Real Obra de Nossa Senhora das Necessidades*. Lisboa: Quetzal. 1994

a *escola* portuguesa de urbanismo

A reflexão e produção de projeto de reforma do urbanismo e imagem de Lisboa que em cerca de meio século antecedeu o Terramoto, teve como suporte e agente principal uma elite então em processo de formação e consolidação: os engenheiros militares. É já muito vasta e de incidência e perspetivas muito diversificadas e ricas a bibliografia disponível sobre a engenharia militar portuguesa neste período, o que aqui torna inviável a sua listagem ou seleção, mais ainda a abordagem dos conteúdos que encerra. Importa, contudo, invocar algumas características da sua formação e funcionamento.

Para além das suas atribuições mais diretas (defesa e fortificação) os engenheiros militares desempenhavam um papel estruturante em todo o império, desde a administração à arquitetura e construção, passando pelo reconhecimento, cartografia e ordenamento do território, bem como pelo urbanismo. Constituíam um corpo solidário e organizado, simultaneamente dotado de uma enorme tarimba prática e de conhecimentos científicos de vanguarda. Num universo territorial com uma só universidade em Coimbra, os engenheiros militares e as respectivas Academias de Fortificação eram os principais, por vezes mesmo os únicos, agentes de conhecimento científico e tecnológico nos territórios do Império.

Na essência a iniciação dos engenheiros militares consistia na assistência ao mestre, adoptando-se e adaptando-se ao concreto os ensinamentos dos tratados e manuais estrangeiros ou compostos pela própria escola. O conhecimento era refundido e de novo testado... cartesianamente. Assim se construiu um método e se consolidou uma atitude perante o território: uma estética de rigor geométrico, ordem, simetria, formosura e composição fundia-se com a topografia e a paisagem reencenando-a de civilização. Uma formação clássica sem grandes dogmas formais.

A composição pelo raciocínio exercitado no desenho era a principal vantagem da maleabilidade do método. A isso se deve a diversidade morfológica, pois as realizações urbanas diferem muito entre si. Apresentam contudo características comuns: a sobrevalorização do espaço público, as relações perspécticas de escala urbana e territorial, a diversidade topográfica da implantação, a linguagem formal/arquitectónica unificada, a relação com a paisagem de água concentrada no grande interface da vida urbana que era o porto, etc.

Outra característica fundamental era a da mobilidade e flexibilidade. Mobilidade que possibilitou a deslocação rápida e frequente dos engenheiros militares entre sítios e postos, acorrendo onde eram necessários. Mas também mobilidade no sentido da flexibilidade dos quadros e através da qual foi possível acolher e integrar de forma diversa muitos estrangeiros, bem como nacionais com múltiplos antecedentes. Em concreto, estaleiros próximos como o da Águas Livres e o de Mafra foram escolas essenciais para a formação da Casa do Risco das Obras Públicas instituída para a reconstrução de Lisboa.

Em Lisboa trabalhavam já alguns dos melhores e depois do Terramoto outros se lhe juntaram, facto que, em conjugação com a reflexão prévia sobre a reforma da capital, constituíram um potencial técnico difícil de igualar. O Iluminismo entregaria Lisboa à *escola portuguesa de urbanismo*[423], que ali logrou catalisar a materialização do paradigma desde então glosado nas expressões urbanísticas do reformismo do final do Antigo Regime: Porto, Coimbra, Goa e Pangim, Rio de Janeiro, Macapá, Vila Bela, Luanda, Vila Real de Santo António, etc. com especial destaque para esta última. Nos projetos, ou nas escassas concretizações, revê-se

---

[423] Também sobre esta *escola* e em torno do conceito (ainda difuso) de *cidade portuguesa* se tem ultimamente produzido e publicado muita investigação. No entanto e para uma abordagem diversificada vejam-se Renata de ARAUJO e Hélder CARITA (org.), *Colectânea de Estudos: Universo Urbanístico Português 1415-1822*. Lisboa: Comissão Nacional para as Comemorações dos Descobrimentos Portugueses. 1998, e Walter ROSSA, Renata de ARAUJO e Hélder CARITA (org.), *Actas do Colóquio Internacional Universo Urbanístico Português 1415-1822* (1999). Lisboa: Comissão Nacional para as Comemorações dos Descobrimentos Portugueses. 2001. Registem-se ainda as três visões tendencialmente gerais e de síntese disponíveis: José Manuel FERNANDES (1991), A Cidade Portuguesa: um modo característico de espaço urbano. *Sínteses da cultura portuguesa: A Arquitectura*. Lisboa: Comissariado para a Európália91, INCM. 1991: 91-120; Walter ROSSA (1995), "A cidade portuguesa." *História da Arte Portuguesa*. Lisboa: Círculo de Leitores. 3 vol.s, vol. III, 1995: 233-323 [também publicado em Walter ROSSA (1989-2001), *A urbe e o traço: uma década de estudos sobre o urbanismo português*. Coimbra: Almedina. 2002: 192-359]; Manuel TEIXEIRA e Margarida VALLA (1999), *O Urbanismo Português: séculos XIII-XVIII Portugal-Brasil*. Lisboa: Livros Horizonte. 1999. Para uma visão compacta Walter ROSSA, Renata de ARAUJO e Hélder CARITA (2002), *Fac-similæ da Exposição Universo Urbanístico Português 1415-1822*. Lisboa: Comissão Nacional para as Comemorações dos Descobrimentos Portugueses e Câmara Municipal de Lisboa. 2002.

uma utopia urbanística onde a cidade é de facto a casa da arquitetura e o quarteirão conforma o espaço arquitectónico-urbanístico. O programa era a racionalidade e a totalitarização do pragmatismo e da função.

experiências anteriores

Como já se referiu, nem no género nem na magnitude a catástrofe de 1755 foi a primeira para Lisboa e, por maioria de razão, para o resto do Mundo. A temática era, aliás, acompanhada com admiração e temor, das tertúlias e literatura aos sermões nas igrejas. Tinha-se consciência não apenas do historial sísmico português, mas também do resto da Europa e América, desde a Antiguidade aos casos mais recentes. Tinha-se também uma noção clara de como esses fenómenos eram especialmente nocivos para os núcleos urbanos. Ao invés das pestes não só matavam como destruíam[424].

Era o inesperado e o inexplicável o que fazia dos terramotos e tsunamis as catástrofes mais temidas, mas na realidade muitas outras ocorriam, designadamente erupções vulcânicas, por vezes de efeitos tão terríveis nas cidades quanto as primeiras. E se as regiões sísmicas não são necessariamente vulcânicas, as vulcânicas são sempre sísmicas. A América Central e o sul de Itália e a Sicília eram então polos de grande atividade.

Também os incêndios eram um velho flagelo urbano. Vejam-se alguns dos que ocorreram no curto espaço de tempo compreendido entre a morte de João V (31 de julho de 1750) e o Terramoto: em 10 de agosto de 1750 o Hospital Real de Todos os Santos foi destruído por um incêndio; em 17 de julho de 1751 deflagrou fogo no Paço da Ribeira; em 10 de outubro de 1754 um incêndio no bairro da Ribeira Grande causou

---

[424] De Joachim Joseph Moreira de MENDONÇA (1758), *Historia universal dos terremotos, que tem havido no mundo, de que ha noticia, desde a sua creação até o seculo presente. Com huma narraçam individual do terremoto do 1 de Novembro de 1755, e noticia verdadeira dos seus effeitos em Lisboa, todo Portugal, Algarves e mais partes da Euro...* Lisboa: Offic. de António Vicente da Silva. 1758 a Grégory QUENET (2005), *Les tremblements de terre aux XVIIe et XVIII siècles. La naissance d'un risque.* Seyssel: Champ Vallon. 2005.

avultados prejuízos; em 18 de fevereiro de 1755 a Rua do Príncipe foi destruída pelo fogo[425]. Durante os seis dias que se seguiram à manhã do 1º de novembro de 1755, as chamas prolongaram os efeitos do terramoto, matando menos, mas destruindo mais.

Como reagir urbanisticamente a catástrofes com esse impacto urbano? Como delas tirar algum proveito para atingir objectivos bloqueados? Como minorar os riscos em novas ocorrências? Estas foram algumas das questões que os detentores do poder de decisão sempre se terão colocado e às quais responderam com a sabedoria de que dispunham. Como veremos, em Lisboa a opção foi pela reconstrução e não pela deslocalização (bem mais comum), o que levantou um problema raro, mas não inédito. O principal problema com a reconstrução segundo um novo traçado residiu sempre nas questões da constância do parcelário, ou melhor, dos direitos sobre a propriedade. É, aliás, muito em torno dessa problemática que se desenvolve o texto de Cláudio Monteiro[426] elaborado a par deste. Mas não haveria nada a aprender com experiências precedentes?[427]

Roma, o paradigma dos paradigmas para o debate sobre a reforma de Lisboa durante o reinado anterior, fornecia um primeiro exemplo, pois a Roma papal que hoje conhecemos estruturou-se sobre as ruínas da Roma Antiga com base num plano para tal adotado por Sisto V em 1588. Mas tudo fora substancialmente diferente, a começar pelo facto de não resultar da urgência de manter viva a moribunda urbanidade resultante de uma catástrofe, mas tão só ressuscitar de novo modo a urbanidade perdida. Era, contudo, a capital das capitais.

Um dos casos de reconstrução pós-catástrofe bem conhecidos e, aliás, equivocamente referido no §14º da Parte Terceira da *Dissertação*, era o do Grande Incêndio de Londres ocorrido em 1666. Nenhum dos planos traçados para a reconstrução foi seguido, sendo apenas impostas algu-

---

[425] Estes dados foram recolhidos em Fernando de Castro BRANDÃO (1993), *De D. João V a Dona Maria I, 1707-1799, uma cronologia*. Odivelas: Heuris/Europress. 1993.

[426] "Escrever direito por linhas rectas". *Lisboa 1758: o plano da Baixa Hoje*. Lisboa: catálogo organizado por Ana Tostões e Walter Rossa, Câmara Municipal de Lisboa. 2008: 83-125.

[427] Em textos anteriores fui desenvolvendo esta questão [ROSSA (2003b) e, essencialmente, ROSSA (2005)] pelo que aqui me escuso a fazê-lo.

mas regras de construção consubstanciadas nas *Act of Rebuilding City*. Os direitos de propriedade e o peso social e político-económico dos proprietários no sistema e sociedade britânicos eram demasiado fortes.

De menores impacto e escala, mas maior fortuna urbanística, é o caso do incêndio de Rennes que de 23 a 29 de dezembro de 1720 consumiu todo o centro da cidade. A resposta foi simples: "L'incendie éteint, il apparut qu'il fallait profiter de la situation pour rendre la ville plus belle, les rues plus larges et plus droites"[428]. Porém mais uma vez o sistema fundiário e os proprietários impediram a implementação do plano, ainda que se tenha concretizado uma parte significativa, e que se tenham registado avanços no sistema legislativo de suporte às operações urbanístico-fundiárias necessárias. Avançou-se também bastante nas medidas urbanísticas e construtivas de prevenção.

Porém e numa perspectiva global, o antecedente mais diretamente invocável para Lisboa é o de Catânia. Em 9 e 11 de janeiro de 1693 dois violentos terramotos sacudiram a Sicília, com especial impacto a sudeste, no Vale de Noto. Ficaram para a história como os piores sismos na ilha. Como todas as cidades do vale, Catânia, situada algo a norte na vertente sul do Etna, ficou reduzida a escombros. Completara-se a destruição que o mar de lava da erupção de 1669 daquele vulcão lançara sobre a cidade. Ao contrário das cidades do vale que se refizeram *ex-nihilo* noutros locais (Noto, Avola, Grammichele) Catânia foi reconstruída *ex-novo*, ou seja, sobre si mesma.

A decisão foi assumida por Giuseppe Lanza, Duque de Camastra (1630--1708), que teve a atuação resultante do clássico pragmatismo militar: ver, decidir e agir. Para além da decisão de reconstruir e mais do que o desenho, é na atitude e nas medidas adoptadas que reside o nosso interesse. A síntese encontramo-la na seguinte frase inscrita na ata da reunião do Senado de Catânia de 28 de junho de 1694: "intersecare l'isole delle case passando tanto sopra le estrade antiche quanto sopra caseleni." Tal

---

[428] Claude NIÈRES, (1972), *La reconstruction d'une ville au XVIIIe siècle: Rennes 1720--1760*. Rennes: Université de Haute-Bretagne / Institut Armoricain de Recherches Historiques de Rennes. 1972: 59.

como em Lisboa 62 anos depois, a catástrofe, o choque e a autoridade permitiram pôr em prática medidas extremas relativas às preexistências e, em especial, ao direito de propriedade. Só não se impôs uma arquitetura, o que faz toda uma diferença.

"le texte du dècret de l'Alvara du 12 mai 1758 qui precise les fins et les moyens de la reconstruction de la capitale portugaise, fait de la modernisation de l'espace urbain une sorte de doctrine qui n'est pas fondamentalement différente de celle du Senat de Catane en 1694 [...] il est troublant de constater, que sur le plan de l'espace urbain, les procédures administratives et juridiques préconisées à Lisbonne par l'Alvara de 1758, ressemblent beaucoup à celles adoptees à Catane en 1694."[429] O caso catanense era conhecido em Lisboa (Rossa, 2005: 287-290). Na dimensão e intensidade ambas as catástrofes se assemelharam. Na reação, em Lisboa foi-se bem mais longe.

Há muito que se impunha uma reforma urbanística global e irreversível, numa iluminada fixação do passado como plataforma estável para uma capitalidade com futuro. Como surgiu estampado num folheto da época "Não poderia ter sucedido a Lisboa desgraça mais feliz"[430]. Para os urbanistas (o anacronismo no uso do termo é apenas terminológico) o Terramoto era de facto a oportunidade...

O *Plano*

Visitados os contextos, importa agora aproximarmo-nos do discurso do *Plano*. O mesmo é dizer, retomar a *Dissertação*. Como já atrás ficou registado, para além de uma sólida formação enquanto engenheiro militar (tendo inclusive desempenhado funções como mestre dos infantes e procedido à tradução de alguns manuais da arte militar) Manuel da Maia desempenhou papéis de importância crescente em todos os episódios

---

[429] Liliane DUFOUR e Raymond HENRY, Val di Noto: histoire des idées ou histoire des mentalités. *Le città ricostruite dopo il terremoto siciliano del 1693...* Roma 1997: 66-67.

[430] Citado por Gustavo de Matos SEQUEIRA no *Catálogo da exposição comemorativa do Terramoto de 1755*. Lisboa: Câmara Municipal de Lisboa. 1934: 8.

relativos aos desígnios de reforma urbanística da capital (Rossa, 1990 e 2000a). Tenha-se porém sempre em conta que o seu curriculum não se resume a Lisboa[431].

O primeiro cargo que sobre Lisboa se lhe conhece é na *Linha Fundamental de Fortificação*, onde foi ordenado realizar um levantamento detalhado e atualizado da cidade[432]. Ficou concluído em 1716 e de imediato serviu como instrumento para a divisão da cidade em duas. Terá também sido a base de trabalho para o traçar das alternativas de desenho urbano para a reconstrução do centro urbano após o Terramoto. Encontramo-lo ainda a participar no episódio da vinda de Filippo Juvarra a Portugal em 1719, sendo encarregado da realização do levantamento e balizamento do terreno destinado ao novo complexo palatino e, também, da movimentação e contenção de terras para tal iniciada.

Na década seguinte surge também à frente da obra do Aqueduto das Águas Livres, cargo que abandonou por divergência com as opções (áulicas e caras) que o rei fez implementar relativas à entrada da água na cidade. Desse seu desempenho resultou um manuscrito, ainda inédito, que podemos considerar precursor da *Dissertação*: *Considerações sobre o projecto da conducção das Aguas; chamadas Livres, ao Bairro Alto; e explanacões sobre as mesma considerações, offerecidas ao S.r D. João 5º, por Manoel da Maya 1731*[433]. O método é o mesmo: uma sistemática reflexão em registo escrito sobre os mais variados aspectos do problema em resolução.

Na década de 1740 teve a iniciativa de, a partir de um levantamento, proceder ao estudo do crescimento urbano da Freguesia de Santa Isabel, criada em 1741 e que então registava um surto de urbanização. Tal era devido, não apenas à sua localização em relação à cidade consolidada

---

[431] José Eduardo Horta CORREIA (1988), "Manuel da Maia." *Dicionário da Arte Barroca em Portugal*. Lisboa: dir. J. F. Pereira e org. P. Pereira, Presença. 1989: 277-280.

[432] Alfredo Ferreira do NASCIMENTO (1953), "Manuel da Maia e a Planta de Lisboa." *Olisipo*. Lisboa: Amigos de Lisboa. nº61, vol. XVI, 1953: 8-16, publicou alguns documentos que demonstram como já em 1701 Manuel da Maia realizava levantamentos e desenhos sobre a fortificação de Lisboa, quer pelo lado de terra, quer pela frente fluvial.

[433] Biblioteca Nacional da Ajuda 49-XI-20.

— conforme já vimos a colina da Cotovia, que a limitava por nascente, esteve então em vias de receber uma imponente Basílica Patriarcal — e boas condições naturais, mas também ao facto de ser a área de recepção e de principal distribuição do novo aqueduto, e também pelo desenvolvimento do polo industrial da Fábrica das Sedas. Propôs então algumas medidas de ordenamento e regras para a urbanização que, em 13 de abril de 1745, foram vertidas em lei[434].

Manuel da Maia era pois o urbanista pronto para o pós-novembro de 1755. Claro que nada nem ninguém pode estar preparado para uma catástrofe, em especial como a que Lisboa então sofreu. Mas a cidade estava suficientemente madura para se reerguer tirando proveito da ânsia de renovação que, com planos e conjecturas, acumulara nas últimas décadas. *Renovar* foi explicitamente o mote técnico da reconstrução[435], mas a matriz da cidade preexistente ditou tanto as regras dessa renovação quanto a ideologia vigente e o cartesianismo da *escola portuguesa de urbanismo*.

reação, método e conceito: a *Dissertação*

A reação à catástrofe de 1755 foi o momento de afirmação e validação políticas de Sebastião José de Carvalho e Melo (1699-1782), futuro Conde de Oeiras e Marquês de Pombal. A sua dimensão histórica tem deixado

---

[434] ROSSA (1990: apêndice 1). Veja-se ainda no seguinte excerto da *Dissertação* (§8º da Parte Segunda), como Manuel da Maia o recordou após o Terramoto: "toda a Freg.ª de S. Isabel fica inclusa na cid.ᵉ e Corte de Lx.ª em q se vae edificando sem ordem nem simetria, oq já no tempo do Sr. D. João V se havia principiado a fazer, sobre o que fiz hūa representação ao mesmo Rey e Sr., p.ª q quizesse ser servido ordenar ao senado da Camara désse forma á innovação das ruas q se hião aumentando nos suburbios determinandolhes as larguras q havião de ter assim as principaes como as travessas, determinando p.ª estas 25 palmos ao menos, e p.ª as ruas principaes a largura da rua dos Ourives de Ouro e de Prata. Determinando também lugares mayores p.ª praças e mercados; e foi o mesmo Rey e Sr. servido ordenalo assim por seu Real Decreto q ficou registado na Secretr.ª de Estado, e no cartório do dº Senado não pode deixar de estar registado; e não posso nomear o dia nem o anno, porq não tenho hoje memorias deq me valer."

[435] Em texto anterior (ROSSA, 1995: 384-386) ensaiei o apuramento/compreensão do conceito base que presidiu ao *Plano*: renovar.

na sombra uma vasta equipa (não tanto a técnica, mas a administrativa) que os documentos permitem conhecer. Uma das exceções mais relevantes é, precisamente, Manuel da Maia, ao qual de imediato foram pedidas as definições estratégicas e técnicas para a reconstrução. O relatório com que respondeu, a *Dissertação*, é o principal guia para o conhecimento do método e processo que conduziu ao anteplano formalmente apresentado em 19 de abril de 1756 e, depois, ao plano consubstanciado no Decreto de 12 de junho de 1758. Em relação ao todo do *Plano*, a *Dissertação* configurou, como diríamos hoje, os *termos de referência*, enquanto o decreto consubstanciou o seu relatório e regulamento.

Lisboa ainda ardia e já Sebastião José tomara conta da situação. A capacidade de intervenção no domínio que hoje designamos *proteção civil* catapultava a sua autoridade política. Perante o choque os membros da administração que o rodeavam constituíram um corpo coeso, situação que se foi alterando ao ritmo das purgas que depois foram ocorrendo. As decisões eram radicais, céleres e conjugadas, a sua implementação implacável, mas nem sempre eficaz[436].

A *Dissertação* não é um registo ou memória do *Plano*, mas o instrumento ativo do processo de reflexão e decisão que a ele conduziu. Foi o procedimento que permitiu o estabelecimento de um diálogo produtivo e de progressivo envolvimento com os demais agentes do processo de decisão e ação. Foi desenvolvida em três etapas às quais correspondem as suas três partes: I.ª "Reconhecida, e observada a destruição da cid.ᵉ de Lix.ª he prercizo intentar-se a sua renovação..." entregue a 4 de dezembro de 1755, um mês depois do Terramoto; II.ª "Visto parecer que vai tendo algua aceitação a I.ª p.ᵗᵉ da minha Dissertação..." entregue a 16 de fevereiro de 1756, dois meses depois da entrega anterior; III.ª "No § ultimo da segunda parte da Dissertação sobre a renovação de Lisboa, prometi esta terceira muy dependente de plantas, e desenhos que não posso executar como costumava fazer..." entregue a 31 de março

---

[436] São inúmeros os textos através dos quais podemos colher um conhecimento detalhado desta vasta ação, sendo contudo incontornável aquele que terá sido o primeiro, o de Amador Patrício de Lisboa (1758).

de 1756, com um aditamento datado de 19 de abril de 1756. Com esta parte foram entregues as plantas e desenhos do que considero ser o anteplano, dois meses depois da entrega anterior.

Em cerca de cinco meses ficaram estabelecidos os princípios urbanísticos da ação de reconstrução[437]. Não vou fazer mais uma vez (Rossa, 2004: 24-30) uma descrição ainda que sintética do processo de apuramento do ante-plano, ou seja, dos ricos conteúdos da *Dissertação*. Mas não posso deixar de recordar e fazer ressaltar alguns aspectos fundamentais para a compreensão do processo.

A primeira parte é dedicada à discussão da questão primacial: qual o partido da reconstrução? Entre a reconstrução pura e simples, obedecendo a normas de saneamento urbanístico como as que já antes se intentavam implementar, e a deslocalização da cidade para outro local — "desde Alcântara até Pedrouços", onde estava a florescer um subúrbio cortesão de recreio em torno das quintas e palácio que João V comprara e desenvolvera em Belém — Manuel da Maia caracterizou mais três hipóteses, constituindo o conjunto um crescendo de radicalidade. Embora seja claro o seu apelo técnico a uma solução quase *ex-nihilo* como a de mudar tudo para Belém, a forma como apresenta a quarta, ou seja a mais radical das que apostam na reconstrução *ex-novo*, parece indicar a sua preferência dentro da razoabilidade que defende:

---

[437] Cronologia das principais medidas e ações iniciais relativas à renovação da Baixa, balizada pelo Terramoto e pela conclusão da entrega da *Dissertação* e do ante-Plano: novembro, 10, congelamento dos preços dos materiais de construção e dos salários dos artífices da mesma; novembro, 29, decreto mandando fazer a medição e tombo de arruamentos e edifícios na área destruída; dezembro, 03, decreto proibindo a construção fora dos limites da cidade; dezembro, 04, entrega da Parte I.ª da *Dissertação* de Manuel da Maia; dezembro, 11, ordem para Manuel da Maia mandar determinar os declives do *"tabuleiro"* para assim se proceder à movimentação de terras e acomodação do entulho; dezembro, 22, ordem para Manuel da Maia mandar delimitar terrenos e fixar níveis; dezembro, 30, proibição de construção ou reconstrução sobre as ruínas sob pena de demolição compulsiva a expensas do prevaricador; janeiro, 02, fixação de uma taxa de 4% sobre os bens importados para a reconstrução da Alfandega e da Bolsa; janeiro, 31, ordem para se empregarem 300 soldados nas ações de desentulhamento; fevereiro, 06, ordem para se demolirem os edifícios que contrariassem o plano; fevereiro, 16, entrega da Parte II.ª da *Dissertação* de Manuel da Maia; março, 31, entrega da Parte III.ª da *Dissertação* de Manuel da Maia e de um primeiro conjunto de desenhos; abril, 14, é acometida à Junta do Comércio a gestão financeira das obras públicas da reconstrução; abril, 19, entrega do Aditamento final da *Dissertação* de Manuel da Maia acompanhado das duas últimas plantas, uma das quais (desaparecida) correspondendo ao ante-plano adoptado.

"§6 – O 4.º modo, arrazando toda a cid.ᵉ baixa, levantandoa com os entulhos, suavizando assim as subidas p.ᵉ as p.ᵗᵉˢ altas, e fazendo descenso p.ª o mar com malhor correnteza das aguas, formando novas ruas com liberd.ᵉ competente, tanto na largura, como na altura dos edif.ᵒˢ q nunca poderá exceder a largura das ruas. Este 4.º modo não só attende, como o terceiro, a prevenção de se.m.ₑ flagello, assim na observação da altura das cazas, como na largura das ruas, mas a facilitar a difficil acomodação dos dezentulhos, servindose delles p.ª suavizar a aspereza das serventias da cid.e baixa p.ª a alta, e expelindo também as aguas com melhor êxito p.ª o mar, livrando Lix.ª baixa das inundaçoens q padece em occasioens de maré chea." Note-se que ainda se estava a cerca de quatro meses do *desenho* e, provavelmente, sem se saber ao certo o que pensava o poder.

Fica bem claro como uma das preocupações principais é a do encontro de um sistema morfológico, um desenho, que melhor prevenisse os efeitos de uma repetição da catástrofe. Aliás residiam nisso os principais inconvenientes que alinha em relação às hipóteses menos radicais. Maia porém não ignora os problemas que o completo *baralhar e dar de novo* do parcelário implicará. Desde logo é muito evidente a sua consciência sobre os problemas que os direitos vigentes sobre a propriedade colocavam, bem como os impactos na economia e na sociedade de uma mera ou caprichosa solução de ruptura.

Curiosamente, perante a dificuldade da escolha entre a opção *ex-nihilo* e *ex-novo*, propõe que o móbil da decisão seja o da escolha do local para o novo palácio: Belém ou São João dos Bem-Casados, respectivamente. E desde logo discorre sobre as magníficas condições da segunda opção (§14), inclusive acerca da articulação da cidade renovada ("o corpo") com aquela nova estrutura cortesã ["cabeça e parte principal da Corte e Cid. De Lix.ª" (§2 da Parte IIª)]. No fundo estava apenas a reciclar e a recomendar face às contingências emergidas com a catástrofe, opções que vinham do reinado anterior, nas quais havia participado ativamente. Era a oportunidade soberana para o rei largar "o seu Palácio antigo, assim como os Sr.ᵉˢ Reys seus antecessores havião largado os em q habitavão, q se achão hoje servindo de outros uzos." Na Ribeira seriam prioritariamente construídos edifícios públicos "por serem os pr.ᵒˢ fundam.ᵗᵒˢ dos reais subsídios quasi todos na marinha" (§15 da Parte Iª).

Faz ainda uma série de considerações sobre as vantagens que o *"4º modo"* tem para a resolução do problema dos entulhos e saneamento da situação criada. É extraordinariamente significativo e importante verificar como nos parágrafos imediatos (§§15º-20º da Parte Iª) se logra vislumbrar a forma urbana geral (de que sobressai o *tabuleiro* feito para a nova Baixa), o desenho urbano e a localização dos principais equipamentos que viriam a ser desenvolvidos e fixados por Eugénio dos Santos e Carlos Mardel no Plano da Baixa, este numa fase posterior à sua adopção política. Foi pois "tendo algua aceitação a I.ª p.ᵗᵉ da minha Dissertação" (§1º da Parte IIª). Cedo se iniciaram no terreno e escombros da Baixa operações preparatórias do que seria a sua renovação, de acordo com os princípios propostos por Manuel da Maia um mês após o Terramoto.

Nos dois meses seguintes (por certo em tertúlia técnico-política com diversos intervenientes, mas ainda com dúvidas acerca da radicalidade de intenções do poder), Manuel da Maia refletiu e registou na segunda parte da *Dissertação* questões essencialmente de ordem fundiária, legislativa, construtiva, financeira, etc. essenciais à decisão sobre o partido do desenho. Fê-lo a par e passo com a discussão dos pontos mais críticos do território em questão e, também, recomendando a adopção de regras de regularidade: "seg.ᵈᵒ os desenhos q lhes forem communicados p.ˡᵒ Architecto de senado o Cap.ᵃᵐ Eugenio dos Santos e Carv.º, p.ª que cada rua conserve a mesma simetria em portas, janelas e alturas; e pelo q toca a cotas me parece sejao todas de dous pavim.ᵗᵒˢ sobre as logeas" (§5 da Parte IIª).

Estava assim definida a adopção do princípio de uma arquitetura de programa, bem como uma série de regras destinadas a evitar a ignição e propagação de incêndios. Contudo não deixa de ser muito curioso, no mesmo parágrafo, o seguinte: "Disse asima, p.ª que cada rua conserve a mesma simetria em portas e janellas e alturas, porq me parecia melhor que cada rua ou cada Freg.ª tivesse algua diversid.ᵉ ao menos na cor da pintura do que por toda a cid.ᵉ baixa inteiram.ᵗᵉ uniforme, até p.ª não ficarem tão distintas as outras p.ᵗᵉˢ da Cid.ᵉ que se conservarão", e continua justificando que isso é porque não lhe parece possível renovar e uniformizar tudo, por que se assim fosse... No fundo a verdadeira utopia era a renovação integral da cidade segundo um sistema absolutamente disciplinado. É aqui que, mais uma vez, é necessário recordar o que muitos têm vindo a demonstrar: foi necessário demolir muito mais do que o que a catástrofe havia demolido. O Paço da Ribeira, do qual subsistiram em razoável estado algumas estruturas como o próprio torreão, é talvez o melhor exemplo desse radicalismo[438].

Nessa segunda parte da *Dissertação* Manuel da Maia adverte ainda para a necessidade de se definirem regras para as zonas de expansão, então sob franca pressão, referindo explicitamente a urgência de definições urbanísticas para a zona onde o novo palácio real viria a ser edificado, bem como para a *Linha Fundamental de Fortificação*. Como veremos adiante, estas advertências foram logo atendidas. Moroso, cheio de escolhos e de episódios menos claros seria o incontornável processo de reforma do regime de propriedade e de expropriações e do sistema de avaliações e compensação dos custos e benefícios entre privados e Estado, aquilo que hoje designamos por perequação compensatória e a que ele chama "commutação" (entre o antigo e o novo). Na realidade foi Manuel da Maia quem definiu os princípios (o que no quadro legislativo atual se designa por *termos de referência*) que depois vieram a ser regulamentados. É matéria de que, de forma inédita, trata o texto de Cláudio Monteiro escrito a par deste[439].

E posto tudo isto Manuel da Maia declara ter consciência de que é tempo de evoluir para "o q depende de planta, p.ª cuja execução me tenho achado m.to falto de preparativos e comodid.e" (§11º da Parte IIª), "plantas, e desenhos que não posso executar como costumava fazer, sendome preciso valerme de outras pessoas sem ser em minha prezença por falta de commodo [...] e communicandolhes a planta da parte baixa de Lisboa destruída que só me escapou da voracidade por se achar fora da minha mão, lhes expliquey a mudança que pretendia mostrar por plantas

---

[438] O texto mais recente sobre esta matéria é o de Raquel Henriques da SILVA (2005), que retoma essa questão no texto que publicou no catálogo para o qual foi escrito este texto.

[439] Ver nota 426.

novas em que se podesse fazer conceito dos remedios premeditados." (§1º da Parte IIIª).

E assim surgiram nesses dois meses, com a "liberd.ᵉ competente" que lhe era cara (§6º da Parte Iª) e a toda a tradição da engenharia militar portuguesa[440], as seis plantas com desenhos urbanos alternativos que então apresenta comentando. São "demonstrações" para conduzir e justificar o que assim se apurou segundo uma metodologia cartesiana, não um concurso ou um catálogo. Com efeito desde o início que Manuel da Maia tornara claro que competiria a Eugénio dos Santos a definição do desenho.

As três primeiras plantas, feitas por equipas de um mestre e um ajudante, são soluções que demonstram a evolução a partir da pré-existência segundo uma racionalização gradual do desenho urbano. As outras três foram elaboradas individualmente por cada um dos mestres "com toda a liberdade possível" (§15º da Parte IIIª). Um dos aspectos discutidos é o da conservação de todos os templos em quantidade e implantação. Mas as duas últimas apenas surgiriam num aditamento, tudo levando a crer que não terá sido por falta de tempo que isso sucedeu, mas por estratégia, aguardando reações.

Entretanto discorre, também e pormenorizadamente, sobre o abastecimento de água, drenagem de esgotos e recolha de lixos, matérias para as quais se percebe não ter nem grandes soluções, nem grandes convicções. Quem as teria então, em especial com uma topografia daquelas, com o *tabuleiro* quase ao nível da preia-mar nas marés vivas e sem o recurso aos meios mecânicos de que hoje dispomos? Regressa também ao tema da *commutação* e, por último, aos perfis tipo a adoptar segundo um sistema de hierarquização viária. Daí surge um conjunto de desenhos tipo em alçado e perfil, dos quais ainda se conservam alguns. As soluções para os interiores não são impostas, mas induzidas e cedo se tipificariam.

Esses desenhos revelam não apenas soluções sobre as questões de ordem ideológica e estética que se impunham, mas também as melhores soluções urbanísticas e construtivas com vista à prevenção de novas

---

[440] Sobre isto é famosa a expressão de Luís Serrão PIMENTEL (1680), *Método Lusitânico de Desenhar as Fortificações das Praças Regulares e Irregulares*. Lisboa: fac-símile pela Direção da Arma de Engenharia. 1993: 325 "O Engenheiro experto e de juízo poderá acomodar as mais particularidades com bom discurso e consideração."

catástrofes. Algumas dessas disposições, como o número de pisos, cedo seriam ultrapassadas. O enfoque é feito sobre o espaço público. A arquitetura será, em absoluto, de escala e expressão urbanas. Como há algumas décadas atrás escreveu Pedro Vieira de Almeida "na sua definição particular, a arquitectura Pombalina é uma arquitectura não de articulação de objectos mas de articulação de espaços exteriores"[441].

Das duas soluções de desenho urbano apresentadas ao Duque de Lafões [Pedro Henrique de Bragança (1718-1761), Regedor das Justiças] com o aditamento à *Dissertação* de 19 de abril de 1756, a última foi feita pura e simplesmente "sem attender à conservação dos sítios antigos" e a outra, da autoria de Eugénio dos Santos "sem attenção á conservação de sítios de templos [...] na qual a cor amarela mostra o que se fará de novo, e o vermelho o que se conserva do antigo", o que constitui uma variação considerável. Com efeito houve outros sítios, memórias da cidade destruída, que nela foram e ficaram invocados[442].

Foi esse o desenho selecionado para desenvolvimento, não sabemos quando nem como. Não sabemos também como era, pois dos seis foi o único a desaparecer. Claro que esteve na raiz do que em 12 junho de 1758 foi legalmente fixado em conjunto com as demais peças que constituíram o plano, mas na realidade não sabemos como seria, pois se os perfis e alçados tipo sofreram alterações consideráveis (entre outras, mais um piso e águas furtadas[443]) porque não este e com o mesmo fim, ou seja, proporcionando o aumento global da área de construção? O que temos de mais próximo é uma planta em esboço, por diversos

---

[441] Pedro Vieira de Almeida (1973), "A arquitectura do século XVIII em Portugal: pretexto e argumento para uma aproximação semiológica." *Bracara Augusta*. Braga: Câmara Municipal de Braga. n°64/76, vol. XXVII, tomo II, 1973: 456.

[442] Entre outros, esta matéria surge abordada por mim (ROSSA, 2004: 38-39 e ROSSA, 2005: 383), mas foi tratada com especial enfoque no trabalho de graduação de Rita CURICA (2005), *Lisboa 1755: a estratégia da memória. Indícios de continuidade no processo de renovação*. Coimbra: Prova Final de Licenciatura em Arquitetura apresentada à Universidade de Coimbra. 2005, desenvolvido no âmbito do *Seminário de Cultura do Território* que ali leccionei.

[443] Importa referir que na primeira parte da *Dissertação* Manuel da Maia propõe que os edifícios tenham apenas 2 pisos, sendo acrescentado um na segunda parte e nos desenhos que acompanham a terceira parte.

indícios claramente anterior à final, que pertence ao acervo do Instituto Geográfico Português[444].

dois anos de decisões

Entre a entrega do aditamento final da *Dissertação* a 19 de abril de 1756, e a promulgação formal do plano pelo decreto de 12 de junho de 1758, decorreram dois anos. Muito se fez, mas do processo desenvolvido ainda pouco se sabe. Além da preparação do terreno, levantamento, medições e registos cadastrais, demolições, formação do terrapleno (o "tabuleiro") que cresceu sobre o Tejo quase duplicando o terreiro, etc., desenvolveram-se e conheceram-se planos para outras áreas da cidade, conforme veremos. Já o apuramento da versão final para a Baixa decorreu como que em segredo, sem se saber como, onde e para quem.

Desde o início do processo que Manuel da Maia alertava para os impedimentos que podem advir do estatuto e sistema de direitos da propriedade. Antecedentes como o de Londres, o de Catânia ou o de Rennes elucidam sobre a sua natureza como principais obstáculos à implementação de qualquer desenho de renovação mais arrojado. Complementarmente era necessário assegurar que no momento certo a propriedade estaria nas mãos de quem quisesse e pudesse investir. Para o sucesso da operação impunha-se garantir a presença de capital e assim de lucro. Estava pois em marcha o processo de transformação estrutural socioeconómica que, como vimos, serviu de mote à investigação empreendida por José Augusto França sob a orientação de Pierre Francastel. A reconstrução proporcionou aos homens de negócio uma excelente oportunidade de investimento, não apenas pela valorização, mas pela diversificação e consolidação dos seus cabedais (Pedreira, 1995).

---

[444] Eugénio dos Santos e CARVALHO, Carlos MARDEL (atrib.), *Desenho de evolução do Plano da Baixa*, 1756/1758. Instituto Geográfico Português, Imagem 0355. Note-se, por exemplo, o facto de manter o perímetro de trabalho dos desenhos apresentados com a *Dissertação* e de representar ainda a opção inicial de manutenção do Torreão do Paço da Ribeira.

Desenrolaram-se pois importantes jogos de bastidor. Tudo, mas em especial as reformas da propriedade, dependeu da consolidação do poder de Sebastião José de Carvalho e Melo, que um ano após a promulgação do plano foi feito Conde de Oeiras. Já em junho de 1756 fora alvo de uma primeira conspiração, quem sabe se por começarem a ser conhecidos os contornos materiais da reconstrução. Seguir-se-ia uma segunda em junho de 1760. Pouco depois de ser formalmente definido o plano em setembro de 1758, coube ao rei a vez de vítima de um atentado cujos contornos também continuam por clarificar. A sua repressão (que ficou para a história como *o castigo dos Távoras*) provocou um duro golpe na antiga nobreza e estimulou o poder absoluto do futuro Marquês de Pombal[445]. O caminho para a discricionariedade ficava aberto. O termo é forte, mas absolutamente adequado às medidas sem as quais a radicalidade da renovação urbanística empreendida não teria, mais uma vez, passado da utopia (Subtil, 2006).

O jogo de interesses foi tão grande quanto ficou natural e substancialmente oculto. Muitas foram as propriedades que mudaram de dono. O fim da enfiteuse foi a verdadeira catástrofe para uns, mas a grande oportunidade de outros. Como já se referiu, a volumetria definida por Manuel da Maia no anteplano foi consideravelmente aumentada. Foram dois anos em que desenho, engenharia financeira e quadro legislativo se compuseram entre si e com os protagonistas da ereção da nova cidade. Muitos deles não queriam e não ficaram para a história, apenas os seus edifícios.

Decorridos esses dois anos chegou-se ao *Plano*, primeiro com a reforma jurídica lançada pelo Decreto de 12 de maio de 1756, depois com os decretos e avisos que acompanharam a promulgação do desenho um mês depois. Mas só daí a um ano, com alguns ajustes na legislação (e na sociedade), em especial através do Decreto de 15 de junho de 1759, a (re)construção efetivamente arrancaria no terreno. Como sintetiza Cláudio Monteiro "Com a ironia que a distância do tempo nos permite, podemos assim concluir que foi preciso esperar pela execução dos Távora para se dar início à execução do plano..."[446]

---

[445] Para uma visão atualizada desta problemática na perspectiva própria (a do Império e não a meramente lisboeta) ver Nuno Gonçalo MONTEIRO (2006), *D. José*. Lisboa: Círculo de Leitores. 2006: 81-133.
[446] Ver nota 426.

No texto do Decreto de 12 de junho de 1758 pelo qual, não só se descreve o plano, mas também se ampliam os poderes do Duque de Lafões (que passa a ser responsável por tudo quanto diga respeito à renovação de Lisboa), lê-se a dada altura: "e tudo na obstantes quaisquer Leis, Regimentos, Disposições, Resoluções ou Ordens em contrario, e sem embargo da Constituição Zenoniana e Opiniões de Doutores, que permitem anunciação das novas obras quando impedem a vista do mar, porque quero que prefira, como deve preferir, ao interesse particular das ditas anunciações, a utilidade pública da regularidade e formosura da capital destes Reinos em todas as Ruas cujos edifícios foram arruinados pelo Terramoto e abrasados com incêndios que a ele se seguiram, e naquelas que se reduzirem a uma regular simetria." E aqui não posso deixar de fazer notar que em 1760 o próprio Duque de Lafões, o último representante da grande nobreza na administração do Estado, foi afastado do cargo.

A verdade é que, de uma forma ou de outra, nos dois anos compreendidos entre a formalização do anteplano por Manuel da Maia e a publicação do plano, não só se apurou o desenho urbano, como se criaram as condições administrativas, jurídicas e económico-financeiras para a sua viabilização e execução. À luz da época e dos tempos seguintes, a conjugação de desenho urbano com regimes/sistemas jurídicos e de execução era uma novidade. Hoje é uma necessidade, uma imposição legal para se fazer aprovar um plano, que nem sempre se logra alcançar com a consequência e o sucesso do caso que aqui estudamos.

proposta e desenvolvimento: o "novo plano regular, e decoroso"[447]

12 de maio e de junho de 1758 definem o primeiro mês de *Luz* de primavera no processo da renovação integrada de Lisboa. No primeiro desses dias publicou-se o revolucionário quadro legislativo (depois muito

---

[447] Parágrafo introdutório do Decreto de 12 de maio de 1758. O conjunto de diplomas no qual este se insere encontra-se publicado em diversos locais, nem sempre de forma completa e/ou correta, o que também acontece com a sua primeira publicação por Amador Patrício de LISBOA (1758).

revisto) que viabilizava a implementação do desenho urbano promulgado no segundo. São, claro, momentos simbólicos de um processo pautado por muitos outros. Processo experimental, porque inovador, mas também determinado. Pela *1ª* vez na história concebera-se e implementava-se um verdadeiro *plano*, ou seja, um documento integrando quadro normativo, desenho e sistema de financiamento específicos. Mais adiante confirmaremos como era a pedra de toque um plano mais vasto, ou seja, para a cidade de Lisboa.

O desenho final (que também desapareceu e que apenas conhecemos por cópia que tem sido considerada fiável, embora gradualmente me vão surgindo algumas suspeitas), para além da Baixa passou a contemplar a zona ribeirinha de Remolares-São Paulo e a área intermédia entre ambas e o Bairro Alto, ou seja, o Chiado. No seu todo correspondem à área afectada pelo incêndio que se seguiu ao conjunto de sismos e tsunamis. Era também esta a área abrangida pela outra planta em esquisso (intermédia) que se conhece[448]. Podemos especular acerca das motivações deste alargamento, desde o facto, mesquinho, de desta forma se terem abrangido consideráveis áreas urbanas de que era proprietário o futuro Marquês de Pombal ou a sua família, à razão de assim se incluir toda a área mais afectada.

Porém não será de descartar a hipótese de essa decisão ter sido tomada no âmbito do processo de planeamento global da cidade paralelamente implementado, e de por essa forma se cobrirem áreas que de outra ficariam fora desse processo. Claro que outras zonas da cidade ficaram de fora, mas se virmos apenas as que haviam integrado a Lisboa Oriental da divisão de novembro de 1716. Foi apenas mais um dado da almejada *reforma joanina* a passar para a *reforma pombalina*. De qualquer maneira a Baixa foi a área que desde o início foi objecto de estudo, sendo ali que se encontram na sua maior pureza, em plano e em concretização, as regras que depois irradiaram pela cidade, mesmo em situações para as quais não se conhece qualquer iniciativa de planeamento. Outras há onde se continuou a fazer como antes se fazia, assunto a que voltaremos daqui a pouco.

---

[448] Eugénio dos Santos e CARVALHO, Carlos MARDEL (atrib.), *Desenho de evolução do Plano da Baixa*, 1756/1758. Instituto Geográfico Português, Imagem 0354.

Como já se viu, inicialmente não existiam condições físicas para o funcionamento do gabinete técnico da reconstrução. No entanto, seguindo a tradição das *casas de riscar* dos grandes estaleiros, de que o Convento de Mafra, as Águas Livres e, posteriormente, o Palácio da Ajuda são os exemplos lisboetas cronológica e metodologicamente mais próximos, foi constituída (também não se sabe ao certo quando) a Casa do Risco das Reais Obras Públicas de Lisboa, a qual parece só ter vindo a conformar--se em espaço próprio após a conclusão do edificado a poente da Praça do Comércio e ao longo da Rua do Arsenal. Esse espaço foi há algumas décadas consumido por um incêndio.

As *casas de riscar* regiam-se por princípios de chefia e hierarquia militar onde a autoria se diluía. Mais do que um espaço, a Casa do Risco era um conjunto de pessoas que, apesar de proveniências e percursos muito variados, tinham em comum formas de atuação, disciplina e objectivos. No fundo, em termos práticos e de carreira eram engenheiros militares. Como já acima foi conveniente registar, a chefia da Casa do Risco foi desempenhada por Eugénio dos Santos, Carlos Mardel, Miguel Ângelo de Blasco, Reinaldo Manuel dos Santos e Manuel Caetano de Sousa, num regime de aparente sucessão natural, pela hierarquia e antiguidade.

A Casa do Risco era o braço técnico da administração para o processo da reconstrução. Tal como, por exemplo, a Junta do Comércio, a quem estava acometida a gestão económico-financeira, todo o sistema funcionava sob um regime jurídico de exceção, com amplos poderes de atuação e ultrapassando os morosos e comprometedores procedimentos habituais. A melhor prova de tudo isso é o facto de ao Senado da Câmara (que em princípio seria o responsável pela condução do processo) terem sido retirados praticamente todos os instrumentos de intervenção[449].

Como já vimos, os desenhos do ante-plano foram desenvolvidos por Eugénio dos Santos a partir das instruções de Manuel da Maia. Igual sucederia com os primeiros projetos concretos, designadamente o alçado

---

[449] A título de exemplo recordo que, quando em 1728 se deu início ao processo das Águas Livres, pese embora o direto empenhamento régio, foi o Senado da Câmara quem formalmente lançou e conduziu o processo.

tipo para os edifícios comuns[450] e o projeto para a praça que renovaria o antigo Terreiro do Paço, a Praça do Comércio. No entanto na mesma ocasião Manuel da Maia deixou logo bem claro que para a execução do plano "me persuado estarem em primeiro lugar o Tenente Coronel Carlos Mardel e o Capitão Eugenio dos Santos de Carvalho, porque além de serem Engenheiros de profição, são também na Architectura Civil os primeiros Architectos." (*Dissertação*, §11 da Parte III^a). Assim seria com a versão final do plano.

Tanto quanto Manuel da Maia foi o grande estratega e urbanista do processo, Eugénio dos Santos e Carlos Mardel foram os seus dois principais arquitetos, sendo na maior parte dos casos quase impossível deslindar o papel e autoria de cada um. Numa estrutura castrense os títulos-cargos que já detinham terão ajudado a justificar a escolha, mas verdadeiramente determinantes foram as suas qualidades e experiência. Para além das inúmeras tarefas complementares de ambos (medições, vistorias, perícias, projetos para outros locais, etc.) se, em boa medida, a arquitetura de série da reforma pombalina terá saído da mão de Eugénio dos Santos, Carlos Mardel terá tido uma intervenção determinante nas zonas de maior representatividade, designadamente nas praças do Comércio e do Rossio. Bem como na definição do desenho urbano e projeto de algumas áreas de expansão, do que o melhor exemplo é o Bairro das Águas Livres (Rossa, 1990: parte III). Reinaldo Manuel dos Santos seria o mais direto continuador de ambos, isso para além de uma série de outras personagens fundamentais, injustamente consideradas de segunda linha.

De facto não foi propósito da exposição e menos ainda é deste texto, dar conta da execução no terreno do plano que celebra, menos ainda da construção em si. Foi uma tarefa que do ponto de vista técnico implicou demolições, desentulhos, movimentação de terras, levantamentos, marcações e nivelamentos, fiscalização e medições, etc. Mas no âmbito da breve invocação dos principais nomes do processo impõe-se, contudo,

---

[450] Eugénio dos Santos e CARVALHO, *Prospecto das frontarias que han-de ter as ruas principaes que se mandão edificar em Lixboa baixa aruinada e se dividem com colunelos para separação do uso da gente de pé do das carruages*, 1758. Arquivo Municipal de Lisboa, AH, *Cartulário Pombalino*, doc.1.

uma breve referência a alguém que simboliza tudo isso e foi uma personagem central do processo: o Sargento-Mor Engenheiro José Monteiro de Carvalho (c.1718-1780), conhecido sob a injusta alcunha de *Bota-Abaixo*. Só ou dirigindo equipas, em verdade Monteiro de Carvalho levantou, planeou e edificou bem mais do que o que demoliu.

No que diz respeito ao desenho urbano em si, a melhor forma de o descrever é conduzir a olhá-lo. E é mesmo necessário ver o desenho, pois na sua concretização muito se perdeu e outro tanto se ganhou. Era um plano, não um projeto. Foquemo-nos essencialmente na área da Baixa, pois as demais, pela dimensão ou constrangimentos induzidos pela envolvente, apresentam-se essencialmente como ações de cerzimento de malhas com um ou outro floreado que as circunstâncias da execução e, essencialmente, a topografia inviabilizaram. Note-se, por exemplo, como nos parágrafos iniciais do Decreto de 12 de junho de 1758 é bem claro como a atual Rua Garrett é mantida no seu traçado e largura. Fixar-me-ei essencialmente no traçado e volumetria, pois sobre a expressão urbano-arquitectónica em si do edificado, alguns trabalhos recentes dão disso boa conta, embora continue por fazer um imprescindível estudo sobre o sistema dimensional e de proporções[451].

Um dos aspectos que de imediato salta à vista é a forma como no plano se reinterpretou o essencial da estrutura morfológica da cidade a renovar, começando pela manutenção da toponímia essencial. Com efeito, mais do que no reaproveitamento de alguns espaços e elementos arquitectónicos, no seu próprio conceito e desenho o plano repõe em localização, hierarquia e função (com alterações toponímicas inevitáveis) as três principais praças: Terreiro do Paço/ Praça do Comércio, Rossio e Patriarcal/ Município. Por outro lado, não só acentuou a prévia articulação

---

[451] Veja-se, por exemplo, SANTOS (1996) e Maria Helena Ribeiro dos SANTOS (1995), "As fachadas da reconstrução. Características e evolução." *O Terramoto de 1755: impactos históricos*. Lisboa: org. A. C. Araújo, J. L. Cardoso, N. G. Monteiro. J. V. Serrão e W. Rossa, Livros Horizonte. 2007: 447-457 e Eduardo DUARTE (2004), "De França à Baixa com passagem por Mafra." *Monumentos*. Lisboa: Direção Geral dos Edifícios e Monumentos Nacionais. nº21, 2004: 76-88. Ainda e para além de FRANÇA (1962 e 1976), veja-se José Augusto FRANÇA (1988). "Estilo Pombalino." *Dicionário da Arte Barroca em Portugal*. Lisboa: dir. J. F. Pereira e org. P. Pereira, Presença. 1989: 369-372.

arterial norte-sul entre elas com três vias, como manteve a circulação ribeirinha de direção nascente-poente também com três vias, uma das quais repondo a velha Rua Nova d'El Rey com um calibre da ordem das do Ouro, Augusta e Prata. É hoje a Rua do Comércio, mas no século XIX ainda conservava o velho nome. A reposição da circulação preferencial entre as colinas Sé-Castelo e Chiado-Santa Catarina ficou ainda assegurada por uma via paralela (a da Conceição), já com uma largura inferior. O plano manteve também a localização da Ribeira das Naus e do Arsenal. Tudo feito segundo um processo de racionalização que, pelo menos em desenho, foi levado ao extremo.

A (Real) Praça do Comércio é, em tudo, a expressão vitoriosa do processo de renovação de Lisboa proporcionada pelo Terramoto. O velho Terreiro do Paço, já originalmente ganho em aterro ao rio, quase foi duplicado com o entulho da catástrofe e regularizado em simetria. Ficou enfatizado o facto de ser um apêndice da cidade, como que uma jangada sobre o rio. Dali saiu o Paço, mas confirmou-se e reafirmou-se no local o poder, quer nas funções, quer na estátua que a tonifica em *praça real*, pese embora do Comércio e não do Rei. Como já aqui se viu, numa primeira versão o icónico torreão primitivo seria para recuperar, pois pouco sofrera com o Terramoto. Acabou chegado à frente e duplicado em espelho, cujo eixo é o do plano[452]. Nesse eixo o conjunto é marcado por um arco triunfal, o qual viu o seu harmonioso projeto original, da autoria de Carlos Mardel, considerável e pesadamente alterado, curiosamente mais na linha do primeiro projeto, o de Eugénio dos Santos.

Como sempre a cidade desenvolvia-se e bulia por trás. Ao invés do que hoje sucede nada nem ninguém passava nem chegava de frente, a não ser de barco. Aberta exclusivamente ao rio, destinada à festa e ao aparato, a praça mantinha-se majestaticamente fora de tráfego alheio, exclusivamente aberta ao Império, abraçando o Mundo. Num centro que não é geométrico, mas compositivo, uma estátua de invocação real foi

---

[452] Esta solução tem antecedentes num projeto de ampliação do paço de 1679, informação de que tomei conhecimento já após a publicação deste texto, mas que publiquei em "O elo em falta: Juvarra, o sonho e a realidade de um urbanismo das capitais na Lisboa Setecentista", texto que integra esta parte da coletânea.

finalmente possível num espaço público em Portugal, depois de tantos projetos gorados no reinado anterior. A sua inauguração em 6 de junho de 1775, dia de aniversário de José I, foi também a inauguração simbólica da *Lisboa renovada*. Parte considerável do perímetro da praça foi encenado, pois ainda não haviam sido erguidos todos os edifícios. A autoria direta do grupo escultórico e a execução são de Machado de Castro, ainda que os desenhos com o conceito original tenham sido produzidos por Eugénio dos Santos, a par com o projeto inicial de toda a praça (Castro, 1810).

Nesse ano de 1775 foi autorizada a abertura de uma outra praça que não fora prevista no plano, mas bem poderá ter sido desejada ao traçá--lo: a Praça da Figueira. Com efeito tudo no desenho apontava para a necessidade geométrica e compositiva da sua implantação, mas o facto de ser aquele o local de sempre do grande hospital de Lisboa, o Hospital Real de Todos os Santos, levou a que o plano assim o tivesse contemplado. Contudo, a adaptação do colégio jesuíta de Santo Antão para tal fim acabaria por libertar o espaço, fazendo com que a Baixa passasse a ter quatro e não três praças, que em termos de sistema urbano funcionam como dois pares complementares[453].

A atual Praça do Município é de facto um complemento morfológico e funcional da Praça do Comércio, cumprindo também a função de rótula entre a circulação marginal de poente com a Rua do Comércio. O próprio edifício para o Senado da Câmara, futuros Paços do Concelho, foi concebido como uma extensão do conjunto da Praça do Comércio. O edifício original ardeu em 1863 tendo então sido substituído pelo atual, que deixou uma nova rua-travessa entre ele e o edifício da Praça do Comércio ao qual o anterior se ligava. Note-se ainda como no plano o desenho urbano para os limites norte e poente mantinha o essencial da calçada em rampa que acedia do fim da Rua Nova a São Francisco. A calçada foi mantida, mas recebeu entre ela e a praça um conjunto edificado, que tornou a praça simétrica em relação aos eixos perpendiculares definidos pelos acessos principais ao Senado e ao Arsenal.

---

[453] A Praça da Figueira funcionou até há cerca de meio século como mercado, ou melhor e à portuguesa, como *praça*.

A Praça do Rossio, uma rigorosa metade geométrica da Praça do Comércio, é um caso notável de persistência de uma matriz urbana. O novo desenho saído da Casa do Risco tornou-a absolutamente regular e simétrica, segundo um esquema rítmico de fachadas e coberturas inexistente em qualquer outra parte do plano. Desde a década de 1930 quase todos se queixam de em boa medida essa regularidade já hoje se não verificar, para o que contribuíram pequenas transgressões, mas também a substituição do edifício da Inquisição (ardido em 1836, era um caso notável de reenquadramento de um edifício pré-Terramoto) pelo Teatro Nacional de D. Maria II. A traça original dos elementos arquitectónicos da praça dever-se-á a Carlos Mardel, mas o projeto de execução é um pouco mais tardio e da mão de Reinaldo Manuel dos Santos.

O reticulado intermédio é bem mais do que o resultado de um exercício de composição. Revela um enorme esforço no sentido de garantir a manutenção dos princípios enunciados por Manuel da Maia, a par com a obtenção de um máximo de edificabilidade. Isso é por demais evidente, por exemplo, na procura de um índice elevado de frentes de rua e na exiguidade dos saguões. Para uma cidade onde os logradouros privados (por vezes quintais) eram uma realidade mesmo nas zonas mais densas, essa viria a ser uma novidade de difícil assimilação. Isso para além de outra novidade, quiçá ainda mais revolucionária: o sistema de divisão de fogos por pisos que viria a desembocar naquilo que hoje designamos propriedade horizontal[454]. É curioso como a proposta de Étienne de Gröer no *Plano Director de Urbanização de Lisboa* de 1948, atrás contextualizada, ia no sentido conectar funcional e formalmente aos pares os exíguos quarteirões da Baixa.

Esse desenho urbano tem também como matriz a tradição portuguesa, de raiz medieval europeia, de hierarquização da trama urbana em ruas e travessas[455], o qual viria a ser sublimado, sem quaisquer constrangimentos,

---

[454] Maria Helena BARREIROS (2004) "«Casas em cima de casas». Apontamentos sobre o espaço doméstico da Baixa Pombalina." *Monumentos*. Lisboa: Direção Geral dos Edifícios e Monumentos Nacionais. n°21, 2004: 88-97.

[455] É uma matéria à qual em equipa tenho vindo a dedicar algum trabalho e de que já foram publicados alguns trabalhos, entre os quais: Walter ROSSA, Antonieta Reis LEITE,

em Vila Real de Santo António em 1774 (Horta, 2006). É muito curioso que na toponímia da *Carta Topográfica de Lisboa* de 1856-58 as vias este--oeste surjam designadas como *travessas*, com exceção para a Rua Nova d'El Rey. Isso é confirmado no §18° do Decreto de 12 de junho de 1758: "as Ruas, que devem cortar as que ficaõ acima apontadas, ou Travessas." As ruas a cortar são "as duas Ruas nobres, que sahem do Terreiro do Paço para o Rocio" (§17°).

Verificam-se não apenas secções com larguras tradicionais, mas essencialmente um sistema de composição proporcional cujas regras e método têm vindo a ser descortinadas por João Horta nesta e em várias outras situações (Horta, 2006: VI, C9-C17). Também por aí se deve procurar o entendimento de algumas das opções de desenho e não apenas pelas razões de ordem económica ou funcional.

Um dos aspectos mais interessantes desse sistema é a forma como essa hierarquização viária foi aqui levada a uma complexidade inusitada. Como sempre os quarteirões são rectangulares e dispostos no seu maior comprimento ao longo das ruas, dando os lados menores às travessas. Isso explica, em parte, a razão pela qual se dá uma inversão morfológica a sul, ou seja, para se processar o acompanhamento da Rua Nova d'El Rey. Mas isso gerou a secundarização das ruas (Sapateiros, Correeiros e Douradores) implantadas entre os três eixos principais norte-sul (Ouro, Augusta e Prata), pois dão de topo nos quarteirões implantados entre a (travessa da) Conceição e a Rua Nova d'el Rey. Essa situação acabará por levar a que no caso da Rua dos Sapateiros esta também tenha sido formalmente fechada no outro extremo, o que deu origem ao Arco do

---

Isadora COELHO, Nuno SIMÕES e Pedro BARÃO (2001), "Recenseando as invariantes: alinhamento de alguns casos de morfologia urbana portuguesa de padrão geométrico." *Actas do V Colóquio Luso-Brasileiro de História da Arte*. Faro: Universidade do Algarve. 2002: 61-80 [também publicado em Walter ROSSA (1989-2001), *A urbe e o traço: uma década de estudos sobre o urbanismo português*. Coimbra: Almedina. 2002: 426-443]; Walter ROSSA e Luísa TRINDADE (2005), "O desenho e o conhecimento do urbanismo medieval português." *Seminário de Estudios Medievales de Nájera 2005: El espacio urbano en la Europa Medieval*. Logroño: Instituto de Estudios Riojanos. 2006: 191-207; Walter ROSSA e Luísa TRINDADE (2005), "Questões e antecedentes da cidade portuguesa: o conhecimento sobre o urbanismo medieval e a sua expressão morfológica." *Murphy*. Coimbra: Departamento de Arquitetura da Faculdade de Ciências e Tecnologia da Universidade de Coimbra. n°1, 2006: 70-109.

Bandeira que axializa a Praça do Rossio e tinha réplica na renovada fachada da Inquisição.

Temos pois três ordens de vias, duas delas ruas e a outra matricialmente travessas. Pela *Dissertação*, despachos e decretos sabemos que a essa hierarquia correspondiam, como sempre, larguras diversas: 60 palmos para as quatro ruas principais (Nova, Ouro, Augusta e Prata), 40 para as travessas e para as ruas de segunda ordem. São dimensões habituais nas cidades portuguesas da idade clássica, ainda que os 60 palmos surjam apenas em situações muito excepcionais, de que o primeiro caso relevante é o da Rua da Sofia em Coimbra (1537)[456].

Mas na execução tudo isso ficou bastante baralhado, o que a vasta documentação dos tombos e alinhamentos do acervo da Torre do Tombo explica caso a caso: com efeito já na Parte IIIª da *Dissertação* (§11) Manuel da Maia advertia para a dificuldade de no terreno tudo se concretizar com igual rigor. Com efeito as ruas do Ouro, Prata e Augusta ficaram aquém dos 60 palmos e a Rua Nova d'El Rey com mais 5. As travessas ficaram todas bem acima dos 40 e as ruas de segunda ordem algo abaixo. Pelo meio de tudo isto parece poder concluir-se que, enquanto no sentido norte-sul sobrava espaço (pode-se crescer para o rio), na sua perpendicular escasseava. O partido morfológico geral do desenho é uma boa expressão disso mesmo. É também uma forma de, em confronto direto com o que previamente havia escrito na *Dissertação*, ver como está formalmente ali o que Manuel da Maia previamente havia descrito. Em tudo isto a intervenção de José Monteiro de Carvalho foi determinante.

Uma última nota sobre esse sistema de hierarquização da malha viária é relativa à própria toponímia, e para tal é fundamental ter consciência de que antes de estabilizar foi alvo de múltiplas alterações ao longo dos tempos. De qualquer das formas, e sempre com exceções, é notório como há uma lógica simples que confirma o sistema: as ruas de segunda

---

[456] Em Walter ROSSA (2001), *DiverCidade: urbanografia do espaço de Coimbra até ao estabelecimento definitivo da Universidade*. Coimbra: dissertação de doutoramento apresentada à Faculdade de Ciências e Tecnologia da Universidade de Coimbra. 2001, demonstrei como esta dimensão esteve na base da definição algébrico-geométrica do primeiro plano de implantação definitiva da universidade em Coimbra.

ordem têm designações relativas às corporações de ofícios (embora nada nem ninguém tivesse a intenção de ali os congregar), as travessas às invocações religiosas das igrejas e paróquias, e as ruas de primeira ordem resultam também de uma fusão estranha entre as corporações e invocações da casa real. Por exemplo, a Rua da Prata surge por vezes como da Rainha e até a dos Fanqueiros como da Princesa.

Da Casa do Risco saíram centenas de palmos de desenhos em alçado para dezenas de braças de frentes de rua. No fundo foram desenhados os alçados de todas as frentes de rua, assim se garantindo o controle total da volumetria e expressão arquitectónica dos quarteirões, que de um ponto de vista urbanístico se comportam como a unidade arquitectónica de base, não o edifício sobre o lote ou o próprio lote. Já vimos como com o evoluir do processo surgiu mais um piso e águas furtadas. Com o tempo isso seria excedido e os alçados concretizados com múltiplas alterações (Silva, 1997). Seguindo-se uma vez mais as determinações de Manuel da Maia, com exceção para a Praça do Comércio não existem arcarias. Aliás em tudo a arquitetura da Praça do Comercio é uma exceção.

Não existindo regras sobre os interiores, algumas normas de âmbito urbanístico interferiam na sua composição. Regras essencialmente relacionadas com a estrutura (guarda-fogo) e a infraestrutura (esgotos), muitas delas tão motivadas pelo receio da repetição da catástrofe quanto ineficazes. Não é o caso do sistema estrutural antissísmico vulgarmente conhecido como *gaiola*[457]. Pese embora o esforço de investigação já feito nesse sentido, não é clara a sua origem. Tudo leva a crer que radica numa prática já arreigada, ainda que então apurada e sistematizada, após a verificação da sua eficácia no próprio Terramoto. Apesar de tudo é estranho que ainda não tenha sido encontrada na documentação qualquer referência mais concreta, nem sequer à sua obrigatoriedade, ainda que os contratos com os seus executores, os *gaioleiros*, sejam muitos.

---

[457] Sobre a gaiola ver, entre outros, Stephan TOBRINES (2004), "A gaiola pombalina: o sistema de construção anti-sísmico mais avançado do século XVIII." *Monumentos*. Lisboa: Direção Geral dos Edifícios e Monumentos Nacionais. N°21, 2004: 160-167.

Igual sucede com tudo quanto diz respeito à pormenorização dos elementos que nos edifícios surgem seriados (caixilharia, cantarias, guarda-corpos, etc.). No fundo a montagem de um sistema de pré-fabricação de todos esses elementos terá evitado a repetição do seu desenho e, para além do mais, simplificado a vida a quem construía, pois não ficava dependente de caprichos caso a caso. Também aqui convém ter presente que já há muito que era prática corrente o recurso a esse tipo de elementos em sistema de pré-fabricação, o que terá contribuído para a unidade arquitectónica ainda perceptível nas zonas da cidade que não foram devastadas pelo Terramoto e posterior reconstrução. Mas contrariamente ao que frequentemente se lê e ouve, a expressão, muito em especial na escala e não tanto nas proporções, mudou consideravelmente, o que implicou uma adaptação sobre a qual não subsistem documentos nem desenhos, estranhamente. Nem sequer para as situações excepcionais, como os frontispícios das igrejas.

São elas outro aspecto marcante do plano, aliás acentuado pelo episódio (mítico ou não) de no leito de morte Eugénio dos Santos ter declarado temer o castigo divino por tantas ter suprimido. É que, para além da efetiva diminuição do número de unidades (quase só restaram as sedes de paróquia), a tradicional implantação em situação isolada comprometeria os princípios de regularidade do plano, designadamente no que dissesse respeito à existência, distribuição e expressão dos espaços públicos em redor e à hierarquia do edificado. A solução encontrada foi a de inserir as igrejas nos quarteirões, escamoteando a sua forma e volumetria, exceto no alçado principal. As sineiras foram remetidas para as cabeceiras, no miolo dos quarteirões. Era, contudo, admitido um ligeiro recuo do plano da fachada por forma a se insinuarem pequenos largos-adros (casos dos Mártires e do Sacramento). Isso deu origem a um novo tipo de igreja, pois foi necessário resolver problemas novos como, por exemplo, a entrada de luz natural, os acessos e as circulações internas[458].

---

[458] Raquel Henriques da SILVA (2004), "Arquitectura religiosa pombalina." *Monumentos*. Lisboa: Direção-Geral dos Edifícios e Monumentos Nacionais. nº 21, 2004: 108-115.

Quer nos dois desenhos intermédios, quer nas plantas das respectivas freguesias realizadas por José Monteiro de Carvalho[459], para a atual Rua dos Fanqueiros foi prevista a implantação de duas igrejas (São Julião e Santa Justa) para as quais foi desenhado o chanfro dos dois cunhais dos quarteirões fronteiros, também assim se conformando um pequeno largo. Nenhuma delas ali se implantaria, mas no caso de São Julião os chanfros foram realizados, dando azo a especulações infundadas de a razão para tal ser a manutenção e enquadramento da igreja do Convento do Corpus Christi que resistiu ai Terramoto. No caso de Santa Justa, em vez dos chanfros procedeu-se mesmo à conformação de um largo através do recuo dos topos de ambos os quarteirões, vindo a ser adoptada igual solução com São Nicolau. No lugar destinado à igreja de Santa Justa, no século XIX chegou a ser construído o Teatro de D. Fernando, entretanto desaparecido. Algo misterioso é o facto do desenho que temos como cópia fiel do plano nada disto representar, apesar de surgir nos desenhos preliminares. Isto leva-me ainda a fazer notar um outro aspecto interessante: são raros os casos de igrejas que acabaram implantadas no local que o plano inicialmente lhes determinara.

Além das igrejas, uma cidade contém sempre um elevado número de equipamentos e edifícios especiais, o que para os desígnios de regularidade que presidiram à elaboração do Plano da Baixa não seria um problema, mas um desafio. Por exemplo, tal como em Londres em 1666, sabia-se que o incêndio posterior ao Terramoto deflagrara nas padarias, que à hora da catástrofe laboravam em pleno, propagando-se de imediato aos edifícios contíguos. Para obviar a repetição do sucedido decidiu-se concentrar o fabrico de pão numa bateria de edifícios para tal especificamente projetados (incluindo a residência dos respectivos oficiais) implantada por forma a que não só ficassem isolados, como também arrimados contra um elevado muro de suporte. O local era a

---

[459] José Monteiro de CARVALHO, *Livro de plantas e descrições das Freguesias de Lisboa após a reforma paroquial de 1770*. IAN/TT, Caixa Forte nº 153. Publicado como Francisco SANTANA (org.), *Lisboa na 2ª metade do séc. XVIII (plantas e descrições das suas freguesias)*. Lisboa: Câmara Municipal de Lisboa. (s/d).

banda norte da atual Calçada de São Francisco. O projeto, da autoria de José Monteiro de Carvalho, é muito interessante e detalhado.

À partida a construção de palácios também poria em causa os princípios matriciais do plano. De início apenas se admitia o desenvolvimento de um portal com pedra de armas. Mas tal como muitas outras, essa norma cedo foi relaxada, em especial na zona mais elevada do plano (Chiado), mas também fora dela. Aliás, nessa área a transgressão ocorreria no próprio desenho urbano, pois algumas das melhores casas ou deram lugar a largos (como o Largo Camões) ou instituíram-nos por forma a mais se destacarem (como é caso do Largo Barão de Quintela). De todas estas transgressões dão conta os textos de Raquel Henriques da Silva e de Ana Tostões[460].

A descrição — que resultou longa, mas ainda não exaustiva — do Plano da Baixa de 1758 terá sido suficiente para demonstrar as suas virtualidades e a sua complexidade conceptual e metodológica. Serviu também para se perceber como tem tanto de novo quanto de memória, sendo também nisso novo para a época. Mas se na Lisboa pós-Terramoto é ali que plano e concretização atingem o seu auge, impõe-se-nos agora verificar como era apenas uma parte de um plano mais vasto, o *1º Plano* para Lisboa.

além da Baixa: a primeira visão integrada do planeamento da cidade

Na Parte Iª da *Dissertação* Manuel da Maia tornou claro que o processo de reconstrução, por renovação, da área devastada pela catástrofe seria a pedra de toque do planeamento da cidade como um todo. A localização do Palácio Real deveria ser o mote. A par com a procura da *razão urbanística* para a Baixa, lançou os seus homens no planeamento especulativo da vasta área sobre a qual Lisboa se estenderia no século seguinte. Mas também projetaram e concretizaram pequenos núcleos e muitos edifícios nessa Lisboa *além da Baixa*. De forma diversa, tradicional, outros o fizeram em paralelo.

---

[460] Respetivamente "Lisboa reconstruída e ampliada (1758-1903)" e "Percursores do urbanismo e da arquitectura modernos" inseridos em Ana TOSTÕES e Walter ROSSA (org.) (2008), *Lisboa 1758: o plano da Baixa Hoje*. Lisboa: catálogo, Câmara Municipal de Lisboa. 2008.

4ª PARTE: LISBOA

Sem querer entrar nos muitos detalhes desse processo, para os nossos propósitos será importante aqui deixar este breve excerto das instruções dadas por Manuel da Maia em 9 de abril de 1756 para a elaboração de um dos planos de expansão ocidental da cidade: "As ruas, praças, e mercados, q no d.º terreno se poderem em boa forma distribuir, assim pª o bom uso e comodid.e do publico como pª enobrecer a dª cid.e com este augm.to da melhor eleição [...] pª se ajustar com a da renovação de Lisboa baixa arruinada, empregandose nas ruas principaes, e de mayor comprim.º a largura de 60 palmos, e nas menos principaes de 40 p.mos e nas travessas de 30 [...] desenhando tambem prospectos de casas de dous pavim.os sobre as lojas, o 1º com janellas rasgadas, o 2º com peitosris, ou ... diversificando as ruas pelas cores em q as portas e janelas serão pintadas: Para as casas nobres se formarão prospectos de diversas portadas com mais nº de janelas mas não de mayores alturas, por não alterar a principal regularide"[461].

O território em questão ficava compreendido entre a *Linha Fundamental de Fortificação* e a cidade consolidada, tudo a oeste do fundo do vale onde hoje corre a Avenida Almirante Reis. Do sector a este não há qualquer referência documental e apenas conhecemos um levantamento que em parte o abrange[462]. No fundo o perímetro a intervencionar cobria pelo menos toda a área para a qual no reinado anterior, com intervenção de Manuel da Maia, se planeara a construção dessa *nova Roma* em torno de um novo Palácio Real e Patriarcal. A sua proporção em relação à cidade então existente (incluindo o tecido destruído pela catástrofe) é sensivelmente a mesma da que mais de um século depois Cerdà planeou como ensanche de Barcelona, fundando então, com a respectiva *dissertação*, o urbanismo como área autónoma do conhecimento[463].

---

[461] Biblioteca Nacional de Portugal Man. 457, fl. 340 vs.

[462] Carlos Ignacio REVEREND, *Planta Geometrica do Bairo de Andalus com seus confinas*, 1756, Museu da Cidade, (Lisboa) DES.983.

[463] Ildefonso CERDÀ (1867), *Teoría general de la urbanización, y aplicación de sus principios y doctrinas á la reforma y ensanche de Barcelona*. Madrid: Imprensa Española. 2 vol.s, 1867. É uma espécie de postulado o facto de ser este o texto inaugural que funda o Urbanismo como área autónoma do conhecimento, embora então ele lhe tenha atribuído o neologismo "urbanização".

Entre 1756 e 1757 foram elaborados dois planos que, de uma forma grosseira, se complementam[464]. Deles nada se concretizou, pois o desenvolvimento urbano de então não requeria o tanto que previam (vejam-se as descrições neles inclusas). No que respeita à instalação da Corte em São João dos Bem Cazados, em 1759 fizeram-se as demarcações, mas também nada mais se fez. É tão curioso o decreto de 2 de julho que o determina[465], quanto o facto de ainda no final do século XVIII, com a obra do Palácio Real na Ajuda em curso, os terrenos continuarem reservados. A Basílica da Estrela foi apenas o esboço do que poderia ter sido todo esse bairro cortesão. A praça projetada para o espaço fronteiro, que teria sido segunda *praça real* em Lisboa, acabou em jardim e a escultura honorífica feita para o centro em Queluz[466]. A área especificamente reservada para o paço é hoje o bairro de Campo de Ourique.

Do ponto de vista morfológico esses dois planos são bastante crus, até algo abstractos, refletindo mal as realidades topográficas do território de que pretenderam dar conta. Diria até que parecem ter sido executados com falta de convicção, apenas especulativamente. No entanto não deixam de representar o desígnio ou o exercício do ordenamento integral do espaço urbano de Lisboa, constituindo em espírito, mais do que como solução, o complemento do Plano da Baixa para um plano

---

[464] Filipe Rodrigues de OLIVEIRA, Manuel Alvares CALHEIROS, Pedro Gualter da FONSECA, Lourenço José BOTELHO, Tomás Rodrigues da COSTA, *Planta que compreende os terrenos das partes contiguas de Lisboa desde...*, 1756. Museu da Cidade (Lisboa), DES. 982 e Carlos MARDEL, Eugénio dos SANTOS, Elias Sebastião POPPE e Carlos ANDREIS, *Planta da topográphica da porção do Terreno que jaz entre os Extremos de Lisboa edificada, e alinhamento da sua Fortificação...*, 1757. Museu da Cidade (Lisboa), Des. 981.

[465] Documento impresso do acervo particular da família Mardel, registado no Livro dos Decretos a fol.s 79 vs da Secretaria de Estado dos Negócios do Reino. Publicado por C. Ayres de M. SEPÚLVEDA, *História Orgânica e Política do Exército Portuguez*. Lisboa e Coimbra: Imprensa Nacional (vol.s I a VI) e Imprensa da Universidade (vol.s VII a XVII). 17 vol.s, 1896-1910, vol. IX: 401/2 e também por mim (ROSSA, 1990: apêndice 3).

[466] Sobre este caso ver Raquel Henriques da SILVA inserido em Ana TOSTÕES e Walter ROSSA (org.) (2008), *Lisboa 1758: o plano da Baixa Hoje*. Lisboa: catálogo, Câmara Municipal de Lisboa. 2008; SILVA (1997); e Miguel Figueira de FARIA (2005), "Praças Reais em Portugal: projectos e promotores." *O Terramoto de 1755: impactos históricos*. Lisboa: org. A. C. Araújo, J. L. Cardoso, N. G. Monteiro. J. V. Serrão e W. Rossa, Livros Horizonte. 2007: 459-470.

de ordem territorialmente superior, o *1º Plano* de Lisboa. Esse carácter surge especialmente reforçado quando levamos em linha de conta que toda a legislação promulgada se destinava a todo o perímetro urbano de Lisboa, definido pelo rio e pela *Linha Fundamental de Fortificação*, e não meramente à área coberta pelo Plano da Baixa[467].

A falta de convicção concretizadora de ambos os desenhos de ensanche parece ainda mais clara quando ali se não descortina a implantação do palácio real e bairro "que a Nobreza, e Pessoas occupadas no meu Real serviço devem fazer" descrito e demarcado dois anos depois. E não deixa de ser curioso verificar que a ação concreta de definição desse espaço a 2 de julho de 1759 é praticamente simultânea à da definição do plano para o Bairro das Águas Livres, cujo alvará para construção foi promulgado em 14 de março, e a ordem para o início das terraplanagens surgiu a 22 de maio seguinte (Rossa, 1990: parte III). Note-se que, como acima vimos, é de 15 de junho de 1759 o decreto com o qual a (re)construção da Baixa efetivamente arrancou. Uma vez mais vemos como para todo o processo foi imprescindível o *terramoto político* recentemente caracterizado por José Subtil (2006).

O Bairro das Águas Livres viu-se concretizado numa pálida extensão do que foi programado. No sentido norte-sul o seu plano não tinha um limite, esperando-se que a interessante e meticulosa engenharia financeira montada para a sua construção viabilizasse a sua indefinida extensão para norte. Também para este caso foram desenvolvidas duas soluções de desenho alternativas, uma de matriz reticulada, outra numa falsa quadrícula. Falsa porque manteve o sistema hierarquizado de ruas e travessas, a divisão tradicional dos quarteirões e a correspondente formação de lotes. É da mão de Carlos Mardel e foi segundo ele que se deu início à urbanização. Aliás em tudo quanto teve a ver com esta zona surge sistematicamente a intervenção dele.

Outras zonas da cidade foram objecto de planos e projetos de execução de menor âmbito territorial, alguns deles concretizados. Refiro-me concretamente à zona da Praça da Alegria e ao Passeio Público, mas

---

[467] Ver nota 426.

também ao espaço livre compreendido entre o limite do Plano da Baixa na zona de São Paulo e Bairro Alto e o complexo imobiliário do próprio Marquês de Pombal na atual Rua do Século. Aliás são alguns os palácios da alta nobreza e não só, erguidos fora do âmbito do rígido plano para o centro. Mas também se desenvolveram outros polos fora do controlo da Casa do Risco. Vejamos o exemplo mais claro.

Na Madragoa-Lapa, contra a lei, ordens, avisos e embargos, as Trinas (a comunidade de freiras do Convento de Nossa Senhora da Soledade da Ordem da Santíssima Trindade) desencadearam um lucrativo surto urbanizador, respondendo pelo método, escala e formas expeditas de sempre às necessidades do mercado imobiliário pós-Terramoto. É um trecho urbano de Setecentos que se parece com os urbanizados desde Quinhentos e contrasta com a Lisboa *oficial*, a da Baixa. Este assunto foi posto em evidência e meticulosamente estudado por José Sarmento de Matos (1994), mas também versado por Raquel Henriques da Silva em texto desenvolvido a par deste[468].

Aquela autora, num trocadilho estimulante com a designação *além da Baixa* para tudo quanto se processou cronológica e espacialmente fora do âmbito do Plano da Baixa, já em texto anterior contrapôs para este tipo de ações de urbanização a designação *anti-Baixa*, destacando ainda a sua enorme eficácia. A verdade é que, com o processo da reconstrução, o que era tradicional e legal passou a ser transgressão. Porém é de transgressões, reformas e adaptações que (sobre)vivem todos os planos.

Em 23 de fevereiro de 1777 morreu José I. Sebastião José de Carvalho e Melo, 1º Conde de Oeiras e 1º Marquês de Pombal, Secretário de Estado dos Negócios do Reino abandonou o Poder. A reconstrução-renovação não estava concluída, mas o processo continuaria sem alterações bruscas. A tarefa da Casa do Risco extinguir-se-ia mais tarde. Os gaioleiros continuaram a (re)construir Lisboa até ao século XX. A edificação da última parcela cujo vazio fora provocado pelo Terramoto e conformado

---

[468] "Lisboa reconstruída e ampliada (1758-1903)", *Lisboa 1758: o plano da Baixa Hoje*. Lisboa: org. Ana Tostões e Walter Rossa, Câmara Municipal de Lisboa. 2008: 127-167.

pelo Plano da Baixa de 1758 (entre as ruas do Alecrim e António Maria Cardoso) ficou concluída em 2004 segundo projeto de Álvaro Siza Vieira.

Mensagem

O texto que deixámos para trás poderá ter contribuído para uma melhor compreensão da valia cultural especificamente urbanística (por isso material, ou tão só materialmente vislumbrável através da arquitetura que lhe deu corpo) do *1º Plano* de Lisboa. É um valor que ao longo do século XX se foi descobrindo, a par e passo com alguma descaracterização, mas também com a evolução disciplinar do urbanismo e dos conceitos de património cultural.

Do ponto de vista disciplinar do urbanismo, ou seja, como um todo que aglutina a arquitetura, o processo de renovação de Lisboa após a catástrofe de inícios de novembro de 1755 é, na realidade, um caso notável, único e precursor. Pela primeira vez na história ocorreu a formulação e desenvolvimento de um plano integrando todas as componentes que hoje são consideradas necessárias para tal, mas excedendo-o, pois integrou a definição urbanística da arquitetura, da sua face pública. Com uma hipotética exceção para a atuação de Nero na Roma antiga, também pela primeira vez uma grande área urbana atingida por uma catástrofe foi reerguida segundo um novo conceito e desenho urbano, sendo que isso determinou o desígnio de uma ação de reforma para o todo.

Claro que tudo teve necessariamente que ter antecedentes, uma preparação. A reforma urbanística de Lisboa, desejada e intentada desde Quinhentos com especial ênfase na primeira metade de Setecentos, foi brutalmente catalisada pela catástrofe de novembro de 1755. Procurava-se uma urbanidade e imagem que plasmassem na cidade a sua condição de capital do primeiro império de âmbito mundial. Assim seria.

No âmago desse processo está uma figura, Manuel da Maia, e um texto, a *Dissertação*, mas ambos valem essencialmente pelo momento e cultura que necessariamente representam. Independentemente de eventuais reservas de ordem literária, aquele é um dos textos mais notáveis, aliás seminais da urbanística do Ocidente. Independentemente também da consciência que o próprio e com quem ele dialogou tiveram de tal facto. Tinha, contudo (e até porque o escreveu), a noção de que o problema que tinha em mãos era inusitado. Talvez não tivesse era a percepção do enorme avanço que as suas propostas representaram, do desenho urbano às bases para o novo direito do urbanismo, que de imediato se formulou e instituiu. Tanto que, como vimos no início, foi necessário muito tempo para que do ponto de vista da urbanística pudesse ser devidamente valorizado.

Ele e os seus colaboradores, mesmo os mais relevantes como Eugénio dos Santos ou Carlos Mardel, também não terão tido possibilidade, ou até conhecimentos, para especular sobre a novidade ou não da gramática arquitectónica com que dotaram o edificado. Fizeram-no sobre a prancheta e no terreno, desenhando. Sob a pressão da urgência de muitos outros compromissos, não só integraram toda a sua formação e experiência, mas as contingências do momento. E daí resultou um bem que, na sua lógica e conjunto, também teve que aguardar pelo modernismo para ser compreendido. Ou seja, quer pela via disciplinar da arquitetura, quer pela do urbanismo, o produto cultural e material da Casa do Risco surge simultaneamente anacrónico e de um estranho vanguardismo.

Grandes realizações urbanísticas da época como São Petersburgo ou Washington (casos que José Augusto França nos seus textos mais recentes tem referido como balizas cronológicas da sua *Lisboa Pombalina)* foram realidades erguidas *ex-nihilo*, sem constrangimentos de preexistências que fossem para além das condições naturais, ainda que muito adversas. A sua expressão é consentânea com o tempo em que ocorreram. Na sua globalidade e diversidade o *1º Plano* de Lisboa foi concebido e desenvolvido sobre uma realidade completamente diversa, tendo-se tornado inevitável que a memória se constituísse em operador determinante, o que é mais um factor do enunciado binómio anacronismo-vanguardismo.

Note-se, por exemplo e numa outra linha de análise, como ao invés daquelas duas realizações urbanísticas, a Baixa não tem um único enfiamento visual com elemento monumental no ponto de fuga. A única situação elegível seria a da percepção da Estátua Equestre a partir da Rua Augusta. Mas é isso válido através de um arco com o traseiro do cavalo em segundo plano? A Baixa é para ser vista de dentro, das colinas e, essencialmente, do rio, com um olhar deslizante e não conduzido.

Para uma melhor tomada de consciência do que tudo isso significa, confrontemo-lo com a seguinte afirmação de Françoise Choay, no contexto do seu trabalho seminal para a compreensão dos mecanismos do património e da memória nas sociedades contemporâneas: "Jusqu'au XIXe siècle compris, les monographies érudites qui racontent les villes n'abordent leur espace que par la médiation des monuments, symboles dont l'importance varie selon les auteurs et les siècles"[469]. Na Baixa o monumento é ela mesma. Daí a sua quase utópica modernidade.

E assim vemos como o principal problema disciplinar, estético e teórico — a *mensagem* — que o processo da renovação de Lisboa através do Terramoto nos coloca, é o do tempo. Como bem o sintetizou Paulo Varela Gomes, a Baixa "não se fez apenas para o futuro; fez-se também contra o passado. Não havia em Lisboa uma «tábua rasa» natural. Foi preciso fazê-la. E isso implicou uma opção teórica anti-historicista que coloca Manuel da Maia, a sua equipa e o marquês de Pombal na vanguarda da cultura urbanística da época. E com isto queremos dizer que mesmo à frente dos iluministas." (Gomes, 1988: 133). E assim voltámos à temática do livro de Emil Kaufmann...

No fundo a resposta à questão que surgiu a Pierre Francastel, a partir do colóquio que organizou em Nancy de 1959, sobre a existência ou não de uma estética do Iluminismo plasmada em concretizações urbanísticas, terá que ser dada nessa linha. Se cabe a esse movimento das ideias uma das grandes fatias de responsabilidade pela Revolução Francesa e pelo abalo civilizacional que ela representa, como dele não esperar o ensejo de estabelecimento de uma tábua rasa sobre a tradução estético-urbanística da sua ideologia?[470] Não será que, na linha de Kaufmann e de Ryckwert

---

[469] Françoise CHOAY (1992), *L'allégorie du patrimoine*. Paris: Éditions du Seuil. 1992: 138.

[470] Colóquio cujas atas foram publicadas como Pierre FRANCASTEL (org.), *Utopie et institutions au XVIIIe siècle: le pragmatisme des Lumières*. Paris: Mouton & Co. 1963. Como já na nota 399 se referira, esta questão é por ele abordada a propósito de Lisboa na *Introduction* e no prefácio à tese de José Augusto FRANÇA (1962). No entanto a problematização sobre uma estética do iluminismo surge desenvolvida no ensaio que inseriu no final daquele volume de atas, cujo nome é precisamente "L'esthetique des Lumières."

(entre outros), só com as propostas do modernismo é que, de um ponto de vista estritamente urbanístico, se atingiram e até suplantaram os ideais estéticos do Iluminismo?[471]

É obviamente uma provocação, mas a necessidade do hiato que o florescimento da tecnologia e, assim, da engenharia (no fundo a introdução dos condimentos necessários à condição moderna) produziram na história da arquitetura ao longo do século XIX, acaba por a tornar apetecível. E se assim é porque não admitir, como provocante hipótese de reflexão, que os engenheiros da Casa do Risco (como os iluministas, obviamente homens com uma formação do Antigo Regime) se perfilem como inconscientes pré-modernos quando colocados na situação de emergência surgida com o Terramoto? Porque não admitir que, para além da sua formação e da reflexão anterior sobre a reforma de Lisboa, naquele momento seja o seu cartesianismo, a sua racionalidade, a prevalecer sobre as correntes artísticas dominantes?

Claro que não se deve apenas ao escol de engenheiros militares aquartelados na Casa do Risco todo o mérito da ação. De que servem os génios criativos sem a visão da oportunidade que é apanágio exclusivo dos grandes homens de Estado? Muito antes do reconhecimento da valia cultural e patrimonial do pensamento e produto material da reconstrução, na historiografia já era bem evidente o enaltecimento do desempenho do Marquês de Pombal em todo o processo. Tanto que continua a ofuscar o contributo fundamental dos seus colaboradores mais próximos.

O Plano da Baixa que resulta da *Dissertação* e do debate surdo (que omite, mas nela se reflete) aponta para uma solução de renovação que, apesar de comprometida com a memória da cidade destruída, avança bem além do seu tempo e do limiar então reconhecido à utopia. Dá-se a aglutinação total entre Arquitetura e Urbanismo, sendo a cidade um organismo cujo controle ideológico exercido pelo desenho e pelos con-

---

[471] É já há muito um dado adquirido e publicado por muitos, inclusive por mim, não só não existir uma correspondência direta entre os estilos artísticos e os tempos do urbanismo, mas também o facto de a reação teórica do urbanismo aos impulsos das vanguardas ser muito retardada, fruto, essencialmente, do facto de o urbanismo ser um produto social, com múltiplos intervenientes.

ceitos e aparelho jurídico que o suportam, é absoluto. Daí nascerá não apenas uma cidade, mas também uma sociedade renovada. A qualidade da solução e o sucesso da renovação de Lisboa proporcionado pela catástrofe resultou da *luz* emitida na rara fusão entre o *poder* e o *saber*. No nosso tempo, mas à mesma *luz*, a lenta e ainda atual tomada de consciência em como a maior valia patrimonial da Baixa reside no seu património urbanístico, ou seja e concretamente, no *Plano* que a gerou e no qual se insere, é fundamental para a tomada de decisões integradas sobre o seu futuro. É necessário perceber o que está em jogo, aquilo cuja sobrevivência tem de ser garantida, não apenas por razões de ordem cultural, mas também de ecologia urbana. A ação sobre o património urbanístico só pode ser desenvolvida dentro das lógicas de funcionamento da cidade, o que implica definições de estratégias que levem à sua *salvaguarda em desenvolvimento*, sempre contra quaisquer ensejos de engessamento. O urbanismo é uma questão de cidadania e por isso a todos diz respeito. Tal como em 1755 caberá a técnicos especializados a definição do desenho e aos líderes da sociedade a consubstanciação do urbanismo como projeto político. Atenção: um plano como este é mesmo património... de 1º plano!

bibliografia[472]

ARAÚJO, A. C.; CARDOSO, J. L. Cardoso; MONTEIRO, N. G.; SERRÃO, J. V. Serrão; ROSSA, W. (org.) (2005), *O Terramoto de 1755: impactos históricos*. Lisboa: Livros Horizonte. 2007

ARAUJO, Renata de (2004), "Baixa Pombalina/ Baixa de Lisboa, ficha de inventário." *Inventário dos Conjuntos Urbanos*. Lisboa: Dir. Geral dos Edifícios e Monumentos Nacionais. 2004[473]

BYRNE, Gonçalo Sousa (1986), "Ricostruire nella città: La Lisbona di Pombal." *Lotus International*. Milano: Electa. Nº51, 1986: 6-24

---

[472] Esta listagem bibliográfica não é obviamente exaustiva, mas contém o que considero serem as leituras mínimas para a formação do conhecimento presente no texto. Porém ao longo do mesmo foram sendo listados outros trabalhos dos quais se retiraram informações pontuais, e também desdobrando trabalhos publicados em obras colectivas, que aqui vão listadas na sua unidade.

[473] Disponível no sítio em linha do inventário (www.monumentos.pt) e publicado em *Monumentos*. Lisboa: Direção Geral dos Edifícios e Monumentos Nacionais. Nº21, 2004: 247-255.

CASTRO, Joaquim Machado (1810), *Descripção analytica da execução da estatua equestre erigida em Lisboa a gloria do senhor rei fidelissimo D. José I...* Lisboa: Imprensa Regia. 1810

CORREIA, José Eduardo Horta (1984), *Vila Real de Santo António: urbanismo e poder na política pombalina.* Porto: Faculdade de Arquitetura da Universidade do Porto. 1998

COUVREUR, Raul C. (1937), "Um Plano de Urbanização de Lisboa de 1756." *Boletim Cultural e Estatístico.* Lisboa: Câmara Municipal de Lisboa. N°4, vol. I, 1937: 483-492

Exposição comemorativa do Terramoto de 1755, Catálogo da. Lisboa: Câmara Municipal de Lisboa. 1934

Exposição iconográfica e bibliográfica comemorativa da reconstrução da cidade de Lisboa depois do terramoto de 1755, Catálogo da. Lisboa: Câmara Municipal de Lisboa. 1955

FRANÇA, José Augusto (1962) *Lisboa Pombalina e o iluminismo.* Lisboa: Bertrand. 1987

FRANÇA, José Augusto (1976), *A reconstrução de Lisboa e a arquitectura pombalina.* Lisboa: Instituto de Cultura e Língua Portuguesa. 1989

FRANÇA, José Augusto (1977), "Espaces et commodités dans la Lisbonne de Pombal." *Dix-Huitième Siècle.* Paris: Société française d'Étude du 18e siècle. n° 9, 1977, (separata)

FRANÇA, José Augusto (1978), "Les Lumiéres au Portugal." *Dix-Huitième Siècle.* Paris: Société française d'Étude du 18e siècle. n°10, 1978: 167-177

GOMES, Paulo Varela (1988), "O paradoxo do Rossio (entre o pombalino e o modernismo)." *A cultura arquitectónica e artística em Portugal no séc. XVIII.* Lisboa: Caminho. 1988: 115-136

GROËR, Étienne de (1936), Lisbonne, example d'urbanisation au XVIIIe siècle. *La Vie Urbaine.* Paris: Institut d'Urbanisme de L'Univ. de Paris. N°32, 1936: 71-77

HORTA, João Manuel Gomes (2006), *Vila Real de Santo António, forma limite no Urbanismo Histórico Português.* Faro: dissertação de Doutoramento em História apresentada à Univ. do Algarve. 2006

LAVEDAN, Pierre (1941), *Histoire de l'Urbanisme, Renaissance et Temps Modernes.* Paris: Henri Laurens. 1959

LEAL, Joana Cunha (2004), "Legitimação artística e patrimonial da Baixa Pombalina. Um percurso pela critica e pela história da arte portuguesas." *Monumentos.* Lisboa: Dir. Geral dos Edifícios e Monumentos Nacionais. N°21, 2004: 6-17

LISBOA, Amador Patrício de (1758), *Memória das Providências que se deram no Terramoto que padeceu a Corte de Lisboa no anno de 1755...* Lisboa: Fundação Luso-Americana para o Desenvolvimento e Público. 2005

LÔBO, Margarida Souza (1993), *Planos de Urbanização: a época de Duarte Pacheco.* Porto: Faculdade de Arquitetura da Universidade do Porto. 1995

MACEDO, Luís Pastor de (1938), *A Baixa Pombalina.* Lisboa: 1938

MACHADO, Cyrillo Volkmar (1823), *Collecção de memórias, relativas às vidas dos pintores, e esculptores, architetos e gravadores portuguezes, e dos estrangeiros, que estiverão em Portugal...* Lisboa: Imprensa de Victorino Rodrigues da Silva. 1823

MATOS, José Sarmento (1994), *Uma casa na Lapa.* Lisboa: Quetzal Editores. 1994

MOITA, Irisalva (1982), "O Terramoto de 1755 e a reconstrução de Lisboa." *Catálogo da Exposição Lisboa e o Marquês de Pombal.* Lisboa: Museu da Cidade / Câmara Municipal de Lisboa. 2° vol, 1982: 7-25

MOITA, Irisalva (org.) (1982), *Lisboa e o Marquês de Pombal, Catálogo da Exposição* (1982). Lisboa: Museu da Cidade. 3 vol.s, 1982

4ª PARTE: LISBOA

MONTEIRO, P. Pardal (1947), "Os portugueses precursores da arquitectura moderna e do urbanismo." *Museu*. Porto: Círculo Dr. José de Figueiredo. vol. V, 1949: separata

MONTEIRO, P. Pardal (1948), *Eugénio dos Santos precursor do urbanismo e da arquitectura moderna*. Lisboa: Câmara Municipal de Lisboa. 1950

MONTEZ, Paulino (1935), *Estética de Lisboa. da urbanização da cidade*. Lisboa. 1935

Monumentos. Lisboa: Dir. Geral dos Edifícios e Monumentos Nacionais. N°21, 2004

PEDREIRA, Jorge Miguel (1995), *Os homens de negócio da Praça de Lisboa. De Pombal ao Vintismo (1755 - 1822). Diferenciação, reprodução e identificação de um grupo social*. Lisboa: dissertação de doutoramento apresentada à Faculdade de Ciências Sociais e Humanas da Universidade Nova de Lisboa. 1995

RATTON, Jacome (1813), *Recordações de...sobre occurrencias do seu tempo em Portugal, durante o lapso de sesenta e tres anos e meio, alias de Maio 1747 a Setembro de 1819... accompanhadas de algumas reflexoens suas, para informaçoens de seus proprios filhos*. Lisboa: Fenda. 1992

ROSSA, Walter (1990), *Além da Baixa: indícios de planeamento urbano na Lisboa Setecentista*. Lisboa: Instituto Português do Património Arquitectónico. 1998 (versão em Inglês: *Beyond Baixa: signs of urban planning in eighteenth century Lisbon*)

ROSSA, Walter (1994), "Episódios da evolução urbana de Lisboa entre a Restauração e as Invasões Francesas." *Rassegna*. Bologna: Editrice CIPIA. n°59, vol. XVI, setembro/1994: 28-43[474]

ROSSA, Walter (2000a), "Lisbon's waterfront image as allegory of baroque urban aesthetics." *Circa 1700: Architecture in Europe and the Americas*. Washington: ed. Henry A. Millon, (Studies in the History of Art, 66) National Gallery of Art. 2005: 160-185[475]

ROSSA, Walter (2000b), "História do Urbanismo e Identidade: a arte inconsciente da comunidade." *História*. Lisboa: História. n°27, 2000: 40-47[476]

ROSSA, Walter (2003a), "Do projecto para o plano: contributo para a integração Património/ Urbanismo. *ECDJ*. Coimbra: Departamento de Arquitetura da Faculdade de Ciências e Tecnologia da Universidade de Coimbra. N°9, 2005: 9-16

ROSSA, Walter (2003b), "A Baixa de Lisboa no contexto do urbanismo português." *Comunicações das Jornadas a Baixa Pombalina e a sua importância para o Património Mundial*. Lisboa: Câmara Municipal de Lisboa. 2004: 28-39

ROSSA, Walter (2004), "Do plano de 1755-1758 para a Baixa-Chiado." *Monumentos*. Lisboa: Direcção Geral dos Edifícios e Monumentos Nacionais. N°21, 2004: 22-43

---

[474] Esta revista tem uma versão em Italiano e outra em Inglês nas quais o texto se intitula, respectivamente, "Il terremoto del 1755: una città sotto il segno della ragione" e "The 1755 Earthquake: A Town under the Sign of Reason." [Também publicado em Walter ROSSA (1989-2001), *A urbe e o traço: uma década de estudos sobre o urbanismo português*. Coimbra: Almedina. 2002: 70-85].

[475] Para uma segunda versão deste texto vertido em Português: Walter ROSSA (2001), "A imagem ribeirinha de Lisboa: alegoria de uma estética urbana barroca e instrumento de propaganda para o Império." *Barroco Iberoamericano: territorio, arte, espaço y sociedad*. Sevilla: Ediciones Giralda. 2001: 1553-1580. Foi ainda publicado em Walter ROSSA (1989- -2001), *A urbe e o traço: uma década de estudos sobre o urbanismo português*. Coimbra: Almedina. 2002: 86-121.

[476] Publicado em Walter ROSSA (1989-2001), *A urbe e o traço: uma década de estudos sobre o urbanismo português*. Coimbra: Almedina. 2002: 12-23.

ROSSA, Walter (2005), Dissertação sobre a reforma na cultura do território do pombalismo. *O Terramoto de 1755: impactos históricos*. Lisboa: org. A. C. Araújo, J. L. Cardoso, N. G. Monteiro. J. V. Serrão e W. Rossa, Livros Horizonte. 2007: 379-393 (também nesta colectânea).

SANTANA, Francisco (org.) (também nesta coletânea), *Lisboa na 2ª metade do séc. XVIII (plantas e descrições das suas freguesias)*. Lisboa: Câmara Municipal de Lisboa.

SANTOS, Maria Helena C. dos (coord.) (1982), *Pombal Revisitado, Actas do Colóquio*. Lisboa: Editorial Estampa. 2 vol.s, 1984

SANTOS, Maria Helena Ribeiro dos (1996), *A Baixa Pombalina. Passado e futuro*. Lisboa: Livros Horizonte. 2000

SEPÚLVEDA, Christovam Ayres de Magalhães (1910), *Manuel da Maya e os engenheiros militares portugueses no Terremoto de 1755*. Lisboa: Imprensa Nacional. 1910

SEQUEIRA Gustavo de Matos (1916), *Depois do Terramoto*. Lisboa: Academia das Sciências. 4 vol.s, 1916

SICA, Paolo (1976), *Storia dell'urbanistica: Il Settecento*. Bari: Laterza. 1985: 153-161.

SILVA, Raquel Henriques da (1997), *Lisboa romântica, urbanismo e arquitectura, 1777--1874*. Lisboa: dissertação de Doutoramento apresentada à Faculdade de Ciências Sociais e Humanas da Universidade Nova de Lisboa. 2 vol.s, 1997

SILVA, Raquel Henriques da (2005), Da destruição de Lisboa ao arrasamento da Baixa: o terramoto urbanístico de Lisboa. *História e ciência da catástrofe: 250º aniversário do Terramoto de 1755*. Lisboa: org. M. F. Rollo, A. I Buesco e P. Cardim, Colibri. 2007: 103--111

SOUSA, Francisco Luís Pereira de (1909), *Efeitos do terremoto de 1755 nas construcções de Lisboa*. Lisboa: Imprensa Nacional. 1909

SOUSA, Francisco Luís Pereira de (1919-1932), *O terramoto do 1º de Novembro de 1755 em Portugal e um estudo demográfico*. Lisboa: Serviços Geológicos. 4 vol.s, vol. 3, 1919--1932

SUBTIL, José Manuel (2006), *O terramoto político (1755-1759): memória e poder*. Lisboa: Universidade Autónoma. 2007

VASCONCELOS, Frazão de (1930), *Subsídios inéditos sôbre Eugénio dos Santos, arquitecto da Nova Lisboa*. Lisboa: Elucidario Nobiliarchico. 1930[477]

VITERBO, Francisco de Souza (1899-1922), *Diccionario historico e documental dos Architectos, Engenheiros e Constructores Portuguezes ou a serviço de Portugal*. Lisboa: Imprensa Nacional Casa da Moeda. 3 vol.s, 1988

---

[477] Teve uma segunda edição de conteúdo igual, mas título diverso: Frazão de VASCONCELOS (1930), *Eugénio dos Santos: arquitecto da Lisboa Pombalina*. Lisboa: Imprensa da Armada. 1934.